CONSTRUCTIONS

入試実例

コンストラクションズ

英文法語法コンプリートガイド

石原健志 編著
Ishihara Takeshi

問題編

三省堂
SANSEIDO

CON

STRUC

TIONS

入試実例

コンストラクションズ
英文法語法コンプリートガイド

石原健志 編著
Ishihara Takeshi

問題編

三省堂
SANSEIDO

CONTENTS もくじ

CHAPTER 1 文型① S+V S+V+C S+V+O

BASIC

枠内の指示に従って，英文に記号付けをしなさい。

主語 ＝ □で囲って S　　動詞 ＝ 下線を引いて V　　補語 ＝ 下線を引いて C 目的語 ＝ 下線を引いて O

例 [My father]（S） teaches（V） English（O） at college.

1 ヤスコさん一家は 1 年間ニューヨークで生活していました。
Yasuko and her family lived in New York for a year.
北里大

2 私はそれでも時々寂しくなります。
I still feel lonely sometimes.
☆青山学院大

3 私は 1 ヶ月前に新しいメガネを買いました。
I bought a new pair of glasses a month ago.
愛知学院大

4 対面でのコミュニケーションはリアルタイムで生じます。
Face-to-face communication happens in real-time.
金沢大

5 アガサ・クリスティは今でも世界中で人気があります。
Agatha Christie remains popular all over the world.
☆福岡大

6 キャッスルタワーは学校が休みになると大変混雑します。
Castle Tower becomes very busy during school holidays.
駒澤大

7 加藤さんは彼らと新しいプロジェクトについて話し合いました。
Ms. Kato discussed the new project with them.
★茨城大

8 餃子の形は，古代中国の楕円形の通貨に似ている。
The shape of a dumpling resembles the ancient Chinese oval currency.
★獨協大

STANDARD

(　　) 内の語句を並べ替えなさい。ただし，文頭に来る文字も小文字にしています。

1　カレンは大学の図書館で働いています。
Karen (in / library / the / university / works).

★津田塾大

2　1750 年以前は，ほとんどのヨーロッパ人が田舎に住んでいました。
Before 1750, (countryside / Europeans / in / lived / most / the).

3　パーソナルスペースは，多くの文化圏で必要不可欠な概念です。
(an / concept / essential / is / space / personal) in many cultures.

☆大阪産業大

4　その川は曲がりくねっているので，飛行機から見ると蛇のように見えます。
The river twists and turns, so it (an airplane / from / looks / a snake / like).

5　その答えは，ゲーム理論にあります。
(answer / in / lies / the) game theory.

慶應大

6　蒸気の力が印刷機の歯車を回した。
(of / steam power / the / the wheels / turned) the printing press.

7　録音された自分の声を聴くと，自分には不思議な感じに聞こえることが多い。
When we hear our own voice on a recording, it often (to / strange / us / sounds).

☆京都産業大

8　私はクレジットカードを家に忘れてきてしまった。
(credit card / home / at / I / my / left).

大阪経済大

ADVANCED

[　　] の指示に従って，英文を完成させなさい。

例 Yes, I really want to work Apple Computer. ［1 語追加］
答 Yes, I really want to work for Apple Computer.

1 マララ・ユスフザイは，パキスタン北西部の小さな村に住んでいた。［1 語追加］
Malala Yousafzai lived a small village in northwestern Pakistan.
★立正大

2 私は疲れを感じていますし，頭痛がします。［1 語削除］
I feel for tired and I have a headache.
創価大

3 姫路城は美しい白い鳥のような見た目をしています。［1 語追加］
Himeji Castle looks a beautiful white bird.
武蔵大

4 宇宙から見ると，地球は大きな青い球に似ています。［1 語削除］
Earth resembles to a large, blue ball when we view it from space.
★明治学院大

5 現在，トゥルカナ湖は，乾燥した過酷な砂漠地帯の真ん中にあります。［1 語追加］
Today Lake Turkana lies the middle of a dry, hostile desert environment.

6 私は傘を電車に忘れてきてしまいました！［1 語削除］
I left for my umbrella on the train!
関西学院大

7 子どもの「最初の言葉」の日記をつけている親は多い。［1 語削除］
Many parents keep on a diary of their child's "first words."
創価大

8 同じことは未来の社会でも起こるでしょう。［1 語追加］
The same thing will happen society in the future.

CHAPTER 2

文型② S+V+O_1+O_2 S+V+O+C There+V+A

BASIC 1

下線部の意味を日本語で答えなさい。

1 Neeson paid their rent, bought them a refrigerator, and gave them money to send their children to school.
ニーソンは家賃を払い，彼らに(　　　)，そして子どもたちを学校に通わせるために(　　　)。
☆島根県立大

2 Hmm, well then, I'll have to find her a new present and come back.
うーん，じゃあ，私は(　　　)，そして戻ってこなきゃ。
★京都産業大

BASIC 2

(　　)内に入る語句をア～エの中から選びなさい。7 と 8 については (A) と (B) の組み合わせとして適切なものを選びなさい。

3 私は来週末にあなたに電話するつもりです。
I'll (　　　) you a call next weekend.
ア. make　イ. send　ウ. give　エ. ask
★甲南大

4 私はジョンにすぐにメッセージを送ります。
I'll (　　　) John a quick message.
ア. make　イ. send　ウ. keep　エ. call
★武庫川女子大

5 あなたはその観光客に下北沢への道を教えることができます。
You can (　　　) the tourist the way to Shimokitazawa.
ア. tell　イ. teach　ウ. ask　エ. find
★成城大

6 父さん，私を駅まで送ってくれない?
Dad, could you give me (　　　) to the station?
ア. a hand　イ. a break　ウ. a call　エ. a ride
★学習院大

7 妹は彼にベンジャミンと名づけましたが，私は彼をベンと呼んでいます。
My sister (A) him Benjamin, but I (B) him Ben.
ア. (A) called (B) name　イ. (A) named (B) tell
ウ. (A) named (B) call　エ. (A) called (B) tell
★大阪経済大

8 イタリア語を教えるのは本当に楽しいし，生徒たちは私の若さを保つのに役立っています。彼らはまた私に日本のことも教えてくれます。

I really enjoy teaching Italian, and the students help (A) me young. They also (B) me things about Japan.

ア．(A) remain (B) give　　イ．(A) keep (B) teach

ウ．(A) leave (B) send　　エ．(A) make (B) teach

☆大東文化大

STANDARD

(　)内の語句を並べ替えなさい。ただし，文頭に来る文字も小文字にしています。

1 私はあなたに自分の正直な意見を述べるべきですね。

I should (opinion / you / give / honest / my).

☆同志社大

---

2 ジョン，今日の午後までに私にあなたの報告書を送ってくれますか?

John, could (report / you / me / send / your) by this afternoon?

★学習院大

---

3 研究者たちはその体験をとてもひどいものだと思いました。

The researchers (the / found / uncomfortable / very / experience).

★福島県立医科大

---

4 あそこは本当に混んでいますが，私が中で場所を見つけます。

It's really crowded in there, but (find / a / us / inside / I'll / place).

★東海大

---

5 すみません。私に歴史博物館への道を教えていただけませんか?

Excuse me. Would (me / the / tell / you / to / way / museum / historical / the)?

★畿央大

---

6 この近くには中華，イタリアン，インド，そして日本食とあらゆる種類のレストランがあります。

(restaurants / kinds / there / here / all / are / of / near) — Chinese, Italian, Indian, even Japanese.

★駒澤大

---

7 真っ赤な本棚はその部屋の雰囲気を楽しくておもしろいものにします。

A bright red bookshelf would (the room / and / fun / the atmosphere / make / of / interesting).

★金沢工業大

8　ミキ，放課後その論文の件であなたにひとこと助言させて。
Miki, let (on / you / a piece / me / give / advice / of) the paper after school.
★青山学院大

ADVANCED

[　　] の指示に従って，英文を完成させなさい。

1　もうすぐ先生が私たちにテストを行う予定ですよね。[give を用いて，第 4 文型で]
Our teacher is going to (　　　) soon, you know.
★芝浦工業大

2　私に大学までの道のりを教えてくださいませんか。[tell を用いて，第 4 文型で]
Could you (　　　)?
★皇學館大

3　その惑星には氷という形で水が存在します。[There 構文を用いて]
(　　　) in the form of ice.
☆中部大

4　パーソナライズ(個別化)されたニュースは，人々に選択の自由を提供します。
[offer を用いて，第 4 文型で]
Personalized news (　　　).
★関西大

5　友人が私に新刊を 1 冊貸してくれましたが，あまり面白い本ではありません。
[lend を用いて，第 4 文型で]
My friend (　　　), but it's not very interesting.
★京都産業大

6　その女の子はもっといい選手になろうと頑張ったのです。私もその話は心温まる(heartwarming)話だと思います。[find を用いて，第 5 文型で]
The girl tried her best to be a better player. I (　　　), too.
★関西学院大

7　変温動物は食べ物からのエネルギーではその体を温かく保つことができません。
[keep を用いて，第 5 文型で]
Cold-blooded animals cannot (　　　) with energy from food.
★関西大

8　私は今朝電車に乗り遅れたのですが，兄が学校まで送ってくれました。
[give を用いて，第 4 文型で]
I missed the train this morning, but my brother (　　　).
★東京造形大

CHAPTER 3 動詞 自動詞と他動詞，SVOOで注意する動詞

BASIC

(　　)内の適切な語句を○で囲みなさい。

1　私たちはフェアトレードの重要性について議論しました。
We (discussed / discussed about) the importance of fair trade.

★獨協医科大

2　私を待たないでください。予定より3時間遅れているんです。
Don't (wait / wait for) me. I'm three hours behind schedule.

日本獣医生命科学大

3　NASAはアメリカ大統領の宇宙旅行計画に同意しました。
NASA (agreed / agreed with) the U.S. President's plans for space travel.

★立教大

4　英国では，貴重な美術品の多くが今でも個人の所有物です。
In the U.K., many valuable works of art still (belong / belong to) private owners.

★龍谷大

5　面談で彼女はその結果を私に説明してくれました。
She (explained the results to me / explained me the results) at the interview.

☆横浜国立大

6　この雑誌は私たちに最新情報を伝えてくれます。
This magazine (informs us / informs us of) the latest news.

☆中京大

7　彼は月曜日と火曜日を除いて毎日会議に出席することができます。
He can (attend / attend to) the meeting every day except Monday and Tuesday.

中央大

8　1911年12月14日，アムンセン隊の4人は南極点に到達しました。
Amundsen's team of four (reached / reached to) the South Pole on the 14th of December, 1911.

関西大

9　自分でやれば本当にお金の節約になります。
Doing it yourself can really (save you money / save money for you).

関西大

STANDARD

(　　) 内の語句を並べ替えなさい。ただし，文頭に来る文字も小文字にしています。

1 この文章では野生動物の行動について論じています。
This text (animals / the behavior / wild / discusses / of).

★東京大

2 漁師たちはクジラの出現を待ちました。
The hunters (a / the appearance / for / of / waited / whale).

★亜細亜大

3 彼らの行動は完全に正しいと思います。
I totally (actions / agree / their / with).

★日本大

4 野生の豚は 5 つの種に分類されます。
Wild pigs (belong / different / five / species / to).

帯広畜産大

5 病院のスタッフはその患者の両親に状況を説明しました。
The hospital staff (explained / parents / situation / the / the / to) of the patient.

★日本大

6 一時的な住所変更についてお知らせします。
I would like to (a / change / inform / of / temporary / you) of address.

☆愛知県立大

7 私の友だちはみな同じ学校に通っています。
All (attend / friends / my / school / same / the).

☆法政大

8 多くの子供たちが 5 歳を迎える前に命を落としています。
A lot of children lose their lives before (age / five / of / reach / the / they).

★星薬科大

9 ナンシーさんからのメールで，電話する手間が省けました。
An email from Nancy (me / of / saved / trouble / the) calling her.

★近畿大

ADVANCED

英文を完成させなさい。[　　] の語を適切な形に変化させて用いなさい。

1　チームは長い間その問題について議論しました。[discuss]
The team (　　　) for a long time.

☆芝浦工業大

2　私は静かに大会の結果を待ちました。[wait]
I (　　　) of the competition quietly.

★福岡大

3　要するに，この問題に関してはあなたに賛同いたしません。[agree]
In short, I don't (　　　) on this issue.

長崎県立大

4　フランス語とイタリア語は同じ言語群に属します。[belong]
French and Italian (　　　) of languages.

★東京女子大

5　配達員は警察にその事故を説明しました。[explain]
The delivery person (　　　).

★青山学院大

6　部長は私にそのプロジェクトについて通知しました。[inform]
The manager (　　　).

立命館大

7　私たちは午後の講義に出席するつもりです。[attend]
We will (　　　) in the afternoon.

★阪南大

8　私たちはまもなく山の頂上に到達します。[reach]
We will soon (　　　).

学習院大

9　その新しいコピー機で時間を大幅に短縮できます。[save]
The new copy machine will (　　　).

成城大

CHAPTER 4 時制

BASIC

(　　)内の適切な語句を○で囲みなさい。

1 多くの人は 1 日に数回，手を洗います。
Most people (wash / washed) their hands several times a day.
札幌医科大

2 ジェーンは友達とサッカーをしているときにけがをした。
Jane got injured while she (was playing / played) soccer with her friends.
玉川大

3 私もその答えを知っています。それはスイスです!
I (know / am knowing) the answer to that one, too. It's Switzerland!
神戸親和女子大

4 ラルフ・ウォルドー・エマーソンは，最も重要なのは健康であると考えた。
Ralph Waldo Emerson thought that the most important thing (is / was) health.
中京大

5 私の祖母は次の日曜日で 70 歳になります。
My grandmother (will be / has been) 70 years old next Sunday.
武蔵大

6 サイクリングクラブに入ったのだし，新しい自転車を買うつもりですか?
Now that you've joined the cycling club, (do you / are you going to) buy a new bicycle?
高知工科大

7 ベティが忘れ物カウンターに携帯電話を取りに来たところです。
Betty (is / has) just arrived at the Lost and Found counter to pick up her phone.
宮城教育大

8 イヌイットは約 12 万人。彼らは何千年もの間北極圏に住んでいる。
There are about 120,000 Inuit. They (are living / have lived) in the Arctic for thousands of years.
摂南大

9　A：あなたは優しすぎる。
B：優しくしてるんじゃないよ。本当のことを言ってるだけだよ!
A：You're too kind.
B：(I'm not being kind / I'm not kind). I'm just telling you the truth!

青山学院大

10　誕生日パーティに行けないと言ったら，ジムはがっかりするだろうと私は思った。
I thought that Jim (will be / would be) disappointed when I told him I couldn't go to his birthday party.

東京電機大

STANDARD

(　　)内の語句を並べ替えなさい。ただし，文頭に来る文字も小文字にしています。

1　最近，若い人たちは自分たちで旅行に行くのが好きなんです。
Nowadays, (go / to / younger people / on / like) vacation by themselves.

★南山大

2　人々は今も「早起きは三文の徳」という，昔ながらのことわざを信じています。
People still believe the old saying "(the worm / bird / the / catches / early)."

龍谷大

3　アレックスは先生と食事をしているとき，飲み物をテーブルにこぼしてしまった。
When Alex (his teacher / with / was / dinner / having), he spilled his drink on the table.

★京都女子大

4　ヘンリーはいつも他人の欠点を探してばかりいる。
Henry (fault / finding / with / always / is) others.

日本大

5　私が祖国を離れてから 9 年になります。
(been / has / it / since / years / nine) I left my country.

福岡大

6　1953 年以来，4,000 人以上の登山者が 8,848m の山頂に登頂している。
More than 4,000 climbers (since / have / the 8,848-meter summit / climbed to) 1953.

☆東京都市大

7　どれくらいの間列に並んでいるのですか?
(long / you / standing / have / been / how) in line?

★奈良大

8　2040 年には人口が増えなくなっている可能性があります。
It is possible that by 2040 (will / growing / stopped / have / the population).

東京農工大

ADVANCED

英文を完成させなさい。[　　] に指示がある場合はそれに従うこと。

1　頭痛が始まらないように，薬を毎日飲む人もいます。
Some people (　　　) to stop headaches from starting.

東北福祉大

2　愛子さん，あなたのひまわり(sunflower)が枯れかけているわ。大事にしたほうがいいわよ。
[die を用いて]
Aiko, (　　　). You'd better take care of it.

★立教大

3　若かったころ，私はたいてい自分で歩いて図書館に行っていた。[usually を用いて]
When I was younger, (　　　) by myself.

★鳥取大

4　もし明日大雪が降ったら，家でテレビを見よう。[heavily を用いて]
(　　　), I will stay home and watch TV.

産業能率大

5　最後にお会いしたのは，もう 2 年前だと思います。
I believe that it (　　　) since we last saw each other.

二松學舍大

6　鍵をなくしたのはいつですか?
(　　　) your keys?

★津田塾大

7　定年を迎えるころには，45 年間教壇に立っていることになります。
By the time I retire, (　　　) 45 years.

学習院女子大

CHAPTER 5 助動詞

BASIC

(　　) 内の適切な語句を〇で囲みなさい。

1 電車事故があったにもかかわらず，彼は昨夜家に帰ることができた。
Despite the train accident, he (could / was able to) get home last night.
立正大

2 授業には遅れない方がいい，というのも時間を守ることが大切だからだ。
You (had better not / had not better) be late for the class because punctuality is important.
駒澤大

3 この電話の保険に加入していれば，これらの修理代は必要ありません。
If you buy insurance for this phone, we (don't need / need not) pay for these repairs.
★北里大

4 私は小学生のころカナダに住んでいました。
I (am used to / used to) live in Canada when I was a young school boy.
★関西学院大

5 よくもまあそんなことを言えるな!
(How / What) dare you say such a thing to me!
★岩手医科大

6 トレイシーがボストンに行く前に話すべきでしたが，そうしませんでした。
I (must have talked / should have talked) to Tracy before she left for Boston, but I didn't.
★高知大

7 私の手袋がどこにもないのです。タクシーに忘れてきたのかもしれません。
My gloves are nowhere to be found. I (should have left / may have left) them in the taxi.
獨協医科大

8 何をするにしても，一郎が同級生から目立つことは避けられない。
Whatever Ichiro does, he cannot help (stand / standing) out from his classmates.
女子栄養大

9 世界で最も人気のあるスポーツはサッカーだろうが，アメリカでは野球の方が人気がある。
Soccer (may as well / may well) be the world's most popular sport; however,

baseball is more popular in the US.

★南山大

STANDARD 1

Aの文とほぼ同じ意味になるように，Bの（　　）内に入る語句をア～エの中から選びなさい。

1 A. All you have to do is fill in this application form.
B. You (　　　) fill in this application form.
ア. cannot but　イ. may well　ウ. only have to　エ. would like to

★長崎県立大

2 A. We cannot help feeling sympathy for a child with a serious disease.
B. We cannot help (　　　) feel sympathy for a child with a serious disease.
ア. always　イ. but　ウ. just　エ. so

福岡工業大

3 A. There is no longer a big cherry tree here now.
B. There (　　　) a big cherry tree here.
ア. would often be　イ. may well be　ウ. used to be　エ. must have been

★実践女子大

4 A. He would rather lose everything than admit that he was wrong.
B. He would (　　　) lose everything than admit that he was wrong.
ア. never be late to　イ. almost　ウ. sooner　エ. not be happier to

関西外国語大

5 A. You should have brought those books back to the library last week. You'll have to pay a fine.
B. You (　　　) those books back to the library last week. You'll have to pay a fine.
ア. had better bring　イ. had better not bring
ウ. ought to bring　エ. ought to have brought

★東京医科大

STANDARD 2

（　　）内の語句を並べ替えなさい。ただし，文頭に来る文字も小文字にしています。

6 子どものころ彼はよく川へ釣りに行った。
As a child, he (fishing / would / go / often) in the river.

★森ノ宮医療大

7 彼は正直者なので，嘘をつくよりは何も言わないでいたい。
He is honest, so he (tell / than /would / nothing / say / a lie / rather).

関東学院大

8　報告書によると，悪天候の中でもっと注意して運転していれば事故を回避できたかもしれないとのことです。
The report says that (could / avoided / have / the accident / the driver) if he had taken more care in the bad weather.

宮城学院女子大

9　話をしていて面白い人がいないんです。家に帰った方が良いくらいだ。
There is nobody interesting to talk to. (as / home / go / we / well / might).

★創価大

ADVANCED 1

英文を完成させなさい。[　　] に指示がある場合はそれに従うこと。

1　私たちは以前は小さな町に住んでいたが，今では東京に住んでいる。
We (　　　), but now we live in Tokyo.

東邦大

2　よくも私にそんなことが言えるわね! 撤回しない限り，あなたのことは許さないから。
[how dare を用いて]
(　　　) like that! I'll never forgive you unless you take it back.

★椙山女学園大

3　私はこれらの写真を見ると，よく夏休みを過ごした田舎を思い出す。
These pictures remind me of the countryside where (　　　).

★獨協医科大

4　私の鳥の姿がどこにも見当たらない。誰かが外に逃がしたに違いない。[let と out を用いて]
There is no sign of my bird anywhere. Someone (　　　).

★青山学院大

ADVANCED 2

[　　] 内の指示に従って，削除または追加する 1 語を答え，英文を完成させなさい。

5　あまりにも完成度が高いので,あの子が自分でこの船の模型を作ったとは思えません。[1 語削除]
I doubt that boy could not have made this model ship by himself because it looks too perfect.

立命館大

6　ギャンブルにお金を使うくらいなら捨てた方がましだ。[1 語追加]
You might well throw away your money as spend it on gambling.

★成蹊大

7　光の中を一人で歩くより，むしろ友人と闇の中を歩きたい。[1 語追加]
I would walk with a friend in the dark than alone in the light.

東北福祉大

CHAPTER 6

受動態

BASIC 1

(　　)内に適切な語を入れなさい。[　　] の語を適切な形に変化させて用いなさい。

1 スエズ運河はフランスの会社によって建設されました。[build]
The Suez Canal (　　　) (　　　) (　　　) a French company.

★三重県立看護大

---

2 国会議員は直接選挙で選ばれます。[choose]
The Congress members will (　　　) (　　　) through direct election.

☆東洋大

---

3 その本は 20 の言語に翻訳された。[translate]
The book (　　　) (　　　) into twenty languages.

☆神奈川大

---

4 彼は式典には招待されなかった。[invite]
He (　　　) (　　　) (　　　) to the ceremony.

☆中央大

---

5 どんなことに興味がありますか。[interest]
What (　　　) (　　　) (　　　) in?

白百合女子大

---

6 その島は観光客向けに開発されているところです。[develop]
The island (　　　) (　　　) (　　　) for tourists.

☆東京都市大

BASIC 2

(　　)内に入る語句をア～エの中から選びなさい。

7 その生徒は学校の教育に満足していなかった。
The student was not satisfied (　　　) the education at the school.
ア. as　　イ. on　　ウ. with　　エ. of

亜細亜大

---

8 この写真は，世界初の写真画像として知られている。
The photograph is known (　　　) the world's first photographic image.
ア. as　　イ. to　　ウ. for　　エ. in

☆亜細亜大

---

9 それで，科学者たちは今，大気汚染の世界的な影響を心配しているのです。
And so, scientists are now worried (　　　) the global effects of air pollution.
ア. in　　イ. about　　ウ. with　　エ. on

桃山学院大

10 イギリスの乗客は，その遅延に驚いていなかった。
British passengers were not surprised (　　　) the delay.
ア. on　　イ. as　　ウ. for　　エ. at

☆東京理科大

11 ヤギの皮は革製品になりました。
The goat's skin has been made (　　　) leather.
ア. of　　イ. from　　ウ. into　　エ. by

★川崎医療福祉大

STANDARD

(　　)内の語句を並べ替えなさい。ただし，文頭に来る文字も小文字にしています。

1 彼はタイから来た女性と結婚しています。
He (married / to / from Thailand / a woman / is).

★東邦大

2 今日では電車の中のほとんどの乗客がスマートフォンに熱中しています。
Nowadays, almost all the passengers on the train (smartphones / in / are / their / absorbed).

北里大

3 その企業の採用担当者は留学生の態度におおむね満足していました。
The (the company / recruiters / were generally / pleased / of / with) the attitudes of the international students.

★国際教養大

4 地球表面のほぼ 4 分の 3 は水で覆われています。
Nearly (of / three / with / covered / the Earth's surface / is / fourths) water.

関西学院大

5 印刷した本が売れなければ，企業はその投資を回収することができない。
If (do / sell / not / books / well / printed / the), the company will not be able to earn back its investment.

★獨協大

6 私の祖父が癌になった時，私は高校で人間の細胞について興味を持った。
(cells / human / interested / got / I / in) in high school when my grandfather developed cancer.

★東京薬科大

7 我々を利用できると考えるとはもってのほかだ。
How dare they assume that (be / can / we / of / advantage / taken).

★立命館大

8 その女性に話しかけられたとき，以前にも会ったことがあることに気がつきました。
When (was / the / by / to / lady / spoken / I), I realized I had met her before.

関西福祉大

9 赤ちゃんは，「ダダダ」「バババ」という音を繰り返すことがあります。この活動は喃語(なんご)と呼ばれます。*喃語：乳児が発する意味のない声
A baby may repeat the sound “dadada” or “bababa.” (called / is / activity / this / babbling).

☆成城大

10 1997 年，地雷禁止国際キャンペーンにノーベル平和賞が贈られた。
In 1997 (given / was / the International Campaign to Ban Landmines / to / the Nobel Peace Prize).

★北海学園大

11 今日，イダルゴの演説はどのメキシコの学生にも知られている。
Today Hidalgo’s speech (is / to / student / every / Mexico / in / known).

☆青山学院大

ADVANCED

受動態を使って英文を表現しなさい。[ ] に指示がある場合はそれに従うこと。

1 新しい市立図書館は現在建設されているところです。
A new city library ( ) now.

名古屋女子大

2 これは，すべてのアメリカ人がテレビ，ラジオ，新聞の情報の質に満足しているということではありません。
This is not to say that ( ) of the information from their television, radio, and newspapers.

☆北星学園大

3 ロンドン留学のため初めてイギリスに行ったとき，学生文化に不安を覚えました。[worry を用いて]
When I first went to the UK to study in London, I ( ) the student culture.

武蔵大

4 その生まれたばかりの赤ちゃんは，祖母に世話をされることになるだろう。[take を用いて]
The newborn baby will (　　　) her grandmother.

専修大

---

5 彼は正直者です。これは誰もが知っていることです。
He is an honest man. This (　　　).

★青山学院大

---

6 ジョイはコンピューター・プログラミングに熱中しすぎて一日中何も食べなかった。
[absorb を用いて]
Joy (　　　) that she didn't eat all day.

★明治大

---

7 大学はこの調査結果に驚きました。[surprise を用いて]
(　　　) the survey results.

☆立正大

---

8 今日はたくさんの宿題をもらいました。[give を用いて]
We (　　　) today.

聖マリアンナ医科大

---

9 水は陸上，大気中，海中と絶えず移動しています。この過程は，水循環（the water cycle）と呼ばれています。
Water is constantly moving, on land, in the air, and in the sea. (　　　) the water cycle.

亜細亜大

---

10 「ハリー・ポッター」シリーズは，全世界で 4 億 5 千万部以上売れ，73 の言語に翻訳されてきました。
The *Harry Potter* series has sold more than 450 million copies worldwide and (　　　).

★九州国際大

CHAPTER 7 不定詞① to不定詞の3用法:名詞用法・形容詞用法・副詞用法

BASIC 1

英文の下線部の意味を表すように，(　　)内に適切な日本語を入れなさい。

1 I want to get a good grade on my history test.
私は，歴史のテストで(　　　)と思っています。

☆大東文化大

2 To learn English grammar is one thing; to put it into practice is another.
(　　　)は，それを実践することとは別物です。

岐阜聖徳学園大

3 My plan is to go to America to study business.
私の計画は，ビジネスを(　　　)です。

日本大

4 I'm happy to get this job, but I'm also afraid because I'm going to have to prove myself.
私は(　　　)と思いますが，これから自分の力を証明しなければならないので，不安もあります。

☆同志社大

5 Can you give me something to write with? I can't remember all of that.
(　　　)を貸してくれませんか。それをすべて覚えることはできません。

松山大

6 To learn a foreign language, motivation is important.
(　　　)，モチベーションが重要です。

☆城西大

7 Babies have the ability to learn and remember music.
赤ん坊は(　　　)がある。

金沢医科大

BASIC 2

(　　)内に入る語句をア～エの中から選びなさい。

8 先日，バスの中で偶然，日本人の同僚に会いました。
The other day I (　　　) meet one of my Japanese colleagues on the bus.
ア. came to　イ. learned to　ウ. happened to　エ. became to

札幌学院大

9 本当のことを言うと，ニュージーランドではあまり英語を話さなかったんです。
( ), I didn't speak English very much in New Zealand.
ア. To begin with　イ. To tell the truth　ウ. So to speak　エ. Needless to say

東京都立大

10 これからは，トラブルに巻き込まれないように気をつけよう。
You should be careful ( ) involved in trouble from now on.
ア. in order to be　イ. so as to be　ウ. in order to not　エ. so as not to be

相模女子大

11 今から日本語で書きますので，メアリーさんに訳してもらうようにお願いしてください。
I'll write in Japanese now and you can ask Mary ( ).
ア. to try to translate　イ. trying translate
ウ. to try to translation　エ. trying translating

中央大

STANDARD

( )内の語句を並べ替えなさい。ただし，文頭に来る文字も小文字にしています。

1 夜空をきちんと見るためには，都市の外に行く必要があることが多い。
It is often necessary to (city / the / go / to / outside / in / order) see the night sky properly.

★関西大

2 学校ではみんな早口なので，会話に参加するのが難しいと思っています。
At school, everybody speaks really fast so I (join / find / hard / it / to) the conversations.

関西学院大

3 グランドキャニオンを覗けば，なぜ自然界の七不思議の１つであるかが理解できるだろう。
You have only (look into / to / understand / to / the Grand Canyon) why it is one of the Seven Wonders of the Natural World.

日本女子大

4 若い女の子たちは，大人になって妻や母になることが期待されていました。
Young girls were expected (become / to / grow / to / up) wives and mothers.

名城大

5 ニューヨークの地下鉄の駅は，特にミッドタウン・マンハッタンでは，見つけやすい場所にあります。
(to / easy / find / are / NYC subway stations), especially in Midtown Manhattan.

☆駒澤大

6 私は若すぎてその教訓が何であるかを理解することができませんでした。
I (to / young / too / was / understand) what that lesson was.

共立女子大

7 研究者たちは，イルカがライフガードやレスキュー隊員としての訓練を受けられるほどの知能を持っていることを示したいと考えている。
The researchers want to show that dolphins (be / intelligent / to / enough /are) trained as lifeguards and rescuers.

★東京工業大

ADVANCED

(　　)内に適切な語を入れなさい。頭文字が与えられている場合は，その文字から始まる語を答えること。

1 太郎の新年の抱負の 1 つは定期的な運動をすることだ。
One of Taro's New Year's resolutions (　　　) (　　　) (g　　　) some regular exercise.

順天堂大

2 植物には二酸化炭素を酸素に変える働きがあります。
Plants (h　　　) the (a　　　) (　　　) change carbon dioxide into oxygen.

玉川大

3 まず，母が私に午前中に家の掃除を手伝うように頼んできました。
First, my mother (a　　　) me (　　　) (　　　) clean the house in the morning.

近畿大

4 テッドは最初，箸で食べるのが難しいと思ったが，すぐに慣れた。
At first Ted found (　　　) (d　　　) (　　　) eat with chopsticks, but he soon got used to it.

★中央大

5 マチルダの両親は働くのが忙しすぎて，娘の面倒を見る余裕がなかった。
Matilda's parents were (　　　) busy working (　　　) (　　　) care of their daughter.

☆順天堂大

6 我々がテクノロジーと生活のバランスを保つことは，難しいことなのです。
(　　　) is (d　　　) (　　　) us (　　　) maintain a balance between technology and life.

東京都市大

CHAPTER 8 不定詞② to不定詞と原形不定詞

BASIC

(　　)内の適切な語句を○で囲みなさい。

1 次に何が起こるかはわからない。
It is impossible (to tell / tells) what will happen next.

相模女子大

2 裕福な国々は技術を持つ移民を受け入れがちで，同時に，貧しい国々は必要とされない少数民族や未熟な労働者が出国するのを認めがちだ。
It is easy (in rich countries / for rich countries) to accept skilled immigrants, and equally easy for poorer nations to allow unwanted minorities or unskilled manpower to leave.

慶應大

3 私の宿題を手伝ってくれるとは，あなたは親切だった。
It was kind (for you / of you) to help me with my homework.

國學院大

4 彼は普段は物静かで優しい人だ。でも先日，私は彼が激怒するのを見た。
He is normally quiet and gentle. But the other day I (saw he lost / saw him lose) his temper.

駒澤大

5 高校時代に陸上部で走っていたとき，コーチはいつも私たちに丘の上へダッシュさせた。
When I ran on the track team in high school, my coach always (made us run / made we ran) up hills.

同志社大

6 父は私に，私道をゆっくりと車で走ることを許してくれる。
My dad (lets me driving / lets me drive) slowly on the driveway.

★国立看護大

7 手がまだ痛かったので，私は医者に診てもらった。
My hand was still hurting so I (had my doctor take /asked my doctor take) a look at it.

日本大

8 母が一度話し出すと，止めることは難しい。
Once my mother gets started talking, it's hard to (get her stop / get her to stop).

順天堂大

STANDARD

（　　）内の語句を並べ替えなさい。ただし，文頭に来る文字も小文字にしています。

1　夜中に目が覚めるというのは，人にとって自然なことだ。
It is (to / beings / natural / wake / human / for) up during the night.

☆関西大

2　犬にとって，走っている人を追いかけないというのは難しく，飼い主であればなおさらだ。
It is (for / difficult / follow / not / dogs / to) a running person, especially their owner.

★神奈川大

3　数十万年の時間と膨大な忍耐力がない限りは，人類の進化を直接研究するのは難しい。
(human / study / is / to / difficult / evolution) directly, unless you have several hundred thousand years to spare and lots of patience.

☆東京外国語大

4　これらの噴火は見ていて美しく，観察者が怪我をすることもほとんどない。
These (watch / beautiful / are / to / eruptions), and observers are rarely hurt.

獨協医科大

5　狩りをする前に，同じ距離を飛ぶハチがいくつか見られた。
Some bees (same / were / distance / fly / the / to / seen) before hunting.

☆福島県立医科大

6　今日から新しいマネージャーが入ったと聞いた。どんな人か知ってる?
I (started / new / heard / manager / the) today. Do you know what he is like?

金沢工業大

7　マララは，若い女の子が自分の意思に反して結婚させられている状況に抗議する演説を行った。
Malala spoke against situations in which young girls (get / to / are / made / married) against their will.

甲南大

8　飼い主が不在の時に，犬にテレビを見せるのは危険です。
(is / to / watch / it / dogs / dangerous / TV / let) when the owners are absent.

★武蔵大

9　何らかのルールが必要だ。
It (be / for / is / to / there / necessary) some rules.

★京都府立医科大

ADVANCED

英文を完成させなさい。[　　] に指示がある場合はそれに従うこと。

1　医者は最初の面談で，患者にすべてのルールを説明することが重要だ。
It is (　　　) the rules to patients during the first meeting.

☆日本大

2　他人の悪口を言うなんて，あなたは失礼だ。[rude を用いて]
It's (　　　) ill of others.

同志社女子大

3　大雪のせいで私たちは旅行を延期した。[4 語で]
(　　　) postpone the trip.

岐阜大

4　動物園にいる大型類人猿が，道具を使うことがこれまで観察されている。[see を用いて]
Great apes in zoos (　　　) tools.

東京電機大 / ★桜美林大

5　こぢんまりとして打ち解けた雰囲気のホテルに滞在するのは心地がいい。
It (　　　) a small hotel with a friendly atmosphere.

日本大

6　易しい英語で書かれているので，この本はノンネイティブの話者にも理解しやすい。
Written in simple English, (　　　) non-native speakers.

長浜バイオ大

CHAPTER 9 動名詞 動名詞とto不定詞，動名詞を使った表現

BASIC 1

英文の下線部の意味を表すように，(　　)内に適切な日本語を入れなさい。

1 Playing music well requires skill and imagination.
音楽を上手に(　　　)には，技術と想像力が必要です。

★青山学院大

2 My husband's hobby is collecting stamps.
私の夫の趣味は切手を(　　　)です。

☆東京国際大

3 American farmers started growing soybeans for fuel.
アメリカの農家は，燃料用に大豆を(　　　)始めました。

★東京理科大

4 She is angry about making the same mistake.
彼女は同じ過ちを(　　　)ことに腹を立てています。

東海大

BASIC 2

(　　)内の適切な語句を○で囲みなさい。

5 映画スターと結婚したいと思う人は多いかもしれません。
Many of us might wish (to marry / marrying) a movie star.

☆青山学院大

6 私は彼と楽しい思い出話に花を咲かせました。
I enjoyed (to talk / talking) with him about our pleasant memories.

☆関西学院大

7 彼は修理費の高さに中古車を買ったことを後悔しました。
He regretted (to buy / buying) the used car because of the high cost of repairs.

★富山大

8 孤独な人は自分の気持ちを話すことを嫌います。
Lonely people dislike (to talk / talking) about their feelings.

☆慶應義塾大

9 弟や妹の世話に追われる学生もいます。
Some students are busy (to take care of / taking care of) younger brothers and sisters.

★専修大

STANDARD

(　　)内に適切な語を入れなさい。頭文字が与えられている場合は，その文字から始まる語を答えること。

1 このスカートを試着してもいいですか。

Would you mind (　　　) (　　　) the skirt on?

東京理科大

2 私は暖かいコートを着てこなかった自分に腹が立ちました。

I was angry at myself for (　　　) (　　　) a warm coat.

★専修大

3 しばらくの間お待たせしてしまったことをお許しください。

Please forgive me for (　　　) (k　　　) you waiting for a long while.

日本大

4 看護師たちは，「医療従事者」と呼ばれることを強く求めていました。

The nurses insisted on (　　　) (c　　　) "health care professionals."

★白百合女子大

5 スイッチの修理が必要なようです。

It looks like the switch (n　　　) (r　　　).

東京理科大

6 彼女は新しい服に給料を使うのを楽しみにしています。

She is looking forward (　　　) (s　　　) her wages on new clothes.

東京大

7 ボイスレコーダーで講義を録音するのはどうですか。

How (a　　　) (　　　) the lecture on a voice recorder?

☆関西大

8 あまり食べたい気分ではありません。

I don't feel (　　　) (　　　) much.

近畿大

9 今から50年後にどんなものがよく売れているかはわからない。

There is (　　　) (k　　　) what kinds of items will be selling well fifty years from now.

★近畿大

10 その件について私に尋ねても無駄ですよ。

It is no (　　　) (　　　) me about it.

大阪商業大

11 この活動は参加する価値があります。

This activity is (　　　)（ p　　　) in.

☆北海道大

ADVANCED

(　　)内の語句を並べ替えなさい。ただし，文頭に来る文字も小文字にしています。

1 蚊に刺されないようにすることがその病気の予防法の 1 つです。

(bitten / by / avoiding / being / mosquitoes) is a way to prevent the disease.

★東邦大

---

2 あなたはわずかながらそのコンサートのチケットを手に入れられる可能性があります。

There is a slight chance of (for / the / concert / getting / your / a / ticket).

水産大学校

---

3 若いころに何ら特別な能力を身につけなかったことを後悔する人は多い。

Many people regret (special / not / skills / having / acquired / any) in their youth.

★関西学院大

---

4 仕事着を洗わないといけないのですが，今は洗濯をする時間がありません。

(washing / my / work / require / clothes), but I don't have enough time to do the laundry now.

大阪医科薬科大

---

5 高齢者は賑やかな都市の外で暮らしたいと思うかもしれません。

Older people may (busy / living / outside / feel / like / cities).

★近畿大

---

6 ひとり親であることの大変さは否定できません。

(is / there / denying / no / difficulties / the) of being a single parent.

★広島国際大

---

7 人々はセキュリティにあまり注意を払うことなくインターネットを利用することに慣れきってしまったのです。

People (attention / Internet / paying / the / used / got / to / using / without / much) to security.

関西大

---

8 彼らのプロジェクトは進めるに値するものでした。

(ahead / going / with / was / worth / project / their).

★北九州市立大

CHAPTER 10 分詞

BASIC

(　　)内の適切な語句を○で囲みなさい。

1 先月のミラノ旅行で，本当に困った問題が発生した。
I was in a really (embarrassing / embarrassed) situation on my trip to Milan last month.

南山大

2 アーティストは驚いた表情でこちらを向いた。
The artist turned to us with a (surprising / surprised) look on his face.

★成蹊大

3 経済学の授業では，ほとんどの生徒が新しいコンピュータに満足しているようでした。
Almost all students in my economics class seemed (pleasing / pleased) with the new computers.

★西南学院大

4 地元のショッピングモールへ買い物しに行こうと計画しています。
I'm planning to go (to shop / shopping) at the local mall.

★摂南大

5 ある日，ケンは学生たちがキャンパスを走っているのを見た。
One day, Ken saw some students (to run / running) across the campus.

☆愛知学院大

6 残念ながら，私は英語で自分を理解してもらうことができなかった。
Unfortunately, I couldn't make myself (understanding / understood) in English.

神戸親和女子大

7 彼は興奮気味に手を振りながら，元気よく挨拶してくれる。
(Wave / Waving) to me excitedly, he greets me in high spirits.

☆成蹊大

8 大学を卒業してから，ケンは自分の専門分野での研究を深めるために大学院へ行った。
(Having finished / Having been finished) his basic college education, Ken went to graduate school for further study in his field.

東京経済大

9 何を言っていいのかわからなかったので，黙っていた。
(Not knowing / Knowing not) what to say, I remained silent.

広島国際大

STANDARD

(　　)内の語句を並べ替えなさい。ただし，文頭に来る文字も小文字にしています。

1　彼女は恥ずかしさのあまり，両手で顔を隠している。
(so / she / that / is / embarrassed) she is hiding her face in her hands.

★名古屋女子大

2　製氷皿に入れた場合，冷たい水よりも熱い水の方が早く凍るというのは，意外な事実です。
(a / it / that / surprising / is / fact) hot water can freeze faster than cool water in an ice tray.

東海大

3　そのサッカー選手は痛みをこらえながら，試合終了までプレーを続けた。
The footballer put up with the pain and (until / the end / playing / the match / kept / of).

岩手医科大

4　昨日，私は買い物をしているときに自転車を盗まれた。
Yesterday, (bicycle / I / stolen / had / my) while I was doing some shopping.

国士舘大

5　ジョージア州の農場に友人たちと滞在している際に，彼は農家の人たちが大きな問題について話しているのを耳にした。
(a farm / with / some / staying / friends/ while / on) in Georgia, he listened to the farmers talking about their big problem.

★関西大

6　このような扱いを受けたことがなかったので，ルーシーは非常に怒った。
Never (like / been / treated / this / having), Lucy got extremely angry.

★京都教育大

7　この暑さでは勉強もはかどりませんね。暑いと言えば，明日の夕食の予定はありますか?
It is hard to study in this heat. (of / heat / speaking / the), do you have any dinner plans tomorrow?

弘前大

8　外にある，エンジンがかかって助手席に女性が座っている車を指差した。
He indicated (with / running / the / a car outside / engine) and a woman in the passenger seat.

☆長崎大

9　彼は 30 歳まで父親の手伝いで忙しく働いていた。
He was (his father / busy / with / working) until the age of 30.

★京都産業大

ADVANCED

(　　)内に適切な語を入れなさい。

1　30代も終わりに近づき，自分の人生を振り返っている自分に気がつきました。
As my thirties came to a close, I found (　　　) (　　　) on my life.
島根大

2　自分の言っていることをより理解してもらえるように，簡単な表現を使いましょう。
Use simple expressions in order to make (　　　) (　　　) better.
芝浦工業大

3　緊張していたので，彼女は先生に何も言えなかった。
(　　　) (　　　), she could not say a word to the teacher.
帝京大

4　空から見ると，その建物は修繕が必要です。
(　　　) from the sky, the building needs repairing.
國學院大

5　異論がなかったので，彼は当社のコンサルタントとして採用されることに決まりました。
(　　　) (　　　) no objection, they decided to employ him as a consultant of our company.
★鹿児島大

6　社会の多様性を考えれば，学校は行事日程に多様な文化の祝日を含めることが望ましい。
(　　　) (　　　) (　　　) (　　　) society, schools should include various culture's holidays in their schedules.
★慶應大

7　天気が良ければ，ピクニックをする予定です。
We are going to have a picnic, (　　　) (　　　).
創価大

8　一般的に言えば，日本人は雨に濡れることをあまり好まない。
(　　　) (　　　), Japanese people do not really like to get wet when it rains.
☆法政大

9　台風が来ていて，ここ10年で一番ひどいと言われているんです。
There (　　　) (　　　) (　　　) (　　　), and they say it's the worst in 10 years.
麗澤大

CHAPTER 11 比較 原級，比較級，最上級（基本）

BASIC

（　　）内の適切な語句を〇で囲みなさい。

1　科学者たちは，ゾウはチンパンジーほど賢くはないと結論づけました。
Scientists concluded that elephants are (not as smart as / as not smart as / as smart as not) chimpanzees.

★東京大

2　科学技術は，それによって解決するのと同じくらい多くの問題を生み出すことがよくあります。
Technology often creates (problems as many as / as many problems as / many as problems as) it solves.

☆宮崎大

3　女性は男性よりも心臓病の発症が遅い傾向にあると考えられています。
It is thought that women tend to experience heart disease (late / later / latter) than men do.

★金沢医科大

4　猫の感覚のいくつかは人間よりも鋭い。
Some of a cat's senses are sharper than (a human / that of a human / those of a human).

★大学入試センター試験

5　平均的なアメリカ人は，平均的な中国人よりも 22 ポンド体重が重いです。
The average American is 22 pounds (as heavy as / heavier than) the average Chinese.

早稲田大

6　幼稚園に入る前に，裕福な家庭の子どもは低所得の家庭の子どもよりもずっと多くの単語を聞いているのです。
Before they start preschool, children from rich families have heard (many / much) more words than children from low-income families.

☆神奈川大

7　道路を走る車の数は月末に最も多くなります。
The number of cars on the road is (highest / the highest) at the end of the month.

名古屋工業大

8　創造性は人類の発明の中で最も偉大なものと考えられています。
Creativity is considered to be the greatest (in / of) all human inventions.

国際教養大

STANDARD

(　　)内に適切な語を入れなさい。頭文字が与えられている場合は，その文字から始まる語を答えること。

1　病気を防ぐのに，野菜は果物と同じくらい重要な役割を担っています。
Vegetables play (　　　) (i　　　) (　　　) (　　　) as fruit in protecting against disease.

☆順天堂大

2　初のクローン羊であるドリーは，他の大半の羊の半分しか生きられませんでした。
Dolly, the first cloned sheep, lived only (　　　) (　　　) (　　　) as most other sheep.

★獨協大

3　アメリカの平均寿命は他の先進国に比べて短いです。
The average life expectancy in the U.S. is lower (　　　) (　　　) (　　　) other developed countries.

☆東京医科大

4　ハイブリッド車は普通の車に比べてガソリンの使用量が約 66 パーセント少なくなります。
Hybrid cars use (l　　　) gasoline (　　　) ordinary cars (　　　) about 66%.

★明治大

5　彼らは以前より睡眠時間を少し長く取っています。
They are getting (　　　) (　　　) (m　　　) sleep than they were before.

☆青山学院大

6　医療従事者の不足は最貧国において最も深刻です。
The shortage of health care professionals is (　　　) (s　　　) in the poorest nations.

★大学入試センター試験

7　実は，豚は最も清潔な動物の 1 つなのです。
Pigs are, in fact, (　　　) (　　　) (　　　) animals around.

☆東京農業大

8　木星は夜空で 4 番めに明るい天体です。
Jupiter is (　　　) (　　　) (　　　) object in the night sky.

☆公立鳥取環境大

ADVANCED

(　　) 内の語句を並べ替えなさい。ただし，文頭に来る文字も小文字にしています。

1　かつてクリスマスに贈り物をすることは今ほど重要ではありませんでした。
Gift-giving at Christmas was once (is / as / it / now / so / not / important).

☆武庫川女子大

2　マラリアはエイズと同様に重要な問題として認識されるべきです。
Malaria should be (significant / a / as / considered / as / problem) AIDS.

★甲南大

3　2050 年までに，我々は現在の 2 倍肉を食べるようになるでしょう。
By 2050, we will be eating (eat / today / as / we / meat / as / twice / much).

★中央大

4　じゃがいもの栽培は小麦の栽培より簡単です。
The cultivation of potatoes is (that / easier / of / than / wheat).

滋賀医科大

5　平均して，日本人女性はアメリカ人女性よりも 5 年以上長生きします。
On average, Japanese women live (the US / over / in / five / longer / years / those / than).

★国立看護大学校

6　オンラインメッセージでは笑顔の絵文字が圧倒的によく使われています。
Emojis with smiling faces are (popular / the / by / most / far) in online messages.

★立教大

7　「文化」は人文社会科学において最も難しい概念の 1 つです。
"Culture" is (difficult / of / in / the / concepts / one / most) the human and social sciences.

奈良県立大

8　メタンは二酸化炭素に次いで多い温室効果ガスです。
Methane is (after / the / greenhouse / second / common / most / gas) carbon dioxide.

近畿大

CHAPTER 12 比較の構文

BASIC

(　　)内の適切な語句を○で囲みなさい。

1 彼らは新しい場所に移転したところだ。そこは前の店舗よりずっと大きい。
They've just moved into a new place. It's (much / very)bigger than the old store.
立命館大

2 A：あなたの学校には男子も女子もいるの？
B：うん，いるよ。でも，女子のほうが男子よりもはるかに多いよ。
A : Does your school have both boys and girls?
B : Yes, it does. However, there are (many more / much more) girls than boys.
松山大

3 イギリス人は世界で最もたくさんビスケットを食べる。
The British are (by even / by far) the biggest biscuit eaters in the world.
★上智大

4 日が経つにつれて，彼女がだんだん弱っていくのに気づいたので，より注意を払う必要があった。
As the days went by, we noticed that she was getting (more and more weaker / weaker and weaker), so we had to focus more on her.
★上智大

5 この20年にわたって，公共の場ではゴミ箱が少なくなってきている。
Over the last two decades, there are (less and less / fewer and fewer) garbage cans in public places.
★大阪産業大

6 読書をすればするほど，それに対する理解が深まり，そして理解が深まるほど，ますます好きになり，そして好きになればなるほど，それをもっとやるようになる。
(The more / The better) you read, the better you get at it; the better you get at it, the more you like it; and the more you like it, the more you do it.
奈良女子大

7 子どもの溺死防止にかかる費用は，これらの病気の阻止と同じくらい高くない。
The cost of drowning prevention among children is (no more / any more) expensive than interventions for these diseases.
☆桜美林大

STANDARD

(　　)内の語句を並べ替えなさい。ただし，文頭に来る文字も小文字にしています。

1 携帯電話は会社員に多くの自由な時間を与えて，人々の生活を以前よりかなり楽なものにしている。
The cell phone has (a / life / easier / people's / made / lot) by giving office workers a lot of free time.
☆関西学院大

---

2 彼らは概して，以前よりも少し長めの睡眠を得られるようになっている。
They are, in general, getting (than / sleep / little / more / a) they were before.
☆青山学院大

---

3 テストの実施者は，受験者の成功のために抜群に最高の環境を用意すべきだ。
Test-givers should make sure that test-takers have (very / conditions / best / the) for success.
愛知大

---

4 だんだん目が疲れて，ほどなくページ上の文字を読むのも困難になった。
My eyes (more / became / and / tired / more), and soon I found it hard to read the words on the page.
和歌山大

---

5 それまでの学習量が多ければ多いほど，さらに多くのことを学ぶことが容易になる。
The more a man has learnt, the (to / it / him / is / for / easier) learn still more.
☆京都教育大

---

6 安ければ安いほどよい。
(better / the / the /, / cheaper).
昭和大

---

7 知識が増えれば増えるほど，覚えるのがいかに大変だったかの記憶は薄れていく。
The better you know something, (less / remember / the / you) how hard it was to learn.
★大阪市立大

---

8 かなづちが泳げないのと同じように，私はまったく泳げない。
I can (than / more / swim / no) a hammer can.
★日本大

---

9 人にサッカーを教えることは，サッカーを上手にプレーすることと同じくらい難しい。
Teaching someone how to play football (difficult / is / than / playing / less / no) it well.

★日本大

ADVANCED

英文を完成させなさい。[　　]に指示がある場合はそれに従うこと。

1 日本人は式典の開始時間より，かなり早く到着する傾向がある。
Japanese people tend to (　　　) the starting time of ceremonies.

長浜バイオ大

2 彼は今，兄よりもはるかに多くのお金を稼いでいる。
He is now making (　　　) his brother does.

☆南山大

3 人々は，他人の公的な生活にはあまり興味を持たなくなってきている。
People are becoming (　　　) in other people's public lives.

杏林大

4 自分の幼い子どもに，ワクチンを打たない選択をする親がますます増えている。
(　　　) choosing not to get vaccines for their young children.

宮崎大

5 今日学校(教育)にお金をかければかけるほど，明日ミサイル(防衛)に使うお金が減るでしょう。
[現在形を用いて]
(　　　) on schools today, the less we'll have to spend on missiles tomorrow.

亜細亜大

6 抗菌石鹸は，通常の石鹸と同様の殺菌効果しかない。
Antibacterial soap is (　　　) killing germs than is regular soap.

☆兵庫医科大

7 握手それ自体も，それが相手に伝える普遍的なメッセージと同じくらい重要だ。[lessを用いて]
The handshake itself is (　　　) the universally accepted message it conveys.

☆神戸市外国語大

CHAPTER 13 関係詞① 関係代名詞who, whose, which, that

BASIC

英文の下線部の意味を表すように，(　　)内に適切な日本語を入れなさい。

1 Our group is looking to set up a language exchange program with students who are studying Japanese and can speak English.
私たちの団体は(　　　)との言語交換プログラムを立ち上げようと努めている。
大阪工業大

2 Tonight I have made plans to go out with an old friend whom I haven't seen in about a year.
今夜ぼくは(　　　)と出かける計画を立てた。
★日本医科大

3 For a person whose height is 175 centimeters, a weight between 57 and 76 kilograms is in the normal weight range.
(　　　)にとって，体重が 57 から 76kg の間であれば適正体重です。
★札幌医科大

4 In one of the big supermarkets in England, I found something which looked like nigiri sushi.
イギリスのある大きなスーパーマーケットで，私は(　　　)を見つけた。
★島根大

5 Human beings can make sentences which they have never used or heard before.
人は以前に(　　　)を作ることができる。
★聖心女子大

6 He married a girl he had known in his student days in Zurich and settled down in an apartment in Bern.
彼はチューリッヒで(　　　)と結婚してベルンのアパートで身を固めた。
富山大

7 Picture a face you know really well: someone in your family, a friend or even someone famous.
家族の誰か，友人あるいは有名人など，(　　　)を思い浮かべなさい。
立教大

8 The host family which I stayed with this summer took care of me very well.
この夏に(　　　)は私の面倒をとてもよく見てくれた。
★山梨学院大

STANDARD

(　　)内の語句を並べ替えなさい。ただし，文頭に来る文字も小文字にしています。

1 集中的なテキスト学習に重点を置く学校に通っていた 10 代の若者は，他の 10 代の若者に比べて近視になる確率が非常に高いと他の証拠が示している。
Other evidence shows that teenagers (schools / attended / focus on / who / intensive textual study / that) were much more likely to develop myopia than other teenagers.

北九州市立大

2 ミープが観察したアンネは別人だったのだ。
The Anne (was / whom / Miep / another person / observed).

☆香川大

3 絶滅危惧種は個体数が非常に少なく，絶滅の危機に瀕している動物の一種です。
An endangered species is a type of animal (population / whose / small / is / so) that it is in danger of becoming extinct.

奥羽大

4 もしあなたが話しかけている相手を見つめれば，あなたはその人の関心を引きつけるだろう。
If you (talking to / you / the person / look at / are), you will hold that person's attention.

京都産業大

5 研究者が次に研究したい領域の 1 つは世界の子どもの人口が人間社会に与える影響である。
One of (want / researchers / the areas / to / study) next is the impact of the global child population on the human world.

★長浜バイオ大

6 先生から学んだ最も大切なことは何ですか?
What is (learned / the most important thing / have / you / that) from your teachers?

神戸女学院大

7 もしその場所があなたにとってなじみのない土地であれば，インターネットで調べたり，行ったことのある人に話を聞いたり，その土地に関する本を読んだりしてみましょう。
If it is (you / unfamiliar / a place / are / which) with, check the Internet, talk to people who have been there before, and read books about the region.

西南学院大

8 私たちはグーグルで検索し，ブログを書き，ポッドキャストを配信し，そしてスパムを送ることができる時代に生きている。
We live in (can / which / you / an age / Google / in), blog, podcast and spam.

☆東邦大

ADVANCED

(　　) 内に適切な語を入れなさい。頭文字が与えられている場合は，その文字から始まる語を答えること。[　　] に指示がある場合はそれに従うこと。

1　教育学部に所属する学生のうち，たった 3 割程度しか教員にならない。[who を用いて]
Of the (　　　) (　　　) (b　　　) (　　　) the Department of Education, only about 30% will be teachers.

★群馬大

2　私が最も愛し大切にしている友人は人間でさえなく，馬なのだ。[whom を用いて]
The (　　　) (　　　) (　　　) love and cherish most, though, is not even a human being, but a horse.

専修大

3　母語が英語である人々は，他国で人々が英語を違うように話していると心が落ち着かない。
People (　　　) (m　　　) (t　　　) is (　　　) feel uneasy when people speak English differently in other countries.

★松山大

4　私が好きだったその女の子はあなたが踊っていた子より年下だった。
The (　　　) I (l　　　) was younger than the one you (　　　) (d　　　) (　　　).

亜細亜大

5　1500 年代から 1800 年代にかけて，私たちがメキシコとして知るその土地はニュースペインと呼ばれるスペインの植民地の一部だった。
From the 1500s to the 1800s, the (l　　　) (　　　) (　　　) (　　　) Mexico was part of a Spanish colony called New Spain.

★青山学院大

6　子どもが生まれてから 5 年間で学ぶべき最も重要なことは何ですか。
What is the (　　　) (　　　) thing that (　　　) (　　　) (　　　) in the first five years of life?

★明治学院大

7　知識は新しいアイディアが生み出される材料だ。
Knowledge is the stuff (　　　) (　　　) (　　　) (　　　) are made.

★成城大

8　知識のかなりの部分は人々が所属する社会集団の慣習に依存する。
A good part of knowledge depends on the practices of the social (　　　) (　　　) (　　　) the (　　　) belong.

★早稲田大

CHAPTER 14 関係詞② 関係代名詞what, 関係副詞

BASIC

(　　)内に入る語句をア～エの中から選びなさい。

1 私たちはたいていの場合，自分の身体の中で起こっていることについて意識していません。
Most of the time we are unaware of (　　) is happening in our bodies.
ア. that　イ. what　ウ. which　エ. why

☆近畿大

2 この写真を見るとカリフォルニアに住んでいたころを思い出します。
This picture reminds me of the days (　　) I lived in California.
ア. how　イ. what　ウ. when　エ. which

中央大

3 シティ・オブ・ロンドンは，現在多くの銀行が本店を置く地域です。
The City of London is now the area (　　) many banks have their head offices.
ア. how　イ. when　ウ. where　エ. which

★学習院大

4 あなたが留学を希望する理由を教えていただけますか。
Could you tell me the reason (　　) you want to study abroad?
ア. how　イ. what　ウ. which　エ. why

関西学院大

5 地球温暖化によって冬がない時代が来るかもしれません。
The time may come (　　) there will be no winter because of global warming.
ア. what　イ. when　ウ. where　エ. why

日本大

6 皮膚は身体が私たちに必要なビタミン D をつくる場所です。
The skin is (　　) our bodies make the vitamin D that we need.
ア. what　イ. when　ウ. where　エ. which

☆大学入試センター試験

7 私はこのようにして困難な問題の解決策を見出すのです。
This is (　　) I find solutions to difficult problems.
ア. how　イ. the way how　ウ. the way which　エ. what

秋田県立大

8　紙幣という概念は中国に起源を発し，そこでは1000年以上も前に初めて紙幣が印刷されました。
The idea of paper money comes from China, (　　　) the first banknotes were printed over 1,000 years ago.
ア. how　　イ. that　　ウ. when　　エ. where

中央大

STANDARD

(　　)内に適切な語を入れなさい。頭文字が与えられている場合は，その文字から始まる語を答えること。

1　その情報はまさにあなたが求めているものです。
The information is really (　　　) (　　　) (　　　) looking for.

☆大阪府立大

2　一部の文化圏では，母親たちはいわゆる「赤ちゃん言葉」をよく使います。
In some cultures, mothers often use (　　　) is (　　　) “baby talk.”

慶應大

3　このソフトは便利で，そのうえ高価なものではありません。
This software is useful and, (　　　) is (m　　　), it is not expensive.

国士舘大

4　アボリジニの人口は，彼らが狩猟採集の生活をしていた時期に大きく増えました。
The population of Aborigines increased greatly during the (p　　　) (　　　) (　　　) led a hunter-gatherer way of life.

神奈川大

5　あなたの周りにいる人が皆外国語をしゃべっている状況を想像してみてください。
Imagine yourself in a situation (　　　) everyone around you is speaking a foreign language.

☆専修大

6　コミュニケーションにおける技術の進歩は，私たちと世界の他の国々との関わり方を根本的に変えました。
Technological advances in communication have fundamentally changed (　　　) (　　　) we interact with the rest of the world.

福島大

7　運転中の携帯電話での通話は大変危険です。そのため多くの国で違法とされています。
Talking on a cellphone while driving is very dangerous. (T　　　) (　　　) (　　　) many countries have made it illegal.

獨協大

8　2010年夏には再び食料価格が急騰し，小麦の価格が66%上昇しました。
Food prices increased again rapidly during the summer of 2010, (w 　　) the cost of wheat rose by 66% .

★九州大

ADVANCED

[　]の指示に従って(　)内の語句を並べ替えなさい。ただし,文頭に来る文字も小文字にしています。

1　語彙は習得するのに最も時間がかかるものです。[1語不要]
Vocabulary is (time / takes / that / the / which / longest / what) to learn.

★岩手大

2　ウェールズ語はいわゆる少数言語です。[1語不要]
Welsh (called / we / is / what / call) a minority language.

高崎経済大

3　読書の心に対する関係は，運動の肉体に対する関係と同じです。[1語不要]
(is / reading / to / that / the mind / is / what / exercise) to the body.

日本大

4　私たちが月に旅行できる日が間もなくやって来るでしょう。[1語不要]
The day will soon (we / come / which / can / travel / to / when) the moon.

青山学院大

5　自転車を置いておく場所に注意してください。[1語不要]
Please pay attention to (you / leave / where / area / which / the) your bike.

☆茨城大

6　ボディランゲージは，身体の様々な部分を使って自分を表現する手段です。[1語不要]
Body language is (express / we / how / ourselves / the / way / which / in) using different parts of our body.

☆関西学院大

7　インドネシアの島の6割は正式名称や法的地位がありません。そのため他国から領有権を主張される可能性があるのです。[1語不要]
60% of Indonesian islands don't have an official name or legal status. That is (claimed / they / because / why / be / can) by another country.

★奈良県立大

8　パリのルーヴル美術館には「モナ・リザ」の特別室があり，何百万人もの人々がこの絵を見に行きます。[1語不要]
"The Mona Lisa" has a special room of her own in the Louvre Museum in Paris, (to / millions / go / where / of / people / that / see) the painting.

★東京女子大

CHAPTER 15

関係詞③ いろいろな関係詞:複合関係詞・疑似関係代名詞・連鎖関係代名詞など

BASIC

(　　)内に入る語句をア～エの中から選びなさい。

1　始まりがあるものはどんなものも終わりがある。

(　　　) has a beginning also has an end.

ア. However　イ. Whatever　ウ. Whenever　エ. Whichever

京都女子大

2　誰が選出されても，私たちのグループ全体でその人を応援します。

(　　　) is elected, our entire group will support that person.

ア. Who　イ. Whoever　ウ. Anyone　エ. Someone

関西学院大

3　地球上のどこにいても，少なくとも4機のGPS衛星が，いつでもあなたをシステム上で確認できるようにしてくれます。

(　　　) on the planet, at least four GPS satellites make you visible on the system at any time.

ア. Wherever you are　イ. Whenever it may be

ウ. However you are　エ. Whatever it may be

東京都市大

4　インターネットによって体系的な知識にアクセスできるようになったので，大学は昔のような役割を果たせなくなるかもしれません。

The Internet provides us with access to knowledge, so universities may not play the same role (　　　) they did in the past.

ア. where　イ. as　ウ. than　エ. what

★千葉大

5　私があなたのお兄さんだと思った人は，違う人だったことがわかりました。

The man (　　　) your brother proved to be the wrong person.

ア. was I thought　イ. who was I thought

ウ. I thought he was　エ. who I thought was

獨協医科大

6　(それが)どんなに長くても，私はこの映画を観たいと思います。

(　　　), I want to see this movie.

ア. However it may be long　イ. However long it may be

ウ. However may it be long　エ. However long may be it

青山学院大

---

7 その男はなけなしのお金を寄付した。
The man gave away (　　　) money there was.
ア. what a little　イ. what　ウ. what few　エ. what little

福岡大

8 タイなど一部の国では，彼らが必要とするよりもはるかに多くの米を生産しています。
Some countries, such as Thailand, produce far more rice (　　　) they need.
ア. than　イ. when　ウ. what　エ. however

☆北海道大

STANDARD

(　　)内の語句を並べ替えなさい。ただし，文頭に来る文字も小文字にしています。

1 本当のモナ・リザが誰であったにせよ，彼女は何世紀にもわたって多くの人々に愛される存在となっています。
(have / the real Mona Lisa / been / may / whoever), she has become the object of much affection over the centuries.

☆南山大

2 彼はなけなしのお金をはたいて新車を買った。
He took (he / what / little / had / money) and bought a new car.

桜美林大

3 いつでも都合の良い時に来てください。
Please come (for / it / whenever / convenient / is) you.

東北芸術工科大

4 その決断がどれだけ難しいものであろうと, 我々は明日までにこの問題を解決しなければなりません。
(is / difficult / however / decision / the), we have to settle this issue by tomorrow.

北里大

5 その製品にふさわしいとあなたが思う言葉を思い浮かべましょう。
You should think (you / which / word / a / think / suits / of) the product.

★横浜市立大

6 コインの裏表のどちらを向いて着地しても, フクロウが見えると幸運な出会いと考えられている。
(the coin / on / side / lands / whichever), seeing an owl is considered to be a fortuitous meeting.

★酪農学園大

7 私は，チンパンジーにも人間が持っているのと同じ権利を与えるべきだと考えています。
I believe we should give chimpanzees (as / have / rights / same / the / we).

★関西大

8　カフェインの作用は，これまで考えられていたよりも複雑なようです。
The effects of caffeine seem to be (been / complex / had / more / than / thought).
近畿大

9　ゴルフにとってのタイガー・ウッズは，テニスにとってのアーサー・アッシュと同じです。
Tiger Woods (Arthur Ashe / golf / is / to / to / was / what) tennis.
★北九州大

ADVANCED

(　　)内に適切な語を入れなさい。頭文字が与えられている場合は，その文字から始まる語を答えること。

1　研究者が見つけたあらゆるデータは，それが欲しい人誰にでも提供されます。
All of the data the researchers find will be given away to (　　　) (w　　) it.
立教大

2　私はこの写真を見るたびに，アメリカにいた頃のことを思い出します。
(　　　) (　　　) (s　　) this picture, I remember the days when I was in America.

3　ハーヴァードでの生活で気に入っていることのひとつに，私がアメリカの大学全般に当てはまると信じていることですが，文化の多様性があります。
One of the things I like about life at Harvard, (w　　) I (b　　) applies (　　　) American universities in general, is the cultural diversity.
愛知大

4　明日は間違った「近道」をして，昨日やってしまったのと同じ間違いをしないようにと自分に言い聞かせています。
I say to myself that tomorrow I won't take the wrong 'short-cut' and make the (　　　) (　　　) (　　　) I (　　　) yesterday.
東京工業大

5　インターネットは，1つの書店で購入できるよりもはるかに多くの種類の本を消費者に提供します。
The Internet provides consumers with a much (l　　) selection of books (　　　) (　　　) available in any one bookstore.
神奈川大

6　最近，農場で過ごす時間はわずかですが，たいてい一人で過ごしています。
(W　　) (　　　) time I (s　　) at the farm these days (　　　) usually spent alone.
☆立命館大

7 あなたと私は全く正反対です。我々がこのことについてどれだけ長く話し合っても埒が明かないようです。
You and I are still poles apart. We seem to be getting nowhere, (　　　) (　　　) (　　　) may (　　　) (　　　) this.

京都外国語大

8 未来に起こるどんなことも，過去にすでに起こったことよりも奇妙なことではなさそうである。
(　　　) (h　　) (　　　) the (　　　) is unlikely to be odder than what has already happened in the past.

★東京外国語大

9 どの方法を試しても必ず成功するよ。
(　　　) (w　　) you (t　　) (　　　) bound to succeed.

名古屋外国語大

CHAPTER 16 仮定法

BASIC 1

(　　)内の適切な語句を○で囲みなさい。

1　私があなたなら，もう一度彼に話しかけます。
If I (am / were) you, I would talk to him again.

名城大

2　私がこの会社の社長なら，全てのシステムを変えるかもしれない。
If I were the president of this company, I (could change / have changed) the entire system.

☆高知工科大

3　もし十分なお金があれば，私は家を買っていたかもしれない。
I (bought / might have bought) a house if I had had enough money.

★長野大

4　地図を持参していれば，彼女は東京で迷うことはなかっただろう。
If she (had brought / had bringing) a map, she would not have gotten lost in Tokyo.

会津大

BASIC 2

(　　)内に入る語句をア～エの中から選びなさい。

5　もし私がオーストラリアに住んでいたら，泳ぎに行ったり，ビーチでクリスマスを祝ったりできるのにね!
If I (　　　) in Australia, I could go swimming and celebrate Christmas at the beach!
ア．will live　イ．living　ウ．lived　エ．had lived

崇城大

6　もし，彼がベストを尽くさなかったならば，成功することはなかったでしょう。
(　　　), he would not have succeeded.
ア．If he haven't done his best　イ．If he won't do his best
ウ．If he hadn't done his best　エ．If he doesn't do his best

☆福岡工業大

7　子供に戻れたらいいなあ。
I wish I (　　　) a kid again.
ア．could be　イ．can be　ウ．had been　エ．will be

京都産業大

8　あの時，その情報を知っていればなあ。
I wish I (　　　) that information at that time.
ア. knew　　イ. had known　　ウ. had knew　　エ. know

江戸川大

9　仮に現地で戦争が起きれば，旅行の中止も検討しなければならないだろう。
We would have to consider cancellation of our trip if a war (　　　) out in the region.
ア. are broken　　イ. are to break　　ウ. were broken　　エ. were to break

大阪教育大

STANDARD

(　　) 内に適切な語を入れなさい。[　　] の語を適切な形に変化させて用いなさい。頭文字が与えられている場合は，その文字から始まる語を答えること。

1　もちろん，後悔はしています。もし，もう一度人生をやり直せるなら，医学を学びたいです。[be]
Of course, I have regrets. (　　　) I (　　　) able to live my life again, I would study medicine.

青山学院大

2　もっとお金があれば，新しいスマートフォンを買うのになあ。[buy]
(　　　) I had more money, I (w　　　) (　　　) a new smartphone.

亜細亜大

3　あの時，母が私の悩みを知っていたら，私のことを助けてくれただろうに。[know]
If my mother (　　　) (　　　) about my problem then, she (　　　) (　　　) helped me.

同志社女子大

4　もっと頑張っていれば，結果は違っていたかもしれません。[be]
(　　　) I had (　　　) harder, the result (m　　　) (　　　) (　　　) different.

文教大

5　けさ，もっと早く起きていれば，今朝食を食べるのに十分な時間があるはずなのに。[get]
If you (　　　) (　　　) (　　　) much earlier this morning, you (w　　　) have enough time to eat breakfast now.

★大阪医科大

6　こんなパソコンが家にあったらいいのに。そうすれば，父のノートパソコンを借り続ける必要はないでしょう。[have]
I (w　　　) I (　　　) a computer like this one at home. Then I wouldn't have to keep borrowing my father's laptop.

7 私たちが話しているときに，スマートフォンをそんなに長く使うのはやめてくれないかな。[spend]
I (　　) you (w　　) (　　) (　　) so much time on your smartphone when we're talking.

★早稲田大

8 万が一気が変わったら，できるだけ早く教えてください。
(　　) you (s　　) change your mind, let me know as soon as possible.

中京大

ADVANCED

(　) 内の語句を並べ替えなさい。ただし，文頭に来る文字も小文字にしています。下線のある語は必要があれば正しい形に直して用いること。

1 全ての国がキャッシュレス決済を導入すれば，海外の人もよりスムーズに買い物を楽しむことができます。
(countries / adopt / all / if / cashless payment), people from overseas could enjoy their shopping much more smoothly.

鎌倉女子大

2 もっと勉強していれば，昨日のテストはもっといい点数が取れたはずだ。
If I had studied harder, I (score / better / get / a / would / have) on the test yesterday.

青山学院大

3 もしどの電車もそんなに混んでいなかったら，そのうちの 1 本に乗っていたのに。
(be / had / trains / so crowded / not / if / the / all), I would have taken one.

神奈川大

4 あと 10 分早く出発していれば，終電を逃すことはなかったのに。
If I had left ten minutes earlier, (last / not / the / train / would / I / miss / have).

国士舘大

5 夫がもっと家のことで私を助けてくれたらいいのに。
(wish / I / my / husband / with / more / me / help) things around the house.

駒澤大

6 万が一，怪我が悪化した場合は，専門家に診てもらう必要があります。
(get / should / worse / injury / your / if), you will need to see a specialist.

杏林大

7 もし仮に西アフリカ中を旅するとしたら，700 以上の異なる言語に出会うことになるだろう。
(to / you / if / were / across / travel / West Africa), you would encounter more than 700 distinct languages.

國學院大

CHAPTER 17 仮定法の構文

BASIC

(　　)内の適切な語句を○で囲みなさい。

1 もし私があなたの立場だったら，この知らせを聞いてとてもショックを受けるでしょう。
(I were / Were I) in your place, I would be very shocked to hear the news.
相山女学園大

---

2 クラスメートと話すときに，もっと自信が持てればいいんだけどなあ。
If only I (can / could) be more confident when I talk to my classmates.
東洋大

---

3 私は駅まで走った。そうでなければ電車に乗り遅れるところだった。
I ran to the station. Otherwise, I (missed / would have missed) the train.
★芝浦工業大

---

4 マイクとの最初のデートは，今でも昨日のことのように覚えています。
I still remember my first date with Mike as though it (had been / were) only yesterday.
京都女子大

---

5 エンターテインメント性がなければ，読書は退屈な作業になってしまう。
If it (had not been for / were not for) the entertainment value, reading would be a boring task.
法政大

---

6 お早めに手紙をお送りくださいますと幸いです。
We (will / would) appreciate it if you could send us the letter as soon as possible.
中央大

---

7 膝の怪我がなければ，キャプテンは昨日もプレーしていただろう。
But for a knee injury, the captain (would play / would have played) yesterday.
★東京経済大

---

8 大気中の空気がなければ，私たちは焼け死んだり，凍死してしまうかもしれません。
Without the air in our atmosphere, we (might burn / might have burnt) up or freeze to death.
☆熊本県立大

---

9 さて，そろそろお別れの時間ですね。
Well, it is about time we (are / were) saying goodbye.
麻布大

---

10 彼女は快方に向かってはいるが，医師からはしばらく入院するようにとのアドバイスがあった。
She is getting better, but the doctor advised that she (stay / had stayed) in the hospital for a while.

金沢医科大

STANDARD

(　　)内の語句を並べ替えなさい。ただし，文頭に来る文字も小文字にしています。

1 もう少し早く期末テストの勉強を始めていればなあ。
(I / only / started / had / studying / if) for the final exam a little earlier!

京都産業大

2 ご不明な点がございましたら，ご遠慮なさらずにいつでもご連絡ください。
(have / you / questions / should / any), please do not hesitate to contact us at any time.

★京都産業大

3 彼の話を聞くと，みんな彼を天才だと思うだろう。
(to / him / hear / talk), one would take him for a genius.

明治薬科大

4 裕福な人なら，窓がたくさんある大きな家を持っているでしょう。
(person / wealthy / have / a / would) a big house with many windows.

獨協大

5 彼は彼女の前で立ち止まり，話すかのように口を開いた。
He stopped in front of her and opened (mouth / to / as / speak / if / his).

★成蹊大

6 ただ，もしオリンピックがなかったら，私の人生は大きく変わっていただろうと感じています。
I just feel that (it / for / not been / had / if) the Olympics, my life would have been so different.

成蹊大

7 ナイル川がなければ，エジプト全土が砂漠になっているだろう。
Without the Nile River, (Egypt / of / be / all / a desert / would).

兵庫県立大

8 もう一度，地球周回軌道を超えるべき時が来たのだと思います。
I think (time / that / it's / went / we / high) beyond Earth's orbit again.

★順天堂大

9 自己批評は，その後のパフォーマンスを向上させるための重要なフィードバック源となりますが，過度に一般化しないことが重要です。
Although self-criticism can provide an important source of feedback to improve later performances, (we / overgeneralize / important / it / not / is / that).

金沢医科大

ADVANCED

（　　）内に適切な語を入れなさい。頭文字が与えられている場合は，その文字から始まる語を答えること。

1　最新のレポートを送っていただけないでしょうか。
I wonder (　　　) you (w　　　) be kind enough to send me the most recent report.
日本大

2　もし，老人に助けを求めなければ，ホテルへの道は見つからなかったかもしれない。
(　　　) I (　　　) (　　　) the old man for help, we might have never found the way to the hotel.
★立命館大

3　彼女が英語を話すのを聞くと，アメリカ人だと思うだろう。
To (　　　) (　　　) (　　　) English, you would think she is an American.
大阪医科薬科大

4　私には先約があったのだ。それがなければ，昨夜のパーティに参加できたはずだったのに。
I had a previous appointment. (　　　) I (　　　) (　　　) joined the party last night.
★獨協大

5　彼女はまるでついてきてくれと頼むかのように，振り向いてエルヴィンを見た。
She turned to look at Erwin, (　　　) (　　　) (　　　) ask him to follow.
☆中央大

6　もしこの地域に台風が頻繁に来なければ，作物はよく育つでしょう。
(　　　) (　　　) (　　　) (　　　) for the frequent typhoons in this area, crops would grow well.
★武蔵野美術大

7　あなたの助けがなければ，私は決してこの仕事を終えることができなかっただろう。
(　　　) (　　　) (　　　) (　　　), I could never have finished the job.
亜細亜大

8　印刷機がなければ，教育は富裕層だけの特権にとどまっていたかもしれない。
(　　　) the printing press, education would likely (　　　) (　　　) a privilege available only to the wealthy.
武蔵大

9　言葉に込められた価値判断に疑問を投げかけることを学ぶことが大切です。
(　　　) (　　　) important that we (　　　) to question our value judgment about language.
★東京農業大

CHAPTER 18 否定の構文

BASIC

(　　)内に適切な語を入れなさい。

1　何か大切なことをし忘れているような気がしてならないのです。
I can't (　　) feeling that I've forgotten to do something important.
★名古屋外国語大

2　桜の花に人々が心を奪われるようになったのは，江戸時代になってからである。
It was (　　) (　　) the Edo era that people came to be fascinated by the cherry blossoms.
★武蔵大

3　当社の業績が上向くのはそう遠くないでしょう。
It will (　　) be (　　) before our business begins to improve.
東京理科大

4　情報収集はいくら慎重になっても足りることはない。
You (　　) be (　　) careful when you collect information.
武蔵大

5　彼はとても疲れていたので，家に帰るやいなや寝てしまった。
He was so tired that he had (　　) (　　) come home than he fell asleep.
★金沢工業大

6　税込価格も表示されるので，もはや価格計算が不要になりました。
We (　　) (　　) have to calculate prices because the tax-inclusive price is also displayed.
☆成城大

7　モビリティ(社会的流動性)は，決して人間の行動の新しい特徴ではありません。
Mobility is (　　) no (　　) a new feature of human behavior.
広島大

8　新しいことを学ぶのに歳をとりすぎているということはない。
No one is ever (　　) old (　　) learn something new.
☆防衛大学校

9　彼は絶対に約束を破らなそうな人だ。
He is the very (　　) man likely (　　) break a promise.
★名古屋学院大

10　手話をよく知らない人の多くは，手話は現地の言葉を翻訳したものだと思っているが，それは決して真実ではない。

Many people unfamiliar with sign language think that it is a translation of the local language, but this is (　　　) from the truth.

STANDARD

(　　)内の語句を並べ替えなさい。ただし，文頭に来る文字も小文字にしています。

1 彼女が世界のトッププレーヤーの仲間入りをする日もそう遠くはないだろう。
(she / not / joins / will / before / be / long / it) the list of the world's top players.

東京理科大

2 ジャンクフードが健康に悪影響を与えることはいくら強く強調しても足りない。
(be / strongly / stressed / it / too / cannot) that junk food damages your health.

上智大

3 等級はお茶の品質や風味とは関係なく，単に葉の大きさを表しています。
The grades (nothing / with / have / to / do) the quality or flavor of tea; they simply refer to leaf size.

成城大

4 彼らはただ謝るばかりである。
(nothing / do / but / apologize / they).

関西学院大

5 先生はお話が上手です。彼女の話は生徒を飽きさせることがない。
The teacher is a good story teller. Her stories (amuse / her students / never / to / fail).

★日本大

6 君はあまりにも忙しすぎてもう一緒に映画館に行けないから，一人ぼっちで行かなくちゃ。
You are (busy / too / to / go / far) to the theater with me anymore, so I have to go by myself.

★椙山女学園大

7 気候変動の影響は，もはや遠い未来の脅威ではありません。
The impact of climate change (a / longer / is / no / threat) in the distant future.

上智大

8 健康を維持する手段として，朝の新鮮な空気の中を歩くことに勝るものはない。
(walking / is / there / nothing / like) in the fresh morning air as a means of keeping healthy.

関西外国語大

9 部屋に入るやいなや，皆が私を見ていることに気づいた。
No (I / had / entered / sooner / than / the room) I noticed everyone was looking at me.

近畿大

ADVANCED 1

（　）内に適切な語を入れなさい。頭文字が与えられている場合は，その文字から始まる語を答えること。

1　遺伝子組み換え植物の遺伝子は，私たちがコントロールできないほど広がったり，急速に進化したりする可能性があります。

The genes in genetically modified plants may spread or rapidly evolve (b　　) (　　) (c　　).

慶應大

2　彼らは高齢者の特別なニーズを考慮していなかった。

They (f　　) (　　) take into account the special needs of elderly people.

★愛知医科大

3　私の言いたかったことを実は理解してもらえていないのかと思う。

I (d　　) that they really understood what I was trying to say.

★川崎医科大

4　ジョニーが初めて幼稚園に行ったとき，彼は泣くばかりであった。

The first time Johnny went to kindergarten, he did (　　) (b　　) (　　).

東洋英和女学院大

5　観光が環境に与える影響が認識されるようになったのは，1960 年代後半からだった。

(　　) (　　) (　　) (　　) the late 1960s that the impact of tourism on the environment began to be recognized.

★同志社大

ADVANCED 2

次の英文とほぼ同じ意味を表すように，（　）内に適切な語を入れなさい。頭文字が与えられている場合は，その文字から始まる語を答えること。

6　The paper was too difficult for him to read in a day.

The paper was so difficult (　　) he could (　　) read (　　) in a day.

東京理科大

7　She would never accept a bribe.

She would be the (　　) (　　) (t　　) (　　) a bribe.

実践女子大

8　Their sales campaign was far from a success.

Their sales campaign was (a　　) (　　) a success.

9　As soon as I glanced at the letter, I found it to be what I had wanted.

(H　　) (　　) (　　) (　　) at the letter when I found it to be what I had wanted.

★実践女子大

CHAPTER 19 名詞構文と無生物主語構文

BASIC 1

(　　)内に入る語句をア～エの中から選びなさい。

1　彼は，事故が起きた経緯を詳しく説明してくれました。
He (　　　) me a detailed explanation of how the accident happened.
ア．explained　イ．took　ウ．came　エ．gave

立命館大

2　彼女が子どもたちに興味があるのなら，教師という職業は正しい選択だろう。
Given (　　　), teaching would be the right career choice.
ア．her interest in children　イ．children's interest in her
ウ．her interesting in children　エ．children interested in her

★関西外国語大

3　初めてアメリカに旅行に行った時，現地の新聞にテレビ番組欄が載っていないことに気づきました。
On (　　　) America, I noticed that there were no TV programs listed in the local newspapers.
ア．my first travel　イ．my firstly travel to
ウ．my first trip to　エ．my first tripped to

獨協大

4　もう一つの課題は，暑い時期のエアコンへの依存です。
Another issue is (　　　) air conditioning during hot periods.
ア．we dependence on　イ．our dependence on
ウ．we dependent on　エ．our depend on

金沢大

5　地図をちらっと見ただけで，私たちが正しい道にいることがわかった。
(　　　) at the map showed that we were on the right road.
ア．A quick glance　イ．Quickly glance
ウ．Of glance quickly　エ．A glance of quickness

日本大

BASIC 2

(　　)内の語句を並べ替えなさい。ただし，文頭に来る文字も小文字にしています。

6　彼の発見により，より強力なコンピュータの開発が可能になった。
(develop / his discovery / it / made / possible / to) more powerful computers.

会津大

---

7 クローゼットにあった日記を見て，私はなつかしい日々を思い出した。
The diary I found in the closet (the good old days / me / of / reminded).

松山大

8 電子書籍の技術により，個人のコンピュータに図書館を丸ごと持つことが可能になる。
(allows / E-book technology / have / to / you) an entire library on your personal computer.

熊本県立大

9 ミツバチは赤を見ることができないので，ピンクや赤の花にはほとんどミツバチが訪れない。
The (bees / inability / of / red / see / to) means that pink or red flowers are almost never visited by bees.

埼玉大

10 交通渋滞のせいで彼らは目的地に時間通りには着けなかった。
(arriving / from / prevented / them / the traffic jam) at the destination on time.

学習院大

STANDARD

(　　) 内に適切な語を入れなさい。頭文字が与えられている場合は，その文字から始まる語を答えること。

1 私たちが「便利さ」を愛し，先のことを計画できないことを受け入れるのは，まったく新しい考え方なのです。
(　　　) (　　　) of "convenience" and our acceptance (　　　) our (i　　　) to plan ahead is an entirely new way of thinking.

立命館大

2 幼いころの宮崎駿の人生は戦争によって強い影響を受けていた。
The war (　　　) an (st　　　) impact (　　　) the young Hayao Miyazaki's life.

★筑波大

3 黄色い車を見るたびに，私が初めて訪れたニューヨークを思い出します。
Whenever I see a yellow car, I remember my (　　　) (　　　) (　　　) New York.

愛媛大

4 メアリーは彼女が無事にロサンゼルスに到着したことを両親に報告した。
Mary informed her parents of her (　　　) (　　　) (i　　　) Los Angeles.

★福岡大

5 ほとんどの人が，草木が酸素をつくるのに重要であることを認識しています。
Most people are aware of the (　　　) (　　　) (　　　) and (　　　) in creating oxygen.

東海大

6 ブリテン島のこの地域の温暖な海洋性気候によって，たくさんの花やそれに付随する昆虫とともに，コケが生育しています。

The mild oceanic climate in this part of Britain (a　　　) mosses (　　　) (g　　　), along with many flowers and associated insects.

日本大

---

7 自分で運転することで，私は自由と自立を感じることができました。

(　　　) (　　　) my own (m　　　) (　　　) feel free and independent.

九州大

---

8 この本を読めば，アメリカ流の子育てがよくわかる。

The book will (　　　) you a clear (i　　　) (　　　) the American way of rearing children.

京都光華女子大

ADVANCED 1

次の英文とほぼ同じ意味を表すように，(　　) 内に適切な語を入れなさい。頭文字が与えられている場合は，その文字から始まる語を答えること。

1 a. You must explain why you were absent from the meeting.

b. You must account for (　　　) (　　　) from the meeting.

愛知工業大

---

2 a. Because of a rise in global temperature, glaciers have become smaller.

b. A rise in global temperature has (c　　　) glaciers (　　　) become smaller.

★酪農学園大

---

3 a. Since the public transport system is excellent, we are able to travel within and between cities smoothly and efficiently.

b. The (　　　) (　　　) the public transport system (　　　) for smooth, efficient (t　　　) within and between cities.

関西学院大

ADVANCED 2

英文の下線部の意味を表すように，(　　) 内に適切な日本語を入れなさい。

4 ①Extensive reading ②allows students to see a lot of the language in context over and over again.

①多読(　　　)，②(　　　)はその言語のうちの大部分を文脈の中で何度も(　　　)。

関東学院大

---

5 ①Searching for extraterrestrial life ②may enable us to one day find out whether or not we are alone in the universe.

①地球外生命体を（　　　），②私たちが宇宙で唯一の存在かどうかをいつの日か（　　　）かもしれない。

大阪教育大

6 ①Hubble's detection of the cloud ②has made it possible for scientists to draw conclusions about how it was made.

①ハッブル宇宙望遠鏡がその雲を（　　　），②それがどのように作られたかについて，（　　　）が結論を出すことが（　　　）。

中央大

CHAPTER 20 強調構文と同格構文

BASIC

(　　)内の適切な語句を○で囲みなさい。

1　月に明るさを与えるのは太陽だ。
It (had the sun to / is the sun that) makes the moon bright.

★滋賀医科大

2　自立心がごく自然に芽生えるのは 10 代後半だ。
(It is in / It should be) the later teenage years that the desire for independence grows quite naturally.

専修大

3　私が安心できる輝かしい場所を見つけたのはまさにここだ。
(Here is it / It is here) that I have found a glorious place where I feel safe.

白百合女子大

4　結局のところ，この惑星を支配してきたのは人間だ。
After all, it is (humans who have / humans are) dominated the planet.

慶應大

5　何が恐竜を絶滅させたのですか?
(What was it / What does it) that killed the dinosaurs?

関西学院大

6　風力発電を使うという発想に，新しいものはない。
There is nothing new about the idea (that uses / of using) wind power.

名城大

7　ジェイソンが会社を辞めるといううわさを信じますか?
Do you believe the rumor that (Jason's / Jason will) leave the company?

専修大

8　この試験の目的は，イスラエルの子どもたちのピーナッツアレルギー発症率が非常に低いのは，早い時期からピーナッツ製品を多量に食べているという事実からではないか，という考えを検証することだ。
The purpose of the trial was to test (the idea that / the idea of) the very low rates of peanut allergies in Israeli children may be due to (the fact that / the fact of) they start eating peanut products in high quantities early in life.

★星薬科大

STANDARD

(　　)内の語句を並べ替えなさい。ただし，文頭に来る文字も小文字にしています。

1　サイを絶滅から救う可能性を持つのは人間だ。
It (the potential / who / humans / to / have / is) save rhinos from extinction.

★北里大

2　石炭で鉄を溶かす製法が開発されたのはこの場所でだった。
(place / was / this / in / that / it) the process of melting iron with coal was developed.

広島国際大

3　私たちの幸せに対する責任を負うべきなのは私たち自身だ(私たち以外の誰でもない)。
(take / we / who / is / must / it) responsibility for our own happiness.

敦賀市立看護大

4　1870 年になって初めて，明治政府は武家以外の一般市民に苗字を認めた。
It (1870 / until / that / not / was) the Meiji government permitted civilians outside of samurai families to take surnames.

★東海大

5　日本の家がとても片付いているのは，我々がリサイクルやリユースに力を入れているからだ。
(recycling / because / on / is / focus / it / we) and reusing that our homes here in Japan are so tidy.

成城大

6　この製品は，発展途上国において大きな社会的影響を及ぼす可能性を持っている。
This product has the possibility (a / in / becoming / social influence / developing / huge / of) countries.

宮崎大

7　その薬は危険かもしれないといううわさを聞いたことがある。
I've heard a (be / that / dangerous / can / the medicine / rumor).

★森ノ宮医療大

ADVANCED

英文を完成させなさい。[　　] に指示がある場合はそれに従うこと。

1 ダイエットする人の体重を制御(control)するのは脳だ。

(　　　) the dieter's weight.

山形大

---

2 初めて本格的な気球飛行が行われたのは 18 世紀末だった。

It was (　　　) the first real balloon flight was made.

★東北薬科大

---

3 今年あなたが行くべきなのはリオ(Rio)です。[must と go を用いて]

It (　　　) to this year.

神戸学院大

---

4 あなたがそこで見たのは何でしたか?

(　　　) you saw there?

自治医科大

---

5 そうでなかったら，私は弁護士になるという自分の夢をあきらめていただろう。

Otherwise, I would have given up (　　　).

水産大

---

6 勉強 (studying) は楽しくあるべきだという意見を否定するか受け入れるか，迷い続けている人たちもいる。[should を用いて]

Some people keep going back and forth between denying and accepting (　　　) fun.

東京理科大

CHAPTER 21 倒置構文 否定倒置，場所句倒置，CVS倒置

BASIC

(　　)内に入る語句をア～エの中から選びなさい。

1　私の人生が再び変化することになるとは，ほとんど思いもよらなかった。
(　　　) I know that my life would be changing again.
ア. Did little　イ. Did a little　ウ. Little did　エ. A little
☆学習院大

2　新聞で彼の名前を見ずに過ごす日は一日たりともなかった。
(　　　) a single day without coming across his name in the newspaper.
ア. Did never I spend　イ. Never spend I did
ウ. Did spend I never　エ. Never did I spend
★北九州市立大

3　ゴールキーパーは左か右に跳ぶ。真ん中に立ったままでいることはめったにない。
Goalkeepers dive either to the left or to the right. (　　　) they stay standing in the middle.
ア. Rarely do　イ. Do rarely　ウ. Rare　エ. Rare do
★奈良女子大

4　東京駅に着くやいなや，真理子は友人たちに大歓迎された。
No sooner (　　　) Mariko arrived at Tokyo Station than she was given a big welcome by her friends.
ア. having　イ. has　ウ. been　エ. had
秋田県立大

5　待っている乗客の中に，高価なオーバーコートを着た背の高い男がいた。
(　　　) the waiting passengers was a tall man in an expensive overcoat.
ア. Among　イ. What　ウ. Did　エ. Being
弘前大

6　私を見つめていたのは，15 人ほどの子どもたちの顔であり，それぞれが期待に胸を膨らませて待っていた。
(　A　) up at me (　B　) the faces of about fifteen children, each of them waiting expectantly.
ア. (A) Gazed　(B) was　イ. (A) Gazing　(B) was
ウ. (A) Gazing　(B) were　エ. (A) Gazed　(B) was
★奈良女子大

---

7 丘の上に田舎の家が建っていて，その屋根は鮮やかな色に塗られていた。
On the top of a hill (　　) a country house, the roof of which was brightly painted.
ア. stood　イ. stand　ウ. standing　エ. have stood

鹿児島大

8 巨大な権力には巨大な責任が伴います。
With great power (　　) great responsibility.
ア. come　イ. comes　ウ. coming　エ. have come

★九州大

9 タクシーから降りたところですぐに傘を忘れてきたことに気がついた。
(　A　) had I got out of the taxi (　B　) I found I had left my umbrella behind.
ア. (A) Soon　(B) that　イ. (A) Rarely　(B) before
ウ. (A) Hardly　(B) when　エ. (A) Scarcely　(B) that

駒澤大

STANDARD

(　　) 内の語句を並べ替えなさい。ただし，文頭に来る文字も小文字にしています。

1 19 世紀末になってようやく植物品種改良が科学的な学問として確立された。
Not (century / did / the end / the nineteenth / of / until) plant breeding become a scientific discipline.

北里大

2 後になってようやく，その成分の危険性を知ったのです。
Only (learn / did / we / later) the dangers of the ingredient.

杏林大

3 映画が始まったとたんに，観客は寝てしまった。
(had / hardly / the movie / when / started) the audience fell asleep.

関西外国語大

4 どんな理由があっても，私はそんなことはしない。
On (I / no / account / will) do such a thing.

5 マダガスカルには 1 インチとちょっとのカメレオンの一種が生息している。
(a species / lives / Madagascar / on) of chameleon a little more than an inch long.

★秋田県立大

6 その丸太に取り付けられていたのは等間隔に結び目のあるロープだった。
(the log / attached / to / a rope / was) which had knots evenly spaced apart.

南山大

7 すぐ近くに水牛がいたが，畑を耕すという仕事をして休んでいる。
Not (a water buffalo / far / stood / away) who was also taking a rest from his work plowing the fields.

★成蹊大

8 サンゴ礁は多くの魚の餌の発生源となるだけでなく，ダイバーにとっても美しい場所です。
Not (food / are / of / only / the coral reefs / a source) for many fish, but they are also beautiful places for divers.

★名城大

ADVANCED 1

英文の意味を表すように，(　　)内に適切な日本語を入れなさい。

1 No sooner had he got on the train when he fell asleep.
彼は(　　　)，(　　　)しまった。

★駒澤大

2 Only later did Britain come to terms with democracy.
(　　　)，イギリスは民主主義と折り合いをつけるようになった。

同志社大

3 With the Industrial Revolution came many changes in the world of manufacturing and business.
(　　　)，製造業やビジネスの世界にも(　　　)。

日本大

4 Little do people know that some of the best and newest wine is being produced in the central valleys of Japan.
日本の中央渓谷で最高で最新のワインが生産されていることは，人々は(　　　)。

拓殖大

5 It is surprising that Frank won the piano contest. Little did I imagine he was such a good musician.
フランクがピアノコンクールで優勝したのは驚きです。彼が(　　　)。

愛知学院大

ADVANCED 2

次の英文に続くものとして情報の流れとしてスムーズなものをア．かイ．のいずれかから選びなさい。

6 The land of the Incas included what is now Bolivia, Peru, Ecuador, and parts of Argentina and Chile.
ア. Its capital, Cuzco, the “Sacred City of the Sun.” was in the center of the Inca Empire.

イ. In the center of the Inca Empire was its capital, Cuzco, the "Sacred City of the Sun."

★武庫川女子大

7 It is their presence of patterned and coloured wings that immediately distinguishes the butterflies from most other groups of insects which tend to have rather uniform, transparent wings.

ア. Some of the most exquisitely coloured of all living things appear among the butterflies.

イ. Among the butterflies appear some of the most exquisitely coloured of all living things.

★滋賀医科大

CHAPTER 22 いろいろな構文

BASIC

(　　)内に入る語句をア～エの中から選びなさい。

1 彼は人ごみを押しのけて彼女のもとへたどり着いた。
He pushed (　　　) through the crowd of people to get to her.
ア. the street　　イ. the arms　　ウ. his face　　エ. his way

慶應大

2 パズルやクロスワードのような暇つぶしは，読者が新聞を読む時間をのんびり過ごすのに役立ってきました。
Pastimes such as puzzles and crosswords have helped readers (　　　) the time spent with their newspaper.
ア. fade away　　イ. dance away　　ウ. sleep away　　エ. while away

★三重大

3 その後の航海で，スペイン人はこの植物の樹冠を船いっぱいに積み込んだ。
On later voyages the Spanish loaded their ships (　　　) crowns of the plants.
ア. with　　イ. on　　ウ. into　　エ. by

★摂南大

4 濡れる前に機材をトラックに積み込むべきでした。
We should have loaded the equipment (　　　) the truck before it got wet.
ア. by　　イ. into　　ウ. of　　エ. with

摂南大

5 どんなに努力しても，あなたが成功することはないのです。
(　　　), you will never succeed.
ア. You may try　　イ. Try as you may　　ウ. Try you may　　エ. As may you try

★関西大

STANDARD

(　　)内の語句を並べ替えなさい。ただし，文頭に来る文字も小文字にしています。

1　先日，彼女は自分で作った餃子を親切にも私に分けてくれました。
She was so kind to share with (the gyoza / some / me / of) she had made herself the other day.

★関西学院大

2　見た目が良いからと言って実際に良いとは限りません。
Just (good / something / looks / because / mean / doesn't) it is good.

上智大

3　アーロンは私を睨みつけましたが，ネイトは彼の腕を殴ったのです。
Aaron stared at me, but Nate (in / him / the / punched / arm).

多摩美術大

4　そして，別れの時が来たが，私はブランカの手を放すことができなかった。
Then it was time to say goodbye, but I (of / go / let / couldn't) Blanca.

★上智大

5　彼女は人気のある子どもたちのようになるためにできることは何でもやった。
She (could / she / everything / did / that) to be like the popular kids.

★九州ルーテル学院大

ADVANCED

英文の意味を表すように，(　　)内に適切な日本語を入れなさい。

1　In 1876, an exhibition game was played in England for Queen Victoria who remarked, "The game is very pretty to watch."
1876 年にイギリスで行われたエキシビションゲームでは，ヴィクトリア女王が「このゲームは(　　　)」と発言している。

南山大

2　Isolated ants may have walked themselves to death in the study.
研究によると，孤立したアリは(　　　)可能性がある。

★慶應大

CON STRUCTIONS

入試実例

コンストラクションズ

英文法語法コンプリートガイド

石原健志 編著
Ishihara Takeshi

解答解説編

三省堂
SANSEIDO

PREFACE　はじめに

本書『入試実例 コンストラクションズ 英文法語法コンプリートガイド』は，英文法・語法を「英語力の土台」として学習しながら，ライティングやスピーキングといった「英語を発信する力」とリーディングやリスニングといった「英語を受信する力」を定着させるための問題集です。

本書のタイトルである『コンストラクションズ（Constructions）』には英語の「構文」という意味があります。「構文」というと「決まった形」というものを思い浮かべるかもしれませんが，本書では「構文」のことを「ことばのフレームワーク」だと捉えています。「ことばのフレームワーク」とは「英文を生み出すための骨組み」であり，このフレームワークを学習することによって，ライティングやスピーキングにおいて様々な英文を生み出す力や，リーディングやリスニングで「次にどんな英語が続くか」を予測する力を身につけることができます。このような「ことばのフレームワーク」の学習のために大学入試問題から英文を厳選し，英文法・語法の観点でまとめたものが，本書「コンストラクションズ」です。

本書は **BASIC**，**STANDARD**，**ADVANCED** というレベル別の設問を設定していますが，最大の特徴はレベルをまたいで同じ文法項目や構文が何度も登場することです。同じ項目を，ある程度の期間をあけて繰り返し学習することを第二言語習得理論では「分散効果」と呼びますが，本書ではこれを積極的に活用しています。英語の発信と受信のために厳選した項目を繰り返し学習することで，英文法・語法の知識が「なんとなく覚えた」から「しっかりと使える」ようにきっと変化するでしょう。

また，英文を余すところなく学習できるように，解答解説も「ていねいに，真摯に，分かりやすく」を心がけました。そして，言語学や英語学といった学問の力を借ることで，これまでの学校英語ではなかなか触れられなかった構文も積極的に扱うことができました。コーパス言語学による出現頻度も意識しました。これらの構文は，英語の姿をより豊かに映し出してくれるでしょう。

英語の受信と発信のための力を身に付けてもらうことを目的とした本書が，「もっと英語を学びたい」というみなさんの知的好奇心を満たすものとなっていれば幸いです。本書を使って「一歩進んだ英語力」を身に付け，「英語力のバージョンアップ」を実現していきましょう!

本書の執筆にあたり，編著者である私と共に，執筆陣の吉川先生，飯田先生，松田先生，篠木先生，坂口先生がその知力を結集してくださいました。Raina Ruth Nakamura 先生には，入試出題例を含め，学習者の立場から英文校閲をして頂きました。そして，三省堂学参・教材出版部長の寺本衛氏は，企画段階から積極的にかかわってくださり，「良い本を作りたい」という情熱のもとに徹底的に向き合ってくださいました。英語学・言語学のレジェンドたちと本を作り上げてきた寺本氏はじめ，三省堂編集部のみなさんより多くのご指導・ご鞭撻を頂いたこと，素晴らしい経験となりました。この場を借りて感謝申し上げます。

2023 年　春

編著者　石原 健志

大阪星光学院中学・高等学校 教諭

CONTENTS もくじ

★は入試問題の改変，☆は抜粋，無星は引用です。

『コンストラクションズ』を効果的に活用する方法
How to develop your grammar skills

『入試実例 コンストラクションズ 英文法語法コンプリートガイド』（以下『コンストラクションズ』）を使って英語学習を進めていく上での，効果的な活用方法を紹介していきます。

『コンストラクションズ』の効果的な活用方法のポイントは，次の3点です。

---

1 **「分散効果」による英語学習を通した良質なインプット**
2 **英文法を意識したアウトプット**
3 **構文・文法の知識の定着**

『コンストラクションズ』をしっかりとやり抜き，英語の「ことばのフレームワーク」を身に付ければ，後はそれに「語彙」という要素を肉付けするだけで，英語を理解したり，自分の言いたいことを表現したりできるようになるでしょう。

英語の学習を「樹木の生長」で考えてみましょう。上のイラストが表すように，ある事柄についての「意図」があったとします。この意図は「根っこ」の部分に埋もれていて，見たり，聞いたりすることはできません。それを外の世界に向けて「具体的な形」にして発信したものが「木の幹」と「枝」，そして「葉っぱ」にあたります。『コンストラクションズ』はこの木を育てるための「栄養素」の役割を果たします。それではどうやって『コンストラクションズ』を活用していくか，具体的に見ていきましょう!

❶ 問題への取り組み方：目的に応じて取り組み方を変えよう!

『コンストラクションズ』の最大の特長は BASIC，STANDARD，ADVANCED と，段階に応じて負荷が高くなる問題設定と，同じ項目をある程度の期間をあけて繰り返し学習する「分散効果」にあります。つまり，BASIC で学んだ内容と同じポイントを含んだ難易度のやや高い英文が，STANDARD や ADVANCED で再登場します。この特長を最大限に生かすために，目的別に2つの方法を紹介します。

● 英文法を一通り学んだが，忘れていたり，抜けたりしているところがある

各チャプターの BASIC で「基礎知識」の確認を!

英文法や構文に自信がない人は，各チャプターの BASIC の問題だけをやってみるのが良いでしょう。まずは BASIC に取り組んでみて，解説に書いてある内容をよく理解することで「ことばのフレームワークの基礎的な部分」を身に付けることができます。また， BASIC だけ取り組むことは，英文法のおさらいにも役立つでしょう。

BASIC さえもさっぱり分からない時は…

BASIC に取り組んでみても「まったくわからない」場合は，解答解説の Key Grammar & Constructions に目を通してから問題に取り組むようにしましょう。それでもわからない場合は，『コーパス・クラウン総合英語』 などの英文法参考書の基本項目に戻って読み返してみるのも良いでしょう。
ポイントは少しずつ理解を深めていくことです。「わかりません」とあきらめずに，「わかっていること」と「わからないこと」をひとつずつ整理しながら 『コンストラクションズ』 に取り組んでいきましょう。

2周目はチャプターごとに

知識の定着には「繰り返しの学習」が有効です。 BASIC だけをひと通り終えた後は，2 周目に入りましょう。2 周目は BASIC ⇒ STANDARD ⇒ ADVANCED の順番に解いていきます。1 周目で学習したことを確認しながら， STANDARD や ADVANCED に取り組みます。「分散効果」の助けもありますので，よりスムーズに学習が進むでしょう。

● 大学受験に備えて英文法・語法・構文の知識を一気に身に付けたい

チャプターごとに進める

各チャプターの BASIC ⇒ STANDARD ⇒ ADVANCED の順番通りに問題に取り組みましょう。しっかりした実力を身に付けるため，ひとつひとつ着実に問題に取り組むことが大切です。それぞれのセクションを一気にやってしまうのではなく， BASIC が終わったら答え合わせをして STANDARD に進むなど，少しずつ確実に進めていくのも有効です。

解説をよく読んで理解しよう

大切なことは解説にしっかり目を通すことです。解説に書いてあることや各チャプターでの重要ポイントが理解できているかを確認しましょう。また，p.246 の付録「到達度チェックシート」を活用して，「何問正解したか」「間違った箇所」など，学習の記録をつけておくのも有効です。

繰り返して学習する場合は「コンストラクションズ学習ノート」を用意しよう

問題を 2 周，3 周と繰り返し解きたい場合は，問題冊子に解答を書き込まず，「コンストラクションズ学習ノート」を自分で用意しましょう。ふつうの大学ノートでかまいません。問題はすべて「学習ノート」に書き，そこに間

違えた問題の解説をまとめたり，発信に使えそうな例文や構文を教科書・辞書などから書き写しておくようにしましょう。

❷ 答え合わせをどうやってやると効果的か？

○×だけで終わらない!

答え合わせの鉄則は「○×だけで終わらない」です。答え合わせの時に，合っているか間違っているかを確認するのはもちろんですが，単に○×をつけるだけでなく，「正しい答え」を書き留めておくことも大切です。また，『コンストラクションズ』を2周，3周と解く場合は，直接冊子に書き込まず，「学習ノート」を使いましょう。

間違った問題の解説をまとめよう!

『コンストラクションズ』は丁寧な解答・解説が特長です。自分で解説を読んでいて「これは知らないな」というものは「学習ノート」にまとめましょう。

コンストラクションズ学習ノートの例

CHAPTER，BASIC，STANDARD，ADVANCED の各セクション，問題番号，日本文，英文，そして書き留めておきたい POINT を必ずセットにしましょう。

POINT を有効活用しよう!

POINT ごとの解説にした理由は，「必要な部分を読んで欲しい」という考えからです。同じ問題を何回解き直しても「新しい発見」がきっとあります。「1回やっただけ」で英語が身に付くのであれば，英語で困る人はいないはずです。やはり粘り強く学習することが大切なので，POINT に書いてある要素を解き直すたびに確認しましょう!

最高のコンストラクションズ学習ノートを作ろう

あとから見直した時に「なるほど!」と思いだせるノートづくりをしておくと，試験直前に振り返ることができるので便利です。「間違えたところをノートにまとめる」というのは，「自分の弱点の確認」にも繋がります。弱点をひとつずつ克服し，知らないことを減らしていけば，『コンストラクションズ』を1冊マスターできるでしょう。

❸ 音声を使って『コンストラクションズ』を仕上げよう!

英語の「音」は良質なインプット

英語は「ことば」なので，音声と一緒に学習するのが鉄則です。まず，カバー（帯）の QR コードから「ことまな S」にアクセスしましょう。p.238 の付録「音声付き暗唱例文集」を見ながら，ターゲットとなっている英文を❶~❹の手順で実際に読み上げることで，その英文は「文字情報」だけでなく「音声情報」としてもインプットされ，記憶から抜けにくくなります。

❶ お手本の音声と一緒に発音する：リピーティング（Repeating）

一度お手本の音声を聴いて，同じ文章を発音します。これは「リピーティング」と呼ばれるトレーニングです。実際，英語の授業でも体験したことがある人もいるでしょう。コンストラクションズは比較的短い英文が多いので，音声トレーニングに向いていると思います。ただし注意したい点は「オウム返し」にならないことです。しっかり英文の意味を思い浮かべながら行いましょう。

❷ お手本の音声と一緒に発音する：オーバーラッピング（Overlapping）

英文（スクリプト）を見ながらお手本の音声と同時に発音しましょう。これは「オーバーラッピング」と呼ばれ，「文字」と「音」を一致させる効果があります。この時に，英文の意味を思い浮かべて，きれいにオーバーラップできれば，適切な発音ができていて，英文の内容も理解できているということです。ただし，「早く発音すればよい」ということではなく，「抑揚」，「強弱」，そして「音程」にまで気を付けて練習しましょう。「ちょっとムリだな」と感じたら，❶**リピーティング**に戻ってやり直すことが大切です。

❸ お手本の音声と一緒に発音する：シャドーイング（Shadowing）

英文（スクリプト）を見ないで，お手本の音声を聞いて，それに続いて発音しましょう。これは「シャドーイング」と呼ばれます。お手本の音声の直後にシャドーイングを始めると，音だけに集中すればよいのですが，お手本の音声より少し遅れてシャドーイングをすると難易度が上がります。最初は 2 ~ 3 語遅らせます。慣れたら 5 ~ 6 語遅らせてみてください。かなりのトレーニングになります。うまくできない時は❷**オーバーラッピング**に戻りましょう。

❹ 日本語から英語・英語から日本語のトレーニングをする：リプロダクション（Reproduction）

音声を使って行う一番良い練習は，「リプロダクション」と呼ばれる「学習した英文を再現する」トレーニングです。これは，「英文が聞こえてきたら，その意味を日本語で言う」というものや，「日本語が聞こえてきたら，その英文を声に出す」というトレーニングです。英語と日本語の切り替えに負荷がかかりますが，非常に効果の高いトレーニングです。うまくできない時は❸**シャドーイング**に戻りましょう。音声を何度も聴いて取り組み，『コンストラクションズ』をまるまる 1 冊，完璧に使い切ってしまいましょう!!

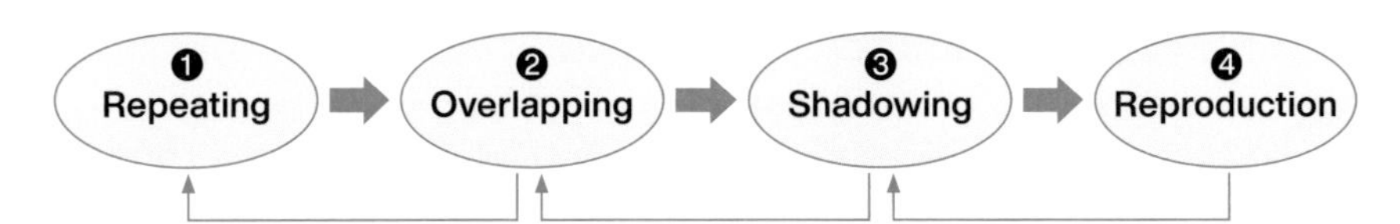

CHAPTER 1 文型① S+V S+V+C S+V+O

Key Grammar & Constructions

◆第１文型：S＋V—主語と動詞だけを用いた文

第１文型の動詞は自動詞 ☞ CHAPTER 3 だが，BASIC 1 のように副詞（句）/ 前置詞（句）（M = Modifier =義務的副詞）がないと成立しない場合もある。

◆第２文型：S＋V＋C—主語と動詞に補語（C）が伴う文

補語は主語を説明する働きを持つ。

◆第３文型：S＋V＋O—主語と動詞に目的語（O）が伴う文

この文型の動詞は他動詞 ☞ CHAPTER 3 を使う。

BASIC

1　第１文型（S＋V＋前置詞句）：S live＋場所「Sは場所に住んでいる」

ヤスコさん一家は１年間ニューヨークで生活していました。

答 Yasuko and her family (S) lived (V) in New York for a year.

POINT 1 〈主語の発見〉主語は「誰が / は」「何が / は」にあたる文の「主題」になる要素。日本語の「ヤスコさん一家は」に対応する Yasuko and her family が英語の主語である。英語の主語は通例，動詞より前に置かれる。

POINT 2 〈live の使い方〉「生活していました」には lived が対応する。live の後に in New York と前置詞句が来ていることからこの live は自動詞であり，文型は S＋V＋前置詞句 の第１文型であることがわかる。

POINT 3 〈live を自動詞で使うとき〉live を自動詞で使うときは，場所を表す前置詞句を伴うのが普通。この前置詞句は義務的副詞と呼ばれる。必要な場合，Modifier の頭文字 M と表記すると便利。

a. × I lived.（私は住んでいた）←「どこに?」という情報が不足して文として成り立っていない。

b. ○ I lived in Osaka.（私は大阪に住んでいた）

2　第２文型（S＋V＋C）：S feel C「S は C と感じる」

私はそれでも時々寂しくなります。

答 I (S) still feel (V) lonely (C) sometimes.

POINT 1 〈feel＋C〉feel lonely で主語である「私」が「孤独を感じている」状態であることを表している。feel のあとには次のような形容詞が来ることが多い。

> comfortable（快適な），uncomfortable（不快な），guilty（罪悪感を感じる），happy（幸せな），sad（悲しい），confident（自信のある），anxious（心配な），embarrassed（恥ずかしい），uneasy（不安な / 落ち着かない），ashamed（恥ずかしい），nervous（緊張している）

POINT 2 〈feel＝他動詞のとき〉feel は他動詞で目的語をとり，「…を感じる」という意味になる。feel the breeze on *one*'s face（顔にそよ風を感じる）や feel the difference（違いを感じる）などがよく見られる例。また，feel that S＋V（SV だと思う（感じる））のように that 節とともに使うことや，feel as if S＋V（まるで SV のように思える）として使うこともある。

POINT 3 〈feel＋C 型のイディオム・構文〉よく現れる構文は次のとおり。

feel sorry for A（Aについて気の毒に / すまなく思う），feel free to *do*（自由に…する），
feel at home in A（Aでくつろぐ），feel close to A（Aに親しみを感じる）

3 第 3 文型（S＋V＋O）：S buy O「S は O を買う / 購入する」

私は 1 ヶ月前に新しいメガネを買いました。

答 [I] bought a new pair of glasses a month ago.
S V O

POINT 1 〈buy＋O〉「メガネを買った」を英語では bought a pair of glasses で表現する。日本語と英語で動詞と目的語の語順が逆になる点に注意。

POINT 2 〈a pair of〉a pair of は「一組の」を表し，名詞の複数形が続く。よく現れるものは次のとおり。

shoes（靴），glasses（メガネ），scissors（はさみ），socks（靴下），sunglasses（サングラス），pants（パンツ / ズボン），slippers（スリッパ）

4 第 1 文型（S＋V）：S happen「S が起こる」

対面でのコミュニケーションはリアルタイムで生じます。

答 [Face-to-face communication] happens in real-time.
S V

POINT 1 〈happen は第 1 文型〉S happen は「S が起こる」という意味で自動詞 ☞ **CHAPTER 3** である。happen の直後に名詞ではなく in real-time という前置詞句がきているのが判断のポイント。

POINT 2 〈in real-time は補語ではないの?〉I'm from Osaka.（私は大阪出身です）では from Osaka が「私の出身地」を表すので補語だが，in real-time は「リアルタイムで」という意味で動詞 happen を修飾する副詞の役割を果たす。したがって，in real-time は主語の様子 / 状態を説明する前置詞句（この場合，義務的副詞＝M）であり，補語ではない。

POINT 3 〈What's happened? は何の短縮形?〉what's happened を × what is happened という受動態 ☞ **CHAPTER 6** だと勘違いすることがある。これは what has happened という現在完了形 ☞ **CHAPTER 4** **BASIC** 7 である点に注意しよう。

5 第 2 文型（S＋V＋C）：S remain C「S は C のままである」

基本＝簡単
ではないよ!

アガサ・クリスティは今でも世界中で人気があります。

答 [Agatha Christie] remains popular all over the world.
S V C

POINT 〈remain＋C〉remain は「変化がないこと」や，ある状態の「維持 / 継続」を表し，変化を表す become の対義語と言える。remain の補語には「変わらないこと」や「謎のままなこと」を表す語がよく現れる傾向にある。

unchanged（変わらない），the same（同じ），silent（沈黙した / 黙った），a mystery（謎），unclear（はっきりとしない），unknown（未知の），stable（安定した），calm（穏やかな），popular（人気のある），uncertain（不確定の），seated（着席した），untouched（手つかずの），mysterious（不思議な），optimistic（楽天的な），open（開いた）

6 第２文型（S＋V＋C）：S become C「S は C になる」
キャッスルタワーは学校が休みになると大変混雑します。
答 Castle Tower becomes very busy during school holidays.
S V C

POINT 〈become＋C〉 become は変化を表し「…になる」という意味である。become の補語には形容詞や名詞などが来るが，「現状からの変化」および「範囲の拡大」を表す語句が来ることが多い。

> popular（人気のある）, common（普及して）, aware（気づいている）, famous（有名な）,（a）part of（…の一部）, extinct（消滅した / 絶滅した）, known（有名な / 知られている）, interested（興味をもった）, important（重要な）, available（利用可能な）, ill（病気の）, successful（成功した）, independent（独立した）, widespread（普及した）, accustomed（慣れた）, standard（基準 / 標準）

7 第３文型（S＋V＋O）：S discuss O「S は O について議論する / 話し合う」
加藤さんは彼らと新しいプロジェクトについて話し合いました。
答 Ms. Kato discussed the new project with them.
S V O

POINT 1 〈discuss＋O〉 他動詞のうしろに置かれる目的語は，日本語に直したときに O「を」V するとなるとは限らない。discuss＋O で「O について話し合う」という意味なので，× discuss about A などと前置詞を追加しない。また SVO でも「…を」にはならない動詞の例は次のとおり。

> like（…が好き）, reach（…に届く / 到着する）, lose（…に負ける）, win（…に勝つ）, resemble（…に似ている）

POINT 2 〈discuss の O はどんなものか〉 discuss のうしろには the problem, the issue, the topic など「議題 / 問題」を表す名詞以外に，how to *do*（…のやり方），the way SV（SV する方法），the way of A（A の方法）などが来る。

8 第３文型（S＋V＋O）：S resemble O「S は O に似ている」
餃子の形は，古代中国の楕円形の通貨に似ている。
答 The shape of a dumpling resembles the ancient Chinese oval currency.
S V O

POINT 〈resemble＋O〉 resemble は他動詞で「（見た目が）…に似ている」という意味なので，この文は SVO の英文である。resemble は原則的には進行形にしない動詞。類似の表現は次のとおり。

> look like（外見が似ている）, take after（（外見・振舞いが親などに）似ている）, sound like（…のように聞こえる / 思える）

STANDARD

1 第１文型（S＋V＋前置詞句（M））：S work＋場所「S は場所で働く」
カレンは大学の図書館で働いています。
答 Karen (works / in / the / university / library).

POINT 1 〈work＋場所〉 work は「会社勤め」では work for / with,「勤め先としての施設」では work in / at を用いる。また work as A は「A の役職に就いている / A として働いている」という意味である。

POINT 2 〈work in / at / for A のコロケーション〉

〈work in / at に続く主な名詞〉働く場所が来ることが多い。

factory（工場）, office（職場, オフィス）, hospital（病院）, restaurant（レストラン）, bakery（パン屋）
bank（銀行）, department store（デパート）, university（大学）, zoo（動物園）

〈work for に続く主な名詞〉company が圧倒的多数で，food company や media company など業種を表す例が多い。

company（会社）, government（政府）, the United Nations（国連）, airlines（航空会社）

2 第 1 文型（S＋V＋前置詞句（M））：S live＋場所「S は場所に住んでいる」

1750 年以前は，ほとんどのヨーロッパ人が田舎に住んでいました。

答 Before 1750, (most / Europeans / lived / in / the / countryside).

POINT 1 〈live に続く前置詞句〉live に続く前置詞は圧倒的に in が多いが，その他にも live on A（A（一定の金額）で暮らしを立てる）や live with 人（人と同居する）の形も見られる。本問の場合，in the countryside は義務的副詞。

POINT 2 〈live in に続く名詞句〉地域社会の「区域」の例が多い。他に Sweden や Tokyo など国名や都市名などが続くこともある。

city（街）, area（地域）, country（国）, apartment（アパート / マンション）, the suburbs（郊外）, the country（田舎）,
village（村）, society（社会）, neighborhood（近所）, environment（環境）, climate（気候）

POINT 3 〈live on に続く名詞句〉「上に立つ」というイメージの場所が多い。

island（島）, floor（階）, street（通り / 街）, bank（土手）, edge（はずれ）, land（土地）, yacht（ヨット）, ship（船）,
「生計を立てる」live on a pension（年金生活をする）, live on *one*'s salary（…の給料で生活をする）

3 第 2 文型（S＋be＋補語）：S be 補語「S は補語である」

パーソナルスペースは，多くの文化圏で必要不可欠な概念です。

答 (Personal / space / is / an / essential / concept) in many cultures.

POINT 1 〈be＋補語〉主語に続く補語＝C は，主語の性質や様子を表す。補語の位置には形容詞 / 名詞 / 前置詞句（例 Mike is from Canada.）などが来る。

POINT 2 〈形容詞 essential のコロケーション〉「側面」や「要素」を表す表現が多い。

part（一部）, element（要素）, ingredient（（料理・薬などの）材料 / 原料）, factor（要素）, aspect（側面）,
feature（特徴）, role（役割）, reason（理由）

4 第 2 文型（S＋V＋補語）：S look 形容詞 / look like 名詞「S は形容詞 / 名詞のように見える」

その川は曲がりくねっているので，飛行機から見ると蛇のように見えます。

答 The river twists and turns, so it (looks / like / a snake / from / an airplane).

POINT 1 〈look like＋名詞〉look like 名詞で「名詞のように見える」を表す。これは「外見上似ている」という意味を含む。この表現は基本的には進行形では用いない。類似の表現は次のとおり。

resemble（（外見的共通点が）似ている）, take after（（外見・振舞いが親などに）似ている）

POINT 2 〈look like＋SV のパターン〉look like のあとに SV が続き「…しそうだ」を表す。

目の前の状況を it で指して，その後に SV が続く例。

例 It **looks like** you've done some shopping. ……… 南山大
買い物をしてきた**ようだ**ね。

目の前の状況を指す主語の it を省略した Looks like SV という表現。話し言葉で使う。

例 **Looks like** we're about to land. ……… 芝浦工業大
そろそろ着陸する**ようだ**ね。

主語の The car を it で受け直して SV を続ける例。

例 The car **looks like** it needs cleaning. ……… 関西学院大
その車は洗浄が必要な**ようだ**ね。

5 第1文型（S＋V＋M（義務的副詞））：S lie in A「S は A にある / A に存在する」

その答えは，ゲーム理論にあります。

答 (The / answer / lies / in) game theory.

POINT 1 〈S lie in A〉 lie は lie-lay-lain と活用する「横たわる」という意味の自動詞だが，多くの場合 lie in A の形で使い，「A にある / 存在する」という意味を表す。

POINT 2 〈lie に続く前置詞句のパターン〉 in 以外には at や with が多く用いられる。

> lie at the bottom / center / heart of A（Aの根底 / 中心にある），lie with A（Aと共に存在する）

POINT 3 〈必ずしも「眠っていない」lie in bed〉 lie in bed は「ベッドで横になる」という意味で，必ずしも「眠っている」わけではない。この場合は「横になって休む」ことに焦点があるので，bed は無冠詞である。

例 I just **lay in bed** and watched YouTube. ……… 武庫川女子大
ベッドに横になって YouTube を見ていただけです。

また，「ベッドに横になる」という動作を表すときは lie down on a / the bed という表現を使う。

6 第3文型（S＋V＋O）：S turn O「S は O を回す / 回転させる」

蒸気の力が印刷機の歯車を回した。

答 (The / steam power / turned / the wheels / of) the printing press.

POINT 1 〈turn＋O〉 turn the wheel は「車輪を回す」という意味。主語の the steam power（蒸気の力）が，the wheels of the printing press の動力となっている。

POINT 2 〈turn O＋副詞〉 他動詞の turn のあとにはいろいろな副詞が現れる。

> turn the light on / off（明かりをつける / 消す），turn O up / down（O（エアコン・音量など）を上げる / 下げる），
> turn the steak over（ステーキをひっくり返す），turn O around（Oをひっくり返す）

7 第2文型（S＋V＋C）：S sound C「S は C のように聞こえる / 感じられる / 思える」

録音された自分の声を聴くと，自分には不思議な感じに聞こえることが多い。

答 When we hear our own voice on a recording, it often (sounds / strange / to / us).

POINT 1 〈sound C〉 sound＋形容詞で「形容詞のように聞こえる / 思える」だが，代表的な形容詞は次のとおり。

> good（良い），great（素晴らしい），interesting（面白い），nice（良い），perfect（完璧な），exciting（わくわくする），
> fantastic（素敵な），wonderful（すばらしい），familiar（なじみのある），strange（奇妙な），reasonable（妥当な），
> amazing（驚くべき），plausible（説得力のある），boring（つまらない），fascinating（魅力的な），
> straightforward（率直な）

POINT 2 〈sound like A〉 sound like A で「A のように聞こえる / 思える」という意味である。look like のパターンと似ている。sound like a good idea のように idea が来ることが多い。以下のように，look like と同様，sound like SV の形で使うこともできる。

例 It <u>**sounds like**</u> your English is improving. ………… 大阪体育大
君の英語は良くなっている<u>**ようだ**</u>ね。

構文で覚える!

8　第 3 文型（S＋V＋O）：S leave O＋場所「S は O を場所に置き忘れる」

私はクレジットカードを家に忘れてきてしまった。

答（ I / left / my / credit card / at / home ）.

POINT 〈leave O＋場所〉「O を場所に忘れる」という場合，動詞は leave を使うのが普通。「忘れる」について forget を使うときは基本的には I forgot my umbrella.（ 傘を忘れた ）のように場所を表す語句をつけずに使う。leave と共に使う場所を表す語句は次のとおり。

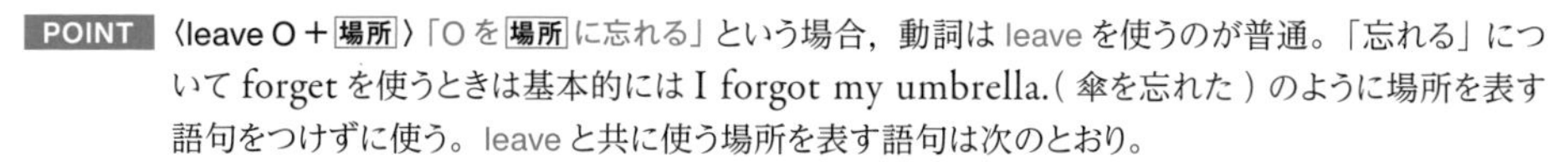

at home（自宅に）, on the bus / the train（バス / 電車に）, in the hall（玄関に）, in my room（自分の部屋に）

ADVANCED

1　第 1 文型（S＋V＋前置詞句（M））：S live＋場所「S は場所に住んでいる」

マララ・ユスフザイは，パキスタン北西部の小さな村に住んでいた。［ 1 語追加 ］

答 Malala Yousafzai lived <u>in</u> a small village in northwestern Pakistan.

POINT 〈live in 場所〉 live in a small village で「小さい村に住んでいる」という意味である。live は in 場所と共に使うことが多い ☞ BASIC 1，STANDARD 2 ので，まずはこの形をしっかりとマスターしよう。

2　第 2 文型（S＋V＋C）：S feel C「S は C と感じる」

私は疲れを感じていますし，頭痛がします。［ 1 語削除 ］

答 I feel ~~for~~ tired and I have a headache.

POINT 〈for が不要〉 feel＋補語で「…と感じる」。BASIC 2 にある feel のあとに続く形容詞を参考にしよう。また，feel for A は「A に同情する」という別の表現になっている。

3　第 2 文型（S＋V＋C）：S look like 名詞「S は名詞のように見える」

姫路城は美しい白い鳥のような見た目をしています。［ 1 語追加 ］

答 Himeji Castle looks <u>like</u> a beautiful white bird.

POINT 〈look like 名詞〉 Himeji Castle looks ... ときて，後ろに a beautiful white bird という名詞がつづいていることがポイント。look のあとに名詞が続く場合は look like 名詞（ 名詞のように見える ）とする ☞ STANDARD 4。なお，この場合の like は前置詞で，前置詞句が C に当たる点に注意しよう。

4　第 3 文型（S＋V＋O）：S resemble O「S は O に似ている」

宇宙から見ると，地球は大きな青い球に似ています。［ 1 語削除 ］

答 Earth resembles ~~to~~ a large, blue ball when we view it from space.

POINT 1 〈to が不要〉 resemble は他動詞なので前置詞 to を続けてはいけない。「A『に』似ている」という日本語に引っ張られて× resemble to A としないように注意しよう。resemble は外見上の類似点を述べる際に使う ☞ BASIC 8。今回は「地球」と「大きな青い球体」が外見上似ていることを述べている。

POINT 2 〈形容詞の並列〉 a large, blue ball のように形容詞がカンマで並列されることがある。これは等位形容詞と呼ばれ，a large and blue ball とほぼ同じ意味になる。

5 第1文型（S＋V＋前置詞句（M））：S lie in 場所「S は 場所 の中にある」
現在，トゥルカナ湖は，乾燥した過酷な砂漠地帯の真ん中にあります。［ 1 語追加 ］
答 Today Lake Turkana lies in the middle of a dry, hostile desert environment.

POINT 1 〈lie in 場所〉 これは STANDARD 5 で扱った lie in 場所（場所にある / 存在する）と同じ形で具体的な地名についての例である。lie in the middle of ... で「…の真ん中にある」というコロケーションとして押さえておこう。

POINT 2 〈hostile の意味〉 hostile は「敵意ある」という意味の形容詞だが，この文の desert environment のように「環境」を表す語と結びつくと，「不利な / 厳しい条件の」という意味になる。

6 第3文型（S＋V＋O）：S leave O＋場所「S は O を 場所 に置き忘れる」
私は傘を電車に忘れてきてしまいました！［ 1 語削除 ］
答 I left ~~for~~ my umbrella on the train!

POINT 〈for が不要〉 これは STANDARD 8 で扱った leave O＋場所 と同じである。この文は 場所 が on the train になっている。なお，leave for 場所 は「場所 に向けて出発する」という意味。
例 Which train **has** just **left for** Manchester? ……… 創価大
どの電車がいまマンチェスター**に向けて出発した**の？

7 第3文型（S＋V＋O）：S keep O「S は O を保つ」
子どもの「最初の言葉」の日記をつけている親は多い。［ 1 語削除 ］
答 Many parents keep ~~on~~ a diary of their child's "first words."

POINT 1 〈on が不要〉 動詞 keep は様々な文型で使うことができるが，ここでは SVO の形で keep a diary（日記をつける）という意味を表す。なお，keep on は後ろに *doing* を伴い「…し続ける」という意味を表す。
例 Sleepy as I was, **I kept on studying** for the examination. ……… 織央大
眠かったが，試験**勉強を続けた**。

POINT 2 〈keep を含む構文〉 keep a / an 名詞 of A の例は次のとおり。

keep a diary of A（Aの日記をつける），keep a record of A（Aの記録をつける），
keep a journal of A（Aの日誌をつける）（journalはdiaryよりも詳細な記録で著名人によるものが多い），
keep a list of A（Aの一覧を作る）

keep O の様々な例は次のとおり。

keep *one's* distance（距離をとる），keep a good relationship with A（Aと良い関係を保つ），
keep a secret（秘密を守る）

8 第1文型（S＋V＋前置詞句）：S happen＋場所「S は 場所 で起こる」
同じことは未来の社会でも起こるでしょう。［ 1 語追加 ］
答 The same thing will happen to society in the future.

POINT 1 〈happen to A〉 happen to society で「社会で起こる」を表す。また in the future はうしろから society を修飾する「未来の」という意味の形容詞句。

POINT 2 **〈happen に続く前置詞〉 to 以外に現れる前置詞は in や with！**

〈happen to A「A に対して起こる」〉

例 What will **happen to** the environment in the near future? ……… ★実践女子大
近い将来，環境**には**何が**起こる**のだろうか。

to me や to us など，to のあとには 人 が来ることも多い。

〈happen in A「A で起こる」〉

例 Such a thing cannot **happen in** a civilized society.
そのようなことは文明社会**では起こり**得ない。

〈happen with A「A について起こる」〉

例 What is going to **happen with** the bike? ……… 宮崎大
そのバイク**には**何が**起こる**のでしょうか。

この文の with は「A に関して / について」を表し，範囲を限定する働きを持つ。with the bike には「そのバイクについて」という意味が含まれる。

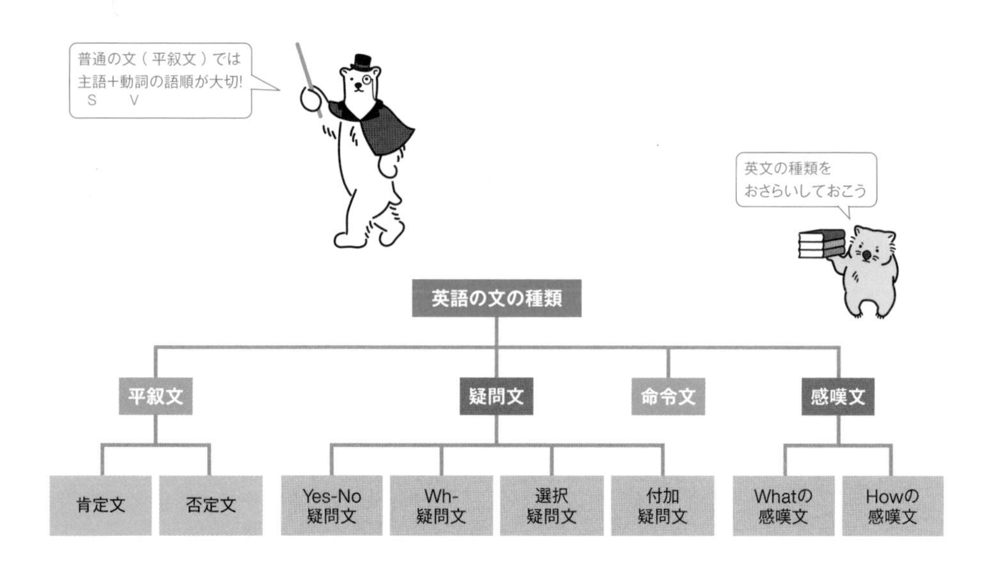

CHAPTER 2 文型② S+V+O_1+O_2 S+V+O+C There+V+A

Key Grammar & Constructions

◆第 4 文型：S＋V＋O_1＋O_2 主語と動詞に 2 つの目的語（O）を伴う文

「S は O_1（人）に O_2（もの）を V する」が基本

第 4 文型をとることができる動詞は限られている。詳しくは STANDARD 2, 4 の解説を見てみよう。

例 My father gave me the money.（父は私にお金をくれました）……★昭和大

My father (S) gave (V) me (O_1) the money (O_2)

◆第 5 文型：S＋V＋O＋C 主語と動詞に目的語（O）と補語（C）を伴う文

「S は O が C だと V する」が基本

ここでの補語は目的語を説明する働きを持つ。

第 5 文型をとることができる動詞も第 4 文型と同様に限られている。詳しくは BASIC 7, STANDARD 3, 7 の解説を見てみよう。

例 Cute babies make you happy.（かわいい赤ちゃんはあなたを幸せにします）……★滋賀大

Cute babies (S) make (V) you (O) happy (C)

◆ There 構文：There＋be＋A＋場所を表す語句

「A がある / いる」という「存在」を表す構文であり，その後ろには場所を表す語句が通常前置詞（in / on / by / near など）と共に現れる。

A は意味上の主語として働き，基本的に不特定のものを表す名詞がくる。

There is a ...　⇔ × There is the ...　× There is my ...

There is some ...

There is no ...

BASIC 1

1 第 4 文型（S＋V＋O_1＋O_2）：S buy O_1＋O_2「S は O_1 に O_2 を買ってやる」,
S give O_1＋O_2「S は O_1 に O_2 を与える」

Neeson (S) paid their rent, bought (V) them (O_1) a refrigerator (O_2), and gave (V) them (O_1) money (O_2) to send their children to school.

答 ニーソンは家賃を払い，彼らに（**冷蔵庫を買い**），そして子どもたちを学校に通わせるために（**彼らにお金を渡した**）。

POINT 1 〈buy O_1（人）O_2（もの）〉 buy O_1 O_2 は「O_1（人）に O_2（もの）を買ってやる / おごる」という意味になる。ここでは buy の過去形 bought の後ろに them（O_1） a refrigerator（O_2）と名詞が並び，「彼らに冷蔵庫を買った」という意味になる。

POINT 2 〈give O_1（人）O_2（もの）〉 give O_1 O_2 は「O_1（人）に O_2（もの）を与える / あげる」という意味になる。そして give は基本的に無償で与えるという意味である。ここでは give の過去形 gave の後ろに them（O_1） money（O_2）と名詞が並び，「彼らにお金を渡した」という意味になる。

POINT 3 〈第 3 文型への書きかえ〉第 4 文型（目的語に「人 に もの を」）をとる動詞は多くの場合第 3 文型に

書きかえることができる。その際 give 型の動詞の書きかえには多くの場合，移動先を表す前置詞 to が義務的に伴う。基本的な意味は第 3 文型も第 4 文型も変わらない。しかし英語においては通常古い情報から新しい情報へと文章が進み，後ろに出てくる新しい情報はより重要な情報であるといえる。第 4 文型を第 3 文型に書きかえると O_2（人）がより新しい，重要な情報として焦点が当てられると考えよう。

例 He bought a refrigerator **for** them.
S V O

例 He gave money **to** them.
S V O

2 第 4 文型（$S + V + O_1 + O_2$）：S find $O_1 + O_2$「S は O_1 に O_2 を見つけてやる」

Hmm, well then, I'll have to find her a new present and come back.
S V O_1 O_2

答 うーん，じゃあ，私は（**彼女に新しいプレゼントを見つけて**），そして戻ってこなきゃ。

POINT 1 **〈find O_1（人）O_2（もの）〉** find O_1 O_2 は「O_1（人）に O_2（もの）を見つけてやる」という意味になる。ここでは find の後ろに her(O_1) a new present(O_2) と名詞が並び，「彼女に新しいプレゼントを見つける」という意味になる。ただし，O_2 に a や the などの冠詞がついていないときには注意が必要である。以下の例を見てみよう。

例 Hana can't find **her cash card**, so she is in the bank to withdraw money from her account. ★名古屋工業大
S V O

ハナは**キャッシュカード**が見あたらないので，口座からお金を下ろすために銀行にいます。

この find を第 4 文型だと思わないように注意しよう。can't find her cash card の her をハナではない他の誰かの意味で「彼女にキャッシュカードを見つけてあげられない」という意味なら，Hana can't find her a cash card ... となるはずである。

POINT 2 **〈find O C だとどんな意味に?〉** 仮に find を第 5 文型だと考えると「O（人 / もの）が C（形容詞 / 名詞）だと思う / 感じる」という意味になる。find her(O) a new present(C) は「彼女が新しいプレゼントだと思う」という意味になり，O（彼女）= C（新しいプレゼント）となる。このように第 5 文型と考えると彼女がプレゼントそのものに思えてしまい，文脈に合わなくなることがわかるだろう。

BASIC 2

3 第 4 文型（$S + V + O_1 + O_2$）：S give $O_1 + O_2$「S は O_1 に O_2 を与える」

私は来週末にあなたに電話するつもりです。

答 I'll（ウ. give）you a call next weekend.
S V O_1 O_2

ア. make　イ. send　(ウ. give)　エ. ask

POINT 1 **〈give 人 a call〉**「電話をする」は give 人 a call と表現する。a call には「電話をかける」という意味があるので，その「行為」を「人」に渡すイメージからこのイディオムが出てくると考えるとよい。

POINT 2 **〈「電話をする」でなぜ give か?〉**「電話をする」という日本語だが，英語では慣用的に give（与える）をつかう。give は「ものをあげる」以外に「行為を行う」ときにも使う。give を使って「行為 / 行動」を表す例は☞ BASIC 6。

POINT 3 〈make / send / ask の第４文型での使い方〉ア．make O_1 O_2 は「O_1（人）に O_2（もの）を作ってあげる」という意味。イ．send O_1 O_2 は「O_1（人）に O_2（手紙 / 小包など）を発送する / 出す」という意味。エ．ask O_1 O_2 は「O_1（人）に O_2（質問）をする / O_2（名前 / 時間など）を聞く」という意味である。基本的にこれらの動詞を第４文型で使う場合，a call を使って「電話をする」という意味を表すことはできない。

POINT 4 〈make 人 a call とはなぜ言えないのか〉「電話をする」は make a call と表現できる。しかし make 人 a call は「人に電話をする」という意味にはならない。POINT 3 で述べたように，make O_1 O_2 は「O_1（人）に O_2（もの）を作ってあげる」ということを意味する。第４文型としての make は次のような例で使われる。

例 We'll **make you a new card** right away. ★宮城大
私たちは**あなたに新しいカードを**すぐに**お作りします**。

ここでは「あなた（人）に新しいカード（もの）を作る」という意味になっている。これを踏まえると，make you a call では「電話をする行為をあなたに作ってあげる」のようにおかしな意味になってしまうことがわかるだろう。

4 第４文型（S＋V＋O_1＋O_2）：S send O_1＋O_2「S は O_1 に O_2 を送る」
私はジョンにすぐにメッセージを送ります。
答 I'll（イ．send）John a quick message.
S　V　O_1　O_2

ア．make　（イ．send）　ウ．keep　エ．call

POINT 1 〈send 人 a message〉「人にメッセージを送る」は send 人 a message と表現する。

POINT 2 〈make / keep の第４文型での使い方〉ア．make O_1 O_2 は「O_1（人）に O_2（もの）を作ってあげる」という意味。ウ．keep O_1 O_2 は「O_1（人）に）O_2（もの / 座席など）を取っておく」という意味である。基本的にこれらの動詞を使って「何かを誰かに（どこかに）送る」という意味を表すことはできないことをおさえておこう。

POINT 3 〈call の使い方〉エ．call は「呼ぶ / 名づける」という意味の動詞である。

例 I could **call you a taxi**. ★龍谷大
私が**あなたにタクシーを呼ぼうか**。

このように第４文型で call を使うことはあるが，基本的にこの動詞を使って「何かを送る」という意味を表すことはできないことをおさえておこう。

POINT 4 〈make a message とはなぜ言えないのか?〉ア．make は「（材料で）**もの**を作る」という意味なので，make a message（メッセージを作成する）とは言わない。a message を作るのに材料を必要としないからだと考えよう。「メッセージを作る」は create a message で表す。以下の例を見てみよう。

例 The first core concept is that it is important to identify who **creates the message**. ☆南山大
第一の核となる考え方は誰が**メッセージを作る**のかを明確にすることが重要であるということです。

5 第４文型（S＋V＋O_1＋O_2）：S tell O_1＋O_2「S は O_1 に O_2 を教える」
あなたはその観光客に下北沢への道を教えることができます。
答 You can（ア．tell）the tourist the way to Shimokitazawa.
S　V　O_1　O_2

（ア．tell）　イ．teach　ウ．ask　エ．find

POINT 1 〈tell 人 the way〉「道を教える」は tell 人 the way と表現する。the way は「道」という名詞なので，それを「人」に教えると考えるとよい。

POINT 2 〈teach 人 the way とはなぜ言えないのか〉イ．teach は「(一定期間)知識 / 技能を教える」という意味で使われる。「道 / 名前を教える」など，習得するのに時間のかからない情報を伝えるときは tell を用いる。今回の問題では「道」の話をしていて，知識 / 技能を一定期間教えているわけではないので teach は誤りとなる。

POINT 3 〈ask / find の第４文型での使い方〉ウ．ask O_1 O_2 は「O_1(人)に O_2(質問)をする / O_2(名前 / 時間など)を聞く」という意味。エ．find O_1 O_2 は「O_1(人)に O_2(もの / 人)を見つけてやる / 手に入れてやる」という意味である。基本的にこれらの動詞を使って「何かを教える」という意味を表すことはできないことをおさえておこう。

6 第４文型 (S＋V＋O_1＋O_2)：S give O_1＋O_2「S は O_1 に O_2 を与える」

父さん，私を駅まで送ってくれない？

答 Dad, could you give me (エ. a ride) to the station?
(you = S, give = V, me = O_1, a ride = O_2)

ア．a hand　イ．a break　ウ．a call　(エ．a ride)

POINT 1 〈give 人 a ride〉「(乗り物で)送る」は give 人 a ride と表現する。エ．a ride には「乗り物に乗る / 乗せる」という意味があるので，その「行為」を「人」に渡すイメージからこの表現が出てくると考えるとよい。

POINT 2 〈give 人 a / an 名詞：その他の表現〉give 人 a hand(人に支援などを与える)の a hand には「助け」という意味がある。give 人 a break(人を大目に見る)の a break には「休憩 / 中断」という意味があり，問題への関わりを中断すると考えよう。この表現は主に会話文の中で使われる。

> 「大目に見る」overlook(見逃す), bend the rules(規則を曲げる), tolerate(我慢する), excuse(許す),
> give 人 a break(人を許す / 人に(もう一度)チャンスをやる)

〈give O_1 + O_2 型の重要構文〉

> give 人 a call / ring(人に電話をする), give 人 some information(人に情報を教える),
> give 人 some advice(人に助言をする), give 人 an answer(人に答える),
> give 人 a speech(人に演説 / 講演をする)

7 第５文型 (S＋V＋O＋C)：S name O＋C「S は O に C と名づける」, S call O＋C「S は O を C と呼ぶ」

妹は彼にベンジャミンと名づけましたが，私は彼をベンと呼んでいます。

答 My sister ((A) ウ. named) him Benjamin, but I ((B) ウ. call) him Ben.
(My sister = S, named = V, him = O, Benjamin = C, I = S, call = V, him = O, Ben = C)

ア．(A) called　(B) name　イ．(A) named　(B) tell
(ウ．(A) named　(B) call)　エ．(A) called　(B) tell

POINT 1 〈name 人 名前〉「人に名前と名づける」は name 人 (O) 名前 (C) と表現する。「彼にベンジャミンと名づけ」ということから彼とベンジャミン，him と Benjamin にはイコールの関係があることがわかる。第４文型との大きな違いは him(O) = Benjamin(C) のように O と C にはイコールの関係があることである。

POINT 2 〈call 人 名前〉「人を名前と呼ぶ」は call 人 (O) 名前 (C) と表現する。**POINT 1** と同様に him = Ben の関係になっている。

POINT 3 〈tell の使い方〉イ.(B),エ.(B) の原形 tell の意味は「話す / 伝える」である。そして tell O_1(人)O_2(こと)で「O_1(人)に O_2(こと)を話す」のように,第 4 文型をとる動詞として使うことができる。しかし tell には「呼ぶ」という意味はなく,第 5 文型をとることもできない。以上のことからイ.(B),エ.(B) は誤りだとわかる。

POINT 4 〈第 5 文型を取ることができる動詞:call 型〉第 5 文型を取ることができる動詞は限られていて,それらをさらに make 型,call 型,think 型の 3 つに大きく分類すると覚えやすくなる。call 型の動詞は O + C の C に名詞がくることが多い動詞である。O を C と名前をつけたり,地位などを与える動詞と考えよう。call 型の動詞には次のようなものがある。

> appoint (OをCに指名する / 任命する), call (OをCと呼ぶ), choose (OをCに選ぶ), elect (OをCに選挙で選ぶ), name (OをCと名づける)

8 第 5 文型 (S + V + O + C):S keep O + C「S は O を C に保つ」, 第 4 文型 (S + V + O_1 + O_2):S teach O_1 + O_2「S は O_1 に O_2 を教える」

イタリア語を教えるのは本当に楽しいし,生徒たちは私の若さを保つのに役立っています。彼らはまた私に日本のことも教えてくれます。

答 I really enjoy teaching Italian, and the students (S) help ((A) イ. keep) (help + V 原形) me (O) young (C).

They (S) also ((B) イ. teach) (V) me (O_1) things (O_2) about Japan.

ア.(A) remain (B) give　　イ.(A) keep (B) teach
ウ.(A) leave (B) send　　エ.(A) make (B) teach

POINT 1 〈keep 人 形容詞〉me(私)= young(若い)とあるので第 5 文型をとる動詞が入ると考えよう。keep O(人)C(形容詞)で「O(人)を C(形容詞)に保つ」と表現できるので,これが help に続くとわかればよい。

POINT 2 〈help to 不定詞 / help 原形不定詞〉help keep ... となっているのは,help が help to *do* / help *do*(動詞の原形)で「…することを助ける」を表すからである。ここで出てくる動詞の原形は原形不定詞と呼ばれる。

POINT 3 〈remain + C〉ア.(A) remain は「変化がないこと」や,ある状態の「維持 / 継続」を表し「…のままである」を意味する ☞ CHAPTER 1 BASIC 5。意味だけ考えると「C のままである」で remain が当てはまりそうだが,remain は remain O C のように第 5 文型をとれない。したがって × remain me young とは言えないので注意しよう。

POINT 4 〈leave O C「O を C のまま放っておく」〉ウ.(A) leave の本来の意味は「後に残して去る」であり「O を C の状態に放っておく」という意味に近い。このことから leave me young では「私の若さを保つ」という意味にはならない。この問題では,若さを保つのに影響しているものがある(人はただそのまますごすと歳をとる)ので keep が使われている。以下に leave O C の例を示した。leave 本来の意味に近い「放っておく」という点に注意しよう。

例 Mrs. Butler **left the door open** a little. ☆静岡大
バトラー夫人は**ドアを**少し**開けたままにしていた**。

STANDARD

1 第4文型（S＋V＋O_1＋O_2）：S give O_1＋O_2「SはO₁にO₂を言う」

私はあなたに自分の正直な意見を述べるべきですね。

答 I should (give / you / my / honest / opinion).
S V O_1 O_2

POINT 1 〈give O_1（人）O_2（言葉／助言）〉giveは「O_1（人）にO_2（言葉／助言）を言う／述べる」という意味もある。my honest opinionは「自分（私）の正直な意見」という意味なのでそれを「人」に述べると考えるとgive 人 my honest opinionとなることがわかるだろう。

POINT 2 〈第4文型の目的語の順序〉第4文型のO_1 O_2の2つの目的語の順序は必ず「人」→「もの」の順番となる。ここでは日本語の語順通り「あなた」（人）に「自分の正直な意見」（もの）を述べるという順番となりgive you my honest opinionとなる。

POINT 3 〈授与動詞〉第4文型をとる動詞はものの所有権がある人から別の人へと移動することを表す。このことから授与動詞と呼ばれる。

POINT 4 〈直接目的語と間接目的語〉動詞の直後のO_1（人）を表す1つめの目的語を間接目的語，O_2（もの）を表す2つめの目的語を直接目的語と呼ぶ。ここではyouが間接目的語，my honest opinionが直接目的語である。

2 第4文型（S＋V＋O_1＋O_2）：S send O_1＋O_2「SはO₁にO₂を送る」

ジョン，今日の午後までに私にあなたの報告書を送ってくれますか?

答 John, could (you / send / me / your / report) by this afternoon?
S V O_1 O_2

POINT 1 〈send O_1（人）O_2（Eメール／信号など）〉sendは第4文型の動詞として「O_1（人）にO_2（もの）を送る」という意味で使うことができる。主語の「あなた」が「私」（人）に「あなたの報告書」（もの）を送るのでyou send me your reportとなる。

POINT 2 〈give型の動詞〉第4文型をとる動詞はgive型とbuy型に分けられる。give型とbuy型の違いは第3文型に書きかえたときに必ず付けなければならない前置詞句や副詞句（義務的副詞）☞ CHAPTER 1 BASIC 1を必要とするかがポイントとなる。与えたり，貸したりする先には受け取る人やものが想定されるように，give型の動詞にはO_2を受け取る人やO_2の移動の先が必要である。そこから，多くの場合，give型の動詞の第4文型を第3文型に書きかえると，受け取る人や移動先を表すために義務的副詞が必要になると考えよう。そしてその際には前置詞toが使われると覚えておこう。

例 In a decade, I may give a speech **to a large audience.** ★龍谷大
10年後，私は**大勢の聴衆に向けて**スピーチをするかもしれません。

問題文はYou should send your report **to me**. と書きかえることができる。書きかえた際の意味の違いについては☞ ADVANCED 1 POINT 3。

give型の動詞には次のようなものがある。

give（与える），hand（手渡す），lend（貸す），offer（提供する），pass（手渡す），pay（支払う），sell（売る），send（送る），show（見せる），teach（教える），tell（話す／伝える），write（手紙を書く）

3 第5文型（S＋V＋O＋C）：S find O＋C「SはOがCだと思う」

研究者たちはその体験をとてもひどいものだと思いました。

答 The researchers (found / the / experience / very / uncomfortable).
S V O C

POINT 1 〈find O＋C のさまざまな意味〉 第 5 文型として使われる find の意味は「O(人 / もの) が C(状態) であるのを発見する」が最も一般的だが「O(人 / もの) が C だと思う / 感じる」という意味もある。

POINT 2 〈O と C の語順とイコール関係〉 研究者たちは「その体験」the experience(O) を「不快だ / ひどい」uncomfortable(C) と感じていた。補語 (C) は目的語 (O) がどのようなものなのかを説明し語順は日本語と同じとなるので found the experience very uncomfortable となる。そして「その体験はひどいものである」というように O＝C の関係が成立している。

POINT 3 〈第 5 文型を取ることができる動詞：think 型〉 第 5 文型を取ることができる動詞は限られていて，それらをさらに make 型，call 型，think 型の 3 つに大きく分類すると覚えやすくなる。think 型の動詞は「O を C であると考える / 感じる」動詞が中心だと考えよう。think 型の動詞には次のようなものがある。

believe (OをCと考える / 思う), consider (OをCと考える / 思う), find (OがCだとわかる / OをCと思う),
think (OをCと考える / 思う), feel (OをCだと感じる / 思う)

4 第 4 文型 (S＋V＋O_1＋O_2)：S find O_1＋O_2「S は O_1 に O_2 を見つけてやる」

あそこは本当に混んでいますが，私が中で場所を見つけます。

答 It's really crowded in there, but (I'll / find / us / a / place / inside).
S V O_1 O_2

POINT 1 〈find O_1 O_2〉 find は第 3 文型では「O(もの / 人) を見つける」という意味だが，第 4 文型としても使うことができ「O_1(人) に O_2(もの / 人) を見つけてやる / 手に入れてやる」という意味になる。

POINT 2 〈inside〉 inside は前置詞 / 副詞 / 形容詞 / 名詞とさまざまな品詞として使うことができる。I'll find us an **inside** place. これは文法的に正しい文章である。しかしこの文の意味は「私は**中の**場所を見つけます」であり，ここでの inside(中の) は形容詞として使われている。問題の日本語訳「私が**中で**場所を見つけます」と見比べてみよう。「中で」は副詞である。なお，inside が前置詞や名詞として使われる例についても見ておこう。

例 (前置詞) **Inside** the room, a man stood up to welcome him. ★群馬大
部屋**の中では**，一人の男が彼を迎えるため立ち上がった。

例 (名詞) When girls build construction sets, they tend to play on **the inside**. 熊本大
女の子が建設セットを作るときは，**内側**で遊ぶことが多いのです。

POINT 3 〈buy 型の動詞〉 第 4 文型をとることができ，第 3 文型として使う際に必ず付けなければならない前置詞句 ☞ CHAPTER 1 BASIC 1 を必要とする give 型に対し，義務的副詞を必要としない動詞を buy 型の動詞と分類する。

POINT 4 〈give 型 / buy 型の動詞：義務的副詞は必須か否か〉 give 型の動詞には O_2 を受け取る人，O_2 の移動の先が必要なので義務的副詞が必要となる。一方 buy 型の「買う / 選ぶ」は必ずしも O_2 を受け取る人やものが想定されない。だから buy 型の動詞の第 4 文型から第 3 文型への書きかえにおいて義務的副詞は必須ではないと考えよう。しかし buy 型の動詞には動作による利益を受ける人を想定することもでき，その際は前置詞 for を用いる。

例 I bought a doll **for my six-year-old niece** for her birthday. ★京都産業大
私は **6 歳の姪っ子に**彼女のお誕生日のためにお人形を買いました。

この問題も I'll find a place inside for us. と書きかえることができる。書きかえた際の意味の違いについては☞ ADVANCED 1 POINT 3。buy 型の動詞には次のようなものがある。give 型の動詞は☞ STANDARD 2。

buy（買う）, choose（選ぶ）, cook（料理する）, find（見つける）, get（手に入れる / 買う）, leave（残す）, make（作る）, order（注文する）, play（演奏する）, save（とっておく / 確保する）

5 第 4 文型（S ＋ V ＋ O_1 ＋ O_2）：S tell O_1 ＋ O_2「S は O_1 に O_2 を教える」

すみません。私に歴史博物館への道を教えていただけませんか?

答 Excuse me. Would (you / tell / me / the / way / to / the / historical / museum)?
(you = S, tell = V, me = O_1, the way = O_2)

POINT 1 〈tell 人 the way〉「人に道を教える」は tell 人 the way と表現する。the way は「道」という名詞なので，それを「人」に教えると考えるとよい。主語の「あなた」が「私」(人) に「道」(もの) を教えると考える。そうすると S V O_1(人) O_2(もの) から you tell me the way であることがわかるだろう。必ずしも「教える＝ teach」とはならないことに注意 ☞ BASIC 5。

POINT 2 〈前置詞 to〉 前置詞 ＋ 名詞（句） の形で形容詞の働きをする。to の中心的なイメージは「方向と到達点」で，「ある目標に向かって進み，到達する」感覚が基本である。the way がどのような場所なのか，前置詞 to 以下が説明していると考えるとよい。「歴史博物館への道」は the way to the historical museum となる。

6 There 構文（There ＋ be ＋ A ＋ 場所 ）：「A が 場所 にある」

この近くには中華，イタリアン，インド，そして日本食とあらゆる種類のレストランがあります。

答 (There / are / all / kinds / of / restaurants / near / here) — Chinese, Italian, Indian, even Japanese.
(There = There, are = be, all kinds of restaurants = A, near here = 場所)

POINT 1 〈There 構文〉 There 構文 (存在構文) とは There ＋ be ＋ A ＋ 場所 という表現であり，「A がある / いる」という「存在」を表す。A は意味上の主語 (日本語訳での主語) として働き，基本的に不特定のものを表す名詞がくる。ここでは「あらゆる種類のレストランがあります」となっているため，There are all kinds of restaurants という並びになる。ちなみに，There 構文は目的語や補語を含まないことから，第 1 文型に分類される。

POINT 2 〈There ＋ be ＋ A ＋ 場所 〉 There 構文はよく場所を表す語句と結びつくことを覚えておこう。場所を表す語句は前置詞 (in / on / by / near など) を用いて表現されることが多く，この問題では前置詞 near(の近くに) に名詞 here(ここ) が結びつき near here で「この近くに」あることを表している。

POINT 3 〈There 構文の疑問文〉 There 構文を疑問文にする場合，意味上の主語 A と be 動詞ではなく there と be 動詞の順序を入れかえる。be 動詞の後ろに来る名詞が意味上の主語だが，構造上の主語は there なので，疑問文を作るときは Are there ...? などとする。

例 **Are there** any good seafood restaurants around here? ……… ★立命館大
このあたりでおいしいシーフードレストランは**ありますか**?

前置詞 around(のあたりに) に名詞 here(ここ) が結びつき around here で「このあたりに」あることを表している。

POINT 4 〈「そこに」の there〉 there には「そこに」という意味があるがこの構文の there には「そこに」という意

味はない。「そこに」を表したい場合は文末に there を付け加える必要がある。

例 When Columbus arrived in the New World, there were about 1000 languages **there**.

★法政大

コロンブスが新大陸に到着したとき，**そこには**約 1000 の言語が存在していた。

7 第 5 文型（S＋V＋O＋C）：S make O C「S は O を C にする」

真っ赤な本棚はその部屋の雰囲気を楽しくておもしろいものにします。

答 A bright red bookshelf (S) would (make (V) / the atmosphere / of / the room (O) / fun / and / interesting (C)).

POINT 1 〈make O C〉 make O C は「O（人 / もの / こと）を C（名詞 / 形容詞）にする」という意味がある。ここでは「その部屋の雰囲気」が O で「楽しくておもしろい」が C となる。

POINT 2 〈A of B〉 前置詞は 前置詞 ＋ 名詞（句） の形で形容詞の働きをする。of の中心的なイメージは「所属」で，集合の中の一部の感覚が基本である。the atmosphere がどこの雰囲気なのかを前置詞 of 以下が説明していると考えるとよい。ここで「雰囲気」the atmosphere が「その部屋」the room に所属していると考えると，「その部屋の雰囲気」は the atmosphere of the room となる。

POINT 3 〈O と C のイコール関係〉「真っ赤な本棚」（S）は「その部屋の雰囲気」the atmosphere of the room（O）を「楽しくておもしろいもの」fun and interesting（C）にする。the atmosphere of the room（O）が fun and interesting（C）であるように補語（C）は目的語（O）を説明している。「その部屋の雰囲気はおもしろい」のように O＝C の関係が成立している。

POINT 4 〈第 5 文型を取ることができる動詞：make 型〉 第 5 文型を取ることができる動詞は限られていて，それらをさらに make 型，call 型，think 型の 3 つに大きく分類すると覚えやすくなる。make 型の動詞は O C の C に形容詞がくることが多い動詞である。O を C の状態に変化させたり，影響を与えたりする動詞と考えよう。make 型の動詞には次のようなものがある。

get（OをCにする），keep（OをCのままにしておく），leave（OをCのままに放っておく / しておく），make（OをCにする），paint（Oを塗ってCにする），wipe（OをふいてCにする）

call 型の動詞には次のようなものがある。

call（OをCと呼ぶ），name（OをCと名づける）

think 型の動詞には次のようなものがある。

find（OがCだとわかる / 思う），think（OをCと考える / 思う）

8 第 4 文型（$S＋V＋O_1＋O_2$）：S give $O_1＋O_2$「S は O_1 に O_2 を与える」

ミキ，放課後その論文の件であなたにひとこと助言させて。

答 Miki, let (me / give (V) / you (O_1) / a piece / of / advice (O_2) / on) the paper after school.

POINT 1 〈give O_1（人）O_2（言葉 / 助言など）〉 give には「O_1（人）に O_2（言葉 / 助言など）を言う / 述べる」という意味もある。不可算名詞（数えられない名詞）である advice には「忠告 / 助言 / アドバイス」という意味があるので，それを「人」に渡すイメージから「助言をする」は give 人 advice と表現すると考えよう。

POINT 2 〈a piece of 名詞〉 a piece of 不可算（数えられない）名詞 は「1つの 名詞（もの / こと）」であり名詞の

種類に応じて多様な訳語となる。a piece of 名詞 に現れる主な名詞は物質，抽象的 / 集合的概念，部分の 3 つに分けられ，代表的かつ頻出のものは次のものである。

「物質」paper（紙），meat（肉），「抽象的 / 集合的概念」information（情報）

例 (物質) The police put **a piece of paper** in front of John. ☆大東文化大
警察はジョンの前に **1 枚の紙**を置いた。

例 (物質) "You can leave **a piece of meat** on a table and tell our dog, 'No! ,' and he will not take it," Virányi says. ★同志社大
「テーブルの上に**肉片**を置いてうちの犬に『ダメ!』と言えば取らないでしょう」とヴィラニさんは言う。

例 (抽象的 / 集合的概念) remember: to be able to bring back **a piece of information** into your mind, or to keep **a piece of information** in your memory ★国士舘大
remember : **ある情報**を頭によみがえらせることができる，あるいは**ある情報**を記憶にとどめることができる。

ADVANCED

1 第 4 文型（S + V + O_1 + O_2）: S give O_1 + O_2「S は O_1 に O_2 を与える」
もうすぐ先生が私たちにテストを行う予定ですよね。[give を用いて，第 4 文型で]

答 Our teacher is going to (give us a test) soon, you know.
(Our teacher = S, is going to give = V, us = O_1, a test = O_2)

POINT 1 〈give 人 a test〉日本語の「私たちにテストを行う」には「人 に もの を」という 2 つの目的語が使われている。これは英語では第 4 文型で give 人 a test という表現を使おう。a test には「(技能 / 学力などの) 試験 / 小テスト」という意味があるので，その行為を「人」に渡すイメージから考えるとよい。a test は a quiz でも同様の意味となる。an exam / examination はより重要な試験のときに用いる。

POINT 2 〈さまざまな形式の test〉

an achievement test（学力検査），an aptitude test（適性検査），an intelligence test（知能検査），
an objective test（客観テスト），a true-false test（○×テスト），an essay test（小論文式テスト），
a multiple-choice test（選択式テスト），an oral test（口頭試験）

POINT 3 〈give 人 a test の書きかえ〉第 4 文型は基本的に第 3 文型に書きかえることができる。しかし，今回の give us a test (私たちにテストを行う) を give a test to us に書きかえると，単に「私たちにテスト用紙を渡す」という意味になり，「テストを行う」という意味にはならないこともある。
この問題では以下のように書きかえることができる。

例 Our teacher is going to give a test to us soon, you know.
もうすぐ先生が私たちにテスト用紙を渡してくれます。

2 第 4 文型（S + V + O_1 + O_2）: S tell O_1 + O_2「S は O_1 に O_2 を教える」
私に大学までの道のりを教えてくださいませんか。[tell を用いて，第 4 文型で]

答 Could you (tell me the way to the university)?
(you = S, tell = V, me = O_1, the way to the university = O_2)

POINT 1 〈O_1(人) に O_2(もの) を V する〉日本語の「私に大学までの道のりを教える」には「人 に もの を」という 2 つの目的語が使われている。これは英語では第 4 文型で tell 人 the way という表現を使う。the way to A には「A(施設 / 建物など) への道筋」という意味があるので，その「行為」を「人」に教

えると考えるとよい。

POINT 2 〈teach か tell か?〉teach は「(一定期間)知識 / 技能を教える」という意味で使われる。「道 / 名前を教える」など習得するのに時間のかからないものについては tell を用いる ☞ BASIC 5 POINT 2。

3 There 構文 (There + be + A + 場所):A が 場所 にある

その惑星には氷という形で水が存在します。[There 構文を用いて]

答 (There is water on the planet) in the form of ice.
There be A 場所

POINT 1 〈There + be + A〉「何かがどこかにある」こと(=存在)を表したい場合,there 構文 (There + be + A) を用いる。ここでは「水が存在します」となっているため there is water と表現しよう。

POINT 2 〈There 構文の数の一致(be 動詞の選択)〉There 構文の be 動詞は意味上の主語(日本語訳の主語)A の名詞が単数か複数か数えられる名詞か否かで選択する必要がある。基本的には A が単数や不可算(数えられない)名詞なら is / was,複数なら are / were を用いる。water は不可算名詞かつ現在の話をしているので be 動詞は is を使おう。

POINT 3 〈場所を表す前置詞 on〉There 構文の後ろには場所を表す語句が前置詞(in / on / by / near など)と共に現れることが多い。「その惑星には」は場所を表しているが,ここでは前置詞 on を使おう。on の中心的なイメージは「接触」で,平面的なものに「接触」している感覚が基本である。「水が惑星に接触している」と考え on the planet と表現しよう。

POINT 4 〈be 動詞以外の There 構文〉come(来る),exist(存在する),happen(起こる)など,存在 / 出現 / 移動を表す自動詞を There 構文で用いることができる。

例 **There exist** two very different processes. ☆神戸大
全く異なる 2 つのプロセスが**存在します**。

例 **There comes** an equally powerful social revolution. ☆関西学院大
同じように強力な社会革命が**起こるのです**。

4 第 4 文型 (S + V + O_1 + O_2):S offer O_1 + O_2「S は O_1 に O_2 を提供します」

パーソナライズ(個別化)されたニュースは,人々に選択の自由を提供します。

[offer を用いて,第 4 文型で]

答 Personalized news (offers people freedom of choice).
S V O_1 O_2

POINT 1 〈offer 人 freedom〉日本語の「人々に選択の自由を提供する」には「人 に もの を」という 2 つの目的語が使われている。これは英語では第 4 文型で offer 人 freedom という表現を使う。freedom は「自由」という意味なので,それを「人」に提供している。

POINT 2 〈A of B〉前置詞は 前置詞 + 名詞(句) の形で形容詞の働きをする。of の中心的なイメージは「所属」で,集合の中の一部の感覚が基本である。freedom が何の自由なのか前置詞 of 以下が説明していると考えるとよい。ここでは「自由」が「選択」の中の一部と考えよう。なので「選択の自由」は freedom of choice となる。

5 第 4 文型 (S + V + O_1 + O_2):S lend O_1 + O_2「S は O_1 に O_2 を貸す」

友人が私に新刊を 1 冊貸してくれましたが,あまり面白い本ではありません。[lend を用いて,第 4 文型で]

答 My friend (lent me a new book), but it's not very interesting.
S V O_1 O_2

POINT 〈lend 人 もの〉「貸す」は lend となり第 4 文型の動詞として使うことができる。lend O_1 O_2 で「O_1(人) に O_2(もの) を貸す」という意味になる。

6 第 5 文型 (S＋V＋O＋C)：S find O＋C「S は O が C だと思う」

その女の子はもっといい選手になろうと頑張ったのです。私もその話は心温まる (heartwarming) 話だと思います。[find を用いて，第 5 文型で]

答 The girl tried her best to be a better player. I (find the story heartwarming), too.
S V O C

POINT 1 〈find O C〉主語の私は「その話は心温まる話だ」と思っている。ここでは the story(その話) = heartwarming(心温まる) というイコールの関係が成立している。これを英語では第 5 文型で find O C を使って表現し，find the story heartwarming となることがわかる。

POINT 2 〈think O C と find O C〉think は意見を述べるときに用いるが, find は個人的経験に基づく発見に用いる。この問題では think を使っても文法上は問題ないが find のほうが望ましい。

例 The Americans didn't **think special treatment necessary**, or probably even appropriate. ☆亜細亜大

アメリカ人は**特別な扱いが必要だとは思って**いなかったし, おそらく適切だとさえ思っていなかった。

7 第 5 文型 (S＋V＋O＋C)：S keep O＋C「S は O を C に保つ」

変温動物は食べ物からのエネルギーではその体を温かく保つことができません。

答 Cold-blooded animals cannot (keep their bodies warm) with energy from food.
S V O C [keep を用いて，第 5 文型で]

POINT 〈keep O C〉日本語の「体を温かく保つ」には「体」=「温かい」というイコールの関係がある。これは英語では第 5 文型で keep their bodies warm と表現しよう。第 5 文型では補語 (C) は目的語 (O) がどのようなものなのかを説明していて，ここでは「その体 (O)」が「温かい (C)」ものであると説明している。

8 第 4 文型 (S＋V＋O_1＋O_2)：S give O_1＋O_2「S は O_1 に O_2 を与える」

私は今朝電車に乗り遅れたのですが，兄が学校まで送ってくれました。

答 I missed the train this morning, but my brother (gave me a ride to school).
S V O_1 O_2

[give を用いて，第 4 文型で]

POINT 1 〈give 人 a ride〉「(乗り物で) 送る」は give 人 a ride と表現する。a ride には「(乗り物に) 乗る / 乗せる」という意味があるので，その「行為」を「人」に渡すイメージからこの表現が出てくると考えよう。

POINT 2 〈前置詞 to〉前置詞は 前置詞 ＋ 名詞 (句) の形で形容詞や副詞の働きをする。to の中心的なイメージは「方向と到達点」で,「ある目標に向かって進み，到達する」感覚が基本である。どのような場所へ送るのかを前置詞 to 以下が説明していると考えるとよい。「学校へ」は to school となる。

誰に何を / 何をどのように / …がある
など，結論部分に注目!

CHAPTER 3

動詞 自動詞と他動詞，SVOOで注意する動詞

Key Grammar & Constructions

◆**自動詞：目的語（O）を取らない動詞。以下の 2 つに大別できる。**

完全自動詞：動詞（V）とそれに対応する主語（S）のみで文が完結する自動詞。

S＋V の第 1 文型，および義務的副詞（M）を伴った S＋V＋M の文型となる ☞ **CHAPTER 1**。

例 We live in a small village.（私たちは小さな村に住んでいます）

不完全自動詞：補語（C）を伴わなければ文が完結しない自動詞。

S＋V＋C の第 2 文型となる。

例 His face turned red.（彼の顔は真っ赤になりました）

◆**他動詞：目的語（O）を取る動詞。以下の 2 つに大別できる。**

完全他動詞：目的語を伴うだけで文が完結する他動詞。

S＋V＋O の第 3 文型および S＋V＋O_1＋O_2 の第 4 文型となる。

例 I eat soup every day.（私は毎日スープを飲みます）

不完全他動詞：目的語の他に補語を伴わなければ文が完結しない他動詞。

S＋V＋O＋C の第 5 文型となる。

例 She named her dog Momo.（彼女は愛犬にモモと名づけました）

※自動詞と他動詞を日本語からの類推で分類してはいけない。

BASIC

1 他動詞 discuss：discuss O「O について議論する / 話し合う」

私たちはフェアトレードの重要性について議論しました。

答 We (discussed / ~~discussed about~~) the importance of fair trade.

POINT 1 〈discuss O〉「…について議論する」という日本語に引きずられて× discuss about A などとしない ☞ **CHAPTER 1 BASIC 7**。discuss は他動詞であり，discuss O の形で用いる。discuss の目的語には以下のように，「問題 / 利点 / 欠点」などを中心とした語句がよく現れる。

> the issue / matter / problem（問題）, the advantage / merit / benefit（利点 / 長所）,
> the disadvantage（不利な点 / 欠点）, the difference（違い）, the importance（重要性）, the meaning（意義）,
> how to *do*（…のやり方）, the way S+V（SVする方法）, the way of A（Aの方法）

POINT 2 〈mention O〉同様に mention O（…について言及する）も× mention about A としてしまいがちなので注意しよう。

例 The study **didn't mention** the true disadvantages of vegetable oils. ……… 獨協医科大

その研究では植物油の本当のデメリット**については言及していませんでした**。

2 自動詞 wait：wait for A「A を待つ / 待ち受ける」

私を待たないでください。予定より 3 時間遅れているんです。

答 Don't (~~wait~~ / wait for) me. I'm three hours behind schedule.

POINT 1 〈wait for A〉「（ 人 / もの / こと ）を待つ」は wait for A で表す。この場合 wait は自動詞である。wait (for) a long time（長い間待つ）のような，期間を表す for と混同しないように。また，機

会や順番を待つ場合は wait が他動詞として用いられることもあるので注意しよう。

例 Japanese people are patient and **wait their turn** without complaint. ★福島大
日本人は辛抱強く，文句を言わずに**順番を待ちます**。

POINT 2 〈wait on A〉 ここで wait の他の使い方を見てみよう。wait on A で「人の世話をする / 人に仕える / 人に応対する」といった意味がある。

例 The clerk broke off the conversation and **waited on the customer**. ★上智大
店員は話を切り上げ，**客に応対しました**。

POINT 3 〈behind schedule〉 behind は前置詞で，元は「…の（背）後に（隠れて）」という意味である。behind の後ろに予定や時代などを表す名詞が続くと，「…に遅れて」という意味になる。

例 Her songs are now a little **behind the times**. ☆高崎経済大
彼女の歌は今少し**時代遅れに**なっています。

3 自動詞 agree：agree with A「A に同意する」

NASA はアメリカ大統領の宇宙旅行計画に同意しました。

答 NASA (~~agreed /~~ agreed with) the U.S. President's plans for space travel.

POINT 1 〈agree with A〉「人 / もの に同意する」は agree with A で表す。この場合 agree は自動詞である。他に「（行為 / 方策など）を正しいと認め（て賛成す）る」の意味もある。

POINT 2 〈agree to A〉 agree with A とよく似た表現に，agree to A がある。agree with A と同じく「A に同意する」と訳されることも多いが，この場合 A に来るのは proposal / plan / term(s) など，要求や提案などの意味を持つ語が多く，「議論や説得ののち同意 / 承諾する」のような意味合いである。

例 Only a half of the residents **agreed to the proposal**. ☆関西大
半数の住人しか**この提案を受け入れ**ませんでした。

POINT 3 〈agree (with A) on / about B〉「A（人）と B（こと）に関して意見が合う」の意味で，agree with A on / about B の形になることもある。この場合，with A は省略されることが多いので注意しよう。以下の文では，agree の後の with each other が省略されている。

例 Scientists do not always **agree on the answers**. 専修大
科学者たちは必ずしも**その結論に関して意見が一致している**わけではありません。

4 自動詞 belong：belong to A「A に属する / A の（所有）物である」

英国では，貴重な美術品の多くが今でも個人の所有物です。

答 In the U.K., many valuable works of art still (~~belong /~~ belong to) private owners.

POINT 1 〈belong to A〉「（人など）の（所有）物である」は belong to A で表す。belong は自動詞である。他に「（組織 / 集団など）に属する」の意味もある。なお，belong は状態動詞（ある状態が継続していることを示す動詞）であるため，進行形にはならない ☞ CHAPTER 4 BASIC 3。「～に所属している」という日本語に惑わされないように注意しよう。

例 Ten percent of the students **belong to the basketball club**. 名古屋工業大
生徒の1割は**バスケットボール部に所属しています**。

POINT 2 〈belong＋副詞〉 belong の後ろに場所を表す前置詞句 / 副詞句が続くと，「（ふさわしい場所）にいる / ある」「場所にいる / あるべきだ」という意味になる。

例 The Italian man stole the Mona Lisa because he believed it **belonged in Italy**. ★藤田医科大

そのイタリア人男性は，モナ・リザは**イタリアにあるべきだ**と思い盗み出しました。

POINT 3 〈「作品」を表す art〉 art が「芸術作品 / 美術品」を表すことがある。この場合，不可算名詞となるので注意しよう。数える場合には，a work / piece of art の形にする。ほぼ同じ意味の artwork という語もある。こちらは可算名詞として使用する場合もある。

例 Do not touch **artworks** in the museum. ★津田塾大
美術館内の**作品**には手を触れないでください。

5 他動詞 explain：explain O (to A)「(A に)O を説明する」

面談で彼女はその結果を私に説明してくれました。

答 She (explained the results to me / ~~explained me the results~~) at the interview.

POINT 1 〈explain O (to A)〉 人や本が「…を説明する」は explain O で表す。この場合 explain は他動詞である。説明する相手 (人) を示す場合には，explain O to A (第 3 文型) の形となる。give O_1 O_2 (O_1 に O_2 を与える) のように，× explain O_1 O_2 (第 4 文型) の形はとらないことに注意しよう ☞ CHAPTER 2 STANDARD 2。explain は「理由 / 方法 / 構造などを示して，理解しにくいことをわかりやすく説明する」という意味をもつので，explain の目的語には以下のようなものがよく現れる。

> the content (内容), the meaning (意味), the reason(s) (理由), the situation (状況), the detail(s) (詳細), the difference(s) between A and B (AとBの違い), the effect(s) (影響 / 結果), the cause(s) (原因), the problem(s) (問題)

POINT 2 〈explain to A O〉 explain に続く O が to A よりも大切な情報や新しい情報を含む場合には，O が to A よりも後ろに移動し，explain to A O となる場合がある。特に to A の A が代名詞の時にこの形になりやすい。

例 We **explained to the police officer the reason for our illegal U-turn**. ★上智大
私たちは**その警察官に U ターン (転回) 禁止違反をした理由を説明しました**。

6 他動詞 inform：inform O of / about A「O に A を伝える / 知らせる」

この雑誌は私たちに最新情報を伝えてくれます。

答 This magazine (~~informs us~~ / informs us of) the latest news.

POINT 1 〈inform O of / about A〉「…に伝える / 知らせる」は inform O で表す。この場合 inform は他動詞である。explain ☞ BASIC 5 と異なり，O に来るのは伝える相手 (人など) である。伝える内容は of / about A で表す。× inform O_1 O_2 (第 4 文型) の形はとらないことに注意しよう。

POINT 2 〈最上級の latest〉 latest は「最新の / 最近の」という意味である。latest は形容詞 late の最上級 (3 つ以上の比較対象の中で最も程度が強い，または弱いことを表す形) であり，時間的に最後に来ることを示している。late にはもう 1 つ，last という最上級もある。こちらは「最後の / 最終の」という意味であり，順序が最も後ろであることを示している ☞ CHAPTER 11。

例 Tomorrow is **the last day** of the conference. ☆兵庫県立大
明日は会議の**最終日**です。

7 他動詞 attend：attend O「O に出席する」

彼は月曜日と火曜日を除いて毎日会議に出席することができます。

答 He can (attend / ~~attend to~~) the meeting every day except Monday and Tuesday.

POINT 1 〈attend O〉「…に出席する / 通う」は attend O で表す。この場合 attend は他動詞である。attend

は主に公的な行事に出席する場合に用いられる動詞であり，目的語には以下のようなものがよく現れる。

the meeting / conference（会議）, the party（パーティ / 祝賀会）, the lecture（講義 / 講演）, the ceremony（式典）, school（学校）, college（大学）, classes（授業 / 講義）

POINT 2 〈attend to A〉 attend には自動詞としての用法もある。attend to A の形で「（仕事 / 問題など）を扱う / 処理する」という意味がある。同じような意味の表現として deal with A があるが，attend to A の方がより丁寧な印象を与える。また，「（患者 / 客など）の面倒を見る」「（もの / こと）に注意を払う」の意味もある。

例 She **attends to patients** once a week at the state-of-the-art Kobe Eye Center. ★浜松医科大

彼女は最先端の神戸アイセンター病院で週に一度**患者の診療にあたっています**。

POINT 3 〈except A〉 except は前置詞で，「A を除いて（は）/ A 以外（は）」という意味の語である。except の前には通常，all / no / any / never / whole / most といった「（ほぼ）全体」を示す語が置かれる。そうした語がなく，単一のものについて述べる場合は except for A（A を除いて / A を別にすれば）の形を用いる。

例 I'm fine, **except for my knees**.　× except my knees ☆摂南大

膝以外は調子がいいです。

8 他動詞 reach：reach O「O に着く / 到着する」

1911 年 12 月 14 日，アムンセン隊の 4 人は南極点に到達しました。

答 Amundsen's team of four (reached / ~~reached to~~) the South Pole on the 14th of December, 1911.

POINT 1 〈reach O〉 reach O で「…に着く / 到着する」という意味がある。この場合 reach は他動詞である。arrive / come / get / go のような移動を表す自動詞と混同して × reach to / at / in A としないように注意しよう。

POINT 2 〈arrive at と reach の違い〉 reach O と同じように訳されることが多い arrive at A との違いをおさえておこう。arrive は「（ある場所を出発して）目的地に到着する」という意味であり，A に来るのは station / airport / bus stop など，乗り物などで移動する場所が多い。一方 reach は「手を伸ばす」が原義で，「苦労してやっとたどり着く」という意味合いがある。なお，日常的には get to A が最もよく使われる。

9 他動詞 save：save O_1 O_2「O_1 にとって O_2 の節約となる」

自分でやれば本当にお金の節約になります。

答 Doing it yourself can really (save you money / ~~save money for you~~).

POINT 1 〈save O_1 O_2〉 他動詞の save には「…を節約する」という意味があるが，この場合 save O_1 O_2（第４文型）の形で，「〈直訳〉O_1 に O_2 についての節約を与える」→「O_1 にとって O_2 の節約になる」という意味を表す。本問の save you money であれば，「〈直訳〉あなたにお金についての節約を与える」→「**あなたにとってお金の節約になる**」という意味になる。なお，save money for you とすると「**あなたのためにお金を貯める**」というように，save が「**…を節約する**」ではなくて「**…を貯める**」の意味になるので注意しよう。なお，O_1（間接目的語）はふつう人であり，O_2（直接目的語）には money（お金）/ time（時間）/ energy（エネルギー）などがよく現れる。

POINT 2 〈do it yourself〉 do it yourself（DIY）は直訳すると「自分（自身）でする」という意味であるが，そこから「日曜大工をする」という訳語がよく当てられる。本問では文の主語にするために動名詞 ☞ CHAPTER 9 となっているが，do-it-yourselfとハイフンでつなぎ，1語の名詞もしくは形容詞として使われることが多い。

STANDARD

1 他動詞 discuss：discuss O「O について論じる / 考察する」

この文章では野生動物の行動について論じています。

答 This text (discusses / the behavior / of / wild / animals).

POINT 〈discuss O〉 discuss は他動詞である。「…について議論する」の意味が最も一般的だが ☞ BASIC 1，「…について論じる / 考察する」という意味もある。「…について」という日本語につられないよう，論じる対象となるもの（＝目的語）を discuss の後ろに置こう。

2 自動詞 wait：wait for A「A を待つ / 待ち受ける」

漁師たちはクジラの出現を待ちました。

答 The hunters (waited / for / the appearance / of / a / whale).

POINT 1 〈wait for A〉「（人 / もの / こと）を待つ」は wait を自動詞で用い，wait for A で表す ☞ BASIC 2。単に何かが来るのを待って時間を過ごすことを示すだけではなく，「期待しながら待つ / 待ち望む」ことを示す場合もある。

例 Thousands of people **waited excitedly for the start of the race.** ……… ★フェリス女学院大
「何千人もの人々が，**胸を躍らせながらレースが始まるのを待っていた。**」

POINT 2 〈appearance の意味〉 appearance は動詞 appear の名詞形であり，「（人 / もの の）外見 / 様子 / 見かけ」の意味の他に，「新しいものの出現 / 不意に姿を見せること」「（人前 / 番組への）登場 / 出演」などの意味がある。appearanceの成句として，keep up appearances（体面を保つ / 見栄を張る），put in an appearance（（少しだけ / 義理で）顔を出す）などがある。

3 自動詞 agree：agree with A「A を正しいと認め（て賛成す）る」

彼らの行動は完全に正しいと思います。

答 I totally (agree / with / their / actions).

POINT 〈agree with A〉 agree with A は，「人に同意する」 ☞ BASIC 3 という意味の他に，「（行為 / 方策など）を正しいと認め（て賛成す）る」という意味もある。agree with A の形は，agree と with の間に程度を表す副詞，特に completely / totally / entirely など「完全に / まったく」を表す副詞が置かれることが多い。

4 自動詞 belong：belong to A「A に属する / A の部類である」

野生の豚は5つの種に分類されます。

答 Wild pigs (belong / to / five / different / species).

POINT 1 〈分類を表す belong〉 自動詞 belong は「（組織 / 集団など）に属する」という意味がある ☞ BASIC 4 が，動物や植物などの分類を示す際にも使われる。この場合も belong to A の形が最も一般的であるが，to の他に among / in / under / with などの前置詞が来ることもある。

POINT 2 〈単複同形の species〉 species は「（動植物を分類する上での）種種」という意味の名詞である。

species は可算名詞であるが，単複同形（単数形と複数形が同じ形）であることに注意しよう。他に単複同形になる名詞は以下のとおり。

fish（魚），carp（鯉），salmon（鮭），sheep（羊），deer（鹿），aircraft（航空機）
※fishやcarpは，数ではなく種類に着目する場合は-(e)sを語尾につける

例 There are **well over 500 species of fresh-water fishes** in Europe. ★日本大
ヨーロッパには **500 種をはるかに超える淡水魚**が生息しています。

5 他動詞 explain：explain O（to A）「（A に）O を説明する」
病院のスタッフはその患者の両親に状況を説明しました。
答 The hospital staff (explained / the / situation / to / the / parents) of the patient.

POINT 1 〈explain O（to A）〉人や本が「（人に）…を説明する」は explain O to A で表す ☞ BASIC 5。この場合 explain は他動詞であり，explain の直後に説明する対象となるもの（＝目的語）を置く。

POINT 2 〈patient の意味〉patient は名詞 patience（忍耐力 / 我慢強さ）から派生した語であり，名詞と形容詞の使い方がある。本問のように名詞であれば「患者 / 病人」の意味であり，形容詞であれば「忍耐強い / 根気強い」の意味となる。冠詞の有無や複数形の -(e)s に着目して品詞を判断しよう。

6 他動詞 inform：inform O of / about A「O に A を伝える / 知らせる」
一時的な住所変更についてお知らせします。
答 I would like to (inform / you / of / a / temporary / change) of address.

POINT 1 〈inform O of / about A〉inform は inform O of / about A の形で「相手（O）に内容（A）を伝える / 知らせる」という意味になる ☞ BASIC 6。同じような意味の表現に advise O of A があるが，inform O of A よりもかたい印象がある。

例 A bank clerk will **advise you of a charge** for withdrawing money. ★駒沢大
銀行員から出金する際の**手数料についてお伝えします**。

POINT 2 〈「…したい」を表す would like to〉would like to で「…したい」という意味を表す。婉曲的な表現であり，主語（人）の控えめな希望や考えを伝える際に用いられる。なお，to の後ろは動詞の原形にする（to 不定詞 ☞ CHAPTER 7）。

7 他動詞 attend：attend O「O に通う」
私の友だちはみな同じ学校に通っています。
答 All (my / friends / attend / the / same / school).

POINT 1 〈attend O〉「…に出席する / 通う」は attend を他動詞で用い，attend O で表す ☞ BASIC 7。本問のように「…に通う」の意味の場合，目的語には school（学校）/ church（教会）/ classes（授業）などがよく現れる。

POINT 2 〈all the A〉「（特定の集合 / 集団の中の）すべての A / 全員の A」は all the A で表す。この場合 all は形容詞である。A は特定されたものなので，A の前には定冠詞（the）の他に，所有格（my / his / their / *one*'s など）や指示形容詞（this / these / that / those）も置かれる。また，よく似た表現に all of the A がある。この場合 all は代名詞である。「（特定の）A のうちのすべて」という意味から，all the A とほぼ同じように用いられる。

例 **All of the children** used smartphones. ☆青山学院大
その子どもたち全員がスマートフォンを使っていました。

≒ **All the children** used smartphones.

POINT 3 〈all A〉不特定の一般的な事柄をさして「すべてのA / Aはみな」という意味を表す場合はall Aの形にする。なお，この意味では× all of Aとすることはできない。ofは元々「…から離れて」（分離）を表す語であり，分離する元となるものが特定されていなければならないことに注意しよう。

例 "**All boys** like candy," she said. ☆福井大
「**男の子はみんな**お菓子が好きだよ」と彼女は言いました。

8 他動詞 reach：reach O「Oに達する」
多くの子供たちが5歳を迎える前に命を落としています。
答 A lot of children lose their lives before (they / reach / the / age / of / five).

POINT 〈reach O〉reach Oで「…に着く / 到着する」☞ BASIC 8という意味の他に，「…に達する / 及ぶ」という意味もある。この場合目的語には量や程度 / 段階を示す語や具体的な数量がよく現れる。

age（年齢），level（度合い / レベル），rank（階級 / 位），percent（パーセント）

例 The global market for autonomous vehicles **reached $10.5 billion** in 2017. ☆慶應大
自動運転車の世界市場は2017年に**105億ドルに達しました**。

9 他動詞 save：save O_1 O_2「O_1にとってO_2の節約となる」
ナンシーさんからのメールで，電話する手間が省けました。
答 An email from Nancy (saved / me / the / trouble / of) calling her.

POINT 1 〈save O_1 O_2〉saveを他動詞として用い，save O_1 O_2（第4文型）の形にすると「O_1にとってO_2の節約になる」という意味を表せる☞ BASIC 9。O_2に来る内容がO_1にとって不都合 / 不便なことの場合，「O_1にとってO_2をしなくて済む / O_2の手間を省く」という意味になる。

POINT 2 〈trouble〉名詞troubleには「手間 / 骨折り / 努力」といった意味がある。この場合troubleは不可算名詞として用いる。have trouble (in) *doing*（…するのに苦労する）は知っておきたい表現。また，カタカナ語の「トラブル」にあたる「困りごと / 迷惑」「やっかいな事態 / 災難」といった意味もある。以下のコロケーションもおさえておこう。

be in trouble with A（Aともめている），get / run into trouble（困難な状況に陥る）， get A into trouble（Aをごたごたに巻き込む）

例 He **was** always **in trouble with the police.** ★成蹊大
彼はいつも**警察沙汰**（＝警察とのやっかいな事態）**になっていました**。

ADVANCED

1 他動詞 discuss：discuss O「Oについて議論する / 話し合う」
チームは長い間その問題について議論しました。［ discuss ］
答 The team (discussed the matter) for a long time.

POINT 1 〈discuss O〉「…について議論する」はdiscuss Oで表す☞ BASIC 1。discuss the matterで「その問題について議論する」となる。「…について」という日本語につられて× discuss about the matterとしないこと。なお，discussはややかたい印象を与えるため，日常英語ではtalkがよく用いられる。その場合talkは自動詞となり，talk about / of the matterの形となるので注意しよう。

POINT 2 〈「問題」を表す語〉日本語の「問題」は意味が広く，当てはまる英語が数多く存在する。discuss の目的語に現れる「問題」を表す語として，解答例の matter 以外には次のようなものがある。

> problem(s)（(対処の難しい)問題 / やっかいな事），issue(s)（(社会的)問題），
> question(s)（(考えるべき)問題 / 試験問題 / 哲学的問題）

2 自動詞 wait：wait for A「A を待つ / 待ち受ける」

私は静かに大会の結果を待ちました。[wait]

答 I (waited for the results) of the competition quietly.

POINT 1 〈wait for A〉「(人 / もの / こと) を待つ」は wait for A で表す ☞ BASIC 2。A を期待しながら待つことを示す場合もある ☞ STANDARD 2。wait for the result(s) で「結果を (期待しながら) 待つ」となる。

POINT 2 〈result〉名詞 result は「結果 / 成り行き / 結末」を表す。過去の行動や出来事が引き起こすものを表す以外に，試合や選挙などの最終的な数値 (score) も表す。as a result（(前に述べたことの) 結果として / 結果的に ）は文と文とをつなぐ表現として文頭でよく用いられるコロケーションである。また，as a result of A で「A の結果として」という意味になる。

例 Some plants underwent a big change **as a result of** human activity. ……………… 立命館大
人間の活動**によって**大きな変化を遂げた植物もあります。

3 自動詞 agree：agree with A「A に同意する」

要するに，この問題に関してはあなたに賛同いたしません。[agree]

答 In short, I don't (agree with you) on this issue.

POINT 1 〈agree with A〉「A に同意する」は agree with A で表す ☞ BASIC 3。agree with you で「あなたに同意する / 賛意を示す」となる。

POINT 2 〈in short〉in short は「要するに」という意味の表現である。よく似た意味の表現として，「要約 / 要旨」を表す brief を用いた in brief や，「…を要約する」を表す sum を用いた to sum up，「ひと言で言えば」を表す in a word などがある。

4 自動詞 belong：belong to A「A に属する / A の部類である」

フランス語とイタリア語は同じ言語群に属します。[belong]

答 French and Italian (belong to the same group) of languages.

POINT 1 〈belong to A〉「(組織 / 集団など) に属する」は belong to A で表す ☞ BASIC 4。belong to the same group で「同じ集団に属する」となる。なお，belong to の代わりに be part of A（A(を構成するもの) の一部 / 一員) を使って are part of the same group としたり，be member of A（A の一員 / 構成員) を使って are members of the same group とすることもできる。

POINT 2 〈「言語群」を表す表現〉「言語群」を表す表現として，解答例で用いた a group of languages の他に，a family of languages (語族) や，「言語 (学) の」を表す linguistic を用いた a linguistic family などがある。

5 他動詞 explain：explain O (to A)「(A に)O を説明する」

配達員は警察にその事故を説明しました。[explain]

答 The delivery person (explained the accident to the police).

POINT 1 〈explain O (to A)〉 人や本が「人に…を説明する」は explain O to A で表す ☞ **BASIC** 5, **STANDARD** 5。explain the accident to the police で「警察にその事故を説明する」となる。説明する内容が目的語になることを忘れないようにしよう。explain の他に「…を描写する / 説明する」を表す describe を使って describe the accident to the police としたり，tell A about B（A に B について示す）を使って tell the police about the accident とすることもできる。

POINT 2 〈集合名詞の police〉 police は集合名詞（同じ種類のものの集団を一単位としてとらえる名詞）であり，「（集団としての）警察（組織）」を表す。ふつう the police の形で使われ，常に複数扱いされる。一人の警察官を表す場合には a police officer としなければならないことに注意しよう。

6 他動詞 inform：inform O of / about A「A に O を伝える / 知らせる」

部長は私にそのプロジェクトについて通知しました。

答 The manager (informed me of the project). [inform]

POINT 〈inform O of / about A〉「相手（O）に内容（A）を伝える / 知らせる」は inform O of / about A で表す ☞ **BASIC** 6, **STANDARD** 6。inform me of the project で「私にそのプロジェクトについて伝える」となる。第 4 文型をとる動詞と勘違いして × inform me the project としないように注意しよう。

7 他動詞 attend：attend O「O に出席する」

私たちは午後の講義に出席するつもりです。[attend]

答 We will (attend the lecture) in the afternoon.

POINT 1 〈attend O〉「…に出席する / 通う」は attend O で表す ☞ **BASIC** 7。attend the lecture で「講義に出席する」となる。この意味は他動詞で表されるので，× attend to the lecture としないように注意しよう。

POINT 2 〈lecture〉 lecture は主に大学で行われる講義のことであり，高校までの授業を表す場合には class や lesson を用いる。

8 他動詞 reach：reach O「O に着く / 到着する」

私たちはまもなく山の頂上に到達します。[reach]

答 We will soon (reach the top of the mountain).

POINT 1 〈reach O〉 reach O で「…に着く / 到着する」という意味がある ☞ **BASIC** 8。reach the top of the mountain で「山の頂上に到達する」となる。reach は「苦労してやっとたどり着く」の意味合いがあるので，山の頂上など，簡単には到達できない場所や目的地が好まれる。なお，get to A（A に着く）を使って get to the top of the mountain とすることもできる。

POINT 2 〈「山頂」を表す表現〉 the top (of a mountain) 以外に「山頂」を表す表現は以下のとおり。

「山頂」the summit (of a mountain), a peak, a mountaintop

9 他動詞 save：save O_1 O_2「O_1 にとって O_2 の節約となる」

その新しいコピー機で時間を大幅に短縮できます。[save]

答 The new copy machine will (save you a lot of time).

POINT 1 〈save O_1 O_2〉 他動詞の save を save O_1 O_2（第 4 文型）の形で用いると「O_1 にとって O_2 の節約になる」

という意味を表すことができる ☞ BASIC 9。save you a lot of time で「時間を大幅に短縮できる」となる。

POINT 2 〈「時間」を表す time〉 time が「時間」の意味になる場合,“絶えず移り行くもの”という抽象的な概念を表す場合には不可算名詞として用いる。本問の「時間」もこれに該当し,「長時間」は a lot of / much / plenty of / a great deal of で表現する。「短時間」は little などを用いて表す。一方,“ひとまとまりの区切られた時間”は,a time の形で表す。以下のコロケーションはおさえておこう。

for a long time（長い間）, have a good / hard / tough time（よい / つらい / 過酷な時間を過ごす）,
in a short time（短時間で）

例 My parents are Chinese, and they **had a hard time** when they first came to Japan. 関西大

私の両親は中国人ですが,日本に来た当初は**苦労しました / つらい時間を過ごしました**。

日本語に引っ張られないように
実例を頭に入れておこう!

COLUMN **〈間違いやすい他動詞と自動詞まとめ〉**

① 自動詞と間違いやすい他動詞

正しい	間違い
○ discuss O（O について議論する）	× discuss about ...
○ reach O（O に到着する）	× reach to / at ...
○ marry O（O と結婚する）	× marry to / with ...
○ mention O（O について言及する）	× mention about ...
○ approach O（O に近づく）	× approach to ...
○ resemble O（O に似ている）	× resemble to ...
○ enter O（O の中に入る）	× enter into ...
○ attend O（O に出席する）	× attend with ...
○ explain O to A（A に O を説明する）	× explain A O ...

② 他動詞と間違いやすい自動詞

正しい	間違い
○ apologize to ...（…に謝る）	× apologize O
○ wait for ...（…を待つ）	× wait O
○ agree with ...（…に同意する）	× agree O
○ belong to ...（…に属する,の物である）	× belong O
○ arrive at / in ...（…に到着する）	× arrive O

CHAPTER **4**

時制

Key Grammar & Constructions

時制とは，「時」に合わせて動詞の形を変化させることである。
英語の動詞の変化形には「現在形」と「過去形」しかない。未来の事柄は，will や be going to などで表す。
過去・現在・未来という 3 種類の「時」について，動作の進行を表す「進行形」(be + *doing*) や，動作の完了を表す「完了形」(have + 過去分詞) がある。

時
- 現在 —— **現在形・現在進行形** (is / am / are + *doing*)
  現在完了形 (have / has + 過去分詞)
- 過去 —— **過去形・過去進行形** (was / were + *doing*)
  過去完了形 (had + 過去分詞)
- 未来 —— **will や be going to・未来進行形** (will be + *doing*)
  未来完了形 (will have + 過去分詞)

BASIC

1 日常の習慣的行為は現在形

多くの人は 1 日に数回，手を洗います。

答 Most people (wash / ~~washed~~) their hands several times a day.

POINT 1 **〈日常の習慣的行為〉**「手を洗います」に合わせて，現在形の wash を選ぼう。several times a day（1 日に何度か) は頻度を表し，現在形を使うことで，現在の習慣的行為 (現在を中心に過去から未来にわたってくり返される動作) を表す。

POINT 2 **〈主語の人称・数〉** Most people(ほとんどの / 多くの人々) には，複数形を示す -(e)s がついていないが，複数扱いである。そのため動詞は wash である。× people washes や × peoples wash などとしない。peoples は「民族」という意味である。

POINT 3 **〈頻度を表す副詞の位置〉** 頻度を表す副詞 (句) である always / usually / often / sometimes / never などの副詞はたいてい，be 動詞の後ろ，一般動詞の前に置かれる。一方，every day(毎日) や once a week(週に 1 度) など，複数の語句で表す場合は文末に現れるのが一般的。

POINT 4 **〈頻度表現の a や every〉** once a day(1 日に 1 度) のような頻度表現では，a は「毎… / …につき」の意味になる。「2 日 / 3 日に 1 度」のように，日本語の前半の単位が複数の場合は every two / three days のように表す。every は通常は後ろに単数形を置くが (例 every student)，この場合は two / three days をひとまとまりと考え，every の後ろに置くことができる。

> once a day(1日に1度), twice a day(1日に2度), three times a day(1日に3度), once every two days(2日に1度), twice every three weeks(3週に2度)

2 過去進行形「…していた」: 過去に進行中だった動作を表す

ジェーンは友達とサッカーをしているときにけがをした。

答 Jane got injured while she (was playing / ~~played~~) soccer with her friends.

POINT **〈過去に進行していた動作〉** 過去のある時点で進行中や継続中の動作は，過去進行形 (was / were +

doing）で表そう。got injured（けがをした）が過去形なので，それに合わせて play soccer も過去形にするが，「サッカーをしていた間に / プレー中に」という「時間の幅」を示すために過去進行形にしよう。下図のように，過去形の played soccer は過去の一時点での動作を表すので，「サッカーをしている間」という継続中の動作を表すことができない。

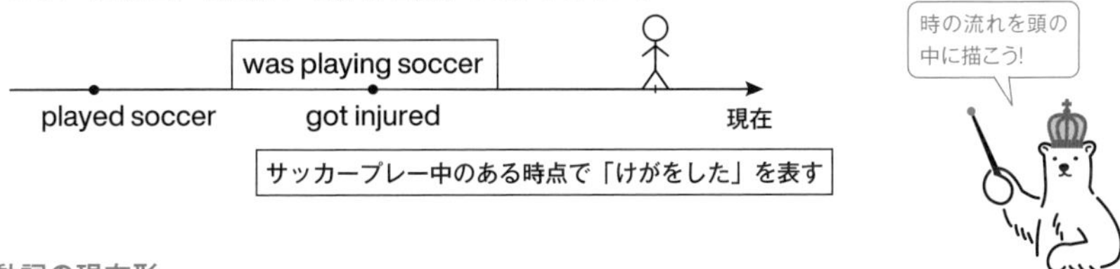

3　状態動詞の現在形

私もその答えを知っています。それはスイスです!

答 I（ know ~~/ am knowing~~ ）the answer to that one, too. It's Switzerland!

POINT 1 **〈状態動詞の現在形〉** 状態動詞の現在形は，一定期間続いている「現在の状態」を表す。そのため，問題文では日本語訳が「…ている」となっていても，英語では現在進行形にはせず現在形を使おう。ここでは「**その答えを知っている（知識を持っている）**」という**主語の状況**を表している。

POINT 2 **〈進行形にしない状態動詞〉** 通常，進行形にはしない状態動詞には，次のようなものがある。

believe（信じている）, hate（嫌っている）, have（持っている）, like（好んでいる）, live（住んでいる）, love（愛している）, need（必要としている）, smell（においがしている）, think（思っている）, want（求めている / 欲している）

POINT 3 **〈状態動詞を進行形にするケース〉**「…している」という継続の意味を持つ状態動詞は通常進行形にしないが，一時的な状態を示すときは進行形にすることが可能になる。そのため，状態動詞が常に進行形にならないのではなく，状態動詞が進行形になっている場合は，その意味に注意してみよう。

例 Akane, a student from Japan, **is living** alone in an apartment near the campus.

★関西学院大

日本から来た留学生のアカネは，キャンパス近くのアパートにひとりで**暮らしている**。→一時的にひとり暮らしをしている。

このように考えると，先ほどの I'm knowing ... も「**わかりかけている**」という**途上の状態**を表す意味になることがわかる。実際に What am I doing when I am knowing?（私は，自分がわかりかけている時に，どんなことをしているのだろうか）のような実例も見られる。

4　時制の一致

ラルフ・ウォルドー・エマーソンは，最も重要なのは健康であると考えた。

答 Ralph Waldo Emerson thought that the most important thing（ ~~is /~~ was ）health.

POINT 1 **〈that 節の時制〉** think「考える / 思う」など that 節を取る動詞では，主節が過去形の場合，それに合わせて従属節の動詞も過去形や過去完了形にするときがある。これを「時制の一致」と呼ぶ。問題文は主節の過去形 thought that ... に合わせて that 節内も過去形の was を選ぶとよい。

POINT 2 **〈日本語とのミスマッチ〉** 日本語では「私は，彼が来ると思った。」のように主節が「～と考えた / 思った」と「…した」となっていても，that 節内は「来る」のように「…する」の形になることが多い。この場合，「思った」のと同じかそれ以降の時を表すことに注意しよう。日本語に引きずられて × I thought he comes. のようにしないのがポイント。英語では that 節の内容が主節と同じ過去の内容であるなら「過去形」に，それよりも以前の内容であるなら「過去完了形」にする。このような英語と日本語のミスマッチに気を付けよう。

POINT 3 **〈時制の一致が見られる動詞〉** 時制の一致が見られる英語の動詞には，次のようなものがある。これらの動詞が主節で過去形の場合は，従属節の動詞の時制に注意しよう。

find out（わかる）, hear（聞く）, hope（望む）, know（知っている）, learn（知る）, say（言う）, think（思う）, promise（約束する）

5　未来を表す will

私の祖母は次の日曜日で 70 歳になります。

答 My grandmother (will be / ~~has been~~) 70 years old next Sunday.

POINT 1 **〈単純未来〉**「未来」を表す next Sunday から，未来の内容を述べていることがわかるので，助動詞の will を使おう。英語には，未来を表す表現は他にもあるが ☞ BASIC 6，特に，話し手の意志に関係なく自然に起こりそうな「単純未来（…になる）」や，根拠や確信度はあまりない「推量・予測（…だろう）」で，will が広く使われる。

POINT 2 **〈turn も「…歳になる」で使用できる〉**「…歳になる」という表現は turn で表すこともできる。

例 The babies born in 1949 **turn 65** this year. ……… ★学習院大
1949 年生まれの赤ちゃんたちは今年 65 歳になります。

turn は「(ある年齢) を越える」という意味で使われる。また，この例は「1949 年生まれの赤ちゃんたちは全員 65 歳になる」という確定した予定を表している。確定した予定・出来事は現在形で表すことができる。

6　未来を表す be going to

サイクリングクラブに入ったのだし，新しい自転車を買うつもりですか?

答 Now that you've joined the cycling club, (~~do you~~ / are you going to) buy a new bicycle?

POINT 1 **〈意図や計画〉** 未来を表す表現で，前もって考えている意図や計画を述べる場合は be going to が使われ，「…するつもりだ」と訳される。「サイクリングクラブに入った」という事実から，「新しい自転車を買う」という未来の出来事への流れがスムーズに想像できる。なお，同じ未来を表す will の場合は，その場で決めた意志を表す。

POINT 2 **〈be going to の疑問文〉** be going to は，be 動詞を中心とした表現である。そのため，be は主語に合わせて is / am / are などになる。疑問文を作るときは，通常の be 動詞の疑問文と同様に，主語と be 動詞の語順を入れ替えるので，問題文のように Are you going to ...? となる。

7　現在完了形（完了・結果）

ベティが忘れ物カウンターに携帯電話を取りに来たところです。

答 Betty (~~is~~ / has) just arrived at the Lost and Found counter to pick up her phone.

POINT 1 **〈完了・結果の用法〉** 問題文は，ベティが忘れ物カウンターに取りに来て，今そこにいることを述べている。このように，過去のある時点の出来事が，現在と関連していることは，現在完了形（have + 過去分詞）で表そう。ここでは特に，just（ちょうど）が現れており，現在完了形の「完了・結果」の用法「(ちょうど)…したところだ」が使われていることがわかる。

POINT 2 **〈完了・結果の用法によく現れる動詞〉** 完了・結果の用法では，通常は動作動詞が用いられる。動作動詞とは，play や lose などの主語の動きや出来事を表す動詞であり，主語の状態を表す know や

live などの状態動詞とは区別される。

POINT 3 **〈完了・結果の用法によく現れる副詞〉** 完了・結果の用法では，次のような副詞がよく文中に現れる。特に，Not yet.（まだです）という短縮表現は，日常会話でも頻繁に使われるが，yet は疑問文で「もう」と否定文で「まだ」と，意味が異なるので注意しよう。now も，「もう」のように already と似た意味で使うこともできる。

> just（ちょうど）, already（もう）, yet（（疑問文で）もう）, yet（（否定文で）まだ）, now（もう / 今や）

例 Have you decided **yet**? ……… 京都女子大
あなたは**もう**決めた？

例 I have not decided **yet**. ……… 日本大
私は**まだ**決めていない。

例 The trend has **now** reached influencers on social media. ……… 京都外語大
このトレンドは，**今や**ソーシャルメディア上のインフルエンサーにまで及んでいる。

8 現在完了形（継続）

イヌイットは約 12 万人。彼らは何千年もの間北極圏に住んでいる。

答 There are about 120,000 Inuit. They (~~are living~~ / **have lived**) in the Arctic for thousands of years.

POINT 1 **〈継続の用法〉** 問題文では，過去から現在に至るまで「ずっと住んでいる」という継続の意味が示されている。ある状態が一定期間継続していることは，現在完了形の「継続」の用法で表そう。また，live は通常進行形にはしない状態動詞であり，進行形にすると「一時的に住んでいる」という意味になる ☞ BASIC 3。

POINT 2 **〈継続の用法によく現れる語句〉** 現在完了形の継続用法では，live（住んでいる）や know（知っている）などの状態動詞がよく用いられる。また，継続状態がどれだけ続いているかを表すには，for + 期間（…間）や，since + 開始時期（…から / …以来）という副詞的表現がよく使われる。

> for two thousand years（2千年もの間）, since the year 22 A.D.（紀元前22年から）

9 be + being 形容詞

A：あなたは優しすぎる。
B：優しくしてるんじゃないよ。本当のことを言ってるだけだよ！
A：You're too kind.

答 B：(**I'm not being kind** / ~~I'm not kind~~). I'm just telling you the truth!

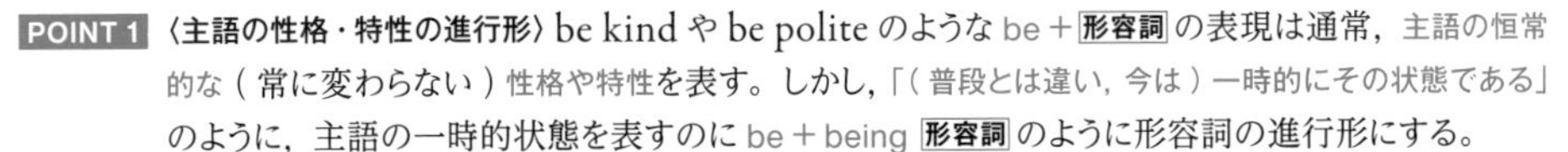

POINT 1 **〈主語の性格・特性の進行形〉** be kind や be polite のような be + 形容詞 の表現は通常，主語の恒常的な（常に変わらない）性格や特性を表す。しかし，「（普段とは違い，今は）一時的にその状態である」のように，主語の一時的状態を表すのに be + being 形容詞 のように形容詞の進行形にする。

POINT 2 **〈進行形で用いられる形容詞〉** 主語の性格や特性を表し，進行形で用いられる形容詞は，本問の kind 以外にも次のようなものがある。

> careful（注意深い）, funny（冗談を言っている）, honest（まじめにふるまう）, foolish（ばかなことばかり言う）, nice（お世辞を言っている / 親切なふりをする）, rude（失礼な態度をとる）, selfish（わがままにふるまう）, serious（深刻そうにふるまう）, sick（戻している / 吐いている）, silly（ふざけている）

これらの形容詞が進行形で用いられると一時的な態度 / 状態を表すので,「…のようにふるまう」や「…のふりをする」という意味が形容詞に追加される。また, funny は I'm not being funny. のように否定形で使うことが多く,「冗談を言っているように聞こえるかもしれないけど」という意味を表す。

10 時制の一致 (助動詞の場合)

誕生日パーティに行けないと言ったら, ジムはがっかりするだろうと私は思った。

答 I thought that Jim (~~will be~~ / would be) disappointed when I told him I couldn't go to his birthday party.

POINT 1 **〈助動詞も過去形にする〉** 英語の「時制の一致」では, 主節が過去形の場合, 従属節の中も過去形や過去完了形にする。従属節内に助動詞がある場合も同じで, will は would にする。日本語訳は「がっかりするだろう」になっているが, これにつられて will be を選ばないように注意しよう。

POINT 2 **〈過去形がない助動詞は別の表現に置き換えよう〉** should(…すべき) や must(…しなければならない) で時制の一致をする場合, 過去形がない助動詞なので had to に置き換えよう。ただし,「…に違いない」の意味の must の場合は, 過去の出来事でも must のままで用いる。

例 I called you twice last night because **you said you had to** stay home to study. ……北海道文教大
勉強のために**君は**家にいなくちゃ**いけないと言った**から, 君に昨晩 2 度電話したんだよ。

例 I saw a train and **thought** he **must** be on that train. ……麗澤大
電車が見えたので, 彼はその電車に乗っているに**違いないと思った**。

STANDARD

1 現在の状態を表す現在形

最近, 若い人たちは自分たちで旅行に行くのが好きなんです。

答 Nowadays, (younger people / like / to / go / on) vacation by themselves.

POINT 1 **〈好きな対象が動作の場合〉**「好き」の対象が「…すること」のように動作のときは, like の後ろに不定詞 (to + **動詞原形**) か, 動名詞 (動詞の -ing 形) を続ける。今回の「旅行に行くのが好き」は like to *do* を使って like to go on vacation と表現しよう。

例 I **like to go** to a café to read some magazines. ……大阪薬科大
私はカフェに**行って**雑誌を読むのが**好きです**。

例 She **likes watching** movies and **playing** with children. ……★佛教大
彼女は映画を**観ること**と子どもと遊ぶことが**好きです**。

POINT 2 **〈状態動詞〉**「…が好き」のような状態動詞は, 現在の状態を表す ☞ BASIC 3。like は状態動詞の 1 つで,「好き」な状態が一定期間続いていることを示す。

2 ことわざや格言での現在形

人々は今も「早起きは三文の徳」という, 昔ながらのことわざを信じています。

答 People still believe the old saying "(the / early / bird / catches / the worm)."

POINT 1 **〈不変の事実や真理〉**「早起きは 3 文の徳」は日本語のことわざで, 英語では「早起きの鳥は虫を捕まえる」のように表現する。ことわざは現在形を使うのが普通なので The early bird catches the worm. となる。なお, the saying は proverb と同様に「ことわざ」を意味する。

POINT 2 **〈ことわざや格言〉** 英語の有名なことわざや格言には次のようなものがある。

Seeing is believing.（百聞は一見に如かず）
Failure teaches success.（失敗は成功の母）
Time flies.（光陰矢のごとし）
Practice makes perfect.（練習が完璧を生む）
Strike while the iron is hot.（鉄は熱いうちに打て）

3 過去進行形

アレックスは先生と食事をしているとき，飲み物をテーブルにこぼしてしまった。

答 When Alex (was / having / dinner / with / his teacher), he spilled his drink on the table.

POINT 1 **〈過去に進行中の動作〉**「食事をしているとき」は過去進行形で was having dinner としよう。過去のある時点で進行中や継続中の動作は，過去進行形（was / were + *doing*）で表す。主節の he spilled his drink ... が過去形であるため，when 節内でも食べ散らかした時に進行していた動作を過去進行形で示すと考えよう ☞ BASIC 2。

POINT 2 **〈「食べる」の have〉** 動詞 have は「持っている / 所有している」の意味では状態動詞なので，普通は進行形にはしないことに注意しよう ☞ BASIC 3。一方，「食べる」という意味の have は動作動詞なので，進行形にすることができる。

4 不平・不満を表す進行形

ヘンリーはいつも他人の欠点を探してばかりいる。

答 Henry (is / always / finding / fault / with) others.

POINT 1 **〈繰り返される動作への不平・不満〉** 今回は，find fault with A「A の欠点を探す」という イディオム + always の形を考えて解答のような英文を作ろう。always など頻度を表す副詞と進行形が一緒に用いられると，習慣的な動作に対して「いつも…してばかりいる (困ったものだ)」という，不平や不満を表すことが多い。マイナスイメージの動作が進行形になると，特にこのような批判的な感情が強く表される。

POINT 2 **〈頻度を表す副詞〉** この用法の進行形には，always (いつも)，constantly (絶えず)，all the time (いつも) といった副詞句がよく用いられる。

POINT 3 **〈動作への好意的な感情〉** always + 進行形 でも，好ましい動作が示される場合は「いつも…してくれる (たいしたものだ)」という，好意的な感情が現れることもある。

例 He is a really great guy, **always helping** people out. ……… 大阪経済大
彼は本当に素晴らしい人物で，**いつも**人を**助けている**。

5 時間の経過を表す表現

私が祖国を離れてから 9 年になります。

答 (It / has / been / nine / years / since) I left my country.

POINT 1 **〈It を主語にして「X 年になる」を表す〉**「…して以来，経過時間 になる」は，多くの場合 It has been + 経過時間 + since S + V + 過去形 という現在完了形の構文を使う。since S + V で「SV して以来」という過去の一時点を表し ☞ BASIC 8，過去から現在までの期間を測るためのスタート時点の役割を果たす。

POINT 2 **〈経過時間 を主語にした文〉** It has been + 経過時間 + since S + V + 過去形 の構文は，動詞 pass を使い，経過時間 + have / has passed + since + S + V + 過去形 の構文で表すこともできる。これは，次のような文になる。

例 Nine years **have passed** since I left my country.
祖国を離れてから9年が**経ちました**。

POINT 3 **〈過去形を用いた文〉** 時間の経過を表す文は，過去形のみで表すこともできる。この場合は，次のような ago を使った文になる。

例 I **left** my country nine years ago.
私は9年前に祖国を**離れました**。

6 現在完了形（継続）と過去形の違い

1953年以来，4,000人以上の登山者が8,848mの山頂に登頂している。

答 More than 4,000 climbers (have / climbed to / the 8,848-meter summit / since) 1953.

POINT **〈現在完了形で示す継続〉** 過去（1953年）から現在に至るまでの継続を，現在からの視点で述べている文なので，現在完了形の文を作ろう。ここでは have climbed to the 8,848-meter summit「8848mの山頂」と since 1953 を組み合わせるとよい。

7 現在完了進行形とその疑問文

どれくらいの間列に並んでいるのですか?

答 (How / long / have / you / been / standing) in line?

POINT 1 **〈現在完了進行形で表す動作の継続〉**「（いつから）列に並んでいますか」は現在完了進行形 have been *doing*（（ずっと）…している）で表す。have been standing in line で「ずっと列に並んでいる」を表す。

POINT 2 **〈継続期間を尋ねる疑問文〉** 現在完了形や現在完了進行形で表される継続期間の長さを尋ねる場合，期間の長さを尋ねる How long ...?（どれくらいの間…?）や，継続のスタート時点を尋ねる Since when ...?（いつから…?）といった疑問文を用いよう。前者は for ...（…の期間），後者は since ...（…から / …以来）の情報をそれぞれ尋ねる。

8 未来完了形

2040年には人口が増えなくなっている可能性があります。

答 It is possible that by 2040 (the population / will / have / stopped / growing).

POINT 1 **〈未来のある時点での完了・結果〉** 未来のある時点を基準にして，それまでに完了していることや，その結果を表す「（未来には）…していることになるだろう」の文は，未来完了形（will have + **過去分詞**）を使おう。問題文では，by 2040（2040年までに）という基準を設定しているので，the population will have stopped ... とする。また，stopped growing で「増加が止まる」という意味である。

POINT 2 **〈未来の期限を表す by ...〉** 未来の期限を表す表現には，「…までには」を意味する by ... や the time ... がよく使われる。by は前置詞なので後ろには名詞句を置き，by the time は接続詞なので後ろには文を置くが，このとき動詞は現在形にする。

例 Cindy **will have turned** three **by** the end of this month. …… 獨協大
シンディは今月末**で**3歳**になる**。

例 It **will be dark by the time** the meeting **is** over. …… ★松本歯科大
会議が終わる**ころには日が暮れていることでしょう**。

POINT 3 **〈未来の期限を表す副詞節〉** 未来の期限を表す表現には, when ...(…すると) や if ...(もし…すれば) といった時や条件を表す副詞節を用いることもできる。この場合も, 従属節内の動詞は現在形にする ☞ **ADVANCED** **4**。

例 I hope the rain will stop **by the time** I **have** to leave the building and walk home. ……女子栄養大

建物を出て帰宅する**までには**, 雨がやむといいんだけど。

ADVANCED

1 習慣の現在形

頭痛が始まらないように, 薬を毎日飲む人もいます。

答 Some people (take medicine every day) to stop headaches from starting.

POINT 1 **〈日常の習慣的行為を表す現在形〉**「薬を毎日飲む」から, 現在形を用いて日常の習慣を表す文にしよう ☞ **BASIC** **1**。したがって, take medicine every day となる。every day は 2 語である。形容詞 everyday(日常の)と混同しないように注意しよう。

POINT 2 **〈「薬を飲む」の表現〉**「薬を飲む」は take medicine が, さまざまなタイプの薬で広く使われる。シロップ薬などの液状の薬であれば drink medicine とすることもあり, 錠剤の薬であれば take a pill, 粉薬であれば take a powder と表現する。

2 状態変化の進行中を表す進行形

愛子さん,あなたのひまわり (sunflower) が枯れかけているわ。大事にしたほうがいいわよ。[die を用いて]

答 Aiko, (your sunflower is dying). You'd better take care of it.

POINT 1 **〈一瞬で状態変化する動詞〉** 日本語訳の「枯れかけている」や, 2 文めの「大事にしたほうがいい」という忠告からも, ひまわりはまだ枯れていないことがわかる。英語の die(死ぬ / 枯れる) や stop(止まる) など, 一瞬で状態の変化を起こすことを表す動詞は, 進行形になると「その状態に向かって進行中」であることを表す。日本語では「…しかけている」や「…しようとしている」と訳されることが多いので, このときは英語では進行形を作るようにしよう。

POINT 2 **〈変化への進行中か, 変化後の状態か〉** 日本語の「枯れている」や「死んでいる」は, 命が失われたあとの状態を述べることが多い。そのため,同じ「…ている」であっても,この場合は英語では形容詞を使って状態を表す文になる。

例 Usually they are not "dying"; they **are dead**. ……名古屋外語大

たいていの場合, それらは「死にかけている」のではなく, **死んでいる**のだ。

3 過去の習慣的行為

若かったころ, 私はたいてい自分で歩いて図書館に行っていた。[usually を用いて]

答 When I was younger, (I usually walked to the library) by myself.

POINT 1 **〈過去の習慣的行為〉** 頻度を表す usually を使って過去の習慣的行為を過去形の文で作ろう。usually や always のような頻度を表す副詞は, ふつう一般動詞の前に置く。

POINT 2 **〈「歩いて行く」の表現〉**「…へ歩いて行く」は, walk to ... なので usually と組み合わせて, I usually walked to the library とする。また, 今回は使えないが, go to ... on foot(徒歩で…へ行く) と表現することもできる。この場合, foot は複数形の feet にしないことに注意しよう。

4 時や条件を表す副詞節

もし明日大雪が降ったら，家でテレビを見よう。［ heavily を用いて ］

答 (If it snows heavily tomorrow), I will stay home and watch TV.

POINT 1 **〈時や条件の副詞節の中は未来のことでも現在形〉** when ...（…するとき）や if ...（もし…なら）のような時や条件を表す副詞節の中では，未来の内容であっても現在形で表す ☞ STANDARD 8。したがって，If it snows ... としよう。主節に will が現れたり，副詞節内に tomorrow のような未来表現があったりしても，惑わされないようにしよう。snow には「雪が降る」という動詞の用法があるので，主語は天候を表す it にしよう。

POINT 2 **〈時や条件を表す表現〉** when と if 以外にも，時や条件を表す接続詞には次のようなものがある。副詞節内では，未来の内容も現在形を使うように注意しよう。

> after（…してから），as soon as（…するとすぐに），before（…する前に），by the time（…するまでに），
> until / till（…するまで），unless（…でない限り）

例 **As soon as** I **am done** with the dishes, I will do the laundry. ……… 一橋大
食器を**洗い終わったらすぐに**洗濯をします。

例 The professional baseball players will wait **until** they **get** a large salary increase. ……… 近畿大
プロ野球選手は，年俸が大幅に**上がるまで**待つだろう。

POINT 3 **〈意志の will〉** 同じ will であっても「意志」を表す will は，条件の if 節内に現れることが可能である。

例 Since it's a test day, you need to let the instructor know in advance **if** you **will** be absent from tomorrow's class. ……… 日本大
テスト日なので，明日の授業を欠席**する場合は**，事前に講師に連絡する必要があります。

5 時間の経過を表す現在完了形

最後にお会いしたのは，もう 2 年前だと思います。

答 I believe that it (has been two years) since we last saw each other.

POINT **〈it または経過時間を主語にする〉**「…してから（時間）が経過している」という現在完了形は it を主語にして it has been ＋ 時間 ＋ since ... で表現しよう。したがって，has been two years が答えになる。これ以外には，時間を主語にして 時間 ＋ has / have passed since ... の形を用いた文にすることができる ☞ STANDARD 5。

例 I believe that **two years have passed** since we last saw each other.
最後にお会いしてからもう **2 年が経った**と思います。

例 **One century has passed** since the theory of relativity predicted the existence of black holes. ……… 武蔵大
相対性理論によってブラックホールの存在が予言されてから，**1 世紀が経過した**。

前者の場合は it が主語なので has を常に使うが，後者の場合は主語の時間が単数形か複数形かで，has か have を使い分ける。

6 具体的な時間を尋ねる疑問文と過去形

鍵をなくしたのはいつですか?

答 (When did you lose) your keys?

POINT 1 **〈when は過去の一時点を尋ねる〉** 過去を表す文で疑問詞 when を使うと，ある出来事が起きた「過去の一時点」がいつかを尋ねる。この場合は過去形の文を使って，答えは When did you lose ...? としよう。

POINT 2 **〈when は現在完了形では使えない〉** 現在完了形は，過去と現在とを結びつけて述べる文なので，yesterday のような「過去の一時点」を指す語句や，When ...? や What time ...? のような，「一時点」を尋ねる疑問詞は使えない。次の表現も，一時点を指す表現であるため，現在完了形では使えない。

> on + **日付**, in + **年**, **時を表す語句** +ago（…前）, in those days（その頃は），
> last night / week / year（昨夜 / 先週 / 去年），then（その時）

7　未来完了形

定年を迎えるころには，45 年間教壇に立っていることになります。

答 By the time I retire, (I will have taught for) 45 years.

POINT 1 **〈未来のある時点での完了・結果〉**「定年を迎えるころには」から，まだ到達していない未来の内容を述べていることを捉え，また「…していることになる」から，その未来が来れば完了することを述べていると判断しよう。すると，未来完了形（will have + **過去分詞** ）を使って I will have taught とすることがわかる。

POINT 2 **〈完了形が表す期間〉** 空所の直後には，45 years（45 年）という期間を表す語句があるので，その直前には，完了形と共に使われる期間を表す for を置こう。

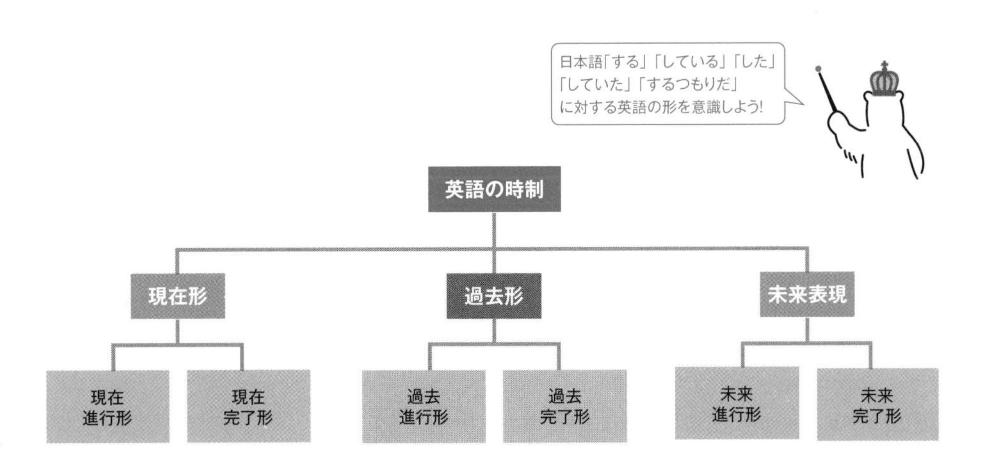

CHAPTER 5 助動詞

Key Grammar & Constructions

助動詞は話し手の気持ちや判断を付け加える働きをする。
助動詞の過去形には a. 可能性を低めたり，b. 丁寧な表現にしたりする役割がある。また，c. 単純に過去を表すこともある。

例 a. It **might** rain in Osaka.（ひょっとすると大阪では雨が降るかもしれない）
例 b. **Would** you help us?（手伝っていただけますか？）
例 c. John **could** swim one kilometer when he was a child.
（ジョンは子どものころ，1 キロ泳ぐことができた）

〈助動詞＋have＋過去分詞〉
助動詞は完了形と組み合わせると d. 過去のことについての推量や，e. 過去のことに対する非難や後悔を表す。

例 d. I **may have taken** the wrong bus.（バスを乗り違えたかもしれない）
例 e. I **should have studied** more last night.（昨夜，もっと勉強しておくべきだった）

BASIC

1 「実際にできた」を表す be able to

電車事故があったにもかかわらず，彼は昨夜家に帰ることができた。

答 Despite the train accident, he (~~could~~ / was able to) get home last night.

POINT 1 〈was / were able to の使い方〉「…できた」を表すには was / were able to を使おう。過去形の could は「（やろうと思えば）…できた」という過去の能力を表すために使われ，このような「1 回限りの『できた』」に使うことは基本的にはできない ☞ POINT 3。

POINT 2 〈be able to の使い方〉be able to は can に比べてややかたい表現である。未来を表す will や現在完了を作る have と一緒の場合は be able to が使われる。

例 If you take this medicine, you **will be able to** sleep well. ……… 佛教大
この薬を飲むと，よく眠れる**ようになります**。

×will can sleep のように助動詞を 2 つ重ねて使わないようにしよう。また，「薬を飲む」は take medicine である。シロップ薬以外は，× drink medicine とは言わないので注意しよう。

POINT 3 〈過去形の could が表す意味は?〉could は潜在的な能力（やろうと思えばできる能力）を表し，知覚動詞（see / hear / smell / taste / feel など）や認識動詞（understand / remember / guess など）を伴う場合に好まれる。

2 had better not *do*「…すべきではない」

授業には遅れない方がいい，というのも時間を守ることが大切だからだ。

答 You (had better not / ~~had not better~~) be late for the class because punctuality is important.

POINT 1 〈had better の使い方と not の位置〉「…すべきである / …した方がよい」という忠告を表す場合，特に会話で使う表現として had better *do* を用いる。had better の否定文は had better not *do* で表し，「…すべきではない / …しない方が良い」という意味を表す。had better を 1 語であるかのように考え

るとよい。したがって，had better not が正解である。

POINT 2 **〈had better の短縮（縮約）形〉** had better の had は縮約形（I'd など）で用いるのが普通。助動詞の had は過去の意味を持たないので注意しよう。

例 We'**d better** get a move on to catch the last train. ……… 駒澤大
終電に間に合うように急いだ**方がいい**。

POINT 3 **〈警告の意味の had better〉** had better は 2 人称と 3 人称を主語にとると文脈や発音の仕方によっては「警告 / 脅し」の意味を持つことがあるため，立場が上の人に使うのは避けた方がよい。

例 You'**d better** be more serious about your studies. You do want to graduate, don't you? ……… ☆広島大
もっと真面目に勉強した**方がいい**よ。卒業したいんでしょう?

→「真面目に勉強しないと卒業ができないぞ」という警告の意味を帯びる。

3 need not *do*「…する必要はない」

この電話の保険に加入していれば，これらの修理代は必要ありません。

答 If you buy insurance for this phone, we (~~don't need~~ / need not) pay for these repairs.

POINT 1 **〈助動詞の need の使い方〉** 助動詞の need は「…する必要がある」という意味を持ち，否定文や疑問文で用いる。否定文で使われると need not *do* で「…する必要はない」という意味を表す。したがって，need not が正解となる。一方，need no *do* は古い表現なので，発信に用いない方がよい。

POINT 2 **〈動詞の need の使い方〉** need は need to の形で動詞として使うことが多い。なお，to の後ろは動詞の原形にする ☞ **CHAPTER 7**。助動詞の need とは異なり，肯定文・否定文・疑問文全てに用いられる。「…する必要はなかった」という過去の内容を表す場合は，助動詞 need に過去形がないために動詞 need を使うのがふつう。

POINT 3 **〈need have ＋ 過去分詞 〉**「…する必要がなかったのに（実際にはしてしまった）」という過去の内容に対する非難や後悔を表す場合，need have ＋ 過去分詞 を使う。なお，次の例の needn't はイギリス英語。

例 You needn't have carried all these parcels yourself. ……… 東京医科大
これだけの荷物を全部あなたが運ば**なくても良かった**のに。

「実際には荷物を運んでしまった」という含みがある。

4 used to「（以前は）…だった」

私は小学生のころカナダに住んでいました。

答 I (~~am used to~~ / used to) live in Canada when I was a young school boy.

POINT 1 **〈used to ＋ 状態動詞 〉** used to は be や live などの状態動詞とともに使うと「（以前は）…だった」という「過去の状態」を表す。現在との対比が強調されて「今はもう違う」という含みを持つ。本問では when 以下が過去の内容を述べていることから used to が正解だとわかる。一方，be used to の used は形容詞で「…に慣れている」という意味を表す。

例 He **used to be** the lead guitarist in a cover band. ……… ★椙山女学園大
彼は**以前**コピーバンドのリードギタリスト**だった**そうです。

「今はもうバンドのギタリストではない」という含みがある。

例 My grandma **is used to** getting up early.
うちのおばあちゃんは早起き**に慣れています**。

POINT 2 〈used to＋**動作動詞**〉used to は walk などの動作動詞とともに使うと「(以前は)…したものだ」という「過去の習慣」を表す。現在との対比が強調され，「現在ではもう行われていない」という含みを持つ。

例 The villagers **used to** walk eight hours to collect water. ……… 玉川大
かつて村人たちは，8 時間かけて歩いて水を汲みに行って**いました**。

「もうそれほど長い時間をかけて水汲みをしていない」という含みがある。

5 How dare「よくもまあ…できるね」

よくもまあそんなことを言えるな!

答 (How / ~~What~~) dare you say such a thing to me!

POINT 〈助動詞の dare〉助動詞の dare は「大胆にも…する」という意味を持ち，否定文・疑問文・if 節・whether 節で用いる。How dare ... ?で「よくもまあ…できるね」という慣用表現として使われることが多い。したがって，how が正解となる。

6 should have＋過去分詞「…すべきだったのに」

トレイシーがボストンに行く前に話すべきでしたが，そうしませんでした。

答 I (~~must have talked~~ / should have talked) to Tracy before she left for Boston, but I didn't.

POINT 1 〈should have＋**過去分詞**〉「…すべきだ」という義務や当然さを意味する should が have＋**過去分詞** を伴うと,「…すべきだったのに(結局しなかった)」という過去に行った行為に対する後悔や非難を表す。特に，1 人称では後悔，2 人称や 3 人称では非難の意味になることが多い。本問では but I didn't と「実際には行わなかった」ことが明示されており，実現しなかった行為への後悔を表す should have talked が正解となる。

POINT 2 〈must have＋**過去分詞**〉「…に違いない」という確信のある推量を表す must が have＋**過去分詞** を伴うと，「…したに違いない」という過去の内容に対する話し手の「確信のある推量」を表す。

例 Melissa **must have left** home earlier than usual this morning because she arrived at work on time for once. ……… ★中央大
今回だけは定時に職場に着くため，今朝メリッサはいつもより早く家を**出たはず**なんだけどな。

7 may have＋過去分詞「…したかもしれない」

私の手袋がどこにもないのです。タクシーに忘れてきたのかもしれません。

答 My gloves are nowhere to be found. I (~~should have left~~ / may have left) them in the taxi.

POINT 1 〈may have＋**過去分詞**〉「…かもしれない」という推量を意味する may が have＋**過去分詞** を伴うと，「…したかもしれない」という過去の内容に対する話し手の「現在推量」を表す。したがって，may have left が正解となる。should have left では「忘れるべきだったのに」となってしまう ☞ BASIC 6。

POINT 2 〈might have＋**過去分詞**〉推量の may よりも確信度を下げた might も，have＋**過去分詞** を伴うことで「…したかもしれない」という過去の内容に対する話し手の「現在推量」を表す。また，次の例文のように，過去の事実とは反する現在の想像を表し，「(悪くすれば)…していたかもしれない」などの意味になることもある ☞ CHAPTER 16。

例 If you hadn't stopped me from climbing the mountain in that storm, I **might have been killed**. ……… ☆女子栄養大

あの嵐の中，もし君が登山を止めてくれなかったら，僕は**死んでいたかもしれない**。

8 cannot help *doing*「…せずにはいられない」

何をするにしても，一郎が同級生から目立つことは避けられない。

答 Whatever Ichiro does, he cannot help (~~stand~~ / standing) out from his classmates.

POINT 1 **〈cannot help *doing*〉** cannot help *doing* で「…せずにはいられない」という意味を表す。この help は can と一緒に用いて「…を我慢する / に抵抗する (= resist)」という意味をもつ。この表現で使われる help は他動詞であるため，目的語には「…すること」を表す動名詞 / 名詞 / 代名詞を置く。

POINT 2 **〈*doing* の位置に置かれる語〉** 動名詞 *doing* の位置には以下のような語が現れる。全体的に「思わず…してしまう」という無意識の行動がよく現れる。

> noticing（…に気づく）, feeling（…だと感じる）, dealing with（…に対処する）, suspecting（…ではないかと疑う）, concluding（…だと結論づける）, assuming（…だと想定する）, reflecting（…だと考える）, disturbing（…を妨害する）, laughing at（…のことを笑う）

9 may well *do*「…する可能性が十分にある」

世界で最も人気のあるスポーツはサッカーだろうが，アメリカでは野球の方が人気がある。

答 Soccer (~~may as well~~ / may well) be the world's most popular sport; however, baseball is more popular in the US.

POINT 1 **〈may well *do* の使い方〉** may well *do* は「…する可能性が十分にある」のように確信度の高い話し手の推量を表す。本来，推量を表す may は「…かもしれない」という五分五分の可能性を表し，さらに「十分に」を意味する副詞の well が may が表す可能性を強める働きをしている。したがって，may well が正解となる。

POINT 2 **〈類似表現の might well *do*〉** might well *do* も同様に「…する可能性が十分にある」という意味を表すが，may よりも控えめな表現となる。

例 This finding of a difference between men and women **might well** be obsolete. …… 東邦大
このような男女の差の調査結果は，**もはや**時代遅れ**と言えるかもしれません**。

POINT 3 **〈許可を表す may / might well *do*〉** 頻度は低いが，「…してもよい」という許可や容認を表す may / might も well を伴って「…するのも当然だ」という意味をもつことがある。

例 Of course, you **might well** be awful at any number of things. …………………… 福岡教育大
もちろん，いろいろなことを苦手とする人がいるのも**当然である**。

STANDARD 1

1 only have to *do*「…しさえすればよい」

この応募フォームに必要事項を記入するだけです。

答 A. All you have to do is fill in this application form.
B. You (ウ. only have to) fill in this application form.

ア. cannot but　イ. may well　(ウ. only have to)　エ. would like to

POINT 1 **〈only have to *do* の使い方〉** 義務を表す have to *do* が「数量の少なさ」を強調する only や just を伴うことで，「…しさえすればよい」という意味を表す。したがって，only have to が正解となる。頻度としては just have to *do* が最もよく使われ，次に only have to *do* が使われる。have only to *do* のように副詞 only を have と to の間に置く形もあるが，現在ではかたい表現とされ，あまり使

われることはない。

例 You **just have to** find your way to happiness. ………… 大東文化大
あなたの幸せになるための方法を見つける**だけでいいのです**。

POINT 2 〈類似表現の all you have to do is *do*〉この表現は本来，all (that) you have to do is (to) *do* のような構造を取る。all は代名詞で直後の関係代名詞 that によって修飾されている。この関係詞 that や不定詞句の to は通常省略されるため，all you have to do is *do* という構文ができあがる。

2 cannot help but *do*「…せずにはいられない」

重い病気を抱えた子どもには，同情を抱かずにはいられない。

答 A. We cannot help feeling sympathy for a child with a serious disease.
B. We cannot help (イ. but) feel sympathy for a child with a serious disease.

ア. always　(イ. but)　ウ. just　エ. so

POINT 1 〈cannot help but *do* の意味〉cannot help but *do* で「…せずにはいられない」という意味をもつ。この help は「…を避ける」の意味であり，「…以外」を表す前置詞 but を伴うことで，「…以外を避けることはできない」→「…せざるをえない」という意味になる。したがって，cannot help *doing* と同じような意味を表す ☞ BASIC 8 。

POINT 2 〈cannot help *doing* との違い〉cannot help but に続く *do* は原形不定詞なので，× cannot help but to *do* としないよう注意しよう。原形不定詞の位置に現れる動詞は，以下に挙げる「自然に生じる精神的 / 感情的反応」を表すものにほぼ限られる。

think (考える), wonder (思う), feel (感じる), notice (気づく), laugh (笑う), smile (微笑む)

一方，cannot help *doing* は，「自然に生じる精神的 / 感情的反応」ではない動詞も使うことができる。

例 We **cannot help being overwhelmed** with the amount of information we receive daily. ………… ★慶應大
毎日受け取る情報量に**圧倒されずにはいられません**。

3 used to ＋ 状態動詞「今は…の状態ではない」

今はもう，ここに大きな桜の木はありません。/ かつてここに大きな桜の木がありました。

答 A. There is no longer a big cherry tree here now.
B. There (ウ. used to be) a big cherry tree here.

ア. would often be　イ. may well be　(ウ. used to be)　エ. must have been

POINT 1 〈used to ＋ 状態動詞 の意味〉本問では，A. で「もう今は木がここにはない」ことが示されているので，現在との対比に焦点を置いた used to ＋ 状態動詞 を使う。used to は過去の状態と現在の状態とが異なっていることに注意を向ける表現となる ☞ BASIC 4。したがって，used to be が正解となる。

POINT 2 〈would (often) *do* の使い方〉would (often) *do* も「よく…したものだ」という意味を持ち，過去の習慣を表すことができる。しかし，used to と異なり，would は現在との対比を強調するような含みは持たず，現在でも継続している習慣も表すことができる。また，used to は状態動詞や動作動詞が使われるが，would は動作動詞のみしか使わない。

POINT 3 〈他の選択肢〉may well は「…する可能性が十分ある」という意味をもつため ☞ BASIC 9，文の意味と合わない。また，must have been は「…したに違いない」という過去のことに対する話し手の確信度の高い推量を表すため ☞ ADVANCED 1 4，これも文の意味に合わない。

4 **would sooner A than B「B するよりむしろ A したい」**

彼は，自分が間違っていたと認めるくらいなら，すべてを失うほうがましだと考えている。

答 A. He would rather lose everything than admit that he was wrong.

B. He would (ウ. sooner) lose everything than admit that he was wrong.

ア. never be late to　イ. almost　(ウ. sooner)　エ. not be happier to

POINT 1 **〈would sooner A than B の使い方〉** would sooner A(動詞の原形) than B(動詞の原形) で「B するよりむしろ A したい」という意味をもつ。この would は「…したい」という願望を表し，「…よりも早く」という sooner を伴うことで「(他よりも) 早く A したい」という意味になる。ここに比較の対象となる行為を than *do* で表すことで「B よりもより早く A したい」→「B するよりむしろ A したい」となる。したがって sooner が正解である。

POINT 2 **〈類似表現の would rather A than B〉** would rather A than B で「B するよりむしろ A したい」という意味をもつ。この would も would sooner A than B と同様に「…したい」という願望を表し，「むしろ」という rather と比較の対象である than B を伴うことで「B するよりも A したい」という意味になる。

POINT 3 **〈would sooner not A〉** would sooner の否定は not を sooner の後ろに置き，「できれば…したくない」という意味で控えめな否定を表す。

例 Given the choice, they **would sooner not** have people around. ………… ★福岡大
どちらかといえば，人が**いないほうがいい**。

5 **ought to have ＋ 過去分詞「…すべきだったのに」**

先週，図書館にその本を持ってくるべきでしたね。罰金を払わなければならないよ。

答 A. You should have brought those books back to the library last week. You'll have to pay a fine.

B. You (エ. ought to have brought) those books back to the library last week. You'll have to pay a fine.

ア. had better bring　イ. had better not bring
ウ. ought to bring　(エ. ought to have brought)

POINT 1 **〈ought to have ＋ 過去分詞 が表す意味〉** ought to have ＋ 過去分詞 で「…すべきだったのに (しなかった)」という意味を表し，過去に行った行為に対する後悔や非難を含む。本問は You という 2 人称主語のため，非難の意味合いを帯びる。したがって，ought to have brought が正解となる。

POINT 2 **〈類似表現の should have ＋ 過去分詞〉** 「…すべきだ」という義務や当然さを意味する should が have ＋ 過去分詞 を伴うと，「…すべきだったのに (結局しなかった)」という ought to have ＋ 過去分詞 と同様の意味を表す ☞ BASIC 6。

POINT 3 **〈その他の選択肢〉** 本問は last week が過去の出来事という場面設定をしているので，現在の出来事を表す ought to bring(持ってくるべきだ) は誤りとなる。また，had better bring / had better not bring も「…すべきである」/「…すべきではない」という現在の義務を表す意味なので，文脈に合わない。

STANDARD 2

6 would (often) *do*「よく…したものだ」

子どものころ彼はよく川へ釣りに行った。

答 As a child, he (would / often / go / fishing) in the river.

POINT 1 **〈過去の習慣を表す would (often) *do*〉** would (often) *do* は「よく…したものだ」という意味を持ち，過去の習慣を表す。本問の often は必ず would と動詞の間に置くことに注意しよう。would は助動詞なので直後の動詞は原形となる ☞ **STANDARD 1** **3**。

POINT 2 **〈時を表す副詞〉** would (often) は行為がいつ行われていたのかを示す必要がある。本問では As a child(子どもの頃に) という過去を表す副詞句が入っていることを確認しよう。一方，used to は上記のような副詞句を示す必要はない ☞ **STANDARD 1** **3**。

POINT 3 **〈go + 現在分詞〉** go + 現在分詞 で「…しに行く」という意味を表す。この現在分詞の位置には以下のような動詞が入る。

> go shopping(買い物に行く), go swimming(泳ぎに行く), go fishing(釣りに行く), go hiking(ハイキングに行く), go skiing(スキーに行く), go camping(キャンプに行く), go sightseeing(観光に行く), go jogging(ジョギングに行く), go running(ランニングに行く), go hunting(狩りに行く)

7 would rather A than B「B するよりむしろ A したい」

彼は正直者なので，嘘をつくよりは何も言わないでいたい。

答 He is honest, so he (would / rather / say / nothing / than / tell / a lie).

POINT 1 **〈would rather A than B の使い方〉** would rather A than B で「B するよりむしろ A したい」という意味をもつ。本問の rather は必ず would と動詞の間に置くことに注意しよう ☞ **STANDARD 1** **4**。would は助動詞なので直後の動詞は原形となり，続いて比較の対象を示す than *do* が現れる。なお，say nothing(何も言わない) と tell a lie(嘘をつく) という表現も押さえておこう。

POINT 2 **〈would rather A が表す意味は?〉** would rather A は「どちらかというと…したい」という意味をもち，比較の対象となる than B を置かないことがある。これは would rather A than not の than not が省略されたものである。

例 I **would rather** stay closer to home in the Chugoku region. …… 広島修道大
どちらかというと，中国地方のより故郷に近いところにいたいですね。

POINT 3 **〈would rather の否定文〉** would rather の否定は would rather not 動詞原形 となり，「できれば…したくない」という控えめな否定の意味を表す。文の主語と動作を行う主語が異なる場合は would rather の直後に動作主の主語を置くことを確認しよう。

例 I **would rather you stay** here tomorrow. …… 法政大
どちらかというと，明日**あなたに**ここに**いてほしい**。

8 could have + 過去分詞「…したかもしれない」

報告書によると，悪天候の中でもっと注意して運転していれば事故を回避できたかもしれないとのことです。

答 The report says that (the driver / could / have / avoided / the accident) if he had taken more care in the bad weather.

POINT 1 **〈could have + 過去分詞 が表す意味〉** could は推量の意味をもち，could have + 過去分詞 で「(ひょっとすると)…したかもしれない」という過去の内容に対する現在の確信度の低い「推量」を表す。could have + 過去分詞 は might have + 過去分詞 よりも控え目な表現となる ☞ **BASIC** **7**。avoid O

は「(事故 / 危険 / 事態など) を避ける」という意味の他動詞。

POINT 2 〈couldn't have ＋過去分詞〉 couldn't have ＋過去分詞 は「…したはずがない」という過去の内容についての可能性を強く否定していることを表す。この could not は「…のはずがない」という現在の可能性についての強い否定を表しており, have ＋過去分詞 を伴うことで過去の内容に視点を移している。

9 may as well「…してもかまわない」

話をしていて面白い人がいないんです。家に帰った方が良いくらいだ。

答 There is nobody interesting to talk to. (We / might / as / well / go / home).

POINT 1 〈may as well の使い方〉 may as well は may well に比較の as がついた形で,「…してもかまわない」という意味をもつ ☞ BASIC 9。この他の用法としては, 控え目な提案や, 望ましくない状況で使う。

POINT 2 〈might as well の使い方①〉 may as well の may が might に変化した might as well は「(他に良い考えもないので) …してもかまわない」という意味を表す。これにより may as well よりもさらに働きかけの度合いが弱まり, より消極的な姿勢を表す。

POINT 3 〈might as well の使い方②〉 might as well には「…するのと同じだ / まるで…のようだ」という意味もある。この場合, well の後ろには現実味のない極端な内容が来る。

例 From my apartment in the middle of New York City, the stars **might as well** not exist. ★立教大

ニューヨークの真ん中にあるうちのマンションからは, 星は存在しない**も同然である**。

ADVANCED 1

1 used to「かつて…していた」

私たちは以前は小さな町に住んでいたが, 今では東京に住んでいる。

答 We (used to live in a small town), but now we live in Tokyo.

POINT 1 〈used to live が表す意味〉「小さな町に住んでいた」のは過去の内容である。現在は別の場所で住んでいることから, 現在の状況が過去と対比されている。これにより used to live が入ると判断できる ☞ STANDARD 1 3。

POINT 2 〈city と town の違い〉「町」を表す名詞に city と town があるが, 一般的に city は都市部にある人口の多い主要な地域のことを指し, town はそれよりも規模の小さな地域のことを指す。本問では「小さな」とあるので town を使っておくとよい。

2 How dare「よくも…できるわね」

よくも私にそんなことが言えるわね! 撤回しない限り, あなたのことは許さないから。[how dare を用いて]

答 (How dare you speak to me) like that! I'll never forgive you unless you take it back.

POINT 1 〈How dare が表す意味〉 本問では 2 文めに「決して許さない」とあるので,「よくも…できるね」と話者の怒りを伝える表現の How dare を使う ☞ BASIC 5。「…に話す / 話しかける」は自動詞の speak to や speak with (主にアメリカ英語) を使う。他動詞の speak O は「(言語 / 考えなど) を話す」という意味を表すので × speak me としないように注意しよう。語順も How dare S V となる点に注意しよう。

POINT 2 〈動詞の dare の使い方〉 dare は dare to (思い切って…する) の形で動詞として使うことが多い。なお, to の後ろは動詞の原形になり ☞ CHAPTER 7, to が脱落し, dare *do* となることも多い。助動

詞の dare とは異なり，肯定文でも使うことができる。

例 If you **dare to** be happy, your life will begin to change immediately. ……… 弘前大
思い切って幸せになろうとすれば，あなたの人生はすぐに変わり始めるでしょう。

3 would (often) *do*「よく…したものだ」

私はこれらの写真を見ると，よく夏休みを過ごした田舎を思い出す。

答 These pictures remind me of the countryside where (I would often spend summer vacations).

POINT 1 **〈過去の習慣を表す would〉** 本問では「よく…したものだ」という過去の習慣を表しているため，過去の習慣を表す would (often) を使おう。明確に過去と現在を対比しているわけではないので，used to は避けた方が良い ☞ STANDARD 2 6。

POINT 2 **〈vacation と vacations の違い〉** 本問では「よく夏休みを過ごした田舎」とあるので，厳密には「何度も夏休みを過ごす」という反復の解釈が必要となる。したがって summer vacations と複数形を使うのがベスト。the summer vacation は特定の夏休みを指したり，他の季節の休暇との対比を表したりする。一般的な意味での夏休みは冠詞なしで summer vacation とする。なお，本問では summer vacation としても許容範囲である。

4 must have + 過去分詞「…したに違いない」

私の鳥の姿がどこにも見当たらない。誰かが外に逃がしたに違いない。[let と out を用いて]

答 There is no sign of my bird anywhere. Someone (must have let it out).

POINT 1 **〈must have + 過去分詞 が表す意味〉** 本問では「…したに違いない」という過去の確信のある推量を表しているため，must have + 過去分詞 を使おう。この must は「…に違いない」という話し手の確信のある推量を表し，過去の内容に対する現在の「確信度の高い推量」を表す。

POINT 2 **〈使役動詞 let が表す意味〉** let O *do* / 副詞 の形で「…させる」という使役を表す。したがって，let O out は「O を外に行かせる」というのが文字通りの意味になる。let は他の使役動詞 make / have / get がもつ主語の強制力が全くなく，「O の好きにさせる / O の思い通りにさせる」という意味となる ☞ CHAPTER 8 BASIC 6。

ADVANCED 2

5 could not have + 過去分詞「…したはずがない」

あまりにも完成度が高いので，あの子が自分でこの船の模型を作ったとは思えません。[1 語削除]

答 I doubt that boy could ~~not~~ have made this model ship by himself because it looks too perfect.

POINT 1 **〈否定的な文脈の could have + 過去分詞〉** could not have + 過去分詞 は「…したはずがない」という過去の可能性を強く否定する意味を持つ ☞ STANDARD 2 8 が，本問では doubt が「…ではないと思う」という否定的な意味を持つため，could not have + 過去分詞 にすると「したはずがないとは思わない」という二重否定の意味になり，肯定の意味になってしまう。したがって，not を削除して could have made とすることで doubt と合わせて「…したとは思えない」という否定の意味を表すのである。

POINT 2 **〈疑問文の could have + 過去分詞〉** 可能性を表す can は疑問文でも使うことができる。疑問文で could have + 過去分詞 を用いることで「…しただろうか? / …はありえただろうか?」という過去の可能

性についての疑いを表す。

例 Ten years ago, **could** you **have imagined** smartphones like yours would become so popular and essential? ……… 成城大
10 年前，あなたが持っているようなスマートフォンがこれほどまでに普及し，なくてはならない存在になるとは**想像できたでしょうか**？

6 might as well A as B「B するくらいなら A した方がましだ」

ギャンブルにお金を使うくらいなら捨てた方がましだ。[1 語追加]

答 You might as well throw away your money as spend it on gambling.

POINT 1 〈might as well A as B が表す意味〉as を追加し might as well ☞ STANDARD 2 9 とする。might as well A の後ろに as B の形が続くと B との比較の意味が加わり，「B するくらいなら A した方がいい」→「B するくらいなら A した方がましだ」という表現になる。なお，A には現実味のない極端な内容（今回は「お金を捨てる」）が来ることもある。

POINT 2 〈might well は不可〉might well は「…する可能性が十分にある」のように確信度が高い推量を表すため ☞ BASIC 9，本問の文の「ましだ」とは合わない。また，as spend it on gambling と比較を表す接続詞の as が置かれている点に注目し，「同じ程度」を表す副詞の as が必要なので might as well の形になる。

7 would rather A than B「B するよりむしろ A したい」

光の中を一人で歩くより，むしろ友人と闇の中を歩きたい。[1 語追加]

答 I would rather walk with a friend in the dark than alone in the light.

POINT 1 〈would rather A than B〉rather を追加し，would rather A than B とする。would rather A than B は「B するよりむしろ A したい」という意味をもつ ☞ STANDARD 2 7。本問では比較の対象となる than が置かれている点に注目すると，「むしろ」を意味する副詞の rather が would の後に入ることがわかる。

POINT 2 〈偉人の名言〉本問はヘレン・ケラーが残した言葉である。このような偉人の言葉やことわざは入試問題にも使われることがあるので覚えておこう。以下は，助動詞を含んだ名言の一例である。

〈可能の can〉

例 If you **can** dream it, you **can** do it. – Walt Disney
夢見ることができれば，それは実現できる。―ウォルト・ディズニー

〈不必要の don't have to〉

例 Take the first step in faith. You **don't have to** see the whole staircase, just take the first step. – Martin Luther King, Jr.
疑わずに最初の一段をのぼりなさい。すべての階段が見える必要はない。とにかく最初の一段を踏み出すのだ。―マーティン・ルーサー・キング・Jr.

〈「きっと…だろう」の will〉

例 Take the course opposite to custom and you **will** almost always do well. – Jean Jacques Rousseau
慣習とは反対の道を行け。そうすればだいたい常に物事はうまくいく。―ジャン=ジャック・ルソー

〈「常に…であるべきだ」（強い提案）の must always〉

例 In order to be irreplaceable, one **must always** be different. – Coco Chanel

かけがえのない人になりたいのなら人と同じことをしていてはだめよ。ーココ・シャネル

〈「…すべきだ」（強い提案）の must〉

例 You **must** be the change you want to see in the world. − Mahatma Gandhi
あなたがこの世で見たいと願う変化にあなた自身がなりなさい。ーマハトマ・ガンディー

COLUMN **〈助動詞ってなに?〉**

can / may / must などの助動詞（be / have / doと区別して「法助動詞」と呼ばれることもある）は，話し手の気持ち・考え・判断などを表すときに使われる。

That woman **is** a teacher. あの女性は教師**だ**。
［↑現実の世界についての客観的記述］
That woman **may be** a teacher. あの女性は教師**かもしれない**。
［↑話し手の判断］

法助動詞の「法」は英語でmoodと言い，これは「気分」を意味する「ムード」と同じで，発言内容に対する話者の気持ち・考え・判断などを表すときに使われることを意味する。
疑問文・否定文・完了形・受動態を作るときに文法的な機能を果たす助動詞（be / have / do）については，CHAPTER 4 時制，CHAPTER 6 受動態，CHAPTER 18 否定の構文などで説明されているので参照しておこう。

基本的な助動詞の種類と意味		
助動詞	**基本用法**	**推量用法**
can	［能力］…することができる ［許可］…してよい	［推量］…はありうる
may	［許可］…してよい	［推量］…かもしれない
must	［義務］…しなければならない	［確信］…に違いない
should	［義務］…すべきだ /…したほうがよい	［推量］…するはずだ
will	［意志］…しよう /…するつもりだ	［推量］…だろう

COLUMN 〈付加疑問文と助動詞〉

下の (1) の例，Everyone will want to get ... の付加疑問文が won't they になっているところに注目しよう。肯定文の付加疑問文は，否定形の文末で表すので，助動詞の will の否定形 won't が使われている。そして主語の everyone を they で受けている。

(1) **Everyone** will want to get some souvenirs, **won't they**?
みんなお土産が欲しくなるでしょう**ね**。……大学入学共通テスト

Everyone は単数扱いの名詞なので，従来なら he で受けるのが普通であったが，ここで使われている they は「単数の they」と呼ばれるジェンダーニュートラル（性的中立，性差別のない）な表現である。多くの受験生が受ける共通テストでこのような新しい語法が使われているのは，時代や社会の変化に伴う「言葉の変化」を示す良い例だと言える。「英語のフレームワーク」を学ぶために，自分が触れる英文を常に分析的に観察する姿勢を持っておきたいね!

CHAPTER 6 受動態

Key Grammar & Constructions

◆受動態とはなんだろう?

① 能動態とは:動作を行う動作主を主語にする形

例 John broke the window.(ジョンは窓を割りました)……★神奈川大

S(動作主) V O(動作を受ける側)

能動態では「動作をする人 / もの」を主語にし，動詞は現在形や過去形などを使って表す。

② 受動態とは:動作を受ける側を主語にする形

例 The window was broken by John.(窓はジョンによって割られました)

S(動作を受ける側) V(be+過去分詞) 動作主

◆受動態の作り方

受動態では「動作を受ける人 / もの」を主語にし，動詞は〈be+過去分詞〉で表す。このときに時間を表すために現在形や過去形になるのはbe動詞である。

<いつ受動態を使うのか>

① 動作を受ける側にスポットライトを当て,「それがどうなったか」に注目させたい時
② 「誰が / 何が」その動作を行ったのかが自明である時，またはわからない時
③ 前置詞のbyなどを伴って「誰が / 何が」その動作を行ったのかを重要な新情報として示したい時

BASIC 1

1 受動態の文:S+be+過去分詞+by 動作主

スエズ運河はフランスの会社によって建設されました。[build]

答 The Suez Canal (was) (built) (by) a French company.

POINT 1 〈byを伴う受動態の作り方〉The Suez Canalが「建設された」ということを表すので受動態(be+過去分詞)を用いる。主語が単数形であり過去の事実について述べているため，be動詞はwasを選ぶ。build(建設する)を過去分詞にして，was builtとする。

POINT 2 〈by+動作主〉動詞buildには建てる側と建てられる側が存在する。a French companyは建設する側である。受動態の文では動作をする側はby+動作主によって表されるのでby a French companyとなる。本問ではby+動作主が現れているのでa French companyを重要な新情報として示している。

2 助動詞+be+過去分詞

国会議員は直接選挙で選ばれます。[choose]

答 The Congress members will (be) (chosen) through direct election.

POINT 1 〈will be+過去分詞〉「選ばれる」という日本語から受動態(be+過去分詞)を用いる。また助動詞willが使われており，助動詞の直後に入るのは動詞の原形であることから，choose(選ぶ)を過去分詞にして，be chosenとする。選挙は国民によって選ばれることはわかりきったことだと考えて，ここでは× by citizenのようにby+動作主を示さなくてよい。

POINT 2 〈国会〉「国会」を表す英単語は国によって異なるので確認をしておこう。

Congress（アメリカの議会）, Parliament（イギリスの議会）, the Diet（日本の議会）

3 受動態の文：S＋be＋過去分詞

答 その本は20の言語に翻訳された。［ translate ］

The book（ was ）（ translated ）into twenty languages.

POINT 1 〈by のない受動態〉The book が「翻訳された」なので The book is 過去分詞 という受動態を作ると考えよう。受動態（be＋過去分詞）の過去形で表すので be 動詞は was を選び，translate（翻訳する）を過去分詞にして，was translated とする。この受動態には by＋動作主 がないが，受動態の多くは by＋動作主 がない。この文では翻訳した人（動作主）は重要ではないと考えよう。

POINT 2 〈translate A のあとにつづく前置詞句は?〉ここでは動詞 translate の使い方について見てみよう。他動詞で translate A（もの）into B（言語）の形で「A を B に翻訳する」という意味を表す。また，translated A（もの）from B（言語）で「A を B から翻訳する」という意味を表す。

4 受動態の否定文：S＋be＋not＋過去分詞

彼は式典には招待されなかった。［ invite ］

答 He（ was ）（ not ）（ invited ）to the ceremony.

POINT 1 〈was not invited to A〉「A へ招待されなかった」は was not invited to A と表現しよう。「A に招待される」は be invited to A で表し，「されなかった」は否定文の過去形で表す。主語が He＝単数形なので，be 動詞は was となり was not invited の形になる。

POINT 2 〈invite A to B の使い方〉invite A to B で「A を B に招待する」を表す。この場合，A は「人」であることが多く，B は「会合 / 集まり」であることが多い。次の例を見てみよう。

例 Andy has invited **some friends**(A) to **dinner**(B). …… 関西医療大

アンディは何人かの友人を夕食に招待した。

ここでは，A が some friends（何人かの友人）で，B が dinner（夕食）となっている。また，これを受動態にすると次のように some friends を主語にした形になる。

例 **Some friends**(A) have been invited to **dinner**(B) by Andy.

何人かの友人はアンディにより夕食に招かれた。

5 受動態の疑問文：in を使った受動態〈be interested in〉

どんなことに興味がありますか。［ interest ］

答 What（ are ）（ you ）（ interested ）in? …… 白百合女子大

POINT 1 〈受動態の疑問文〉「…に興味がありますか」は are you interested in ...? と表現しよう。「…に興味がある」は be interested in で表し，現在のことを表し，主語の you に合わせて be 動詞は are とする。また，「…ますか」は疑問文なので be 動詞を前に出して，are you interested in が正解となる。

POINT 2 〈be interested in A を深掘りする〉be interested in A は本来「人 に興味 / 関心を持たせる」という他動詞の interest が受動化し，「興味を持たせられる」→「興味がある」という形容詞に変化したものである。感情（人の気持ち）を表す受動態は「…られる」という日本語にはならない点に注意しよ

う。☞ CHAPTER 10

POINT 3 〈in を用いた受動態〉 感情を表す受動態 + in ... には be absorbed in A(A に夢中になる)という表現もある。

例 She **was so absorbed in** her reading that she didn't hear the doorbell.
彼女はあまりに読書**に夢中になっていた**ので玄関のベルが聞こえなかった。

この例では「A に取り込まれる」→「A に夢中になる」という能動態のような意味を表すことを確認しておこう。

6 受動態の進行形

その島は観光客向けに開発されているところです。[develop]

答 The island (is) (being) (developed) for tourists.

POINT 〈be being + 過去分詞〉「開発されている」は be being developed で表そう。まず「開発される」は develop A (A を開発する)を受動態にして, be developed で表す。さらに本問では「…されている」という進行した状態を表す必要がある。よって進行形 be *doing* を用いて,「開発されている」は be being developed という形になる。これは「受動態の進行形」と呼ばれる。

BASIC 2

7 感情を表す受動態 + with

その生徒は学校の教育に満足していなかった。

答 The student was not satisfied (ウ. with) the education at the school.

ア. as　イ. on　(ウ. with)　エ. of

POINT 1 〈be satisfied with A〉「A に満足している」は be satisfied with A で表そう。be satisfied に続く前置詞は by / in / about / at などがあるが, ア. as, イ. on, エ. of は satisfied とは結びつかない。したがって, be satisfied with A のウ. with が正解。

POINT 2 〈with を用いた受動態〉本問のような感情を表す受動態では by 以外の前置詞を用いることがある。ここでは 感情を表す受動態 + with ... で表す表現の例を確認しよう。with を伴う受動態はその感情が持続するような場面で使われる傾向がある。

> be satisfied with A (Aに満足している), be pleased with A (Aに満足している),
> be disappointed with A (Aにがっかりしている / 失望している), be delighted with A (Aを大変うれしく思う)

POINT 3 〈なぜ感情を表す時に受動態を用いるのか〉英語で感情を表す動詞は本来「人をある感情にさせる」意味を持つので, 人を主語に置く場合は受動態を使う。この場合, 前置詞句で表される原因が重要な意味を持つ。例えば能動態の A satisfy B は無生物主語構文 ☞ CHAPTER 19 で「A(原因)は B(人)を満足させる)」という意味を表し, B(人)が重要な意味を持つ形となる。本問の英文は能動態でもほぼ同じ意味を表すことができるが,「原因」と「人」のどちらに焦点を置くかの違いがある。次の 2 つの文を比べてみよう。

例 (受動態(原因に焦点)) **The student** was not satisfied with **the education at the school.**
その生徒は**学校の教育**に満足していなかった。

例 (能動態(人に焦点)) **The education at the school** did not satisfy **the student**.
その学校の教育は**その生徒**を満足させることはなかった。

受動態である本問の英文に対して, 能動態の文では原因に当たる the education at the school

が主語に，満足する対象である the student が目的語に来ていることを確認しておこう。

8 know の受動態

この写真は，世界初の写真画像として知られている。

答 The photograph is known (ア. as) the world's first photographic image.

(ア. as)　イ. to　ウ. for　エ. in

POINT 1 〈be known as A〉「A として知られている」は be known as A で表そう。「知られる」は know の受動態 be known で表すことができ，「A として」は as A で表せる。

POINT 2 〈know の受動態〉know の受動態（be known）は後に続く前置詞に注意が必要である。いくつかのパターンを例文と合わせていくつか確認しておこう。

〈be known **to A**（**A に**知られている）〉

例 Wolfgang's name is known **to the world's classical music fans.** ……… 津田塾大
ヴォルフガングの名前は，**世界中のクラシック音楽ファンに**知られています。

〈be known **for A**（**A のこと**で知られている / **A で**有名だ）〉

例 The city is known **for its historical buildings.** ……… ☆秋田県立大学
その市は**歴史的な建物で**有名だ。

9 感情を表す受動態 ＋ about

それで，科学者たちは今，大気汚染の世界的な影響を心配しているのです。

答 And so, scientists are now worried (イ. about) the global effects of air pollution.

ア. in　(イ. about)　ウ. with　エ. on

POINT 1 〈be worried about A〉「A のことを / について心配している」は be worried about A で表そう。他動詞 worry「(人を) 心配させる」の受動態が「…を心配して」のように形容詞化している。be worried about A も感情を表す受動態で about を用いる。ただし be worried by A などの形も可能なことに注意しよう。

POINT 2 〈about を用いる受動態〉ここでは 感情を表す受動態 ＋ about A 表現の例を確認しよう。前置詞 about を用いる受動態は A の内容に関心を表す場合に用いられる傾向があるという点を押さえておこう。

> be concerned about A（Aのことを心配している）（worriedよりややかたい），
> be excited about A（Aのことでわくわくしている），be worried about A（Aのことを心配している）

10 感情を表す受動態 ＋ at

イギリスの乗客は，その遅延に驚いていなかった。

答 British passengers were not surprised (エ. at) the delay.

ア. on　イ. as　ウ. for　(エ. at)

POINT 〈be surprised at A を能動態から考える〉「A に驚く」は be surprised at A で表すが，この表現はもともと能動態から作られる。次の例を見てみよう。

例 **Her answer** surprised **me.** ……… 佐賀大
　　(A)　　　　　　(B)
彼女の解答は私を驚かせた。

動詞 surprise は A surprise B で「A（原因）は B（人）を驚かせる」という意味なので,「私を驚かせた」という意味になっているが，この文が受動態になる場合，日本語では能動態のように表すので注意しよう。

例 I was surprised at her answer.
　B　　　　　　　　A

私は彼女の解答に驚いた。

受動態の使いどころを押さえよう!

このように surprise のような「感情を表す動詞」で「人 が A に驚く」を表現したい場合，受動態 be surprised at A を使う。

11　make の受動態

ヤギの皮は革製品になりました。

答 The goat's skin has been made (ウ. into) leather.

ア. of　　イ. from　　(ウ. into)　　エ. by

POINT 1 〈A（材料）be made into B（製品）〉 A（材料）be made into B（製品）は「A は B になる」のような変化を表す。これは，make A（材料）into B（製品）（A を B にする）を受動態にしたものである。

The goat's skin has been made into **leather**.
A（材料）　　　　　　　　B（製品）

この文の能動態は make the goat's skin into leather である。以上のことから，ウ. が正解となる。

POINT 2 〈be made from A / be made of A〉「A（原料）からできている」は be made from A / be made of A で表す。be made from A は原料が原形をとどめていない場合に用い，be made of A は原料の性質をある程度とどめている場合に用いる。以下の例を見てみよう。

例 Chocolate is made **from** the beans of the cacao tree. ……… 成城大
チョコレートは，カカオの木の豆から作られます。

例 These houses are made **of** wood. ……… ☆専修大
これらの家は木でできている。

STANDARD

1　by 以外の前置詞を用いる受動態

彼はタイから来た女性と結婚しています。

答 He (is / married / to / a woman / from Thailand).

POINT 1 〈be married to A〉「A と結婚している」は be married to A で表そう。「A と」という日本語に引っ張られて × be married with A としないようにする。本問は「しています」という現在の状況を表し，主語は単数の He なので，be 動詞は is を用いる。そして，be married to A の A には結婚相手の a woman from Thailand（タイから来た女性）を置く。

POINT 2 〈marry A〉「A と結婚する」は marry A で表すことができる。この表現は原則結婚するという動作を表す。本問のように結婚しているという状態を表したいときは状態を表す be 動詞を用いて受動態 be married to A を用いる必要がある。2 つの表現をそれぞれ例文で確認しておこう。

例 He is going to **marry** his housekeeper. ……… ★上智大
彼は家政婦と**結婚する**つもりだ。（動作）

例 J. K. Rowling **was married to** a Portuguese TV journalist. ……………………… ★東海大
J. K. ローリングはポルトガルのテレビジャーナリストと**結婚していました**。（状態）

また，他に「A と結婚する」という動作を表す表現として **get** married to A がある。これは get を用いて受動態の動作を表す表現である ☞ **STANDARD** 6。

2 by 以外の前置詞を用いる受動態

今日では電車の中のほとんどの乗客がスマートフォンに熱中しています。

答 Nowadays, almost all the passengers on the train (are / absorbed / in / their / smartphones).

POINT 1 〈be absorbed in A〉「A に夢中になっている」は be absorbed in A で表そう ☞ **BASIC** 5 **POINT 3**。能動態 absorb は「…を吸収する」という意味を表す。本問では主語 almost all the passengers on the train が複数形であり，また現在の事実を表すので be 動詞は are になる。また，「A に夢中になっている」の A にはスマートフォン（their smartphones）が入り，are absorbed in their smartphones という形が正解となる。

POINT 2 〈almost all A〉 almost all（of）A は「ほとんど（すべて）の A」という意味を表す。almost は「ほとんど」という意味を表す副詞である。副詞は原則名詞を修飾することができないので × almost A としないことに注意。本問では「ほとんどの乗客」は almost all the passengers on the train であり，× almost the passengers on the train としない。

3 感情を表す受動態 ＋ with

その企業の採用担当者は留学生の態度におおむね満足していました。

答 The (recruiters / of / the company / were generally / pleased / with) the attitudes of the international students.

POINT 1 〈be pleased with A〉「A を気に入っている / 喜んでいる」は be pleased with A で表そう。次に副詞 generally（おおむね）の位置を考えてみよう。副詞は修飾する語の近くに置くのが原則である。今回は形容詞の性質を持つ過去分詞 pleased の直前に置こう。以上のことから The recruiters of the company were generally pleased with the attitudes of the international students. が解答となる。

POINT 2 〈感情を表す受動態 ＋ with〉 本問の be pleased with A は感情を表す受動態なので，日本語が能動態のような形になっている。感情を表す受動態 ＋ with の例は ☞ **BASIC** 7 **POINT 2**。

4 by 以外の前置詞を用いる受動態

地球表面のほぼ 4 分の 3 は水で覆われています。

答 Nearly (three / fourths / of / the Earth's surface / is / covered / with) water.

POINT 1 〈be covered with A〉「A に覆われている」は be covered with A で表そう。この表現には by 以外の前置詞も用いることに注意。be covered に続く前置詞としては with / in / by などがある。with は表面が覆われている場合，in は全体がすっかり覆われているような場合，by は動作を強調するような場合に用いる傾向がある。本問では地球の表面が覆われるため with を伴っている。したがって，解答は ... is covered with water. という形になる。

POINT 2 〈分数：数字（基数）＋ 序数 s〉 分数は分子を普通の数字（基数），分母を序数で表す。分子が 2 以上の時は分母の序数には s をつけよう。本問は「4 分の 3」なので分子の 3 は普通の数字（基数）の three，分母の 4 は序数の fourth を用いるが，分子が複数なので fourths とする。具体的にいくつか見てみよう。

a / one third（3分の1），two thirds（3分の2），three fifths（5分の3），a half（2分の1），a quarter / fourth（4分の1）

5　能動態の形で受身の意味を表す動詞

印刷した本が売れなければ，企業はその投資を回収することができない。

答 If (the / printed / books / do / not / sell / well), the company will not be able to earn back its investment.

POINT 1〈S sell＋副詞：Sが…くらい（副詞）売れる〉「Aがよく売れる」はA sell wellで表そう。「Aが売れる」というのは「Aが売られる」という受け身の意味を表すことができる。次の例を見てみよう。

例 Today a painting by Vincent van Gogh **sells for more than $80 million.** …兵庫県立大
今日ではフィンセント・ファン・ゴッホの絵は**8000万ドル以上で売られて**います。

この文ではsellのあとに続く副詞としてfor more than $80 million（8000万ドル以上で）が来ている。受動態の意味のsellは特殊な用法なので注意しよう。入試ではこのsell＋for 値段（…の値段で売られる）の形でよく出題されているのでしっかり覚えておこう。

POINT 2〈自動詞で受身の意味を表す動詞〉本問のS sell＋副詞（Sが…くらい（副詞）売れる）のように，能動態で受動態の意味を持つ動詞の特徴は，Sのある程度変わらない特徴や性質を表すことである。このため現在形を用いるのが普通であるがA is selling well「Aはよく売れている」のような表現もある。このような動詞で他に挙げられる動詞にreadがある。S＋read＋副詞で「Sが…のように（副詞）読める / 解釈される」という意味を表す。次の例文を見てみよう。

例 A writer is highly regarded if his or her novel **reads like non-fiction.** ……★関西学院大
作家は，自分の小説が**ノンフィクションのように読まれれ**ば，高く評価される。
この例ではreadのあとにlike non-fiction（ノンフィクションのように）が来ており，Sのhis or her novel（自分の小説）が「読まれる」という受動態で表されている。

6　動作を表す受動態

私の祖父が癌になった時，私は高校で人間の細胞について興味を持った。

答 (I / got / interested / in / human / cells) in high school when my grandfather developed cancer.

POINT 1〈get＋過去分詞〉「Aに興味を持った」はget interested in Aで表そう。受動態の文で動作 / 変化をはっきりさせる時はget＋過去分詞の形を用いる。「Aに興味がある」という状態を表すにはbe interested in Aを用いるとよい☞ BASIC 5が，本問のように「Aに興味を持った」という動作に焦点を当てる場合は，be動詞ではなくgetを用い，get interested in Aとする。

POINT 2〈develop cancer〉「癌になる」はdevelop cancerで表すことができる。developは「発展する / …を発展させる」という意味でよく用いられるが，develop＋病気で「病気になる / 病気を発症する」を表すことができる。他に「病気になる」を表す表現としてはget＋病気が一般的である。catch＋病気も「病気になる」の意味であるが，これは感染性の病気に限られる表現である。

7　群動詞（句動詞）の受動態

我々を利用できると考えるとはもってのほかだ。

答 How dare they assume that (we / can / be / taken / advantage / of).

POINT 1〈be taken advantage of〉「利用される」はbe taken advantage ofで表そう。「Aを利用する」は

take advantage of A で表すことができる。この表現を受動態にする時は，take advantage of を 1 つの動詞として考え，of の前置詞にあたる A を主語にする必要がある。本問では能動態である「私たちを利用する (take advantage of A)」を受動態「私たちは利用される (be taken advantage of)」に書き換える必要がある。また，「…できる」は助動詞 can を用いればよいので，we can be taken advantage of という形が正解になる。

POINT 2 〈take advantage of A〉 taken advantage of A は「A を利用する」という意味を表す。次の例を見てみよう。

例 I'm going to **take advantage of** the paid holidays. ☆大阪電気通信大
有給休暇を**利用する**つもりです。

このように take advantage of A の A には機会 / 状況 / 利点 / 成果などが来る。しかし，A に人が来る場合もある。次の例を見てみよう。

例 He needs to realize that he has really **taken advantage of** many people. If he continues to do so, he will lose his friendships with everyone. 工学院大
彼は，自分が本当に多くの人を**利用して**きたことを自覚する必要がある。このままでは，みんなとの友情を失ってしまう。

このように take advantage of 人の場合は「人をだます」「人につけこむ」のような訳語があてられることもあるぐらい，ネガティブなイメージを伴うことに注意しよう。

POINT 3 〈群動詞の受動態〉 群動詞とは動詞と副詞 / 前置詞との関係が強いために 1 つの動詞として扱われるものである。次の例を見てみよう。

例 A young baby **is taken care of** and loved by her family. ★愛知教育大
幼い赤ちゃんは，家族に**大切にされ**，愛されている。

例 One hundred and sixteen brands **were looked at** for this study. ★横浜市立大
今回の調査では，116 のブランドが**調べられました**。

これらの例が示すとおり，動詞 +α で 1 つの意味を表す群動詞は，受動態になったときに前置詞の後に置かれる名詞が文の主語になるので注意しよう。

8 speak の受動態

その女性に話しかけられたとき，以前にも会ったことがあることに気がつきました。

答 When (I / was / spoken / to / by / the / lady), I realized I had met her before.

POINT 1 〈be spoken to by A〉「A に話しかけられる」は be spoken to by A で表そう。「…に話しかける」という能動態は speak to である。speak to は 1 つの動詞として捉えられるので，受動態「…に話しかけられる」は to の目的語が主語になり，S be spoken to という形になる。本問の「女性」は受動態の動作主なので，by the lady で表す。よって I was spoken to by the lady で表す。

POINT 2 〈「話しかけられる」be spoken to〉「話しかけられる」は be spoken to で表すことを確認したが，× was spoken by A とする誤りが多い。× was spoken by A とすると，能動態では A speak me という他動詞の形になってしまう。speak は「話しかける」の意味では自動詞を使うので，能動態は speak to me となる。よって speak to ...(…に話しかける) を受動態にした be spoken to が正しい表現となる。

9 S＋V＋O＋C の受動態

赤ちゃんは，「ダダダ」「ババババ」という音を繰り返すことがあります。この活動は喃語(なんご)と呼ばれます。

答 A baby may repeat the sound "dadada" or "bababa." (This / activity / is / called / babbling).

POINT 〈SVOC の受動態 : S ＋ be called A〉「S は A と呼ばれる」は S ＋ be called A で表そう。本問の場合，能動態「この活動を喃語と呼ぶ」は (V)call (O)this activity (C)babbling で表す。これを受動態にする場合，能動態における O である this activity を S にして，S is called C の形を使って表す。能動態における C の babbling はそのままの位置に置く。したがって，This activity is called babbling という形になる。次の図も見ておこう。

People call **this activity**(O) **babbling**(C).　人々は**この活動**を**喃語** (babbling) と呼ぶ。

This activity(S) is called **babbling**(C).　**この活動**は**喃語**と呼ばれる。

10 S ＋ V ＋ O_2 (もの) to O_1 (人) の受動態

1997 年，地雷禁止国際キャンペーンにノーベル平和賞が贈られた。

答 In 1997 (the Nobel Peace Prize / was / given / to / the International Campaign to Ban Landmines).

POINT 1 〈S ＋ be given to A〉 give は能動態では第 4 文型の S ＋ V ＋ O_1 (人) ＋ O_2 (もの) と，第 3 文型の S ＋ V ＋ O_2 (もの) to O_1 (人) の形を取る動詞である。本問では，語群に前置詞 to があることに注目して第 3 文型 S ＋ V ＋ O_2 (もの) to O_1 (人) を使おう。「贈られた」は受動態 be given を用いるので，O_2 (もの) の the Nobel Peace Prize を主語にして，賞を受け取る O_1 (人) は前置詞 to を使って表す。よって，the Nobel Peace Prize was given to the International Campaign to Ban Landmines が正解となる。

POINT 2 〈なぜ S ＋ be given to A が使われるの?〉 O_2 (もの) was given to O_1 (人) のように O_2 (もの) を主語にした受動態では，情報の流れに注意する必要がある。本問では，the Nobel Peace Prize は旧情報であり，その賞が贈られた先 (the International Campaign to Ban Landmines) が新情報となる。本来，動詞 give の動作主にあたるノーベル賞を送る人 (機関) は，それほど重要な情報ではないため，by 句が現れていない点もおさえておこう。

11 know の受動態

今日，イダルゴの演説はどのメキシコの学生にも知られている。

答 Today Hidalgo's speech (is / known / to / every / student / in / Mexico).

POINT 1 〈be known to A〉「A に知られている」は be known to A で表そう。× be known by A としないことに注意 ☞ BASIC 8。

POINT 2 〈every ＋ 単数名詞 〉「どの 名詞 も」「全ての 名詞 」は every ＋ 単数名詞 で表そう。every は全体を構成する個々の要素を意識して「どの…も」ということを表すので，後に続く名詞は単数形を用いる。

POINT 3 〈every か all か?〉「全ての…」を表したい時には every もしくは all を使うが，この違いについて，次の例文を見てみよう。

例 **All students** are expected to understand and follow these regulations. ………… ☆愛媛大
すべての学生は，これらの規則を理解し，遵守することが期待されています。

例 **Every student** in the class really looks up to the young teacher. ………… 関西学院大
クラスの**どの生徒**もその若い先生を本当に尊敬している。

all の後には複数名詞，every の後には単数名詞が続いていることを確認しよう。all は集団を構成するものをひとまとまりに言及する時に用いる。every も集団構成員全体に言及する場合に用いるが，個々の構成要素に同時に目を向けるイメージで用いる。例文では動詞 look に 3 人称単数の -s が付いている点にも注目しよう。

新しい情報は
後に置く

ADVANCED

1 受動態の進行形

新しい市立図書館は現在建設されているところです。

答 A new city library (is being built) now.

POINT 〈be being ＋ 過去分詞 〉「建設されている」は be being built で表そう。「建設される」は build(建設する) を受動態にして be built で表す。ここではさらに「…されている」という動作が進行した状態を表しているので，これを現在進行形にした，is being built が正解になる。受動態の進行形でよく使われる動詞は以下のとおり。

use（使う）, make（作る）, develop（開発する）, build（建設する）

2 感情を表す受動態 ＋ with

これは，すべてのアメリカ人がテレビ，ラジオ，新聞の情報の質に満足しているということではありません。

答 This is not to say that (all Americans are satisfied with the quality) of the information from their television, radio, and newspapers.

POINT 1 〈be satisfied with A〉「A に満足している」は be satisfied with A で表そう ☞ BASIC 7。主語は「すべてのアメリカ人」で，all Americans で表す。これは複数名詞であり，「満足している」という現在の状態を表すので，be 動詞は are を選ぼう。よって all Americans are satisfied with the quality が正解となる。

POINT 2 〈all ＋ 複数名詞 〉「すべての…」は all ＋ 複数名詞 で表そう ☞ STANDARD 11 POINT 3。本問では「すべてのアメリカ人」となっているので集団の全体を表す all ＋ 複数名詞 を使う。なお all of the Americans は限定された集団の中のアメリカ人全員を意味するので本問の意味とは合わない。of を省いた形の all the Americans は all Americans と同様の意味を表すが，この場合の all の品詞は形容詞である。

POINT 3 〈the quality of A〉「情報の質」は「質」という意味を表す名詞 quality で表そう。本問では「(アメリカの) テレビ，ラジオ，新聞の」情報の質なので特定のものの質であることがわかる。よって定冠詞 the を用いて，the quality としなければならない。

3 感情を表す受動態 ＋ about

ロンドン留学のため初めてイギリスに行ったとき，学生文化に不安を覚えました。[worry を用いて]

答 When I first went to the UK to study in London, I (was worried about) the student culture.

POINT 〈be worried about A〉「A を心配する / 不安に思う」は be worried about A で表そう ☞ BASIC 9。主語は「私」なので I という単数名詞，「不安を覚えました」という過去の事実を表すので be 動詞は was を用いる。よって was worried about が正解となる。

4 群動詞の受動態

その生まれたばかりの赤ちゃんは，祖母に世話をされることになるだろう。[take を用いて]

答 The newborn baby will (be taken care of by) her grandmother.

POINT 1 〈be taken care of〉「世話をされる」はbe taken care ofで表そう。take care of A（Aの世話をする）は熟語的で各語の結びつきが強い群動詞である。したがって，take care of A においては A が目的語の役割をする。受動態の「世話をされる」を表現するときには, of の目的語の A を主語に置き, A + be taken care of（A は世話をされる）という形を用いる。また，今回「世話をする人」は her grandmother なので，by her grandmother とする。よって，be taken care of by her grandmother が正解になる。

POINT 2 〈生まれたばかりの〉「生まれたばかりの…」は本問では newborn という表現が用いられている。他に new-born, newly(-)born, brand(-)new という表現もある。この中で比べると newborn の頻度が高い。

5 know の受動態

彼は正直者です。これは誰もが知っていることです。

答 He is an honest man. This (is known to everybody).

POINT 1 〈be known to A〉「A に知られている」は be known to A で表そう。主語は This という単数名詞,「知っている」という現在の状態を表すので be 動詞は is を選ぼう。よって is known to が正解となる。

POINT 2 〈everybody は 1 語〉 everybody は 1 語の単語である点に注意しよう。every body と 2 語で表してしまうと every dead body（すべての死体）のように解釈されてしまうので注意しよう。everybody と同様，everyone も集団の全体を表す場合は 1 語で表すが，それぞれの個人に視点を置くときは every one（それぞれの人）と 2 語で表す。

6 by 以外の前置詞を用いる受動態

ジョイはコンピューター・プログラミングに熱中しすぎて一日中何も食べなかった。

答 Joy (was so absorbed in computer programming) that she didn't eat all day.

POINT 1 〈be absorbed in A〉「A に夢中になっている / 熱中している」は be absorbed in A で表そう。本問で主語は Joy という単数名詞,「熱中していた」という過去の事実を表すので，be 動詞は was を用いる。よって was absorbed in computer programming が正解となる。また，so ... that S not V「非常に…なので SV しない」という構文が使われている点にも注意。

POINT 2 〈programming〉「プログラミング」は programming と綴ろう。programing と綴る場合もあるが，頻度は低い。本問では「コンピューター・プログラミング」なので computer programming とする。

7 感情を表す受動態 + at

大学はこの調査結果に驚きました。[surprise を用いて]

答 (The university was surprised at) the survey results.

POINT 1 〈be surprised at A〉「A に驚く」は be surprised at A を用いよう ☞ BASIC 10。主語は「大学」なので the university を用いる。主語が単数形で,「驚いた」という過去の事実を表すので，be 動詞は was を用いる。よって The university was surprised at が正解となる。

POINT 2 〈college か university か?〉大学は college と university で表すことができる。この 2 つの語の違

いは地域によって差があるものの，アメリカでは college は学士の学位（日本の４年制大学を卒業すれば取得できる学位）を取得できる大学で，university は大学院が設置されており，修士・博士の学位が取得できる大学を表す。ただ，「大学に行く」は一般的には go to college と表すなど，college の方が幅広く「大学」を意味する語として用いられる。

8　S＋V＋O＋O の受動態

今日はたくさんの宿題をもらいました。

答 We (were given a lot of homework) today. [give を用いて]

POINT 1 〈第４文型（give 型）の受動態〉「A をもらいました」は「A を与えられた」と考えて，be given A で表そう。give 型の第４文型 SVO_1（人）O_2（もの）の受動態は，間接目的語の O_1（人）を主語にするのが普通である。本問では，主語は we という複数名詞であり，「もらった」という過去の事実を表しているので，be 動詞は were を選ぼう。正解は were given a lot of homework となる。

POINT 2 〈なぜ be given A が使われるの?〉 SVO_1（人）O_2（もの）の形を用いることができる動詞はさらに，to を用いて SVO に書き換えることができる give 型と，for を使って SVO に書き換えることができる buy 型に分類することができる ☞ CHAPTER 2。ここでは give 型の受動態について見てみよう。O_1（人）was given O_2（もの）のように O_1（人）を主語にした受動態は，O_1（人）が旧情報として示される場合に使われる。本問では，間接目的語である O_1 の We は旧情報として示されており，何を与えられたのか (a lot of homework) が新情報として示されている。

POINT 3 〈第４文型（buy 型）の受動態の注意点〉buy 型の SVO_1（人）O_2（もの）は第４文型のままでは受動態にできないので注意が必要である。次の例文を見てみよう。

例 My father **bought** me the book. ……………… 芝浦工業大
父は私に本を**買って**くれました。

buy 型の第４文型を受動態にする場合，give 型のように O_1 をそのまま主語において ×I was bought the book (by my father). のように書き換えることはしないほうがよい。この形では，買われたのは「私」になってしまうので不自然な解釈になるからである。

POINT 4 〈a lot of か much か?〉本問では homework が不可算名詞なので，「たくさん」は a lot of で表そう。他にも「たくさん」という意味の単語に much があるが，much は肯定文で使うと非常にかたく響くので，日常の英語では a lot of の方が自然である。much は不可算名詞を修飾する時に用い，かつ日常英語では否定文・疑問文で用いるようにしよう。論文などのフォーマルな英語では a lot of はくだけた表現とみなされ不適切とされることもあるので注意しよう。

9　S＋V＋O＋C の受動態

水は陸上，大気中，海中と絶えず移動しています。この過程は，水循環と呼ばれています。

答 Water is constantly moving, on land, in the air, and in the sea. (This process is called) the water cycle.

POINT 〈be called A〉「A と呼ばれる」は be called A で表そう ☞ STANDARD 9。主語は this process という単数名詞で，「呼ばれている」という現在の状態を表しているので be 動詞は is を選ぼう。よって is called the water cycle が正解になる。

10　現在完了形の受動態：have＋been＋過去分詞

「ハリー・ポッター」シリーズは，全世界で４億５千万部以上売れ，73 の言語に翻訳されてきました。

答 The *Harry Potter* series has sold more than 450 million copies worldwide and (has been translated into 73 languages).

POINT 1 〈be translated into A〉「Aに翻訳される」はbe translated into Aで表そう ☞ **BASIC 3**。主語は「ハリー・ポッター」シリーズ（the *Harry Potter* series）で単数形である。series は一見複数形に見えるが，通例単複同形であることに注意しよう。これは and 以前の部分が has sold ... となっていることからもわかる。また「翻訳されてきた」という日本語に対しては，過去から現在までの継続を表すと考え，現在完了形を用いる。よって正解は has been translated into 73 languages となる。

POINT 2 〈S＋sell＋数量〉sell は能動態の形で受け身の意味を表すことができる ☞ **STANDARD 5**。sell の後に数を表す表現を伴って「(数量) 分売れる」という形も多い。本問では The *Harry Potter* series(「ハリー・ポッター」シリーズ) が more than 450 million copies(4 億 5 千万部以上) という数だけ「売られた」という意味を，能動態で表している。

COLUMN 〈コーパス頻度の高い受動態の構文〉

① 感情表現で at / by を用いるもの

be surprised at/by ...　…に驚く
be amazed at/by ...　…にびっくりする

② 感情表現で with を用いるもの

be disappointed with ...　…にがっかりする
be pleased with ...　…によろこんでいる
be satisfied with ...　…に満足している

③ 感情表現で about を用いるもの

be worried about ...　…のことを心配している
be excited about ...　…にわくわくしている

④ 上記以外のもの

be covered with ...　…で覆われている
be filled with ...　…でいっぱいである
be married to ...　…と結婚する
be known to ...　…に知られている
be interested in ...　…に興味がある
be made of ...　…から作られている (原料がわかる)
be made from ...　…から作られている (原料がわからない)

⑤ 受動態でよく用いられる句動詞

account for A　A の理由を説明する
call for A　A を要求する
deal with A　A を取り扱う
look after A　A の世話をする
refer to A　A に言及する

CHAPTER 7 不定詞① to不定詞の3用法:名詞用法·形容詞用法·副詞用法

Key Grammar & Constructions

to 不定詞の 3 用法

基本形：〈to＋**動詞原形**〉→ to 不定詞と呼ばれる

◆**名詞用法：to 不定詞が「…すること」の意味で，名詞と同じように主語・補語・目的語の位置に現れる**

例 **To learn** is important for our lives.（**学ぶこと**は我々の人生にとって大切だ）
S(主語の位置) V C

例 My dream is **to become a writer**.（私の夢は**作家になること**です）
S V C（補語の位置）

例 Tom wants **to live in Tokyo**.（トムは**東京で暮らし**たい）
S V O（目的語の位置）

◆**形容詞用法：to 不定詞が「…するための」の意味で名詞を修飾する**

例 I have a lot of homework [**to do today**].（**今日やるべき**宿題がたくさんあるんだ）
（名詞を修飾する）

◆**副詞用法：to 不定詞が「…するために」の意味で動詞や形容詞を修飾する**

例 You should study hard [**to pass the exam**].（**試験に受かるため**猛勉強しなきゃね）
（動詞を修飾する）

例 I am happy [**to write a reply**].（私は喜んで**返事を書く**）
（形容詞を修飾する）

名詞・形容詞・副詞の働きを区別!

BASIC 1

1 to 不定詞 名詞用法：目的語になる to 不定詞

I want to get a good grade on my history test.

答 私は，歴史のテストで（良い成績をとりたい）と思っています。

POINT 1 **〈目的語になる to 不定詞〉** 動詞の目的語になる to 不定詞は「…すること」を意味する名詞用法である。今回は，(V)want (O) to get a good grade ... のように to 不定詞が want の目的語の位置にあることがポイント。want to *do* の直訳は「…することを欲する」だが，一般的には「…したい」がふつう。

POINT 2 **〈目的語に to *do* をとる動詞〉** want to *do* のように目的語に to 不定詞をとる動詞のうち主なものは次のとおり。

> begin to *do*（…をし始める), decide to *do*（…することを決定する), forget to *do*（…することを忘れる), hope to *do*（…することを望む), like to *do*（…することを好む), love to *do*（…することを愛する), manage to *do*（…することをなんとかやり遂げる), plan to *do*（…することを計画する), promise to *do*（…することを約束する), propose to *do*（…することを提案する), remember to *do*（を忘れずに…する), try to *do*（…することを試みる), want to *do*（…することを欲する), wish to *do*（…することを願う）

to 不定詞・動名詞のどちらを目的語に取るかによって意味が異なる動詞については☞ CHAPTER 9。

POINT 3 〈to 不定詞は「未来志向」の性質をもつ〉 to 不定詞は want や hope などの未来を指し示す動詞とともに使われることが多い。to 不定詞は「未来志向」の性質があるので，これらの動詞との相性がよいのである。
to 不定詞が「未来志向」の性質をもっているのは，to 不定詞の to は前置詞 to から生まれ，そのため，前置詞 to が本来もっている到達点の感覚が to 不定詞にも潜んでいるからだと言われている。到達点があるということは，当然ながらそこには距離感が感じられる。未来という離れたところに向かって到達しようとする感覚が to 不定詞にはあるのだ。

2 to 不定詞 名詞用法：主語になる to 不定詞

To learn English grammar is one thing; to put it into practice is another.
答 (英文法を学ぶこと) は，それを実践することとは別物です。

POINT 1 〈主語になる to 不定詞〉動詞の主語になる to 不定詞は「…すること」を意味する名詞用法である。今回は，(S) To learn English grammar (V) is ... で「英文法を学ぶことは…」という意味。

POINT 2 〈A is one thing; B is another〉今回の英文では「A と B とは別物だ」を表す A is one thing, (and) B (is) another (thing) という表現が使われている。A にあたるのが to learn English grammar, B にあたるのが to put it into practice である。接続詞 and が使われるのが普通だが，今回のようにセミコロン (;) が使われる場合もある。次のような格言でも使われるので覚えておくとよいだろう。

例 To know **is one thing and** to teach **is another.** ……… 中部大
知ること**と，**教えること**は別物だ**。

3 to 不定詞 名詞用法：補語になる to 不定詞 / 副詞用法：目的を表す

My plan is to go to America to study business.
答 私の計画は，ビジネスを (勉強するためにアメリカに行くこと) です。

POINT 1 〈補語になる to 不定詞〉今回の英文では to 不定詞が 2 回登場していることがポイント。(S) My plan (V) is (C) to go to America ... では，「私の計画」と「アメリカに行くことだ」がイコールで結ばれる。S is to *do* は「S は…することだ」という意味。

POINT 2 〈*One's* 名詞 is to *do*〉「人 の 名詞 は to *do* することだ」という場合，*One's* に続く名詞には次のようなものがある。

goal（目的）, job（仕事）, advice（アドバイス）, plan（計画）, suggestion（提案）, hope（希望）, intention（意図）

POINT 3 〈「するために」を表す to *do*〉 to study business は「ビジネスを勉強するために」という目的を表す。to 不定詞がこの意味になるとき，in order to *do* や so as to *do* で表すことがある。

4 to 不定詞 副詞用法：be happy to *do*「…してうれしい」

I'm happy to get this job, but I'm also afraid because I'm going to have to prove myself.
答 私は (この仕事に就けてうれしい) と思いますが，これから自分の力を証明しなければならないので，不安もあります。

POINT 1 〈 感情を表す形容詞 ＋ to 不定詞 〉 S is happy to *do* は「S は…してうれしい」という意味。これは感情の原因を表す to 不定詞と呼ばれ，副詞用法に分類される。happy (うれしい / 幸せだ) のような感情を表す形容詞と共に使われる。 形容詞 ＋ to 不定詞 でよく用いられる感情を表す形容詞のうち主なものは次のとおり。

afraid（恐れた）, delighted（うれしい）, excited（わくわくした）, frightened（おびえた）, happy（うれしい）, glad（うれしい）, relieved（ほっとした）, reluctant（…したくない）, sad（悲しい）, sorry（残念な）, surprised（驚いた）, unwilling（…する気がない）, willing（…してもかまわない）

POINT 2 〈性格・性質を表す形容詞＋to 不定詞〉本問の 感情を表す形容詞 ＋ to 不定詞 と同じ形で用いられるものがある。それは，kind（親切な）や brave（勇敢な）といった，性格や性質を表す形容詞である。この場合，to 不定詞は「…するとは」や「…するなんて」という「判断の根拠」を表す。

例 You were **kind to help me with my homework**.
私の宿題を手伝ってくれたのは親切だったね。

「宿題を手伝ってくれたこと」が，kind だと判断する根拠になっている。
性格・性質を表す形容詞 ＋ to 不定詞 でよく用いられる形容詞は次のとおり。

bold（大胆な）, brave（勇敢な）, careful（注意深い）, careless（不注意な）, clever（賢い）, foolish（愚かな）, good（よい）, kind（親切な）, lazy（怠けた）, nice（親切な）, polite（丁寧な）, rude（失礼な）, selfish（自己中心的な）, silly（愚かな）, smart（賢明な）, stupid（愚かな）, wrong（間違った）

5 to 不定詞 形容詞用法：名詞を修飾する to 不定詞

Can you give me something to write with? I can't remember all of that.
答（何か書く（ための）もの）を貸してくれませんか。それをすべて覚えることはできません。

POINT 1 〈to 不定詞 形容詞用法〉 名詞 ＋ to 不定詞 のように，名詞の直後に to 不定詞を置くと，to 不定詞は形容詞のように名詞を修飾する。これを to 不定詞の形容詞用法と呼ぶ。今回の something to write with では，write with something という関係で，something が write with の意味上の目的語になっているのがポイント。

POINT 2 〈to 不定詞の意味上の主語や目的語になる〉 名詞 ＋ to 不定詞 のパターンでは，to 不定詞と名詞の関係に注意しよう。

例 I need **someone [to drive me to the airport]**. ……… 神奈川大
someone drives me to the airport という関係

私は，**空港まで車で送って行ってくれる人**を必要としている
ここでは，someone は drive の意味上の主語になっている。

例 Would you like **something [to drink]**? ……… 法政大
drink something という関係

何か**飲み物**はいかがですか？
ここでは，something が drink の意味上の目的語になっている。

6 to 不定詞 副詞用法（目的）：「…するために」

To learn a foreign language, motivation is important.
答（外国語を学ぶためには），モチベーションが重要です。

POINT 1 〈to 不定詞 , S＋V〉To learn a foreign language, ... に続いて，S＋V が続いている場合，to 不定詞は副詞用法で「…するために」という目的を表す。今回は「外国語を学ぶために」という意味。

POINT 2 〈「…するために」を強調する表現〉今回のような「…するために」を表す to 不定詞は特に in order to *do* や so as to *do* の形で表すことがある。

例 **In order to fly**, a bird's muscles must produce enough lift to make up for its

weight. …… 関西学院大
鳥が**飛ぶために**は，体重を相殺するだけの揚力を筋肉が作り出す必要がある。

in order to *do* は「…するために」という「目的」を意識した表現なので，この例のように文頭で使われることもよくある。これに対して so as to は文頭ではほぼ用いない。

例 The human brain developed **so as to make us good at finding food**. …… 日本女子大
人間の脳が発達したのは，**食べ物を探すのが得意になるため**です。

so as to *do* は「その結果…する」のように「結果」を意識した表現である。

7 to 不定詞 形容詞用法：「…するための」直前の名詞の具体的な内容を説明

Babies have the ability to learn and remember music.
答 赤ん坊は（音楽を学習し，記憶する能力）がある。

POINT 〈同格の 名詞 ＋ to 不定詞〉 the ability（能力）＝to learn and remember music（音楽を学習し，記憶する）のように名詞と to 不定詞がイコールの関係になるものを「同格の to 不定詞」と呼ぶ。よく用いられる名詞は次のとおり。

ability（能力），attempt（試み），chance（機会），decision（決断），desire（欲望），effort（努力），plan（計画），promise（約束），tendency（傾向），time（時間），way（方法）

BASIC 2

8 happen to *do*「たまたま…する」

先日，バスの中で偶然，日本人の同僚に会いました。
答 The other day I（ウ. happened to）meet one of my Japanese colleagues on the bus.
ア. came to　イ. learned to　(ウ. happened to)　エ. became to

POINT 1 〈happen to *do*「偶然 / たまたま…する」〉「偶然 / たまたま…する」のように偶然の出来事を表す場合，happen to *do* という表現を使おう。また，かたい表現で chance を動詞として使い，chance to *do* でも同じように「たまたま / ふと…する」を意味する。

例 Kandata **chanced to look up** toward the sky above the Pond of Blood. …… ☆成蹊大
カンダタが**ふと**血の池の上空を**見上げました**。

これは芥川龍之介の『蜘蛛の糸』という小説の英訳である。このような少し古くかたい作品では chance to *do* という表現が使われることがわかる。

POINT 2 〈偶然の出来事を表す表現〉 happen / chance to *do* と同じように「たまたま…する」には，It happens that S＋V や，S＋V by chance といった表現も用いられる。

例 **It happens that** we are entering a very interesting period in human history. …… ☆玉川大
たまたま，私たちは人類の歴史の中で非常に興味深い時代に突入しています。

例 Changes in DNA **occur** from time to time **by chance**. …… ☆関西学院大
DNA の変化は時折**偶然に発生**するものなのです。

POINT 3 〈 動詞 ＋ to 不定詞 の表現〉 選択肢に出ている 動詞 ＋ to 不定詞 について見てみよう。ア. come to *do*（（自然と）…するようになる）の過去形。これは「状態の変化」を表す表現で，understand や like などの物事の理解や心の状態を表す動詞が使われることが多い。同じ表現としては get to *do* がある。

come ＋ **to 不定詞** や get ＋ **to 不定詞** の不定詞としてよく用いられる動詞は次のとおり。

feel（…を感じる）, know（…を知っている）, like（…が好きである）, love（…を愛する）, realize（…に気づく）, see（…がわかる）, understand（…を理解する）

イ. learn to *do*（（学習して）…するようになる）の過去形。
エ. × become to *do* とは言わないので注意しよう。

9 独立不定詞とは？

本当のことを言うと，ニュージーランドではあまり英語を話さなかったんです。

答（イ. To tell the truth）, I didn't speak English very much in New Zealand.

ア. To begin with　（イ. To tell the truth）　ウ. So to speak　エ. Needless to say

POINT 1 〈to 不定詞副詞用法：独立不定詞〉「本当のことを言うと」にあたるのは to tell the truth で，これは文全体を修飾している。主節の「あまり英語を話さなかった」という自分の意見を述べるために「本当のことを言うと」を使っている。to tell the truth は「言いにくい情報」を述べる時にも使われる。

POINT 2 〈いろいろな独立不定詞〉独立不定詞は，主節を修飾するために用いる to 不定詞である。慣用的な意味を持つので，よく使われるものを押さえておこう。
ア. to begin with（まず第一に），ウ. so to speak（いわば），エ. needless to say（言うまでもなく）という意味である。これ以外によく使われる独立不定詞は以下のとおり。

to be frank with you（率直に言うと）, to be honest（正直に言うと）, to be sure（確かに）, to say the least（控えめに言っても）, to be precise（正確に言うと）, to make matters worse（さらに悪いことには）, not to mention ... / to say nothing of ...（…は言うまでもなく）, strange to say（奇妙なことに）

10 「…しないように」を表す to 不定詞の表現方法

これからは，トラブルに巻き込まれないように気をつけよう。

答 You should be careful（エ. so as not to be）involved in trouble from now on.

ア. in order to be　イ. so as to be　ウ. in order to not　（エ. so as not to be）

POINT 1 〈so as not to *do*〉「…しないように」という to 不定詞の否定形は not to *do*, in order not to *do*, そして so as not to *do* という形で表す。今回はエ. so as not to be がそれに続く involved in と結びついて「…に巻き込まれないように」を表す。ア. とイ. は否定形になっていないので×。ウ. は in order not to の語順なら可能。

POINT 2 〈「…しないように注意する」＝ be careful not to *do*〉be careful to *do* の否定形は be careful not to *do* がもっともふつう。なお, be careful not ... に続くのは to let O *do* のような使役動詞のコロケーションも少なくない。「O に…させないように注意する」という形で使われる。

11 「O に…するように頼む」をどのように表すか

今から日本語で書きますので，メアリーさんに訳してもらうようにお願いしてください。

答 I'll write in Japanese now and you can ask Mary（ア. to try to translate）.

（ア. to try to translate）　イ. trying translate　ウ. to try to translation　エ. trying translating

POINT 1 〈ask O to *do*〉「メアリーさんに訳してもらうように頼む」は，ask O to *do*（O に…するよう頼む）を使い ask Mary to try to translate とする。したがってア. が正解だとわかる。

POINT 2 〈**動詞** O to *do* のパターンと to *do* の意味上の主語〉ask O to *do* と同じように **動詞** O to *do* の形を

とる動詞は，願望を表す動詞・情報を伝達する動詞・許可 / 強制を表す動詞が代表的である。
S＋V＋O＋**to 不定詞** でよく用いられる願望を表す動詞は次のとおり。

> want（Oに…してもらいたい），wish（Oが…するように願う），would like（Oに…してもらいたいと思う），like（Oに…してもらいたい），need（Oに…してもらう必要がある）

例 I **want you to know** the other side of me. ……… 京都女子大
私は，**あなたに**私の別の面を**知っておいて欲しい**。

to know ... の意味上の主語は you である。したがって「あなたに…を知ってほしい」という意味である。
S＋V＋O＋**to 不定詞** でよく用いられる伝達を表す動詞は次のとおり。

> tell（命じる），ask（頼む），advise（助言する），encourage（励ます），order（命令する），persuade（説得する），recommend（推薦する），warn（警告する）

例 I should **persuade my brother to learn the saxophone**. ……… ☆福岡女子大
私は，**兄がサックスを習うように説得**をすべきなのです。

persuade（ 説得する ）に続く to learn the saxophone の意味上の主語は my brother なので，「サックスを習う」のは「私の兄」である。
S＋V＋O＋**to 不定詞** でよく用いられる許可 / 強制を表す動詞は次のとおり。

> allow（許す），compel（強いる），enable（可能にする），drive（駆り立てる），force（強制する），permit（許す）

例 The tragic news instantly **drove me to despair**. ……… 上智大
この悲報は，私を一瞬にして**絶望に追いやった**。

drove に続く to despair（ 絶望する ）の意味上の主語は me である。主語の the tragic news が me to despair を引き起こす原因となっており，「悲劇的なニュース」が原因となって「私が絶望する」という意味になる。これは無生物主語構文 ☞ **CHAPTER 19** と考えよう。

POINT 3 〈promise O to *do* の注意点〉 promise（ 約束する ）は promise O to *do* で使うことができるが，他の動詞と異なり，意味上の主語は文の主語と一致する。次の例を見てみよう。

例 He **promised her to return the book** soon. ……… 東京理科大
彼は，**彼女に**すぐに**本を返すと約束した**。

この例が示すとおり，to return の意味上の主語は her ではなく he である点に注意。つまり，「彼自身が本を返すことを彼女に約束した」という意味である。

STANDARD

1 形式主語構文と in order to *do*

夜空をきちんと見るためには，都市の外に行く必要があることが多い。

答 It is often necessary to (go / outside / the / city / in / order / to) see the night sky properly.

POINT 1 〈It is＋**形容詞** to *do*〉「…に行く必要があることが多い」は it is often necessary to go ... と表す。最初の It は形式主語と呼ばれ，to go ... を指すので「それは」と訳さないのに注意しよう。また，important（ 重要な ），necessary（ 必要な ），possible（ 可能な ）は It is ... ＋**to 不定詞** の構文（ 形式主語構文 ）で使うことはできるが，**主語**＋**be 動詞**＋**形容詞**＋**to 不定詞** の構文では使うことができないので注意しよう。形式主語構文について詳しくは ☞ **CHAPTER 8**。

POINT 2 〈「…するために」= in order to *do*〉「夜空をきちんと見る」は in order to see the night sky properly で表す。

POINT 3 〈in order to *do* の意味上の主語〉なお，in order to *do* は in order for A to *do* の形で「A が　するために」のように，for A で意味上の主語を表すことができる。

例 Many working hands are required **in order for the family to survive**. ★長崎県立大

一家が生きていくためには，多くの働き手が必要なのです。

in order for the family to survive に注目しよう。ここでは for the family が「一家が」として to survive の意味上の主語の働きをしている。

2　形式目的語構文：find it ＋ 形容詞 to *do*

学校ではみんな早口なので，会話に参加するのが難しいと思っています。

答 At school, everybody speaks really fast so I (find / it / hard / to / join) the conversations.

POINT 1 〈「to *do* するのが難しいと思う」をどう表すか〉find it ＋ 形容詞 to *do* の形で「to *do* するのが 形容詞 だと思う / わかる」を表す。これを踏まえると，find it hard to join ... で「参加するのが難しいと思う」となることがわかるだろう。find it の it は形式目的語と呼ばれ，形式主語構文 ☞ CHAPTER 8 と同じように後ろに続く to *do* を指す。

... I find **it** hard **to join the conversations.**

形式目的語 [真の目的語 (本来の目的語)]

POINT 2 〈 動詞 ＋ 形式目的語 に続く形〉形式目的語構文は SVOC という第 5 文型の形をとる。O の位置に形式目的語の it を置いて作るのである。C の後ろに置かれる真の目的語 (本来の目的語) には to *do* 以外に動名詞・that 節・疑問詞節・if / whether 節が来ることがある。以下の例を見てみよう。

〈動名詞が来るパターン〉

例 So do you think I'll **find it hard getting around in Tokyo**? 亜細亜大

そうだとすれば，私が**東京で移動するのは大変だ**ろうと思いますか?

真の目的語に動名詞 getting ... が来ているパターン：「東京で移動すること」を表す。

〈that 節が来るパターン〉

例 Walt Disney **made it clear that he didn't want dangerous chemicals floating around his park**. 南山大

ウォルト・ディズニーは，**危険な化学物質がパーク内に漂うことを望まないと明言していた**のです。

make it clear that S + V で「SV ということをはっきりさせる / 明言する」という意味である。形式目的語である it は that he didn't want dangerous chemicals floating around his park (彼は危険な化学物質がパーク内に漂ってほしくなかった) を指す。

〈wh- 疑問詞が来るパターン〉

例 Even when you're not familiar with the word itself, the context usually **makes it clear what the meaning is.** 聖マリアンナ医科大

その言葉自体に馴染みがなくても，通常，文脈**によってその意味が何かが明らかになる**ことがあります。

これは make it clear ... (…だと明らかになる) のあとに wh- 疑問詞である what が来るパターンである。it は what the meaning is(その意味が何か) を指している。

〈if 節が来るパターン〉

例 For example, students might **find it better if they study hard before bedtime.** … 麗澤大
例えば，学生は**寝る前にしっかり勉強したほうがいいと思う**こともあるでしょう。

if S＋V は「SV するなら」という条件を表す。find it better if S＋V は「SV するなら，そのほうが良いと思う / ことがわかる」という意味である。

3 2つの to 不定詞を組み合わせる表現

グランドキャニオンを覗けば，なぜ自然界の七不思議の 1 つであるかが理解できるだろう。

答 You have only (to / look into / the Grand Canyon / to / understand) why it is one of the Seven Wonders of the Natural World.

POINT 1 〈have only to *do* ... to *do* ...〉 have only to *do* ... to *do* ... は「…さえすれば…できる」という意味を表す。「グランドキャニオンを覗けば…理解できるだろう」を have only to look into ... と to understand ... という 2 つの to 不定詞が組み合わせて表現する点に注目しよう。

POINT 2 〈only have to *do*「ただ…しさえすればよい」〉 上で見たように have only to *do* ... の後には通例，もう 1 つの to *do* が続く。しかし，have only to *do* ではなく，only が have to の前にでた only have to *do* の形の場合，それ単独で使われることがある。only have to *do* は「…するだけでよい」という意味で使われることが多い。

例 You **only have to drink** one bottle a day. …… 甲南大
1 日 1 本**飲むだけでいい**。

4 to 不定詞の受動態+結果の to 不定詞

若い女の子たちは，大人になって妻や母になることが期待されていました。

答 Young girls were expected (to / grow / up / to / become) wives and mothers.

POINT 1 〈be expected to *do*「…することが期待されている」〉「若い女の子たちは…することが期待されていた」は Young girls were expected to ... のように，expect O to *do* の受動態を使って表す。

POINT 2 〈grow up to *do*「成長して (大人になって) …する」〉 結果を表す to 不定詞は 動詞 ＋ to *do* の形で，「…して to *do* する」という意味になる。今回は「大人になって…になる」なので grow up to become ... と表現する。結果を表す to 不定詞を伴う動詞は grow up 以外に，awake to *do* (目を覚まして to *do* する)，live to *do* (生きて to *do* する) がある。

5 tough (難易) 構文：S be ＋ 難易の形容詞 to *do*「S は to *do* するのに…だ」

ニューヨークの地下鉄の駅は，特にミッドタウン・マンハッタンでは，見つけやすい場所にあります。

答 (NYC subway stations / are / easy / to / find), especially in Midtown Manhattan.

POINT 1 〈S be easy to *do*「S は…しやすい」〉「ニューヨークの地下鉄の駅は見つけやすい」は NYC subway stations are easy to find と表そう。この構文は tough (難易) 構文と呼ばれる ☞ CHAPTER 8。

POINT 2 〈tough (難易) 構文の特徴〉 to 不定詞の目的語が主語の位置に移動するのがこの構文の特徴。結果的に，文の主語が to 不定詞の目的語も兼ねることになる。

[ ] are easy to find **NYC subway stations**

find の目的語が主語になるのが tough (難易) 構文の特徴!

6 too＋形容詞 to *do* 構文

私は若すぎてその教訓が何であるかを理解することができませんでした。

答 I (was / too / young / to / understand) what that lesson was.

POINT 〈「…すぎて to *do* できない」〉 too＋形容詞 to *do* 構文は not などの否定語がないのに，「to *do* できない」という否定の意味を持つ点に注意しよう。今回のように「若すぎて…できなかった」のような日本語は too young to understand ... で表すことができる。too＋形容詞 to *do* で良く用いられる形容詞は次のとおり。

> busy（忙しい）, late（遅い）, tired（疲れて）, difficult（むずかしい）, shy（内気な）, small（小さい）, young（若い）, long（長い）, short（短い）, dangerous（危険な）

7 形容詞＋enough to *do*：形容詞と副詞 enough の語順に注意!

研究者たちは，イルカがライフガードやレスキュー隊員としての訓練を受けられるほどの知能を持っていることを示したいと考えている。

答 The researchers want to show that dolphins (are / intelligent / enough / to / be) trained as lifeguards and rescuers.

POINT 〈「…できるほど 形容詞 だ」を表す〉 enough to *do* は「…するほど十分に」という意味だが，形容詞を修飾する場合は 形容詞＋enough to *do* の語順になる点に注意しよう。今回は「訓練できるほどの知能」なので，intelligent enough to be trained ... となるように並べかえるのがポイント。S be＋形容詞 enough to *do*（S は…できるほど 形容詞 だ）と述べる場合，よく使われる形容詞は次のとおり。

> 「人の性格や性質などを表す形容詞」
> old（…するほどの年齢だ）, lucky（運が良い）, rich（お金持ちだ / お金がある）,
> clever（頭が良い）, sensitive（敏感だ）, brave（勇気がある / 度胸がある）, confident（自信がある）
> 「物事の性質などを表す形容詞」
> good（適切だ）, strong（強い / 頑丈だ）, easy（簡単だ）, large（…するほど広い）,
> powerful（強力だ）, hard（強い / 頑丈だ）, clear（明確だ / 鮮明だ）, hot（熱い / 暑い）,
> simple（容易だ / 手軽だ / 簡単だ）, small（小さい）, flexible（（制度などが）柔軟性がある）

ADVANCED

1 S be to *do*「S は to *do* することだ」（第２文型）

太郎の新年の抱負の１つは定期的な運動をすることだ。

答 One of Taro's New Year's resolutions (is) (to) (get) some regular exercise.

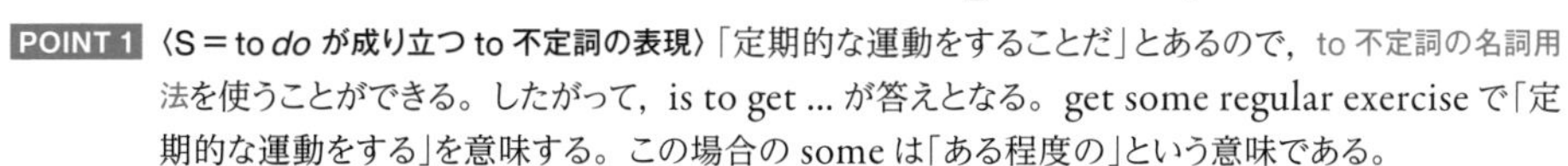

POINT 1 〈S＝to *do* が成り立つ to 不定詞の表現〉「定期的な運動をすることだ」とあるので，to 不定詞の名詞用法を使うことができる。したがって，is to get ... が答えとなる。get some regular exercise で「定期的な運動をする」を意味する。この場合の some は「ある程度の」という意味である。

POINT 2 〈決まった未来を表す to 不定詞と S＝to *do* の区別〉 to 不定詞の用法の１つに be＋to 不定詞 で，すでに決まった未来を表すものがある。この用法は，予定 / 義務 / 命令 / 可能 / 不可能 / 運命 / 意図といった意味を表す。次の例を見てみよう。

例 a. The main aim of the trip **is to visit** the museum. ………… 関東学院大
その旅行の主な目的は，その博物館を**訪れること**だ。

例 b. The president **is to visit** Nigeria next month. …… 創価大
その社長は，来月ナイジェリアを**訪れる予定**です。

a. と b. は同じ is to visit ... という形なのに，a. は「その旅の目的は…を訪れることです」と「目的＝訪れること」を表し，b. は「その社長は…を訪れる予定です」と「予定」を表している。a. のような文は「S＝C」が成り立つ第 2 文型（SVC）である。そして, b. のような文は, to 不定詞の意味上の主語（つまり，visit する人）が文の主語になっているのがポイント。
このように，a. のように主語の内容を to 不定詞が表すときは，to 不定詞は名詞用法で「…すること」を意味し，b. のように，文の主語が to 不定詞の動作を表すときは，その to 不定詞は未来を表すのである。

2 同格の to 不定詞

植物には二酸化炭素を酸素に変える働きがあります。

答 Plants (have) the (ability) (to) change carbon dioxide into oxygen.

POINT 1 〈「…する能力がある / 働きがある」＝ have the ability to *do*〉 ここでは「…を変える働きがあります」という部分に注目し，have the ability to change ... と表現することがポイント ☞ BASIC 7。

POINT 2 〈the ability to *do* が続く動詞〉 the ability to *do* が続く動詞として have は最も頻度が高い動詞である。have 以外には以下の動詞もよく現れる。

〈lose（失う）〉

例 As we grow older, we gradually **lose the ability to be surprised**. …… ☆山口大
年をとると，だんだん驚かなくなるものです（**驚く能力を失う**）。

〈develop（…を身につける / 伸ばす / 養う）〉

例 For the rest of my stay, I strived to **develop the ability to carry on independently**. …… 京都教育大
残りの滞在期間，私は**自立してやっていく力を身につけること**に努めた。

〈lack（…を欠いている / …がない）〉

例 Arai is concerned about the future because she found that many students **lack the ability to think creatively**. …… 鳥取大
新井が将来を心配するのは，多くの学生に**創造的思考力が欠けている**ことがわかったからだ。

3 ask O to *do*：時制に注意しよう!

まず，母が私に午前中に家の掃除を手伝うように頼んできました。

答 First, my mother (asked) me (to) (help) clean the house in the morning.

POINT 〈「私に…を手伝うように頼む」〉「頼んできました」とあるので過去形 asked とすることを忘れないようにしよう。ask O to *do* という形に注目しつつ，時制も考えておくことがポイント。ask O to *do* の語法などは ☞ BASIC 2 11。ask＋人 to *do* という形で, to *do* の位置によく現れる動詞は次のとおり。

「往来を表す動詞」come（来る), go（行く), take A to B（AをBに連れて行く）
「情報を発信する動詞」call（電話する), tell（言う / 伝える), write（書く), describe（描写する), explain（説明する）
「参加 / 活動を表す動詞」give a lecture（講義をする), give a speech（スピーチをする), take part in ...（参加する), join（加わる / 参加する）

4 形式目的語構文 find it 形容詞 to *do*

テッドは最初，箸で食べるのが難しいと思ったが，すぐに慣れた。

答 At first Ted found (it) (difficult) (to) eat with chopsticks, but he soon got used to it.

POINT 〈「…するのが難しいと思う」〉found に続いて it difficult to eat … とすることで find it 形容詞 to *do* という形式目的語構文 ☞ STANDARD 2 を作ることができる。it は to eat with chopsticks（箸で食べること）を指す。find it 形容詞 to *do* は形式目的語構文として典型的なパターンの 1 つだが，このコロケーションでよく現れる形容詞は次のとおり。

difficult（むずかしい）, hard（困難だ）, easy（簡単だ）, convenient（便利だ）, useful（役立つ）, helpful（役立つ）, impossible（不可能だ）, necessary（必要だ）, interesting（興味深い）, valuable（価値がある）

5 too＋形容詞 to *do*「…過ぎて to *do* できない」

マチルダの両親は働くのが忙しすぎて，娘の面倒を見る余裕がなかった。

答 Matilda's parents were (too) busy working (to) (take) care of their daughter.

POINT 1 〈「忙しすぎて余裕がなかった」をどう表すか〉まず「…すぎて」ときたら副詞の too … を予測する。「面倒を見る」は take care of であることに気付こう。too＋形容詞 to *do* 構文は，not や no のような否定語を使わずに「余裕がなかった」のような否定の意味を表すことができる。

POINT 2 〈were too busy working … とは?〉too busy working … は見慣れない形かもしれない。これは be busy *doing*「…するのに忙しい」に「…にすぎる」の too がついたものと考えよう。be too busy *doing* to *do*「…するのに忙しすぎて to *do* できない」というコロケーションとして捉えるとよい。

6 It is difficult for A to *do*「A が to *do* するのが難しい」

我々がテクノロジーと生活のバランスを保つことは，難しいことなのです。

答 (It) is (difficult) (for) us (to) maintain a balance between technology and life.

POINT 1 〈「バランスを保つ」の主語を考えよう〉「我々が…するのは難しい」は It is difficult for us to *do* … で表す。for us が to maintain a balance（バランスを保つ）の主語になっているのがポイント。形式主語構文について詳しくは ☞ STANDARD 1, CHAPTER 8。

POINT 2 〈「バランスを保つ」の動詞は?〉問題文では「A と B の間のバランスを保つ」は maintain a balance between A and B で表現されている。「保つ」にあたる動詞として，maintain 以外に keep や strike も使うことができることを押さえておこう。

例 **Try to keep a balance** between work and relaxation. ……………… 青山学院大
仕事と息抜きの**バランスをとるようにしましょう**。

例 I always struggle in my classroom **to strike a balance between generalizations and particulars.** ……………… ★立教大
私は教室で，**総論と各論のバランスをとること**にいつも苦労しています。

CHAPTER **8**

不定詞② to不定詞と原形不定詞

Key Grammar & Constructions

◆**不定詞には,〈to + 動詞原形〉の形になる「to 不定詞」と, to を伴わない「原形不定詞」の 2 種類がある。**

英語は主語が長くなるのを嫌うため, to 不定詞（…すること）が主語の場合, 動詞よりも後ろに現れることが多い。この場合, 主語には意味を持たない It が置かれ, これを「形式主語」や「仮主語」と呼ぶ。一方で, 本来の主語でありながら, 後ろに現れる to 不定詞は「真主語」と呼ばれる。

例 [**To solve this puzzle**] is very difficult.（**このパズルを解くのは**とても難しい）
→ It is very difficult [**to solve this puzzle**].

また, 上のような例で to 不定詞の主語を述べるときは,〈for / of + 主語〉を to 不定詞の直前に置く。これを「（不定詞の）意味上の主語」と呼ぶ。

→ It is very difficult [for John to solve this puzzle].
（ジョンにとってこのパズルを解くのはとても難しい）

◆**原形不定詞は主に, 知覚動詞（see / hear / notice など）や, 使役動詞（make / let / have など）で使われる。**

知覚動詞：My father **saw me drive** his car on the driveway.
（父は**私が**私道で父の車を**運転しているのを見た**）

使役動詞：My father **made me wash** his car yesterday.（父は昨日**私に**父の車を**洗わせた**）

ただし, 知覚動詞や使役動詞の文が受動態になると, to 不定詞を用いる。

知覚動詞：I **was seen to drive** his car by my father.（私は父の車を**運転しているのを**父に**見られた**）

使役動詞：I **was made to wash** his car by my father.（私は父に父の車を**洗わせられた**）

BASIC

1 真主語は〈to + 動詞原形〉で表す

次に何が起こるかはわからない。

答 It is impossible (to tell / ~~tells~~) what will happen next.

POINT 1 **〈形式主語と真主語〉** この問題文で, impossible なのは「次に何が起こるか（を述べること）」なので, 文頭の It ではない。そのため, 真主語を impossible の後ろに to + 動詞原形 の形で置く。

POINT 2 **〈tell の用法〉** tell には「話す / 言う / 伝える」などの他に,「見分ける / わかる / 知る」の意味がある。この意味になるのは, can, be able to, be possible のような「できる」という表現や, その否定の「できない」という表現（can't や be impossible など）と一緒に使われるときが多い。

例 They **can tell** what looks real and what looks fake. ……… 芝浦工業大
彼らは本物のように見える物と偽物らしく見える物を**見分けることができる**。

2 不定詞の主語は〈for + 主語〉で表す

裕福な国々は技術を持つ移民を受け入れがちで, 同時に, 貧しい国々は必要とされない少数民族や未熟な労働者が出国するのを認めがちだ。

答 It is easy (~~in rich countries~~ / for rich countries) to accept skilled immigrants, and equally easy for poorer nations to allow unwanted minorities or unskilled manpower to leave.

POINT 1 〈意味上の主語〉日本語訳からも，不定詞の accept の主語は「裕福な国々」であるとわかるので，意味上の主語を明記する必要がある。意味上の主語は for＋[主語] を to 不定詞の直前に置く。

POINT 2 〈意味上の主語が明記されるとき〉不定詞の意味上の主語は，不明だったり，漠然と「一般の人々」を指したりする場合は省略される。しかしこの問題文のように，to accept と to allow の意味上の主語がそれぞれ「裕福な国々」と「貧しい国々」で比較されるなど，意味上の主語の情報が大事なときは明記される。

3 人の性格・特徴を表す形容詞の場合，不定詞の主語は〈of＋[主語]〉

私の宿題を手伝ってくれるとは，あなたは親切だった。

答 It was kind (~~for you /~~ [of you]) to help me with my homework.

POINT 1 〈意味上の主語に of〉kind（親切な）のように，人の性格や特性を表す形容詞の場合，不定詞の主語は of＋[主語] で表す。of を用いる代表的な形容詞には，次のようなものがある。

brave（勇敢な）, careless（不注意な）, clever（利口な）, foolish（愚かな）, honest（正直な）, nice（親切な）, polite（礼儀正しい）, stupid（愚かな）, rude（失礼な）, wise（賢明な）

POINT 2 〈文の主語を[人]にすることも可能〉このタイプの形容詞は，意味上の主語である人を，文の主語にすることもできる。書きかえ問題のときに注意しよう。

例 **You** are kind to come all the way to our office. ……… 長崎県立大
= It's kind **of you** to come all the way to our office.
ご親切に，わざわざ私たちのオフィスまで来ていただきありがとうございます。

4 知覚動詞の see

彼は普段は物静かで優しい人だ。でも先日，私は彼が激怒するのを見た。

答 He is normally quiet and gentle. But the other day I (~~saw he lost /~~ [saw him lose]) his temper.

POINT 1 〈知覚動詞の see〉「O が…するのを見る」の表現は，原形不定詞を用いた see＋O＋[動詞原形] の形にする。この問題文では，目的語は him にして，動詞は過去形の lost ではなく，原形の lose にしよう。

POINT 2 〈激怒する〉「激怒する / カッとなる / キレる」の表現には，lose *one's* temper を覚えておこう。

5 使役動詞の make

高校時代に陸上部で走っていたとき，コーチはいつも私たちに丘の上へダッシュさせた。

答 When I ran on the track team in high school, my coach always ([made us run] ~~/ made we ran~~) up hills.

POINT 1 〈使役動詞の make〉「O に…させる」の表現は，原形不定詞を用いた make＋O＋[動詞原形] にする。他動詞 make の後ろの O は us にする。問題文の「丘の上へダッシュさせる」は，「丘の上に向かって走らせた」と考えて，run up hills とする。

POINT 2 〈強制力が強い使役〉make を使う使役構文では，相手が嫌がっている，または，もともと意図していないことなどを，強制的にさせるという意味が出る。

POINT 3 〈run up の用法〉run up は直後に場所の表現が続くと「…へと走って上がる」の意味になるが，直後にお金関係の表現が続くと「（お金などが）かさむ」という意味になる。

例 John **ran up** a debt.
ジョンの借金が**かさんだ**。

6 使役動詞の let

父は私に，私道をゆっくりと車で走ることを許してくれる。

答 My dad (~~lets me driving /~~ lets me drive) slowly on the driveway.

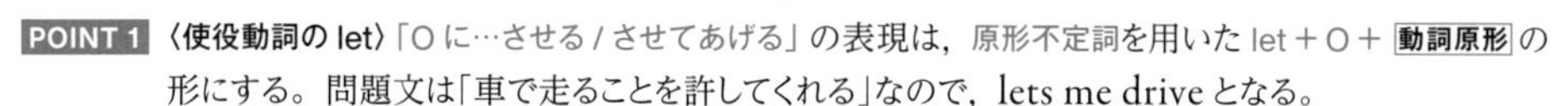

POINT 1 〈使役動詞の let〉「O に…させる / させてあげる」の表現は，原形不定詞を用いた let ＋ O ＋ 動詞原形 の形にする。問題文は「車で走ることを許してくれる」なので，lets me drive となる。

POINT 2 〈許可の意味を持つ使役〉強制力を表す使役動詞 make ☞ BASIC 5 とは違って，let の場合は「相手が望むことをさせてあげる」，といったニュアンスを持つ。そのため，「させる」以外に「…を許す / 許可する」という日本語訳で表すこともある。

POINT 3 〈allow の用法〉allow にも「…するのを許す」の意味があるが，allow は to 不定詞を用いた allow ＋ A ＋ to 動詞原形 の形になる。書きかえ問題のときに注意しよう。

例 When I lost my smartphone, a neighbor **allowed me to use** hers. 聖隷クリストファー大
＝ When I lost my smartphone, a neighbor **let me use** hers.
スマートフォンを紛失したとき，近所の人が彼女のものを**私に使わせてくれた**。

7 使役動詞の have

手がまだ痛かったので，私は医者に診てもらった。

答 My hand was still hurting so I (had my doctor take ~~/ asked my doctor take~~) a look at it.

POINT 1 〈使役動詞の have〉「O に…させる / …してもらう」は，原形不定詞を用いた have ＋ O ＋ 動詞原形 の形にする。問題文は過去の話をしているので，had にする。ask にも「O に…するよう頼む」の意味があるが，これは to 不定詞を用いた ask ＋ O ＋ to 動詞原形 の形にしなければならない。この形をとる動詞は，下にあるような「忠告・依頼・命令」などの意味を持つものが多い。

advise（…するよう忠告する）, order（…するよう命令する）, request（…するよう要請する）,
require（…するよう要求する）

POINT 2 〈当然のことをしてもらう〉使役動詞 have を用いると，「当然のことをさせる / してもらう」のニュアンスになる。たとえば，「部下に仕事をさせる」，「お金を払ってサービスを提供してもらう」など。問題文の「体調不良の時に医者に診察してもらうこと」は当然のことと考え，have を使うと考えよう。

8 使役動詞の get

母が一度話し出すと，止めることは難しい。

答 Once my mother gets started talking, it's hard to (~~get her stop /~~ get her to stop).

POINT 1 〈使役動詞の get〉「…させる」は，使役動詞 get で表すことができる。しかし，他の使役動詞 make / let / have とは異なり，get は to 不定詞を用いた get ＋ O ＋ to 動詞原形 の形にしなければならない点に要注意。

POINT 2 〈説得してさせる〉get を使った使役構文は，相手を説得して何かをさせる，というニュアンスが出る。問題文では，「一度母親がおしゃべりを始めると，お願いしてもなかなかやめてもらえない」という意味が表されている。

STANDARD

1 It で始まる natural の文

夜中に目が覚めるというのは，人にとって自然なことだ。

答 It is (natural / for / human / beings / to / wake) up during the night.

POINT 1 〈…するのは自然だ〉形容詞 natural には「自然だ / 当たり前だ」という意味がある。今回は，for 主語 + to 動詞原形 の形を続けよう。動詞 wake には「…を起こす」という他動詞の用法があるが，問題文では空所部分の直後に up があるので，wake up（起きる）という自動詞で使おう。

POINT 2 〈that 節の文への書きかえ〉natural の後ろに，that 節を続ける文に書きかえることもできる。この場合，that 節の中の動詞には should が付くことが多い。

例 It is **natural that** people should become forgetful with age. ……… 玉川大
年齢とともに忘れっぽくなるのは**当然のこと**だ。

2 不定詞の否定

犬にとって，走っている人を追いかけないというのは難しく，飼い主であればなおさらだ。

答 It is (difficult / for / dogs / not / to / follow) a running person, especially their owner.

POINT 1 〈不定詞の否定〉この問題文では，「追いかけない」ことが難しいと述べている。不定詞の内容を否定する場合は，not + to 動詞原形 の形にする。

POINT 2 〈not と意味上の主語の語順〉日本語訳を見ると，「追いかけない」の主語が「犬」であることがわかる。否定の not がある場合は，for 主語 + not + to 動詞原形 の順番にする。

3 難易構文 / tough 構文

数十万年の時間と膨大な忍耐力がない限りは，人類の進化を直接研究するのは難しい。

答 (Human / evolution / is / difficult / to / study) directly, unless you have several hundred thousand years to spare and lots of patience.

POINT 1 〈不定詞節の動詞の目的語が主語になる〉不定詞節の中の動詞の目的語が，主語になる場合がある。たとえば「A を研究するのは難しい」は，It is difficult to study A. と，study の目的語が主語になる A is difficult to study. の，両方の形が可能である。問題文では，並べ替える単語に it が無いので後者の文を作る。

POINT 2 〈不定詞節内の前置詞の目的語が主語になる〉動詞の目的語以外にも，不定詞節内の前置詞の目的語が，主語になる場合もある。下の文では，get along with ...（…と仲良くやる / うまく付き合う）における with の目的語が，be difficult の主語になっている。

例 Ms. Yagami believes **she** is difficult to **get along with**. ……… 慶應大
彼女は付き合いにくい人だと，八神さんは信じている。

POINT 3 〈目的語が主語になる形容詞〉このように，本来は不定詞節内の目的語が主語になる文は，difficult や easy など「難易」を表す形容詞の場合が多いため，「難易構文 / tough 構文」と呼ばれる。他にも，次のような意味を持つ形容詞でも同様の文が作れる。

「容易・困難」easy（容易な）, hard / difficult / tough（困難な）, impossible（不可能な）※possibleは不可
「安全・危険」safe（安全な）, dangerous（危険な）
「快・不快」comfortable / nice / pleasant（快適な）, uncomfortable / unpleasant（不快な）
「便利・不便」convenient（便利な）, inconvenient（不便な）

4 難易構文に似た文

これらの噴火は見ていて美しく，観察者が怪我をすることもほとんどない。

答 These (eruptions / are / beautiful / to / watch), and observers are rarely hurt.

POINT 1 **〈to 不定詞の目的語が主語になる〉** 日本語訳からも，噴火は「見る」の対象物 (=目的語) だとわかるが，watch these eruptions の語順にしてしまうと，主語に置く名詞が選択肢からなくなる。そのため，these eruptions が主語になる文を作る。これは難易構文と同じ語順になる ☞ **STANDARD 3**。

POINT 2 **〈It で始まる文にはできない〉** 形容詞 beautiful の場合，難易構文と同じ語順の文は作れるが，難易構文とは異なり，It で始まる文への書きかえは原則的にできない (× It is beautiful to watch these eruptions.)。他にも，pretty など「話し手の主観」を表す形容詞で同様のことが言える ☞ **CHAPTER 22**。

例 **Snow** is pretty to look at. ……………… 広島経済大

雪は見ていて綺麗だ。

× **It** is pretty to look at snow.

5 知覚構文の受動態

狩りをする前に，同じ距離を飛ぶハチがいくつか見られた。

答 Some bees (were / seen / to / fly / the / same / distance) before hunting.

POINT 1 **〈知覚動詞 see の文の受動態〉** 日本語訳の「見られた」より，受動態の文を作ると考えよう。知覚動詞 see の能動文は see + O + [動詞原形] の形だが，受動態では to 不定詞を用いた be + seen + to [動詞原形] の形になる。ただし，be seen の後は to *do* が続く。知覚動詞では受動態で使われるのは see / hear / feel などが主で，他にはあまり見られない。

POINT 2 **〈距離を表す名詞句〉** fly の目的語に，the same distance が現れている。fly や walk など移動を表す動詞は，距離を表す名詞句を目的語にとることができる。これは，SVO と考えると良いだろう。

例 Even in wintertime, I'd **walk the dozen blocks** to the library. ……………… ☆学習院大

冬でも，図書館まで**十数ブロック歩いた**ものだ。

6 hear の後ろの that 節

今日から新しいマネージャーが入ったと聞いた。どんな人か知ってる?

答 I (heard / the / new / manager / started) today. Do you know what he is like?

POINT 1 **〈hear に続く that 節〉** hear (聞こえる / 耳にする) には，that 節をとる hear + (that) [文] ([文] だということを聞く) の用法がある。これは「音が聞こえる」という意味ではなく，「聞いて知る」という意味になるので注意しよう。また，問題文では，日本語訳に「新しいマネージャーが入った (=新しいマネージャーが働き始めた)」とあるので，start は過去形にする。

POINT 2 **〈hear の内容を過去形で表す〉** 問題文では，that 節の that が省略されているが，知覚動詞の用法と混同しない注意が必要だ。知覚動詞の構文の場合は，hear が過去形であっても，後ろは原形不定詞を使う heard + O + [動詞原形] (O が…するのを聞いた) の形になる。

7 使役動詞 make の受動態

マララは，若い女の子が自分の意思に反して結婚させられている状況に抗議する演説を行った。

答 Malala spoke against situations in which young girls (are / made / to / get / married) against their will.

POINT 1 〈使役動詞 make の文の受動態〉使役動詞 make の能動文は make ＋ O ＋ 動詞原形 の形だが，受動態の文になると to 不定詞を用いた be made ＋ to 動詞原形 の形になる。「結婚する」は get married で表す。

POINT 2 〈使役動詞 make が持つ強制的意味〉使役動詞 make には，相手が嫌がっていても無理やりやらせるといった，強制的にさせるニュアンスがある。問題文でも，against their will（彼女たちの意志に反して）という表現から強制的な結婚だとわかる。

POINT 3 〈make 以外の使役動詞の受動文〉使役動詞であっても make 以外の let や have は通常，受動態にしない。使役動詞 let の文を受動態にするときは，be allowed ＋ to 動詞原形 の形を使うことが多い。

例 In 2016 for the first time, young people aged 18 **were allowed to** vote. ……★熊本大
2016 年に初めて，18 歳になった若者に投票することが**許された**。

8 不定詞節に現れる使役動詞 let

飼い主が不在の時に，犬にテレビを見せるのは危険です。

答 (It / is / dangerous / to / let / dogs / watch / TV) when the owners are absent.

POINT 1 〈It が主語の文〉「…するのは危険だ」の文で，並べ替えの単語に it があることがポイント。そこから，難易構文 ☞ STANDARD 3 の形ではなく，It is dangerous ＋ to 動詞原形 の形にすると考えよう。

POINT 2 〈使役動詞 let〉使役動詞 let（…させる）は原形不定詞を使う let ＋ O ＋ 動詞原形 の形になるので，to 不定詞を使わないように気をつけよう。

to 不定詞構文は
大切なものばかり

9 形容詞の後ろに現れる there 構文

何らかのルールが必要だ。

答 It (is / necessary / for / there / to / be) some rules.

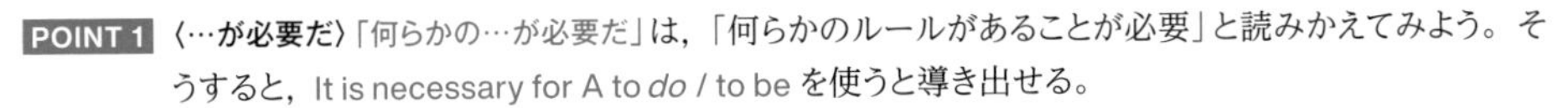

POINT 1 〈…が必要だ〉「何らかの…が必要だ」は，「何らかのルールがあることが必要」と読みかえてみよう。そうすると，It is necessary for A to *do* / to be を使うと導き出せる。

POINT 2 〈意味上の主語と There 構文〉There 構文の基本の形は There is / are ... で，there は主語の働きをしている。これを for 主語 ＋ to 動詞原形 に当てはめると for there ＋ to be になる。この場合，There 構文の there は文法上の主語だが，「そこに」という意味はないので注意しよう。

ADVANCED

1 意味上の主語 important

医者は最初の面談で，患者にすべてのルールを説明することが重要だ。

答 It is (important for doctors to explain all) the rules to patients during the first meeting.

POINT 1 〈It が主語の文〉It が主語なので，It is 形容詞 ＋ to 動詞原形 の形を作る。

POINT 2 〈意味上の主語の位置〉「説明する」の主語は「医者」なので，意味上の主語を for ＋ 主語 の形で，形容詞と to 不定詞の間に置く。なお，ここでは医者という職業の一般論について話しているので，doctors と複数形にするのが自然になる。

POINT 3 〈all の位置〉「すべてのルール」の表現は，空所の直後に the rules があるので，all the rules で表す。all は the のような冠詞の前に現れることができるが，たとえば every はそのような語順が許されない。

2　人の性格・特性を表す形容詞と of

他人の悪口を言うなんて，あなたは失礼だ。［ rude を用いて ］

答 It's (rude of you to speak) ill of others.

POINT 1 **〈失礼 / 無礼だ〉**「失礼な / 無礼な」の表現には，形容詞の rude や impolite を使おう。

POINT 2 **〈意味上の主語は of で表す〉** rude のような人の「性格・性質」を表す形容詞の後ろの意味上の主語は，of ＋ 主語 で表す。

POINT 3 **〈speak ill of の表現〉**「…の悪口を言う」は speak ill of 人 で覚えておこう。

3　使役動詞の make

大雪のせいで私たちは旅行を延期した。［ 4 語で ］

答 (Heavy snow made us) postpone the trip.

POINT 1 **〈強制的な意味の使役〉**「…のせいで」という日本語訳から，「大雪が私たちに旅行の延期を強いた」と考える。英語では無生物主語を使って，大雪を主語にして「強制的に…させる」の意味を持つ使役動詞 make を使う。

POINT 2 **〈大雪の表現〉**「大雪」という英語は，日本語につられて × big snow とせず，heavy を使うことに注意しよう。これは，heavy rain (大雨) でも同じ。

POINT 3 **〈延期するという表現〉**「…を延期する」という表現には，postpone 以外にも put off もある。

4　知覚動詞 see の受動態

動物園にいる大型類人猿が，道具を使うことがこれまで目撃されている。［ see を用いて ］

答 Great apes in zoos (have been seen to use) tools.

POINT 1 **〈知覚動詞の受動態〉**「…することが見られる」という意味から，知覚動詞 see を使った受動態 be ＋ seen ＋ to 動詞原形 の形を使おう。

POINT 2 **〈現在完了形〉**「これまで…されている」という意味から，現在完了形 (have ＋ 過去分詞) の形を使おう。主語は複数形 apes なので have を使う。

POINT 3 **〈現在完了形と知覚動詞の受動態〉** 上の 2 つの形を合体させると，受動態の be 動詞は過去分詞の been になるので，文全体は have ＋ been seen to ＋ 動詞原形 の形になる。

5　It が主語になる comfortable の文

こぢんまりとして打ち解けた雰囲気のホテルに滞在するのは心地がいい。

答 It (is comfortable to stay at) a small hotel with a friendly atmosphere.

POINT 1 **〈…するのは心地がいい〉**「心地がいい」は形容詞 comfortable を使う。

POINT 2 **〈It が主語の文〉**「…するのは心地がいい」の文で，問題文では主語に it があることがポイント。comfortable は下の例文のように，難易構文 ☞ STANDARD 3 の形を許す形容詞だが，ここでは It is comfortable ＋ to 動詞原形 の形にする。

例 **Our new house** is comfortable to live in. …… 大阪経済大
私たちの新居は住み心地がいい。

6　目的語が主語になる文 (難易構文)

易しい英語で書かれているので，この本はノンネイティブの話者にも理解しやすい。

答 Written in simple English, (this book is easy to understand for) non-native speakers.

POINT 1 〈…しやすい〉「…しやすい」の文は It is easy to ... の形も可能だが，その場合は意味上の主語（for ＋ 主語 ）は，to 不定詞の直前に現れるのが普通である。問題文では文末に non-native speakers があるので，その直前に for を置き，そこから It で始まる文ではないと判断しよう。

POINT 2 〈不定詞節の動詞の目的語を主語にする〉 easy は難易度を表す形容詞なので，不定詞節の動詞の目的語を主語に置く（＝難易構文 ☞ STANDARD 3 にする）ことができる。問題文では，understand の目的語である this book を主語に置き，This book is easy to understand ... の形を作ることになる。

COLUMN 〈コーパス頻度の高い to 不定詞の構文まとめ〉

疑問詞＋ to *do*

how to *do*	どのように…すべきか，…の仕方
what to *do*	何を…すべきか
where to *do*	どこで…すべきか
when to *do*	いつ…すべきか
which to *do*	どれを…すべきか

SVO ＋疑問詞＋ to *do* で頻出する動詞

ask	…かを O に尋ねる，訊く
tell	…かを O に話す，伝える
teach	…かを O に教える

SV ＋疑問詞＋ to *do* で頻出する動詞

know	…かわかっている
learn	…か知る，わかる
figure out	…か知る，わかる

come to *do* の頻出構文

come to know	知るようになる
come to think	考えるようになる
come to understand	理解するようになる
come to believe	信じるようになる

S be 形容詞 to *do* の頻出構文

be likely to *do*	…する可能性が高い
be ready to *do*	…する用意ができている
be willing to *do*	…してもかまわない

CHAPTER 9 動名詞 動名詞とto不定詞，動名詞を使った表現

Key Grammar & Constructions

◆動名詞：〈動詞原形＋ing〉（以下 *doing* と表す）の形で，動詞が名詞としての機能もあわせ持つようになったもの。

名詞としての機能：文中で a. 主語，b. 補語，c. 動詞の目的語，d. 前置詞の目的語となる。

例 a. Watching TV is a lot of fun.（**テレビを見るの**はとても楽しいです）
S V C

例 b. One of my favorite things is reading mysteries.
S V C（好きなことの 1 つは**ミステリー小説を読むこと**です）

例 c. I like walking along the river.（私は**川沿いを散歩するの**が好きです）
S V O

例 d. She is good at baking cookies.（彼女は**クッキーを焼くの**が上手です）
前置詞 前置詞の O

動詞としての機能：目的語・補語・副詞（句）を伴うことができる。

例 Bringing chewing gum into Singapore is banned.
（**シンガポールにチューインガムを持ち込むの**は禁止されています）
bring の目的語 副詞句により修飾

※現在分詞 ☞ CHAPTER 10 と同じ形をしているが，動名詞と起源は異なる。発音が類似していたことで両者が混同され，同じ形を取るようになった。現在分詞は文中で形容詞の働きをするので，文構造からしっかり区別しよう。

BASIC 1

1 文中で主語として働く動名詞

Playing music well requires skill and imagination.
S V O

答 音楽を上手に（演奏する（こと））には，技術と想像力が必要です。

POINT 1 **〈文中で主語として働く動名詞〉** 動名詞は，動詞が名詞としての機能をあわせ持つものなので，文中で主語として働くことができる。playing music well が動名詞句として文の主語となり，「音楽を上手に演奏すること」という意味になる。動名詞 playing が目的語として music を伴い，副詞 well に修飾されていることもおさえておこう。

POINT 2 **〈to 不定詞の名詞的用法との違い〉** to 不定詞の名詞（的）用法 ☞ CHAPTER 8 も動詞が名詞としての機能をあわせ持つものであるが，その意味内容には違いがある。to 不定詞の to は元々前置詞の to であり，方向性と到達を示す語である。そこから，to 不定詞には「これから（まだ行っていない）…をする」という未来志向性・積極性がある。一方，動名詞には「今…している」「すでに…した」「一般的 / 習慣的に…する」という現実志向性・過去志向性がある。本問では，to play music well ではなく playing music well と動名詞で表されていることで，より一般論として述べていることがわ

かる。

POINT 3 **〈形式主語の it を用いた書きかえ〉** 動名詞句が文の主語になる場合，形式主語の it(本来の主語 (真主語) の代わりに主語に置かれる it) を用いて動名詞句を後ろに置くことがある。不定詞句が文の主語になる場合には形式主語の it が用いられることが多いが，動名詞句の場合は It is ... *doing* の…部分に入る表現が，nice / wonderful / worth / dull / dangerous / crazy / useless などの形容詞と，no use / no good / fun / a pleasure / a bother などの名詞的表現に限定される傾向にある。

例 It is no use [arguing with her] . ……岐阜大
形式主語　真主語

彼女と言い争っても無駄です。

形式主語＝仮主語
意味上の主語　を再度チェック!
真主語

2 文中で補語として働く動名詞

My husband's hobby is [collecting stamps] .
S　V　C

答 私の夫の趣味は**切手を (集めること)** です。

POINT 1 **〈文中で補語として働く動名詞〉** 動名詞は，第 2 文型 (S + V + C) で文の主語を説明する補語 (= 主格補語) として用いることができる。collecting stamps が動名詞句として文の補語となり，「切手を集めること」という意味になる。動名詞 collecting が目的語として stamps を伴っている。動名詞が持つ現実志向性・過去志向性 ☞ **BASIC 1** 1 **POINT 2** から，主語には以下のような，習慣的に行っていることを表すものがよく現れる。

hobby (趣味), pastime (娯楽), favorite ... (お気に入りの…), job / business (仕事), interest (興味), habit (癖)

例 His dog's favorite activity is [sleeping] . ……☆同志社大
彼の犬の好きな行動 / 活動は**寝ること**です。

POINT 2 **〈to 不定詞が主格補語になる場合との違い〉** to 不定詞も主格補語として用いられるが，to 不定詞の持つ未来志向性・積極性 ☞ **BASIC 1** 1 **POINT 2** から，主語には以下のような，これから先の行動を表すものがよく現れる。

aim (目的), goal (目標), plan (計画), purpose (目的), hope (希望 / 望み), wish (願い), dream (夢)

例 My dream is [to work in a foreign embassy] . ……☆同志社大
私の夢は**外国の大使館で働くこと**です。

dream は，これから先の夢であれば to 不定詞が好まれるが，過去の時点における夢であれば dream of *doing* の形が好まれる。これも to 不定詞と動名詞の持つ意味の違いによるものである。

例 My dream of [attending the University of Connecticut] seemed so out of reach.
……神奈川大

コネチカット大学に通う (こと) という私の夢は，とても手に届かないものに思えました。

3 文中で動詞の目的語として働く動名詞

American farmers started [growing soybeans for fuel] .
S　V　O

答 アメリカの農家は，**燃料用に大豆を (栽培し)** 始めました。

POINT 1 **〈文中で動詞の目的語として働く動名詞〉** 動名詞は，文中で他動詞の目的語として働くことができる。growing soybeans for fuel が動名詞句として文の目的語となり，「燃料用に大豆を栽培すること」という意味になる。動名詞 growing が目的語として soybeans を伴い，副詞句 for fuel に修飾されていることもおさえておこう。

POINT 2 **〈to 不定詞と動名詞のどちらを目的語に取るか〉** 他動詞が目的語として to 不定詞と動名詞のどちらを取るかは動詞によって決まっており，明確な規則を示すのは難しい。しかし，to 不定詞の持つ未来志向性と，動名詞の持つ現実志向性・過去志向性に結び付けて考えると理解しやすくなる。start は to 不定詞と動名詞のどちらを目的語に取っても大きな違いはないが，start to *do* は「まだ行っていなかった行為を始める」ことを意識しており，その行為が継続しない可能性，つまり行為の中断を暗示することもある。一方 start *doing* は「実際に（ある程度）継続して起こる行為を始める」ことを意識している。

例 It started [to rain] (≒ raining), but stopped again soon. ←開始時点を意識
雨が降り始めたが，またすぐに止みました。

to 不定詞・動名詞のどちらを目的語に取っても大きく意味が変わらない動詞には，以下のようなものがある。

> start / begin（…を始める），continue（…を続ける），cease（…をやめる / 終える），like（…が好きである），love（…が大好きである），prefer（…するのを好む），hate（…が大嫌いである）

POINT 3 **〈形式目的語の it を用いた書き換え〉** 動名詞句が動詞の目的語になる場合，形式目的語の it（本来の目的語の代わりに目的語に置かれる it）を用いて動名詞句を後ろに置くことがある。make / think / find / consider などの動詞が第 5 文型（S + V + O + C）を取る際にこの形が現れるが非常にかたい表現。always *do* を用いる方がよい。

4 文中で前置詞の目的語として働く動名詞

She is angry about [making the same mistake].
前置詞　　前置詞の O

答 彼女は**同じ過ちを（犯す）こと**に腹を立てています。

POINT 1 **〈文中で前置詞の目的語として働く動名詞〉** 動名詞は，文中で前置詞の目的語として働くことができる。前置詞は [前置詞] + [名詞（句）] の形で形容詞句・副詞句をつくるものなので，必ず後ろに名詞（句）を必要とする。前置詞が必要とする名詞（句）のことを前置詞の目的語という。making the same mistake が動名詞句として前置詞 about の目的語となり，「同じ過ちを犯すこと」という意味になる。動名詞 making が目的語として the same mistake を伴っていることもおさえておこう。

POINT 2 **〈[前置詞] + [to 不定詞]〉** to 不定詞でも動名詞と同様に名詞の働きをすることができるが，but / except など一部の場合を除いて前置詞の後ろに to 不定詞を置くことはできない。× She is angry about to make the same mistake. とは書けないので注意しよう。

〈[前置詞] + [to 不定詞] になる例〉

例 At times, there is no choice but [to report all the facts]. ……………… 京都産業大
前置詞　　to [不定詞]

時には，**すべての事実を報道する以外に**選択肢はないのです。

この but は，「…を除いて / …以外に」という意味の前置詞。

BASIC 2

5 to 不定詞のみ目的語に取る動詞

映画スターと結婚したいと思う人は多いかもしれません。

答 Many of us might wish (to marry / ~~marrying~~) a movie star.

POINT 1 〈to 不定詞を目的語に取る動詞〉他動詞が目的語として to 不定詞と動名詞のどちらを取るかは動詞によって決まっている ☞ BASIC 1 3 POINT 2 が，to 不定詞を目的語に取る動詞は，to 不定詞の「これから（まだ行っていない）…をする」という未来志向性・積極性にふさわしい意味の動詞である場合が多い。wish は wish to *do* の形で「…したいと思う / …することを希望する」という意味になる。「まだ行っていないこと」を「これから…したいと思う」という点で，未来志向性・積極性が現れている。

POINT 2 〈to 不定詞のみ目的語に取る動詞の例〉to 不定詞を目的語に取る動詞には，以下のようなものがある。

hope to *do*（…することを望む）, want / wish to *do*（…したいと思う）, desire to *do*（…したいと望む）,
long to *do*（…することを切望する）, expect / intend / plan / mean to *do*（…するつもりである）,
aim to *do*（…しようと努力する）, agree to *do*（…することに同意する）, decide / choose to *do*（…することに決める）,
determine to *do*（…しようと決意する）, offer to *do*（…しようと申し出る）, promise to *do*（…すると約束する）,
(can) afford to *do*（…できる / …する余裕がある）, learn to *do*（…できるようになる）,
manage to *do*（どうにか…する）, fail to *do*（…し損なう）, refuse to *do*（…するのを断る）,
pretend to *do*（…するふりをする）

例 Men under age 25 tend to choose **to live with their parents.** ……… ★東京理科大
25 歳未満の男性は，**親と一緒に生活するの**を選ぶ傾向にあります。

6 動名詞のみ目的語に取る動詞

私は彼と楽しい思い出話に花を咲かせました。

答 I enjoyed (~~to talk~~ / talking) with him about our pleasant memories.

POINT 1 〈動名詞を目的語に取る動詞〉動名詞を目的語に取る動詞は，動名詞の「今 / すでに…している / した」「一般的 / 習慣的に…する」という現実志向性・過去志向性にふさわしい意味の動詞である場合が多い。enjoy は enjoy *doing* の形で「…して楽しむ」という意味になる。「今していること」から「楽しさ / 喜びを感じる」という点で，現実志向性が現れている。

POINT 2 〈動名詞を目的語に取る動詞の例〉動名詞を目的語に取る動詞には，以下のようなものがある。

admit *doing*（…したことを認める）, deny *doing*（…したことを否定する）, finish / complete *doing*（…するのを終える）,
give up *doing*（（習慣的に）…するのをやめる）, quit / stop *doing*（…するのをやめる）,
avoid *doing*（…するのを避ける）, escape *doing*（…するのを逃れる / 免れる）,
delay / put off / postpone *doing*（…するのを先延ばしにする）, mind *doing*（…するのをいやに思う）,
miss *doing*（…をしそこなう）, enjoy *doing*（…して楽しむ）, practice *doing*（…する練習をする）,
advise / recommend *doing*（…するのを勧める）, suggest *doing*（…するのを提案する）,
consider / think of *doing*（…しようかと考える）, imagine *doing*（…するのを想像する）,
fancy *doing*（…したい）（疑問文・否定文で用いられることが多い）

例 I highly recommend **doing regular physical exercise.** ……… 国士舘大
ぜひ**定期的に体を動かすこと**をお勧めします。

POINT 3 〈stop to *do* と stop *doing*〉動詞 stop は後ろに不定詞が続く場合もあるが，stop to *do* と stop *doing* では意味が異なる。POINT 2 で見たように，stop *doing* は「…するのをやめる」という意味であり，この stop は *doing* を目的語とする他動詞である。一方 stop to *do* は「…するために立ち止まる / 手を止めて…する」という意味になる。この stop は自動詞であり，後ろに副詞（的）用法の to 不

定詞 ☞ CHAPTER 7 が続いている。

例 The bus stopped **to take on passengers.** ……… 近畿大
そのバスは**乗客を乗せるために**停車しました。

7 to 不定詞・動名詞のどちらを目的語に取るかによって意味が異なる動詞
彼は修理費の高さに中古車を買ったことを後悔しました。
答 He regretted (~~to buy /~~ buying) the used car because of the high cost of repairs.

POINT 〈to 不定詞・動名詞のどちらを目的語に取るかによって意味が異なる動詞〉 to 不定詞・動名詞ともに目的語に取ることができるが，どちらを取るかで意味が異なる動詞がある。ここにも to 不定詞の持つ未来志向性・積極性と，動名詞の持つ現実志向性・過去志向性が現れている。regret もその 1 つで，未来志向性のある to 不定詞が続くと「…するのを残念に思う / 残念ながら…する」という意味になる。この場合，to の後ろに続くのは say / tell / inform などが多い。一方現実志向性・過去志向性のある動名詞が続くと「…したことを後悔する」という意味になる。本問では，「中古車を買った」のは「すでにしたこと」であり，動名詞 buying が正解となる。
to 不定詞・動名詞のどちらを目的語に取るかによって意味が異なる動詞には，以下のようなものがある。

remember to *do* ((これから)…するのを覚えている / 忘れずに…する),
remember *doing* ((すでに)…したことを覚えている)
forget to *do* ((これからやらなければならないことを)…し忘れる), forget *doing* ((すでに)…したことを忘れる)
regret to do ((これから)…するのを残念に思う / 残念ながら…する), regret *doing* ((すでに)…したことを後悔する)
try to *do* ((これから)…しようとする), try *doing* ((実際に)試しに…してみる)

例 Remember **to praise your child** when he tries hard or does well. ……… 愛知教育大
頑張ったときやうまくできたときは，**子どもを褒めることを**忘れないでください。

例 He doesn't remember **taking his umbrella with him yesterday.** ……… ★神戸学院大
彼は昨日傘を持って行ったことを覚えていません。

8 注意すべき like の用法
孤独な人は自分の気持ちを話すことを嫌います。
答 Lonely people dislike (~~to talk /~~ talking) about their feelings.

POINT 1 〈dislike *doing*〉 like は to 不定詞・動名詞どちらを目的語に取っても大きな意味の違いはない ☞ BASIC 1 3 POINT 2 が，like に打ち消し，否定の接頭辞 dis- が付いた動詞 dislike は，to 不定詞を目的語には取らないことに注意しよう。

POINT 2 〈would like to *do*〉 動詞 like の前が助動詞 would を伴った would like（…したい）という表現がある。この場合，will の過去形である would は控えめな意思を表し ☞ CHAPTER 5，まだ行っていないことについて述べるので，後ろには未来志向性のある to 不定詞が続く。× would like *doing* の形はふつう取らないことに注意しよう。

例 I would like **to question your statement.** ……… ★上智大
あなたのご発言について異議を唱えたいと思います。

9 *doing* の前の前置詞が脱落した表現
弟や妹の世話に追われる学生もいます。
答 Some students are busy (~~to take care of /~~ taking care of) younger brothers and sisters.

POINT 〈be busy *doing*〉形容詞 busy を用いて「…するのに忙しい」という意味を表す場合，be busy *doing* の形を取る。これには，元々 busy の後ろに前置詞の in があり，busy in 動名詞 で「…することにおいて忙しい」という表現であったものから，in が脱落していったという歴史がある。今では busy in *doing* の形が用いられるのはまれになっており，この *doing* は現在分詞 ☞ **CHAPTER 10** と考えられることもある。× be busy to *do* としないように注意しよう。
doing の前の前置詞が脱落した表現には，以下のようなものがある。

> be busy (in) *doing* (…するのに忙しい), be late (in) *doing* (…するのが遅い),
> spend O (金 / 時間 / 労力など) (in / on / for) *doing* (Oを…に費やす / 使う),
> waste O (金 / 時間 / 労力など) (in) *doing* (…してOを浪費する),
> have trouble / difficulty (in) *doing* (…するのに苦労する)

例 They have trouble **finding a stable job with a good salary.** ☆琉球大
彼らは**給料のよい安定した仕事を見つけるの**に苦労しています。

STANDARD

1 動名詞の意味上の主語

このスカートを試着してもいいですか。

答 Would you mind (my / me) (trying) the skirt on?

POINT 1 〈動名詞の意味上の主語〉動名詞句で表される内容が誰の動作なのかを明らかにするために，動名詞の前に動作主を表す語を置かなければならない場合がある。この動作主を表す語のことを意味上の主語という。**BASIC** 1，**BASIC** 2 で扱った文は，すべて動名詞句の動作主が動名詞句よりも前で明らか（文の主語と一致している）なので，意味上の主語は置かれていない。本問の場合，文の主語は「あなた」であるが，スカートを試着するのは「私」であるので，「私」の動作であることを明らかにするために意味上の主語を置いて，「私が / のスカートを試着すること」という名詞句を作る。意味上の主語を人称代名詞で表す場合には，所有格を用いるのが正式だが，話し言葉では目的格が用いられることもある。したがって，my trying, me trying が正解となる。mind は動名詞を目的語に取ることも復習しておこう ☞ **BASIC 2** 6。

POINT 2 〈意味上の主語の形〉動名詞句の意味上の主語は，その内容によって用いられる形が異なる。意味上の主語が人や動物を表す名詞の場合は，所有格を用いるのが正式だが，話し言葉では代名詞ではなくそのままの形が好んで用いられる。また，意味上の主語が無生物の場合は，そのままの形が用いられることが多い。

例 There is a lot of talk about John's / John [winning the last election] . 近畿大
ジョンが前回の選挙に勝利したことに関して多くのうわさがあります。

他に，動名詞句が主語になる場合は，意味上の主語は一般的に所有格が用いられる。

例 Bob's [coming a thousand miles] will pay off by his meeting with a friend of his youth. ★専修大
ボブが千マイルの道のりをやって来て（＝遠路はるばるやって来て）も，青春時代の友人と会うことで報われるでしょう。

POINT 3 〈意味上の主語の形による違い〉動名詞句の意味上の主語に所有格が置かれるか目的格が置かれるかによって，意味に微妙な違いが生じることがある。

例 Professor Smith was angry at my [coming late to class every day] . 武蔵工業大
スミス教授は，**私が毎日授業に遅刻すること**を怒っていました。

例 Professor Smith was angry at me [coming late to class every day].
スミス教授は，**私のことを毎日授業に遅刻する**と怒っていました。

前者は，意味上の主語に所有格が用いられており，スミス教授の怒りの対象は my coming late to class every day（私が毎日授業に遅刻すること）である。一方後者は，意味上の主語に目的格が用いられており，スミス教授の怒りの対象は me（私）となる。

2 動名詞の否定形

私は暖かいコートを着てこなかった自分に腹が立ちました。

答 I was angry at myself for (not) (wearing) a warm coat.

POINT 〈動名詞の否定形〉動名詞句の内容を否定して「…しないこと」という意味を表すには，動名詞の直前に not や never などの否定語（句）を置く。not などの否定語は，ふつう後に続く要素を否定する。本問では，wearing a warm coat（暖かいコートを着ること）を否定するので，wearing の直前に not を置かなければならない。したがって，not wearing a warm coat が正解となる。

例 The new teacher has a reputation of never [letting a student go to sleep in her classroom]. ★中央大

新しい先生は，**絶対に教室で学生を居眠りさせない**という評判です。

let + O + 原形不定詞「O に…させる / O が…するのを許す」☞ CHAPTER 8 BASIC 6

3 完了動名詞

しばらくの間お待たせしてしまったことをお許しください。

答 Please forgive me for [(having) (kept) you waiting for a long while].
V　　V が表す時よりも前の内容

POINT 1 〈完了動名詞〉動名詞句で表される時が，文の述語動詞（V）が表す時よりも前のことであることを明らかにするために，完了動名詞（having + 過去分詞）の形を用いて表すことがある。本問の場合，話者が「お許しください」と言っているのは現在のことであるが，「（あなたを）しばらくの間お待たせしてしまった」のは現在よりも前のことであるので，keep you waiting（あなたを待たせたままにする），keep O C, ☞ CHAPTER 2 ADVANCED 7 の keep を完了動名詞の形にする。したがって，having kept が正解となる。× keeping you waiting だと述語動詞と同じ時を表すことになり，「今あなたを待たせている」という意味になってしまうことに注意しよう。

例 She complained of their [having spoiled her holiday]. 藤女子大
V　意味上の主語　V が表す時よりも前の内容

彼女は，**彼らに休日を台無しにされた**と不満を漏らしました。

POINT 2 〈完了動名詞にしない場合〉動名詞句で表される時が述語動詞の表す時よりも以前のことであっても，前後関係が明らかな場合は完了動名詞にしない（＝単純動名詞）ことがある。remember / forget / regret などの動詞は，述語動詞の表す時よりも以前のことを表すことが明らかであり，完了動名詞にしないことが多い。また，before や after など，時の前後関係を明らかにする語がある場合も，完了動名詞はあまり用いられない。

例 I **remember going to the Milwaukee zoo.** ☆東京医科歯科大
私は**ミルウォーキー動物園に行ったのを覚えて**います。

例 She got a job **after graduating from university.** ☆日本大
彼女は**大学を卒業した後**就職しました。

4 動名詞の受動態

看護師たちは，「医療従事者」と呼ばれることを強く求めていました。

答 The nurses insisted on (being) (called) “health care professionals.”

POINT 1 〈**動名詞の受動態**〉動名詞句で「…されること」という受動の意味を表すには，being＋**過去分詞**の形を用いる。本問では「『医療従事者』と呼ばれること」という受動の意味にするので，being called “health care professionals” とするのが正解である。

POINT 2 〈**完了動名詞の受動態**〉動名詞句で表される時が述語動詞が表す時よりも前のことであることを明らかにする場合，完了動名詞が用いられることがある ☞ **STANDARD 3**。そこに受動が加わって「…されていること」「…されたこと」という意味を表す場合，having＋been＋**過去分詞**という形にする。

例 I was not aware of **having been caught in a trap**. ……… 中央大
私は**罠にはまった**とは気付きませんでした。

5 動名詞が受動態の意味を表すことがある動詞

スイッチの修理が必要なようです。

答 It looks like the switch (needs) (repairing).

POINT 1 〈**動名詞が受動態の意味を表すことがある動詞**〉述語動詞によっては，目的語に取る動名詞が能動態であっても受動の意味を表すことがある。need / want / require など「…を必要とする」という意味の動詞や，deserve（…に値する）などがこれに該当する。本問の場合，「スイッチ」が「修理されることを必要とする」，という意味であり，動詞 need の後ろには 1 語しか入れられないので，needs repairing とするのが正解である。なお，語数の指定がなければ needs to be repaired と表現することも可能であり，こちらの形の方がより一般的である。

POINT 2 〈**人**が主語の時は注意〉以下のように，**POINT 1** で挙げた動詞が**人**を主語にする場合，特に間違いが多くなるので気を付けよう。

例 ○ You need to take a break every hour to avoid eye strain. ……… 青山学院大
眼精疲労を防ぐため，1 時間ごとに休憩をとる必要があります。
× You need taking a break every hour to avoid eye strain.

6 to 不定詞と紛らわしい表現〈前置詞 to＋**動名詞**〉：look forward to *doing*

彼女は新しい服に給料を使うのを楽しみにしています。

答 She is looking forward (to) (spending) her wages on new clothes.

POINT 1 〈**to 不定詞と紛らわしい表現**〉look forward to A は「A を楽しみにしている」という意味の表現であるが，これは look forward（先を見る）に，見るべき対象が何か（先に何があるか）を示す to A が続いたものであり，この to は前置詞である。したがって，A が動詞的な内容の場合は A に動名詞を置かなければならない。×look forward to *do* としないように注意しよう。なお，A には動名詞以外の名詞句が置かれることもよくある。

例 I look forward to **the next opportunity** to meet your parents. ……… 拓殖大
ご両親にお会いする**次の機会**を楽しみにしています。

POINT 2 〈**to 不定詞と紛らわしい表現の例**〉前置詞 to の後ろに動名詞が続く重要表現には，以下のようなものがある。

be / become / get used to *doing*（…するのに慣れている / 慣れる），
be / become / get accustomed to *doing*（…するのに慣れている / 慣れる），

be opposed to *doing*（…に反対している）, object to *doing*（…に反対する）,
look forward to *doing*（…するのを楽しみにしている）, when it comes to *doing*（…することになると）,
What do you say to *doing*?（…するのはどうですか）, with a view to / of *doing*（…するつもりで）

例 We held a meeting with a view to [discussing the problem] . ……………………… 上智大
私たちは**この問題を議論**するつもりで会議を開きました。

7 How about *doing*?

ボイスレコーダーで講義を録音するのはどうですか。

答 How (about) (recording) the lecture on a voice recorder?

POINT 1 〈How about *doing*?〉「…するのはいかがですか」という意味を表す表現として, How about *doing*? がある。about は前置詞なので, 後ろに動詞的な内容を続けるときには動名詞の形にする ☞ BASIC 1 4。この表現は文の要素が不足しているが, これは How do you feel about *doing*? の文から do you feel が省略されていると理解しておこう。

POINT 2 〈How about *doing*? とほぼ同じ意味の表現〉 How about *doing*? とほぼ同じ意味を表す表現に, What about *doing*? や What do you say to *doing* ?がある。What about *doing*? も How about *doing*? と同様に, What do you think about *doing*? から do you think が省略されたものと理解しよう。また, What do you say to *doing*? の to は前置詞であり ☞ STANDARD 6,「(直訳) …することに対してあなたは何を言いますか」→「…するのはいかがですか」となっている。

8 動名詞を用いた定型表現：feel like *doing*

あまり食べたい気分ではありません。

答 I don't feel (like) (eating) much.

POINT 〈feel like *doing*〉 feel like *doing* は「…したい気がする」という意味の定型表現である。この like は「…のような」を表す前置詞であり,「(直訳) …するように感じる」→「…したい気がする」と理解するとよい。本問の feel like ... のように 2 語以上のまとまりで特定の意味を表す定型表現が数多くある。日本語との意味の違いに注意しながらひとつずつ学習していこう。

9 動名詞を用いた定型表現：There is no *doing*

今から 50 年後にどんなものがよく売れているかはわからない。

答 There is (no) (knowing) what kinds of items will be selling well fifty years from now.

POINT 1 〈There is no *doing*〉 There is no *doing* は「…することはできない」という意味の慣用表現である。There is A. は A の存在を示す文であり, no は「1つもない=ゼロである」ことを表すので, There is no A. で「A がない / 存在しない」ことになる。本問では,「(直訳) 今から 50 年後にどんなものがよく売れているかを知っているということは存在しない」→「今から 50 年後にどんなものがよく売れているかはわからない」と理解するとよい。

POINT 2 〈There is no *doing* とほぼ同じ意味の表現〉 There is no *doing* とほぼ同じ意味を表す表現として, It is impossible to *do* や No one can *do*, We cannot *do* がある。英作文のバリエーションを広げるためにもぜひ一緒に覚えておこう。

There is no knowing what kinds of items will be selling well fifty years from now.
≒ It is impossible to know what kinds of items will be selling well fifty years from now.
≒ No one can know what kinds of items will be selling well fifty years from now.

≒ We cannot know what kinds of items will be selling well fifty years from now.

POINT 3 〈間接疑問文〉what kinds of ... 以降は間接疑問文で，動名詞 knowing の目的語である。元々 What kinds of items will be selling well fifty years from now? という疑問文から，疑問文の要素である語順の倒置を元に戻し，疑問符（?）を取って名詞節を作っている。こうして出来上がった節を間接疑問文という。なお，本問では疑問詞の部分が主語となる文である。

例 I don't know where your glasses are. ← Where are your glasses? ……☆近畿大
V　O（間接疑問）

あなたのメガネがどこにあるかは知りません。

10 動名詞を用いた慣用表現：It is no use *doing*

その件について私に尋ねても無駄ですよ。

答 It is no (use) (asking) me about it.

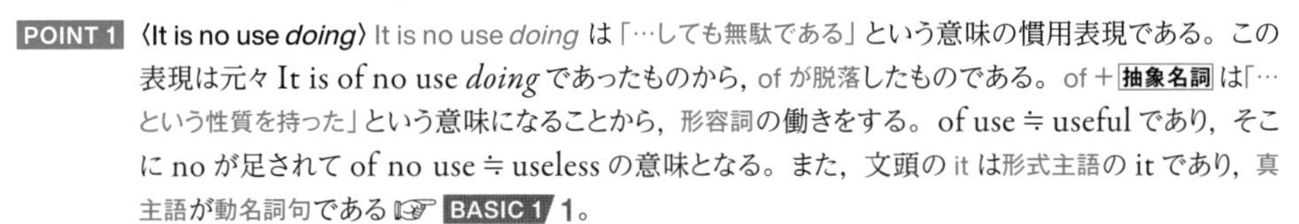

POINT 1 〈It is no use *doing*〉It is no use *doing* は「…しても無駄である」という意味の慣用表現である。この表現は元々 It is of no use *doing* であったものから，of が脱落したものである。of＋抽象名詞は「…という性質を持った」という意味になることから，形容詞の働きをする。of use ≒ useful であり，そこに no が足されて of no use ≒ useless の意味となる。また，文頭の it は形式主語の it であり，真主語が動名詞句である ☞ BASIC 1 1。

例 Asking me about it is useless.
≒ It is useless asking me about it.（形式主語の it を用いた書きかえ）
≒ It is of no use asking me about it.（形容詞 → of＋抽象名詞に）
→ It is no use asking me about it.（of の脱落）

なお，It is no use *doing* を用いた有名な慣用句に，It is no use crying over spilt milk.「（直訳）こぼれたミルクについて泣いても無駄である」→「覆水盆に返らず / 後悔先に立たず」がある。

POINT 2 〈It is no use *doing* とほぼ同じ意味の表現〉It is no use *doing* とほぼ同じ意味を表す表現に，There is no use / point (in) *doing* がある。

例 The line is dead. **There is no use trying to use the phone.** ……福島大
回線が切れているよ。**電話を使おうとしても無駄だね。**

11 動名詞を用いた慣用表現：be worth *doing*

この活動は参加する価値があります。

答 This activity is (worth) (participating) in.

POINT 1 〈be worth *doing*〉be worth *doing* は「…する価値がある」という意味の慣用表現である。worth の後ろに来るのは，他動詞の動名詞または自動詞の動名詞＋前置詞となり，文の主語は他動詞の動名詞または自動詞の動名詞＋前置詞の目的語として働いていると言える。×This activity is worth participating in it. としないように注意しよう。なお，worth は後ろに目的語を取るので一般的には前置詞とされているが，more / most / less などを前に伴って比較変化をするので，形容詞として扱われることもある。

POINT 2 〈be worth *doing* とほぼ同じ意味の表現〉be worth *doing* は，以下のように it から始めた文とほぼ同じ意味を表す。

This activity **is worth participating in.**
≒ It **is worth participating in** this activity.

≒ It **is worth while / worthwhile participating in** this activity.
≒ It **is worth while / worthwhile to participate in** this activity.

文頭の it は形式主語の it であり，真主語が動名詞句および不定詞句である。また，worth while の while は「時間」の意味の名詞であり，worthwhile は「…するのは価値がある」という意味の形容詞である。

ADVANCED

1　動名詞を目的語に取る動詞・動名詞の受動態

蚊に刺されないようにすることがその病気の予防法の 1 つです。

答 (Avoiding / being / bitten / by / mosquitoes) is a way to prevent the disease.

POINT **〈動名詞を目的語に取る動詞・動名詞の受動態〉**「蚊に刺されないようにすること」→「蚊に刺されることを避けること」と考える。avoid(…するのを避ける) は動名詞を目的語に取る動詞 ☞ BASIC 2 6 なので，「蚊に刺されること」という受動の意味の動名詞句 being bitten by mosquitoes を動名詞 avoiding の目的語とすればよい ☞ STANDARD 4。動名詞句を文の主語にした場合，動名詞の持つ現実志向性から，一般論として述べられていることもおさえておこう ☞ BASIC 1 1。

2　文中で前置詞の目的語として働く動名詞・動名詞の意味上の主語

あなたはわずかながらそのコンサートのチケットを手に入れられる可能性があります。

答 There is a slight chance of (your / getting / a / ticket / for / the / concert).

POINT **〈文中で前置詞の目的語として働く動名詞・動名詞の意味上の主語〉** a slight chance of ... で「…のわずかな可能性」という意味であり，of は前置詞なので，後ろに「あなたがそのコンサートのチケットを手に入れること」という意味の動名詞句を続ける。「コンサートのチケットを手に入れること」は getting a ticket for the concert と表すことができるが，動名詞句よりも前に動名詞句の動作主を表す語はないので，意味上の主語 your を動名詞句の前に置く。意味上の主語を人称代名詞で表す場合は，所有格が正式で，話し言葉では目的格が用いられることもおさえておこう ☞ STANDARD 1。

3　動名詞の否定形・完了動名詞

若いころに何ら特別な能力を身につけなかったことを後悔する人は多い。

答 Many people regret (not / having / acquired / any / special / skills) in their youth.

POINT **〈動名詞の否定形・完了動名詞〉** 動詞 regret は regret *doing* の形で「…したことを後悔する」という意味になる ☞ BASIC 2 7。後悔する内容である「何ら特別の能力を身につけなかったこと」は「若いころ」のこと，すなわち現在よりも前のことであるので，完了動名詞を用いて表す ☞ STANDARD 3。さらに「身につけなかったこと」と動名詞句の内容を否定するので，動名詞の直前に not を置いて ☞ STANDARD 2，not having acquired any special skills とする。なお，regret の後ろは完了動名詞にならないことも多い ☞ BASIC 2 7。

4　動名詞が受動態の意味を表すことがある動詞

仕事着を洗わないといけないのですが，今は洗濯をする時間がありません。

答 (My / work / clothes / require / washing), but I don't have enough time to do the laundry now.

POINT 1 **〈動名詞が受動態の意味を表すことがある動詞〉** require などの「…を必要とする」という意味の動詞は，

目的語に取る動名詞が能動態であっても受動の意味を表す ☞ **STANDARD** 5。「私の仕事着」が「洗われることを必要とする」ので，my work clothes require washing とする。

POINT 2 〈「洗濯をする」を表す表現〉「洗濯をする」を表す表現として，本問の do the laundry の他に，wash や do the wash / washing などがある。ちなみに，「洗濯物」は wash / washing / laundry であるが，いずれも集合名詞であり不可算である。1 枚の洗濯物を表す場合には a piece of wash / washing / laundry の形で表す。

例 I've got a ton of laundry to do. × laundries .... 日本大
(回さないといけない) **洗濯物**が大量にあるのです。

5 動名詞を用いた慣用表現〈feel like *doing*〉

高齢者は賑やかな都市の外で暮らしたいと思うかもしれません。

答 Older people may (feel / like / living / outside / busy / cities).

POINT 1 〈feel like *doing*〉 feel like *doing* は「…したい気がする」という意味の慣用表現である ☞ **STANDARD** 8。「…したい気がする」のは「賑やかな都市の外で生活すること」なので，feel like living outside busy cities とする。

POINT 2 〈outside〉 本問の outside は「(建物 / 地域 / 活動 / 組織など) の外で」という意味の前置詞である。アメリカ英語の口語表現では，outside of A の形で使われることも多い。

POINT 3 〈「高齢者」を表す表現〉「高齢者」を表す表現として，本問の older people の他に，old people / elderly people / the elderly / senior citizens などがある。

6 動名詞を用いた慣用表現〈There is no *doing*〉

ひとり親であることの大変さは否定できません。

答 (There / is / no / denying / the / difficulties) of being a single parent.

POINT 〈There is no *doing*〉 There is no *doing* は「…することはできない」という意味の慣用表現である ☞ **STANDARD** 9。「…することはできない」のは「大変さを否定すること」なので，There is no denying the difficulties (of ...) とする。

7 to 不定詞と紛らわしい表現 (前置詞 to ＋ 動名詞)〈get used to *doing*〉

人々はセキュリティにあまり注意を払うことなくインターネットを利用することに慣れきってしまったのです。

答 People (got / used / to / using / the / Internet / without / paying / much / attention) to security.

POINT 1 〈get used to *doing*〉「…するのに慣れる」は get used to *doing* で表す ☞ **STANDARD** 6。昔他動詞 use には use O to A (O を A に慣れさせる) という用法が存在し，その受動態 O be used to A (O は A に慣れさせられている＝慣れている) から生まれた表現である。use O to A の形からもわかるように，この to は前置詞である。「インターネットを利用することに慣れた」ので，got used to using the Internet とする。

POINT 2 〈pay attention to A〉 pay attention to A で「A に注意を払う」という意味を表す。前置詞 without (…しないで) の後ろに動名詞句 paying much attention to security (セキュリティに十分な注意を払う) を置き，「セキュリティに十分な注意を払うことをしないで」→「セキュリティにあまり注意を払うことなく」という表現にする。

8　動名詞を用いた慣用表現〈be worth *doing*〉

彼らのプロジェクトは進めるに値するものでした。

答（ Their / project / was / worth / going / ahead / with).

POINT 1　〈be worth *doing*〉 be worth *doing* で「…する価値がある」という意味になる ☞ **STANDARD** 11。worth の後ろには **他動詞の動名詞** または **自動詞の動名詞** ＋ **前置詞** が置かれ，文の主語が **他動詞の動名詞** または **自動詞の動名詞** ＋ **前置詞** の目的語となる。

POINT 2　〈句動詞 go ahead〉 go ahead は句動詞（ **動詞** ＋ **副詞** または **動詞** （＋ **副詞** ）＋ **前置詞** の形で，1つの動詞のように機能するもの）であり，go ahead with A で「A を進める / 始める / 続ける」という意味になる。go ahead with their project（彼らのプロジェクトを進める）から，前置詞 with の目的語である their project を文の主語に置いて，Their project was worth going ahead with. とする。

COLUMN 〈コーパス頻度の高い動名詞 / to 不定詞の構文まとめ〉

SV *doing*（× to *do*）の頻出構文

enjoy *doing*	…して楽しむ	finish *doing*	…するのを終える
stop *doing*	…するのをやめる	quit *doing*	…するのをやめる
avoid *doing*	…するのを避ける	miss *doing*	…しそこなう
mind *doing*	…するのを嫌と思う	think of *doing*	…しようかと考える
consider *doing*	…しようかと検討する		

SV to *do*（× *doing*）の頻出構文

want to *do*	…したいと思う	hope to *do*	…するのを望む
wish to *do*	…したいと思う	mean to *do*	…するつもりである
expect to *do*	…するつもりである	plan to *do*	…する予定である
decide to *do*	…すると決める	learn to *do*	…するようになる
fail to *do*	…しそこなう	manage to *do*	どうにか…する
refuse to *do*	…するのを断る		

doing / to *do* で意味の変わる動詞

remember *doing*	（過去に）…したことを覚えている
remember to *do*	（これから）することを覚えておく，忘れずに…する
forget *doing*	（過去に）…したことを忘れる
forget to *do*	（これから）…することを忘れる
try *doing*	試しに…してみる（実際した）
try to *do*	…しようと試みる（実際したかどうか不明）
regret *doing*	…したのを後悔している
regret to *do*	…するのを残念に思う，残念ながら…する

CHAPTER 10 分詞

Key Grammar & Constructions

◆**分詞とは?**：「現在分詞」と「過去分詞」の 2 種類があり，現在分詞は〈動詞原形 + ing〉の形で表し，能動的な意味を表す。過去分詞は〈動詞原形 + ed〉または〈不規則変化形〉で表し，受動的な意味を表す。

例 a. a **crying** baby（**泣いている**赤ちゃん）

例 b. **frozen** foods（冷凍食品 / **冷凍された**食品）

◆**分詞の働き**：分詞は形容詞的な働きをし，それを分詞の形容詞用法と呼ぶ。分詞の形容詞用法には名詞の前や後ろから修飾してその意味を限定する「限定用法」（=例 a と b）と，SVC や SVOC の文型の C の位置に置かれて補語として使われる「叙述用法」（=例 c と d）がある。

例 c. She looked **puzzled**. SVC（彼女は混乱しているようだった）

例 d. I saw the girl **playing the guitar**. SVOC（私は，その女の子がギターを弾いているのを見た）

◆**分詞構文の働き**：分詞句が副詞的な働きをして主節を修飾する用法を分詞構文と呼ぶ。分詞の意味上の主語は主節の主語と基本的に一致する。次の例では，listening to music の意味上の主語は，主節の主語である He と一致する。

例 **He** was driving his car, **listening** to music on the radio.
（彼は，ラジオで音楽を聴きながら車を運転していた）

◆**独立分詞構文とは?**：分詞句の意味上の主語と主節の主語が一致しない場合，分詞句の主語を分詞の前に置く形を独立分詞構文と呼ぶ。

例 There being **only one bus** a day to my town, **we** decided to walk there instead of waiting.
（私の住む町へのバスが 1 日に 1 本しかなかったので，私たちは待つ代わりにそこまで歩くことにした）

◆**懸垂分詞構文とは?**：分詞の意味上の主語と主節の主語が異なるにも関わらず，分詞句の主語を明示しない形を懸垂分詞構文と呼ぶ。

例 Walking in the park, several new ideas came to mind.
（公園を歩いていると，いくつかの新しい考えが浮かんできた）

BASIC

1 能動の意味を表す現在分詞

先月のミラノ旅行で，本当に困った問題が発生した。

答 I was in a really (embarrassing / ~~embarrassed~~) situation on my trip to Milan last month.

POINT 1 **〈能動の意味を表す現在分詞〉** 分詞には現在分詞と過去分詞があり，名詞を前や後ろから修飾することができる。現在分詞は「…する」「…している」という能動的な意味を表す。本問の embarrass は「…を困惑させる / …に恥ずかしい思いをさせる」という意味を持つため，problem を修飾する場合には現在分詞の embarrassing を使って「困らせる問題」のように能動的な意味で表す。したがって embarrassing が正解となる。

POINT 2 **〈感情を表す動詞はなぜ受動態で使われるの?〉** S embarrass O という形で「S が O を困惑させる」の意味となる。英語では「S(何らかの原因)が O(人)を困惑させる」という形式を使うため，人を主語にする場合には受動態の形になることに注意しよう。したがって，現在分詞は「何らかの感情を人に引き起こす」という意味となり，過去分詞は「人が何らかの感情を感じる」という意味を表す。

POINT 3 **〈名詞を後ろから修飾する分詞〉** 本問のように，分詞１語で名詞を修飾する場合は分詞を名詞の前に置く。しかし，分詞が目的語や副詞（句）を伴う場合は，名詞の後ろに置いて修飾する。

例 I'd seen people **running** in the park before, but never this many. ★広島市立大学
公園で**走っている**人を前に見たことがありましたが，こんなに多くはなかったです。

× running people とは言わないので注意しよう。この people running は people who is running と置き換えることができる。

2 受動の意味を表す過去分詞

アーティストは驚いた表情でこちらを向いた。

答 The artist turned to us with a (~~surprising /~~ surprised) look on his face.

POINT 1 **〈受動の意味を表す過去分詞〉** 過去分詞は「…される」「…されている」という受動的な意味を表す。他動詞の surprise は「…を驚かせる」という意味を持つため，「驚いた表情」は「驚かされた表情」になるので注意しよう。したがって，過去分詞の surprised が正解となる。

POINT 2 **〈「完了」を表す自動詞の過去分詞〉** 他動詞の過去分詞は「…された」「…されている」という受動的な意味を表すが，自動詞の過去分詞は「…してしまった」という「完了」の意味を表す。

例 Poirot is a **retired** Belgian detective. ☆兵庫県立大学
ポワロは**引退した**ベルギー人の探偵です。

3 SVCの補語となる分詞

経済学の授業では，ほとんどの生徒が新しいコンピュータに満足しているようでした。

答 Almost all students in my economics class seemed (~~pleasing /~~ pleased) with the new computers.

POINT 1 **〈seem + C〉** 分詞は第２文型（S＋V＋C）の補語（C）として使われることがあり，S の様子や状態を表す。seem は必ず補語を必要とし，補語を伴って「…に見える / 思われる」という意味を表す。本問の please は本来「満足させる」という意味なので，「(人が）満足させられている状態」を表す過去分詞の pleased が正解となる。

POINT 2 **〈補語を必ず必要とする動詞〉** 他に補語を必要とする動詞は次のとおり。

keep C（Cのままである), remain C（Cのままである), appear C（Cに見える / 思われる), look C（Cに見える),
feel C（Cに感じる), sound C（Cに聞こえる / 思われる)

例 Eco-tourism is **expected to keep growing** in Japan. 青森公立大学
日本ではエコツーリズムが**今後も増えていくことが予想されます**。

POINT 3 **〈補語を必ずしも必要としない動詞〉** 第１文型（S＋V）で使われる動詞が分詞を伴い「…しながら」という意味で補語（C）の働きをする場合がある。次の例文のように，動詞 come は分詞を伴わなくても文が成立し，running は彼がどのような様子でやってきた（came）かを補語として説明している。

例 He came **running** down the stairs. 神戸学院大学
彼は階段を**駆け**下りてきた。

come 以外に必ずしも補語を必要としない動詞は次のとおり。

lie（横になる）, sit（座る）, stand（立つ）, walk（歩く）

4 go＋**現在分詞**

地元のショッピングモールへ買い物しに行こうと計画しています。

答 I'm planning to go (~~to shop /~~ shopping) at the local mall.

POINT 1 〈go＋*doing*〉 go＋*doing* は「…しに行く」という意味で使われる。特に，レジャーやスポーツなど娯楽のために出かける場面で好まれる。したがって，本問では shopping が正解となる。

POINT 2 〈go＋*doing* に続く前置詞は?〉 go *doing* の後の前置詞には注意が必要である。本問では，go shopping の後ろには前置詞 at が置かれており，shop at で「(建物 / 場所) で買い物をする」という意味を表す。日本語の「…しに行く」に影響されて × go shopping **to** the local mall とすると誤りなので注意しよう。

POINT 3 〈go とよく現れる現在分詞〉 go *doing* の代表的な例は次のとおり。

go swimming（泳ぎに行く）, go fishing（釣りに行く）, go hiking（ハイキングに行く）, go skiing（スキーに行く）, go camping（キャンプに行く）, go sightseeing（観光に行く）, go jogging（ジョギングに行く）, go looking for（…を探しに行く）

5 **知覚動詞**＋**目的語**＋**分詞**

ある日，ケンは学生たちがキャンパスを走っているのを見た。

答 One day, Ken saw some students (~~to run /~~ running) across the campus.

POINT 1 〈**知覚動詞**＋O＋**現在分詞**〉 see / watch (見る), hear / listen to (聞く), observe (観察する), feel (感じる) などの知覚動詞は第 5 文型 (SVOC) で用いられる場合，C に分詞が使われることがある。**知覚動詞**＋O＋**現在分詞** の形で「O が…しているのを見る / 聞く / 感じる」という意味になる。本問では，「生徒が走っている」という能動的な意味を表しているので，running が正解となる。

POINT 2 〈**知覚動詞**＋O＋**過去分詞**〉 **知覚動詞**＋O＋**過去分詞** の形で「O が…されるのを見る / 聞く / 感じる」という意味になる。次の例文では「(自分の名前が) 呼ばれる」という受動的な意味を表すので，過去分詞の called が使われている。

例 I **heard my name called** by someone. ……… 北海道薬科大学

誰かに**名前を呼ばれるのが聞こえた**。

POINT 3 〈**知覚動詞**＋O＋**原形不定詞**〉 知覚動詞は目的語の後ろに補語として原形不定詞を用いることもある ☞ CHAPTER 8。次の例文のように，原形不定詞の場合は動作の一部始終 (走り始めから逃げ去るまで) を見たという意味になる。一方，本問のように現在分詞の場合は動作の途中 (走っているところ) を見たという意味になる。

例 A security guard saw the man **run** from the museum with a musical instrument. ……… ★電気通信大学

男が楽器を持って博物館から**走り去る**のを警備員が目撃した。

6 make＋O＋**過去分詞**

残念ながら，私は英語で自分を理解してもらうことができなかった。

答 Unfortunately, I couldn't make myself (~~understanding /~~ understood) in English.

POINT 1 **〈make＋O＋understood〉** make＋O＋understood の形で「O を理解されるようにする」という意味を表す。understood という過去分詞が使われる場合，「自分自身を理解された状態にする」→「自分の意志を伝える」となるように，受動的な意味合いが元となることに注意しよう。したがって，本問では understood が正解となる。

POINT 2 **〈make＋O＋heard〉** make＋O＋heard の形で「O を…聞かれるようにする」という意味を表す。「自分自身を聞かれるようにする」→「自分の声を聞かせる」となるように，heard においても受動的な意味合いが根底にある。

例 To **make myself heard**, I had to shout. ……………… 明治薬科大学
自分の声を伝えるには，大声を出すしかなかった。

7 分詞構文の使い方

彼は興奮気味に手を振りながら，元気よく挨拶してくれる。

答 (~~Wave /~~ Waving) to me excitedly, he greets me in high spirits.

POINT 1 **〈分詞構文の働きと意味上の主語〉** 分詞が副詞の働きをし，文 (主節) に何らかの情報を付け加える表現を分詞構文という。分詞構文の意味上の主語は主節の主語と同じであることを覚えておこう。本問では，主節に「手を振りながら」という能動的な情報を付け加えているため，現在分詞の waving が正解となる。原形である wave では命令文の形となり，接続詞がなければ 2 つの文をつなぐことができないので誤りとなる。

POINT 2 **〈分詞構文がつなぐ意味は?〉** 分詞構文は主節 (S＋V ...) と分詞句 (*doing*) の 2 つの文がカンマを挟んで並んでいるため，読み手が文のつながりを捉えることになる。本問では，wave(手を振る) と greet me(私に挨拶する) という 2 つの行為が同時に行われている点に注目しよう。あることと別のことを同時にしていることを表す分詞構文の用法のことを付帯状況と呼ぶ。

8 完了形の分詞構文

大学を卒業してから，ケンは自分の専門分野での研究を深めるために大学院へ行った。

答 (Having finished ~~/ Having been finished~~) his basic college education, Ken went to graduate school for further study in his field.

POINT 1 **〈having＋過去分詞〉** 分詞の表す「時」が主節の「時」よりも以前であることを確認する場合には having＋過去分詞を使う。本問の分詞句が表す出来事「ケンが大学を卒業した」は，主節が表す出来事「大学院に進学した」よりも以前であることがわかる。そのため，having finished が正解となる。受け身の意味を持つ Having been finished は直後に目的語 (his basic college education) を置くことができないので誤りとなる。

POINT 2 **〈完了形の分詞構文を使う必要がない場合〉** 時の前後関係を強調する必要がない場合や文脈から前後関係が明らかな場合には完了形の分詞構文を使う必要はない。次の例文では，分詞句「眠ることができなかった」のは主節「雨音を聞きながら横たわる」時よりも「前」あるいは「同時」なので，時の前後関係は強調されていない。したがって，完了形の分詞構文 Having been を使わずに形容詞の unable が文頭に置かれている形となっている。

例 **Unable to sleep**, he lay listening to the spray dashing against the window. …… 早稲田大学
眠ることができず，彼は窓を激しく叩きつける雨音を聞きながら横になっていた。

9 分詞構文の否定語の位置

何を言っていいのかわからなかったので，黙っていた。

答 （ Not knowing ~~/ Knowing not~~ ） what to say, I remained silent.

POINT 1 〈分詞構文の not の位置はどこ?〉 分詞構文の否定形は not や never を使って行う。否定語が not の場合には分詞の直前に not を置く。否定語が never の場合は ☞ STANDARD 6。本問では，分詞構文を not で否定するため，分詞の直前に not を置く Not knowing が正解となる。

POINT 2 〈文末に置かれる否定の分詞構文〉 文末に否定の分詞構文を使うと，「…しないまま」「…していない状態で」のような付帯状況の解釈になることが多い。

例 After the author's lecture, the students remained slient, **not knowing** what questions to ask. ★芝浦工業大学
著者の講演の後，どんな質問をすればいいのか**わからないまま**，学生たちは黙っていた。

STANDARD

1 形容詞化した分詞

彼女は恥ずかしさのあまり，両手で顔を隠している。

答 （ She / is / so / embarrassed / that ） she is hiding her face in her hands.

POINT 〈so ＋ 形容詞 ＋ that〉 so ＋ 形容詞 ＋ that は「程度」や「結果」を表す接続詞として用いられる。過去分詞の embarrassed は動詞の意味合いが薄れて形容詞として使われている。話し言葉では so ... that ... の that を省略することが多いので覚えておこう。

2 分詞形容詞

製氷皿に入れた場合，冷たい水よりも熱い水の方が早く凍るというのは，意外な事実です。

答 （ It / is / a / surprising / fact / that ） hot water can freeze faster than cool water in an ice tray.

POINT 1 〈surprising か surprised か?〉 surprise は「…を驚かせる」という意味を持つ ☞ BASIC 2。本問では直後に置かれる名詞 fact を修飾するため，「驚かせる事実」のように「人に感情を引き起こす」意味合いの現在分詞 surprising が使われる。本問では，形式主語の it と that の関係に注目して It is a surprising fact that としよう。

POINT 2 〈形式主語の it〉 本問の文頭には形式主語の it が使われている。不定詞や that 節が主語になる場合，主語の位置に it を形式的に置き，不定詞や that 節を文末に置くことが多い。これにより，主語が長くなるのを防ぐとともに，文末焦点の原則に従って重要な情報を文末に置くことで情報の流れを良くする役割を果たしている。 ☞ CHAPTER 8

3 第 2 文型の補語になる分詞

そのサッカー選手は痛みをこらえながら，試合終了までプレーを続けた。

答 The footballer put up with the pain and （ kept / playing / until / the end / of / the match ）.

POINT 1 〈keep ＋ C〉 keep ＋ 現在分詞 は「…している状態のままである」「…し続ける」という意味を持つ ☞ BASIC 3 POINT 2 。本問では，現在分詞 playing は keep の補語として The footballer の様子や状態を説明していることに注目しよう。したがって，keep playing に期間を表す until 句を続けて並べると正解となる。

POINT 2 〈keep ＋ C か remain ＋ C か?〉 keep ＋ 現在分詞 の他に，remain ＋ 過去分詞 も「…された状態のままである」という同じような意味を持つ。keep ＋ 現在分詞 は「S が意識的に状態を保つ」という能動的な意味を表すのに対して，remain ＋ 過去分詞 は「S が依然として状態を保たれている」という受動的な

意味を表すという違いがある。

例 The amount of water on the planet has **remained unchanged** for billions of years. ……中村学園大学

地球上の水の量は，数十億年もの間**変わっていない**のです。

4 have / get ＋ O ＋ 過去分詞

昨日，私は買い物をしているときに自転車を盗まれた。

答 Yesterday, (I / had / my / bicycle / stolen) while I was doing some shopping.

POINT 1 〈被害を表す have ＋ O ＋ 過去分詞〉 have ＋ O ＋ 過去分詞 の形で「使役」と「被害」の用法があり，「O を…してもらう / …させる / …される」という意味を表す。本問は「私」にとって望ましくないことが生じていることから，「…される」という被害の意味で捉えよう。したがって，I had my bicycle stolen という語順になる。盗まれたものを主体にした場合，My bicycle was stolen. という言い方も可能。しかし，× I was stolen my bicycle. は誤りなので注意しよう。

POINT 2 〈使役を表す have ＋ O ＋ 過去分詞〉 使役を表す have ＋ O ＋ 過去分詞 は，仕事を依頼している業者や専門家など，社会的立場の違いから正当な依頼関係が成立する者に対して用いられ，「S が当然…してもらう立場にある」場合によく使う。

例 I **had** my hair **cut** very short. ……☆東洋大学
私は髪の毛をとても短く**切ってもらいました**。

POINT 3 〈get ＋ O ＋ 過去分詞 との違い〉 get ＋ O ＋ 過去分詞 は使役を表す場合，説得などを伴って have よりも困難で努力が必要な場合に使われる傾向がある。また，被害を表す場合は，偶然に生じた事故や S にもその責任があると考えられる場合に使われる傾向がある。次の例文では，かなり古い車を綺麗な状態に復元するという文の流れから，get ＋ O ＋ 過去分詞 が使われている。

例 I just **got** my vintage car **repaired** and **painted**. ……★目白大学
私のヴィンテージカーの**修理と塗装をしてもらった**。

5 接続詞がついた分詞構文

ジョージア州の農場に友人たちと滞在している際に，彼は農家の人たちが大きな問題について話しているのを耳にした。

答 (While / staying / with / some / friends / on / a farm) in Georgia, he listened to the farmers talking about their big problem.

POINT 1 〈接続詞 ＋ 分詞〉 分詞構文はカンマを挟んで 2 つの文をつなぐため，意味的な関係が曖昧になることがある。このため，主節とのつながりをはっきりさせるために，分詞の前に接続詞を置くことがある。したがって，本問では接続詞 while を分詞の前に置き，While staying ... という語順となる。これにより，1 つの行為と同時に別の行為が進行している状況をはっきりと伝えている。

POINT 2 〈その他の接続詞の場合〉 分詞の前に置かれる接続詞は while の他にも when / whenever / until / if / unless / though / although などがある。次の例文では when が watching の前に置かれることにより，「時」を表す分詞構文であることをはっきりと伝えている。

例 **Even when watching** others' faces in real time on a screen, learners can feel less involved and less motivated. ……明治学院大学
スクリーンで他人の顔をリアルタイムに**見ていても**，学習者は参加意識が薄れ，モチベーションが下がってしまいます。

after や before の後ろにも *doing* が置かれることがあるが，この場合の after や before は前置詞で *doing* は動名詞となることが多い。

6 never を伴う分詞構文

このような扱いを受けたことがなかったので，ルーシーは非常に怒った。

答 Never (having / been / treated / like / this), Lucy got extremely angry.

POINT 1 **〈never の位置はどこ?〉** 否定語が never の場合は分詞の前にも後ろにも置くことができるが，never having とする方が一般的である。本問では，否定語の never があらかじめ文頭に置かれているため，後ろには having been treated ... のように完了形の分詞構文の形に並べよう。

POINT 2 **〈原因・理由を表す分詞構文の完了形〉** 完了形の分詞構文は原因・理由を表す解釈になることが多い。本問の文は，Because Lucy had never been treated like this, she got extremely angry. のように接続詞 because を使ってほぼ同じ意味で書き換えることができる。

7 慣用的な分詞構文

この暑さでは勉強もはかどりませんね。暑いと言えば，明日の夕食の予定はありますか?

答 It is hard to study in this heat. (Speaking / of / the / heat), do you have any dinner plans tomorrow?

POINT 1 **〈慣用的な Speaking of ...〉**「…と言えば」という意味を表す Speaking of などの慣用的な分詞構文では，分詞句の主語は話し手や一般の人々など，あえて特定せずとも文脈上で明らかな人物であることから主語を表示せずに用いる。なお，通常の分詞構文では，分詞句の主語と主節の主語が異なっている場合は，分詞句の意味上の主語を明示する。これを独立分詞構文と呼ぶ。これについては **ADVANCED 7** で詳しく見ていく。

POINT 2 **〈話題変換の役割をするSpeaking of ...〉** Speaking of は前の文脈の話題や単語をそのまま受けて,「…と言えば」というように別の話題へと転換する役割を果たす。本問では，直前で「この暑さ」について述べており,「暑さと言えば，明日の食事の予定はありますか?」と全く別の話題に転換していることがわかる。

POINT 3 **〈Speaking of which, と Speaking of, 〉** この用法では，Speaking of の後ろに関係代名詞 which を置いて先行詞を受けることができ，さらには Speaking of, のみで直前の文脈全体を漠然と受けることもできる。次の例文では，Jane の dirty という言葉を関係代名詞 which で受け，Speaking of which, を使ってジェーンの手の汚れに話題を移している。

例 Jane: Cats don't like to get dirty. ☆山口大学
John: **Speaking of which,** look at your hands! They are turning brown.
ジェーン：猫は汚れるのが嫌いですからね。
ジョン：**汚れると言えば，**君の手を見てごらん!茶色くなってるよ。

8 with＋O＋現在分詞 / 過去分詞

外にある，エンジンがかかって助手席に女性が座っている車を指差した。

答 He indicated (a car outside / with / the / engine / running) and a woman in the passenger seat.

POINT 1 **〈with＋O＋現在分詞〉** with＋O＋現在分詞 は「O が…している状態で」という付帯状況を表す。この場合，前置詞 with の目的語 (O) は現在分詞の意味上の主語になる。本問では，目的語の the engine が running（動いている状態）という能動的な内容を表しているので，with the engine running という語順になる。

POINT 2 〈with＋O＋過去分詞〉 with＋O＋過去分詞は「O が…されている状態で」という意味で，現在分詞と同様に付帯状況を表す。次の例文では，his eyes（彼の目）が closed（閉じられている）のように受動的な意味を表すので，過去分詞 closed が用いられる。

例 Because he was very tired, he was lying on the sofa **with his eyes closed**. …… 獨協医科大学
彼はとても疲れていたため，**目をつぶって**ソファに横になっていた。

POINT 3 〈with＋O＋形容詞 / 副詞〉 分詞の代わりに形容詞や副詞が使われることがある。次の例文は副詞の on が使われており，「テレビをつけっぱなしの状態で」という意味を表す。

例 Don't fall asleep **with** the TV **on**. …… ☆創価大学
テレビをつけっぱなしで寝ないように。

9 be＋busy＋現在分詞

彼は 30 歳まで父親の手伝いで忙しく働いていた。

答 He was (busy / working / with / his father) until the age of 30.

POINT 1 〈be＋busy＋現在分詞〉 be＋busy＋現在分詞の形で「…するのに忙しい」という意味を表す。本問では，be 動詞の was が置かれていることに注目し，直後は busy working with his father という語順となる。

POINT 2 〈現在分詞を使った様々な表現〉 現在分詞を使った様々な表現は次のとおり。

> have trouble *doing*（…するのに苦労する）, have fun *doing*（…して楽しむ）,
> have difficulty *doing*（…するのが難しい）, spend O *doing*（…することにO（お金 / 時間）を費やす）,
> waste time *doing*（…して時間を浪費する）

例 I helped a foreign tourist who **had trouble finding** his way back to the hotel. …… 神田外国語大学
ホテルへの帰り道が**わからず困っていた**外国人観光客を助けました。

ADVANCED

1 第 5 文型の補語になる分詞

30 代も終わりに近づき，自分の人生を振り返っている自分に気がつきました。

答 As my thirties came to a close, I found (myself) (reflecting) on my life.

POINT 1 〈find＋O＋C（分詞）〉 see や hear などの知覚動詞と同じように，find も第 5 文型（SVOC）の補語（C）として分詞を伴うことがある ☞ BASIC 5。現在分詞や過去分詞を補語に置き，find O *doing* / *done*（O が…しているのに / されているのに気づく / わかる）という意味を表す。本問では，「自分自身が振り返っていることに気づく」ことから，自分自身を表す myself と能動的な意味を表す現在分詞の reflecting を入れて第 5 文型を完成させよう。

POINT 2 〈S＋V＋O＋C（分詞）〉 第 5 文型の C の位置に分詞をとる動詞の代表的なものは次のとおり。

> keep O *doing* / *done*（Oが…している状態を保つ / …されている状態を保つ），
> leave O *doing* / *done*（Oが…している状態のままにしておく / …されている状態のままにしておく）

例 It was careless of the old man to **leave the door unlocked**. …… ★日本大学
ドアに鍵をかけておかなかったのは，老人の不注意だった。

2 make ＋ O ＋ 過去分詞

自分の言っていることをより理解してもらえるように，簡単な表現を使いましょう。

答 Use simple expressions in order to make (yourself) (understood) better.

POINT 1 〈make ＋ *oneself* ＋ understood〉 make も第 5 文型の補語として過去分詞を伴うことがある ☞ BASIC 6。過去分詞の understood（理解された状態）の場合は，make ＋ O ＋ understood の形で「O を理解してもらう」という意味を表す。したがって，本問では understood を入れることがわかる。

POINT 2 〈命令文に用いられる再帰代名詞〉本問では，動詞の use が原形で文頭に置かれ，一種の命令文の形をとっていることに注目しよう。命令文は目の前の相手（you）に向かって言っていることが明らかなので，通常は you を主語に置くことはない。本問でも目の前の相手が主語になっていることから，目的語には再帰代名詞の yourself が入ることになる。

3 being を伴う分詞構文

緊張していたので，彼女は先生に何も言えなかった。

答 (Being) (nervous), she could not say a word to the teacher.

POINT 〈過去分詞で始まる分詞構文と省略可能な文頭の Being〉受動的な意味を持つ分詞構文は being ＋ 過去分詞 で表され，Being ＋ 過去分詞 や being が省略された過去分詞から始まる分詞構文は「原因・理由」を表すことが多い。本問では，空所が 2 つあるので nervous の前に分詞 Being を入れると良い。文頭に Being が来る分詞構文は，その being は省略される傾向にある。その結果として，過去分詞 / 形容詞 / 名詞が文頭に来る場合がある。

例 **Shocked**, the Simons hurried down the mountain to tell the police. ……… 関西大学
ショックを受けて，サイモン夫妻は急いで山を下りて警察に知らせた。

4 条件・譲歩を表す分詞構文

空から見ると，その建物は修繕が必要です。

答 (Seen) from the sky, the building needs repairing.

POINT 1 〈条件を表す分詞構文〉分詞構文は「もし…ならば」という条件を表すことがある。特に過去分詞で始まる文では，意味上の主語に注意が必要である。本問では，分詞句の意味上の主語は the building であるため，受動的な意味の seen（（建物は）見られると）となる。日本語の「空から見ると」につられて「人」を主語だととらえないように気をつけよう。したがって，過去分詞の Seen が正解となる。

POINT 2 〈譲歩を表す分詞構文〉 POINT 1 の他にも，「…だけれども」という譲歩を表す分詞構文がある。分詞として使われる動詞は状態動詞が多く，主節には逆接や譲歩を表す副詞 still / nevertheless / nonetheless / all the same などが置かれることが多い。次の例文では，still に注目して譲歩の分詞構文の使い方を確認してみよう。

例 **Admitting** there is some truth in what you say, I **still** think you are, on the whole, mistaken. ……… ★関西医療大学
おっしゃることは**もっともですが**，私は**やはり**全体的に間違っていると思います。

5 独立分詞構文

異論がなかったので，彼は当社のコンサルタントとして採用されることに決まりました。

答 (There) (being) no objection, they decided to employ him as a consultant of our company.

POINT 1 〈独立分詞構文の使い方〉これまでに見たように，「分詞構文の意味上の主語」=「主節の主語」と関係が成り立つ場合，分詞の主語は明示しない。しかし，分詞構文の意味上の主語と主節の主語が一致しない場合，分詞の直前に意味上の主語を置く。このように，分詞句の前に主語を伴う分詞構文のことを独立分詞構文と呼ぶ。本問では，主節の主語は they であるが，分詞句は「異論がなかったので」という日本語から判断して存在を表す There 構文を使う。したがって，存在の意味を持つ be 動詞を分詞にした being の前に There を主語に置いた There being ... が正解となる。

POINT 2 〈存在を表す There 構文〉文型と動詞でも見たように，There 構文に現れる there には「ある / いる」という意味はなく，形式的な主語の働きをしているのみである。意味上の主語は動詞の直後にくる名詞（句）であり，単複の一致もその名詞に従う。There 構文が持つ存在の意味は，be 動詞が表す存在の意味であることに注意しよう。次の例文では there の動詞が exist であり，be 動詞と同様に存在の意味を表している。

例 **There exist** highly privileged children in our society who cannot or will not read. ★愛知大学

私たちの社会には，本を読めない，あるいは読もうとしない，非常に甘やかされて育った子供たちが**存在する**。

6 分詞を使った慣用的な表現

社会の多様性を考えれば，学校は行事日程に多様な文化の祝日を含めることが望ましい。

答 (Given) (the) (diversity) (in) society, schools should include various cultures' holidays in their schedules.

POINT 1 〈Given を使った表現〉過去分詞 Given を文頭に置いて「…を考慮してみると」という表現がある。このような分詞は慣用化が進んだことで，学習英和辞典では前置詞または接続詞的用法として分類されている。本問では,「社会の多様性を考えれば」という日本語から Given the diversity in と入れよう。

POINT 2 〈the diversity か a diversity か?〉「多様性」を意味する diversity には定冠詞（the）と不定冠詞（a / an）のどちらをつければ良いだろうか?本問では，in society（社会のなかで）という場所における diversity を限定的に指しているため，定冠詞の the をつけると良い。a diversity in society とすると「社会の中に数ある多様性の中のどれか一つの多様性」を取り上げる解釈となり，この文脈では意味を成さないので誤りとなる。

POINT 3 〈その他の慣用的な表現〉Given の他にも慣用的な表現として Considering（…を熟慮すると）や Regarding（…に関して）も覚えておこう。given と同様に，これらも前置詞なので覚えておこう。

例 **Considering** the long history of life, dinosaurs are not very old animals. … 広島修道大学
長い生命の歴史を**考えると**，恐竜はそれほど昔の動物ではありません。

7 独立分詞構文

天気が良ければ，ピクニックをする予定です。

答 We are going to have a picnic, (weather) (permitting).

POINT 〈独立分詞構文のおさらい〉本問は独立分詞構文の問題である ☞ ADVANCED 5 POINT 1。本問では，主節の主語は we であるが，日本語から判断して分詞句の主語として weather を置く。「天気が良ければ」は permit を使って表すことができ，「天気が許せば」と考えられるので現在分詞の permitting とする。したがって，独立分詞構文の weather permitting が正解となる。

8 慣用的な独立分詞構文

一般的に言えば，日本人は雨に濡れることをあまり好まない。

答 (Generally) (speaking), Japanese people do not really like to get wet when it rains.

POINT 〈Generally speaking〉 慣用的な分詞構文では，分詞句の主語は話し手（I や we）や一般の人々（you や they）などを意味することから，慣習的に主語を示さない ☞ STANDARD 7。本問では，「一般的に言って」という日本語を手掛かりにして Generally speaking を入れよう。その他の慣用的な分詞構文の例は次のとおり。

frankly speaking（率直に言って）, strictly speaking（厳密に言えば）, judging from / by（…から判断すれば）

例 **Judging from** the sky, it is likely to rain soon. ……… 愛知医科大学
空模様**から判断すると**，もうすぐ雨が降りそうだ。

9 There 構文に続く分詞

台風が来ていて，ここ 10 年で一番ひどいと言われているんです。

答 There (is) (a) (typhoon) (coming), and they say it's the worst in 10 years.

POINT 1 〈There ＋ be ＋ 名詞 ＋ 分詞〉 There 構文の名詞の後ろに分詞を続けて，その名詞がどういう状態で存在しているのかを表すことがある。本問では，There が文頭に置かれていることに注目し，「近づいてきている状態の台風がある」という意味で捉えると良い。typhoon は可算名詞なので，不定冠詞の a を忘れないようにしよう。したがって，There is a typhoon coming が正解となる。

POINT 2 〈typhoon か hurricane か cyclone か?〉 日本語で「台風」と呼ばれる「熱帯低気圧」を意味する気象現象は，英語では typhoon / hurricane / cyclone などの呼び方がある。これらは全て同じ「熱帯低気圧」のことを指しており，発生した場所によって呼び方が異なる。発生した場所がそれぞれ，日本を含む北西太平洋であれば typhoon，アメリカを含む北大西洋・北太平洋中部・北太平洋東部であれば hurricane，そしてインドを含むインド洋やオーストラリア付近の南太平洋であれば cyclone となる。

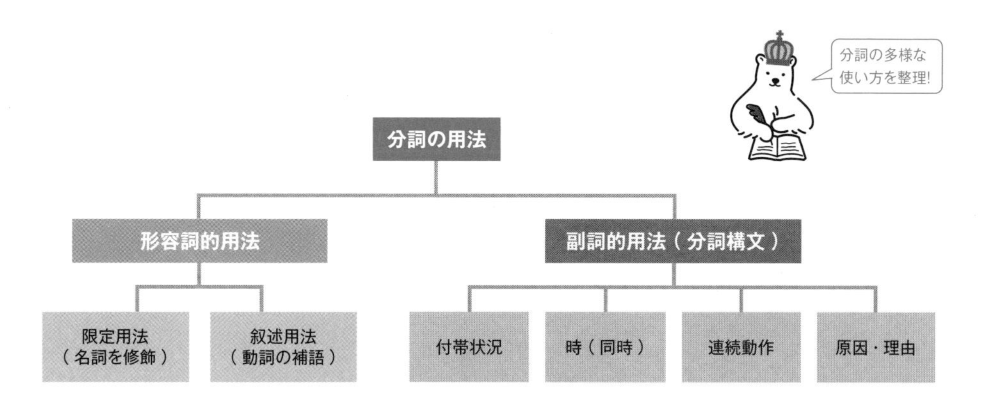

CHAPTER 11 比較 原級，比較級，最上級（基本）

Key Grammar & Constructions

英語の比較表現（基本）

◆原級による比較

〈as＋形容詞 / 副詞の原級＋as〉の形で，2つの比較対象が「**同じくらい…**」であることを表す。

例 My brother is as tall as I (am).（弟は私と**同じくらい背が高い**です）

弟と私が「背が高い」ことを必ずしも意味するものではなく，あくまでも「同じくらいの背の高さである」ことを表す表現。

原級…形容詞 / 副詞が語形変化を伴わない（そのままの形の）もの。

◆比較級による比較

〈形容詞 / 副詞の比較級＋than〉の形で，2つの比較対象のうち，「**比べる対象が比べられる対象よりも…**」を表す。

例 Your bike is newer than mine.（あなたの自転車は**私のより新しい**です）

比較級…1音節（単語の中にある母音の数が1つ）の語や -y, -er, -ow, -le などで終わる2音節の語の一部では〈原級＋er〉の形，それ以外の語では〈more＋原級〉の形で「より…」の意味を表す。

◆最上級による比較

〈the＋形容詞 / 副詞の最上級〉の形で，3つ以上の比較対象のうち，「**比べる対象がいちばん…**」を表す。

例 He is the tallest in the class.（彼はクラスで**いちばん背が高い**です）

最上級…1音節の語や -y, -er, -ow, -le などで終わる2音節の語の一部では〈原級＋est〉の形，それ以外の語では〈most＋原級〉の形で「いちばん…」の意味を表すもの。

※1音節だが more, most を伴う語（bored / real / right / tired / wrong など）や，2音節で -er / more, -est / most のどちらの形も取る語（angry / clever / common / polite / simple / stupid など），意味によって比較級，最上級の形が変わる語（late / old / far など），不規則な変化をする語（good / well / bad / badly / ill / many / much / little など）もある。つづりの確認と合わせて，辞書を引く習慣をつけるようにしよう。

BASIC

1 not as / so＋原級＋as

科学者たちは，ゾウはチンパンジーほど賢くはないと結論づけました。

答 Scientists concluded that elephants are (not as smart as / ~~as not smart as / as smart as not~~) chimpanzees.

POINT 1 〈原級による比較の否定〉as＋形容詞 / 副詞の原級＋as の形で，2つの比較対象が「同じくらい…」を表すが，1つめの as の前に not を置くことで，後に続く要素が否定され，「同じくらい…というわけではない」という意味になる。本問では，as smart as ...「…と同じくらい賢い」を否定するので，not を前に置いて not as smart as が正解となる。

POINT 2 〈2つの as の働き〉1つめの as は，元々 all so（まったく同様に）が，also を経て as に変化したもので，

「同じくらい…」を表す副詞である。また，2つめのasは，as＋**形容詞** / **副詞の原級**＋asの前後の文を結ぶ接続詞である。

例 You are as tall as he (is) ~~tall~~.
副詞「同じくらい…」 接続詞 S V ×（置かない）

あなたは彼と同じくらい背が高いです。

2つめのasは接続詞なので，後には**主語**＋**動詞**が続くのが原則であるが，誤解が生じない場合は省略される場合もある。その場合，主格の代名詞（上の例ではhe）だけが残るのはかたい印象を与える。また，くだけた文ではYou are as tall as him. と2つめのasの後ろに代名詞の目的格が置かれることもあり，このasは前置詞として扱われる。

POINT 3 〈not so＋**原級**＋as〉原級による比較の否定文では，1つめのasの代わりにsoが置かれ，not so＋**形容詞** / **副詞の原級**＋asとなることもある。ただし，**POINT 2**で述べたように，1つめのasはall soから変化したものであり，not so＋**形容詞** / **副詞の原級**＋asの形は少し古風でかたい印象がある。現在ではnot as＋**形容詞** / **副詞の原級**＋asの形が圧倒的に多く使われている。

例 She is not so experienced as he is. ……… 中央大
彼女は彼**ほど経験豊富ではありません**。

2 as＋many / much＋名詞＋as

科学技術は，それによって解決するのと同じくらい多くの問題を生み出すことがよくあります。

答 Technology often creates (~~problems as many as~~ / as many problems as / ~~many as problems as~~) it solves.

POINT 1 〈as＋many＋**可算名詞の複数形**＋as〉2つの比較対象の数が同じくらいであることを表すには，as＋many＋**可算名詞の複数形**＋asの形を用いる。manyは可算名詞を修飾する形容詞であり，可算名詞の前に置いて名詞の内容を限定しなければならない。×**可算名詞の複数形**＋as＋many＋asとしないように注意しよう。本問では，科学技術が生み出す問題の「数」と，科学技術が解決する問題の「数」が同じくらいであることを表すので，可算名詞のproblemsの前にmanyを置いて，as many problems asが正解となる。

POINT 2 〈as＋much＋**不可算名詞**＋as〉2つの比較対象の量が同じくらいであることを表すには，as＋much＋**不可算名詞**＋asの形を用いる。muchは不可算名詞を修飾する形容詞であり，不可算名詞の前に置いて名詞の内容を限定しなければならない。こちらも×**不可算名詞**＋as＋much＋asとしてしまいがちなので注意しよう。

例 Some countries don't get as much rain as before. ……… 東京経済大
以前**ほど多くの雨**が降らない国もあります。

beforeの前にはthey didが省略されている☞ BASIC 1 POINT 2。

3 意味によって比較級・最上級の形が異なる語

女性は男性よりも心臓病の発症が遅い傾向にあると考えられています。

答 It is thought that women tend to experience heart disease (~~late~~ / later / ~~latter~~) than men do.

POINT 1 〈laterかlatterか〉意味によって比較級・最上級の形が異なる語がある。lateは「時間の遅さ」を表す場合にはlate-later-latestと変化するが，「順序が後」を表す場合にはlate-latter-lastと変化する。本問では，男性に比べて女性が心臓病を発症する「時期 / 時間がより遅い」ことを表すので，later

が正解となる。

例 The survey does not include data from the latter part of the 1990s. ……… 北里大
この調査には **1990 年代後半**のデータは含まれていません。

latter は「順序が後」の部分を指す。

POINT 2 **〈意味によって比較級・最上級の形が異なる語の例〉** 意味によって比較級・最上級の形が異なる語には，以下のようなものがある。

原級		比較級	最上級
late	「(時間が) 遅い」	later	latest
	「(順序が) 後ろの」	latter	last
old	「古い / 年月を経た」	older	oldest
	「(兄弟姉妹などが) 年上の」	elder older	eldest oldest
far	「(距離が) 離れて」	farther / further ※	farthest / furthest ※
	「(程度が) 大いに」	further	furthest

※イギリス英語では，距離・程度いずれの場合も further，furthest を用いる傾向がある。

例 New York to Los Angeles is farther than Lisbon to Cairo. ……… ☆明星大
ニューヨークからロサンゼルスは，リスボンからカイロ**よりも遠い**です。

POINT 3 **〈than に続く形〉** than は「…と比べて」を表す接続詞である。as と同様に，後には 主語 + 動詞 が続くのが原則であるが，誤解が生じない場合は省略される場合もある。その場合，主格の代名詞だけが残るのはかたい印象を与える。また，くだけた文では You are taller than him. と than の後ろに代名詞の目的格が置かれることもあり，この than は前置詞として扱われる。文脈から何と何を比べているのかが明らかな場合は，than 以下が省略される場合もある。

例 When people look at the details of an image, the left-side of the brain is more activated. ……… ☆早稲田大
人は画像の細部を見るとき，脳の左側が**より活性化され**ます。

more activated の後ろに，文脈から明らかな than the right-side of the brain (is) が省略されている。

4 比較対象を揃える

猫の感覚のいくつかは人間よりも鋭い。

答 Some of a cat's senses are sharper than (~~a human / that of a human /~~ those of a human).

POINT 1 **〈比較対象を揃える〉** 比較の文では，2 つの比較対象が何を基準として比較されているかを意識しなければならない。本問では，「猫の感覚のいくつかは人間よりも鋭い」という日本語が与えられているが，比較されているのは Some of a cat's senses (猫の感覚のいくつか) と the senses of a human (人間の感覚) である。英語では文中で同じ語句の繰り返しをなるべく避けるため，the senses of human の the senses を指示代名詞で置き換える。the senses は複数名詞なので，those で置き換えて those of a human が正解となる。なお，単数名詞を置き換える場合は that にしなければならない。

例 The biological evolution of human beings has been faster than that of any other animal. ……… ☆関西学院大

人間の生物学的進化は，**他のどの動物（の生物学的進化）**よりも速いです。

the biological evolution を that で置き換えている。
日常的な話し言葉では，Some of a cat's senses are sharper than a human's. のように用いられることもあるが，あくまで上記のように比較対象を揃えるのが正式な表現なので，注意しよう。

POINT 2 〈何で置き換えるか〉 **POINT 1** で述べたもの以外に，単数名詞を the one で置き換える場合もある。また，指示代名詞（that / those）を使わずに所有代名詞で置き換えることもできる。

例 Thanks to Nightingale, the death rate in the army was lower than the one among the general population. ★関西大
ナイチンゲールのおかげで軍隊の人々の死亡率は**一般の人々（の死亡率）**よりも低くなりました。

the death rate を the one で置き換えている。

例 The eyes of a dog can take in more images per second than a human's. ★東洋大
犬の目は**人間（の目）**よりも 1 秒間に多くの映像を取り込むことができます。

the eyes of a human を a human's で置き換えている。

5 2つの比較対象の差を具体的に表す表現

平均的なアメリカ人は，平均的な中国人よりも 22 ポンド体重が重いです。

答 The average American is 22 pounds (~~as heavy as~~ / [heavier than]) the average Chinese.

POINT 1 〈 [数・量を表す語句] ＋ [比較級] 〉 2つの比較対象の差がどれくらいなのかを具体的に表すには，[数・量を表す語句]＋[比較級] の形を用いる。本問では，「平均的なアメリカ人の体重」が「平均的な中国人の体重」よりも「22 ポンド分重い」ということなので，22 pounds の後に比較級を置いて heavier than が正解となる。

POINT 2 〈具体的な差を by で表す表現〉 by ＋ [数・量を表す語句] を文末に置くことで，2つの比較対象の差を具体的に表すこともできる。by は元々「…のそばに」を表す前置詞であり，2つの比較対象が「どれくらいそばにあるのか→どれくらい差があるのか」を示す表現である。ただし，[数・量を表す語句]＋[比較級] の方が一般的な表現である。

例 She is senior to me by five years. 駿河台大
彼女は私より **5 歳**年上です。

senior はラテン語の比較級が語源であり，「…より老いた」という意味を持つ語なので，比較級 / 最上級が存在せず，比較対象を示すには than ではなく to を用いる。ただし，一般的には She is five years older than me. を用いる。参考までに，このような語は他に次のようなものがある。

junior（…より若い）, superior（…より優れた）, inferior（…より劣った）, major（…より大きい）, minor（…より小さい）, prior（…より先 / 前の）

6 数・量の差を強調する表現

幼稚園に入る前に，裕福な家庭の子どもは低所得の家庭の子どもよりもずっと多くの単語を聞いているのです。

答 Before they start preschool, children from rich families have heard ([many] / ~~much~~) more words than children from low-income families.

POINT 1 〈数・量の差を強調する表現〉 2つの比較対象の数の差が大きいことを強調するには，many ＋ more ＋ [可算名詞の複数形] の形を用いる。この many は「ずっと / はるかに」を表す副詞であり，more ＋

可算名詞の複数形（より多くの数の…）を修飾している。また，2つの比較対象の量の差が大きいことを強調するには，much＋more＋不可算名詞の形を用いる。このmuchも「ずっと / はるかに」を表す副詞であり，more＋不可算名詞（より多くの量の…）を修飾している。本問では，強調するのは「単語の数の多さ」なので，可算名詞の複数形wordsに着目してmany more wordsが正解となる。「ずっと」という日本語に引きずられて× much more wordsとしてしまいがちなので注意しよう。

POINT 2 **〈far / a lot による数・量の差の強調〉** far / a lotはmore＋可算名詞の複数形，more＋不可算名詞のどちらも強調することができる。また，数・量の差の強調にveryは用いないことに注意しよう。

例 We are consuming far more resources than the earth can sustainably provide. ……☆明治大
（far more resources：可算名詞の複数形）
私たちは地球が持続的に供給できるよりも**はるかに多くの資源**を消費しています。

例 Plankton generate far more oxygen than plants and trees. ……☆東海大
（far more oxygen：不可算名詞）
プランクトンは草木よりも**はるかに多くの酸素**を発生させます。

POINT 3 **〈程度の差を強調する表現〉** 2つの比較対象の程度の差が大きいことを強調するには，比較級の前にmuch / far / a lotなどを置く。また，「さらに / 一層 / より…」を表すには，比較級の前にeven / stillなどを置く。一方，2つの比較対象の程度の差が小さいことを表すには，比較級の前にa little / a bitなどを置く。程度の差の強調にもveryは用いないことに注意しよう。

例 Everybody knows that multiple-choice tests are a lot easier than essay tests. ……同志社大
選択式のテストが論文式のテストよりも**ずっと簡単な**のは誰でも知っていることです。

例 This year's Halloween costumes were even better than last year's. ……中央大
今年のハロウィンの衣装は去年のものより**さらに素晴らしい**ものでした。

例 Her face is a bit more oval than mine. ……☆県立広島大
彼女の顔は私の（もの）より**少し面長**です。

7 theを付けない最上級

道路を走る車の数は月末に最も多くなります。

答 The number of cars on the road is (highest / ~~the highest~~) at the end of the month.

POINT 1 **〈同一の人 / ものの程度を比較する〉** 同一の人 / ものの性質について述べるときは最上級でもtheをつける必要はない。この場合，単にS is 形容詞という形なので，後に名詞を補うことはないことを述べているだけなので，The number of cars on the road is highのhighを最上級にした。本問の場合，「道路を走る車の数」が，「月末」に「最も数が多くなる」ので，highestが正解となる。

POINT 2 **〈副詞の最上級にtheは必要か〉** 3つ以上の比較対象のうち，比べる対象の程度が最も高いことを示す場合でも，副詞の後には名詞が続かないので，本来は副詞の最上級の前にtheを置く必要はない。しかし，今日ではtheが置かれることも多くなっている。一方，POINT 1で述べたように，同一の人 / ものの程度を異なる条件で比較し，ある条件において程度が最も高いことを示す場合には，副詞の最上級の前にtheを置くことはできない。

例 The increase in weight of the human brain occurs most rapidly in the last third of pregnancy and the first year of life. ……☆明治薬科大
人間の脳の重量増加は，妊娠期間の最後3分の1と生後1年の間に**最も急速に**起こります。

「人間の脳の重量増加」を異なる条件で比較したものであるので，× the most rapidly とすることはできない。

8 最上級の文における比較対象の示し方

創造性は人類の発明の中で最も偉大なものと考えられています。

答 Creativity is considered to be the greatest (~~in~~ / of) all human inventions.

POINT 1 〈in か of か?〉 最上級の文では，比較対象となる相手や範囲を前置詞の in か of で表すことが多い。in は国 / 地域 / 場所 / 集団など，「ある特定の範囲」に対して使う。一方，of は集団を構成する人たちや特定のものの集まりなど「個々の集合」に対して使う。前置詞 in は「(領域 / 空間の) 内部に」を意味する語であり，比較対象を枠組みとして捉え，最上級で表すものがある組織 / 集合の中にあることを示している。前置詞 of は元々 off と同じ「…から離れて＝分離」を意味する語であり，最上級で表すものが比較対象 (複数) の中の一員であり，その中から切り離して取り出すイメージである。本問では，「創造性」は「全ての人間の発明 (したもの)」の一種なので，of が正解となる。

POINT 2 〈in ＋ 単数 か，of ＋ 複数 か?〉 POINT 1 で述べたことを，「彼はクラスで最も背が高いです」という簡単な文を例に考えてみよう。これは，次のように 2 つの形で表すことができる。

例 a. He is the tallest **in his class.**
b. He is the tallest **of the classmates.**
a. 彼は**クラスで**最も背が高い。
b. 彼は**クラスメイトたちの中で**最も背が高い。

a. は「クラス (学級)」という組織の中でいちばん背が高いことを述べており，「ある組織の中で」という特定の範囲の中でのことを述べている。これに対して b. は「クラスメイトたちの中で」という個々のメンバーを比較対象としているのである。つまり，in を使うか，of を使うかは，組織そのものを強調したいか，個別のメンバーを強調したいかの違いである。

STANDARD

1 as ＋ 形容詞 ＋ a / an ＋ 名詞 ＋ as

病気を防ぐのに，野菜は果物と同じくらい重要な役割を担っています。

答 Vegetables play (as) (important) (a) (role) as fruit in protecting against disease.

POINT 1 〈as ＋ 形容詞 ＋ a / an ＋ 名詞 ＋ as〉 原級による比較の文で，1 つめの as に続く内容が a / an ＋ 形容詞 ＋ 名詞 で表される場合は，as ＋ 形容詞 ＋ a / an ＋ 名詞 ＋ as という語順にする。1 つめの as は「同じくらい…」を表す副詞 ☞ BASIC 1 であり，後には as が修飾する，程度を表す語を置かなければならない。本問では，an important role (重要な役割) のうち，程度を表すのは形容詞 important なので，as の後に important を移動して as important a role (as ...) が正解となる。important が移動したことによって，不定冠詞に続く音が母音ではなくなるため，an から a に変わっていることにも注意しよう。

例 By the Saxon period the domestic cat was **as familiar an animal as** it is today, at least in Britain. ★学習院女子大
アングロ・サクソンの時代までには，少なくともブリテンでは飼い猫は現在と**同じくらい身近な動物**になっていました。

a familiar animal (身近な動物) の familiar が移動したことによって，不定冠詞が a から an に変わっている。

POINT 2 〈play a / an ＋ 形容詞 ＋ role〉 play a / an ＋ 形容詞 ＋ role は，「…な役割を果たす」という意味の重要表現である。形容詞の部分には以下のようなものがよく現れる。

「重要な」important / significant / essential / crucial / vital / critical / key / major / leading（主要な），
「中心的な」central，「大きな」big / large / huge / great

例 Sleep **plays a vital role** in thinking and learning. ☆龍谷大
睡眠は思考と学習に**（極めて）重要な役割を果たしています**。

2 差を倍数で表す表現

初のクローン羊であるドリーは，他の大半の羊の半分しか生きられませんでした。

答 Dolly, the first cloned sheep, lived only (half) (as) (long) as most other sheep.

POINT 1 〈倍数表現 ＋ as ＋ 形容詞 / 副詞の原級 ＋ as〉 2 つの比較対象の差を倍数で表すには， 倍数表現 ＋ as ＋ 形容詞 / 副詞の原級 ＋ as の形を用いる。本問では，「ドリーが生きた」のが「他の大半の羊が生きた」のと比べて「半分の長さ」なので，as long as の前に「半分」を表す half を置いて half as long (as ...) が正解となる。「X 倍」は X times で表されるが，「2 倍」の時は two times ではなく twice を用いるのが一般的である。また，as の前に分数を置き，「…分の…（倍）」を表すことができる。英語では，分子を基数（one や two などの数や量を表す数字）で表し，分母を序数（first や second などの順序を表す数字）で表す。分子が 2 以上の場合は分母の序数に -s をつけるので，「3 分の 1」は one(-)third，「5 分の 2」は two(-)fifths となる。ただし，本文のように「半分（2 分の 1）」は half で表す。分数表現は次の具体例で確認しておこう。

例 This lake is **one-fifth as large as** Lake Michigan. 関西医科大
この湖はミシガン湖の **5 分の 1 の大きさ**です。

POINT 2 〈倍数表現 ＋ 形容詞 / 副詞の比較級 ＋ than〉 2 つの比較対象の差を倍数で表すのに， 倍数表現 ＋ 形容詞 / 副詞の比較級 ＋ than の形を用いることもある。アメリカ英語によく見られる形であるが，この形では「2 倍」は two times が用いられ，twice や half は倍数表現＋ as ＋形容詞 / 副詞の原級＋ as の形で用いるのが一般的である。

例 This trumpet is **three times more expensive than** mine. 関西外国語大
このトランペットは私のもの**より 3 倍高価**です。

例 The performance of the new product is **two times higher than** that of the current product. 法政大
新製品の性能は現行製品の **2 倍高い**です。

POINT 3 〈倍数表現 ＋ 名詞〉 比較の文を使わず， 倍数表現 ＋ 名詞 の形で 2 つの比較対象の差を表現することもできる。

例 Greenland is about **three times the size** of Texas. ★東京理科大
≒ Greenland is about three times as large as Texas.
グリーンランドはテキサス州の約 **3 倍の広さ**があります。

3 比較対象を揃える

アメリカの平均寿命は他の先進国に比べて短いです。

答 The average life expectancy in the U.S. is lower (than) (that) (in) other developed countries.

POINT 〈比較対象を揃える〉 比較の文では，2 つの比較対象が何を基準として比較されているかを意識しなければ

ならない ☞ BASIC 4。本問では，the average life expectancy in the U.S.（アメリカの平均寿命）と the average life expectancy in other developed countries（他の先進国の平均寿命）を比較する。the average life expectancy は繰り返しの情報となるため，指示代名詞で置き換えるが，expectancy は単数名詞なので that で置き換える。比較級 lower の後には than を置く。したがって than that in (other developed countries) が正解となる。

4 具体的な差を by で表す表現

ハイブリッド車は普通の車に比べてガソリンの使用量が約 66 パーセント少なくなります。

答 Hybrid cars use (less) gasoline (than) ordinary cars (by) about 66%.

POINT 〈具体的な差を by で表す表現〉2 つの比較対象の差を具体的に表すには，数・量を表す語句＋比較級の形を用いるか，by＋数・量を表す語句を文末に置く ☞ BASIC 5。本問では，「ハイブリッド車がガソリンを使う量」が「普通の車がガソリンを使う量」よりも「約 66 パーセント少ない」ことを表せばよいが，具体的な量を表す語句が文末にあるので，by を使って差を表す。gasoline は不可算名詞であり，「量がより少ない」ことを表すには，little の比較級である less を用いる。したがって，less (gasoline) than (ordinary cars) by (about 66%) が正解となる。なお，可算名詞の「数がより少ない」ことを表すには，few の比較級である fewer を用いる。

例 Continental Europeans now work, on average, 15% **fewer** hours than Americans do. ……… 早稲田大

ヨーロッパ大陸の人々の今日の労働時間は，平均してアメリカ人よりも 15 パーセント**短く**なっています。

5 数・量の差が小さいことを表す表現

彼らは以前より睡眠時間を少し長く取っています。

答 They are getting (a) (little / bit) (more) sleep than they were before.

POINT 1 〈数・量の差が小さいことを表す表現〉2 つの比較対象の数の差が小さいことを表すには，a few＋more＋可算名詞の複数形の形を用いる。また，2 つの比較対象の量の差が小さいことを表すには，a little＋more＋不可算名詞の形を用いる。little の代わりに bit を置いて a bit＋more＋不可算名詞としたり，little と bit を重ねて a little bit＋more＋不可算名詞とすることもある。本問では，「以前より睡眠時間を少し長く」という日本語が与えられているが，文中にあるのは不可算名詞の sleep（眠り／睡眠）なので，量の差が少しであることを表さなければならない。したがって，a little / bit more (sleep ...) が正解となる。

POINT 2 〈bit の意味〉bit は動詞の bite（…を噛む）に由来する語で，「噛み取られた一部分」が原義である。POINT 1 で述べたように，a (little) bit の形で「（程度が）ちょっと／少し」を表す他に，very や quite (a lot) の控えめな表現として用いられることもある。

例 A: How much do you want for this bicycle? ……… ★桃山学院大
B: I think it's worth at least 20,000 yen, but I'll take 15,000.
A: That's a bit expensive for a second-hand bicycle.
A: この自転車をいくらで売ってくれますか。
B: 最低でも 2 万円の価値があると思うけど，1 万 5 千円でいいよ。
A: 中古の自転車にしては**ちょっと高い** / **高すぎ**ですよ。

構文は音読しながら覚えよう!

6 the を付けない最上級

医療従事者の不足は最貧国において最も深刻です。

答 The shortage of health care professionals is (most) (serious) in the poorest nations.

POINT 1 **〈同一の人 / ものの程度を比較する〉** 同一の人 / ものについて最上級を使う場合，最上級の前に定冠詞の the をつける必要はない ☞ **BASIC** 7。本問では,「医療従事者の不足」を異なる条件で比較した際,「最貧国」において「最も深刻である」ので，most serious が正解となる。severe も考えられるが, severer, severest と変化するので不適。

POINT 2 **〈「最貧国」を表す表現〉** poorest nation (最貧国) という言葉を耳にする機会は少なくないが,「最貧」と言いつつも現在の国際連合の定義ではこれに該当する国が 40 か国以上もあることなどから，国際連合では least developed country (LDC) (後発開発途上国) という表現が使われている。

例 For many of the world's least developed countries, exports of coffee account for a substantial part of their foreign exchange earnings. ☆名古屋工業大
世界の**後発開発途上国**の多くにとっては，コーヒーの輸出が外貨収入のかなりの部分を占めています。

7 「最も…な (ものの) 1 つ」を表す表現

実は，豚は最も清潔な動物の 1 つなのです。

答 Pigs are, in fact, (among) (the) (cleanest) animals around.

POINT 1 **〈「最も…な人 / ものの 1 つ」を表す表現〉** 同程度のものが複数存在するなど,断定を避ける場合には「最も…な人 / ものの 1 つ」で表す。これは，英語では one of the + 最上級 + 可算名詞の複数形 の形を用いるのが普通だが,「…の中に含まれる」を表す前置詞 among を使って，among the + 最上級 + 可算名詞の複数形 でも「最も…なうちのひとつ」を表すことができる。本問では，the cleanest (最も清潔な) を入れると空所が 1 つしか残らないので among を入れて，among the cleanest (animals ...) が正解となる。

POINT 2 **〈最上級を伴う名詞の後に続く around〉** 副詞の around は go around などの句動詞で使われることが多いが，少しくだけた表現として，最上級を伴う名詞の後に置いて「同種の人 / ものでは…」「その道では…」「存在して，現存して」という意味を表すことがある。本問では，among the cleanest animals around で「動物の中では最も清潔なものの 1 つ」を表している。

8 the + 序数詞 + 最上級

木星は夜空で 4 番めに明るい天体です。

答 Jupiter is (the) (fourth) (brightest) object in the night sky.

POINT 1 **〈the + 序数詞 + 最上級〉**「X 番めに…な〜」という意味を表すには，the + 序数詞 + 最上級 の形を用いる。本問では,「4 番めに明るい天体」なので the fourth brightest (object) が正解となる。

例 Chad is the fifth largest country in Africa. ☆青山学院大
チャドはアフリカで **5 番めに大きな**国です。

POINT 2 **〈the next + 最上級〉** **POINT 1** で述べたように,「2 番めに…な〜」を表すには the second + 最上級 の形にするが，second の代わりに next を置いて the next + 最上級 の形が用いられることもある。ただし，next は「次に / 次いで」の意味であり，前後に「最も…な〜」の情報があることが多い。

例 Most people in the world have brown eyes. The next most common colors are blue and grey. ☆京都産業大
世界のほとんどの人は茶色い眼をしています。**次によくある**色は青色と灰色です。

ADVANCED

1　not as / so ＋ 原級 ＋ as

かつてクリスマスに贈り物をすることは今ほど重要ではありませんでした。

答 Gift-giving at Christmas was once (not / so / important / as / it / is / now).

POINT 〈not so ＋ 原級 ＋ as〉 not so ＋ 形容詞 / 副詞の原級 ＋ as の形で，「同じくらい…というわけではない」という意味になる ☞ BASIC 1。本問では，「かつてクリスマスに贈り物をしたこと」と「今クリスマスに贈り物をすること」が「同じくらい重要というわけではなかった」という文にするので，Gift-giving at Christmas was once not as important as it (=gift-giving at Christmas) is now. としたいが，語群には as が 1 つしかないので，1 つめの as の代わりに so を置いて not so important as it is とする。

2　as ＋ 形容詞 ＋ a / an ＋ 名詞 ＋ as

マラリアはエイズと同様に重要な問題として認識されるべきです。

答 Malaria should be (considered / as / significant / a / problem / as) AIDS.

POINT 1 〈as ＋ 形容詞 ＋ a / an ＋ 名詞 ＋ as〉 原級による比較の文で，1 つめの as に続く内容が a / an ＋ 形容詞 ＋ 名詞 で表される場合は，as ＋ 形容詞 ＋ a / an ＋ 名詞 ＋ as という語順にする ☞ STANDARD 1。本問では，「同じくらい…」なのは a significant problem（重要な問題）であり，程度を表す形容詞 significant を as の後ろに移動して，Malaria should be considered as significant a problem as AIDS. を作ることができる。なお，受動態の文では動作主を明示する必要がなければ by ＋ 動作主 は置かれないこともおさえておこう ☞ CHAPTER 6。

POINT 2 〈consider の用法〉 他動詞 consider は consider O (to be) C の形（第 5 文型）で「O を C と考える / 見なす / 思う」の意味を表すが，ほぼ同じ意味の regard A as B や think of A as B との混同によって，consider O as C の形が使われることがある。受動態の文では to be や as は省略され，O be considered C の形を取ることが多い。本問でも，considered の後に続く as は consider O as C の as ではなく，as ＋ 形容詞 ＋ a / an ＋ 名詞 ＋ as の as であることに注意しよう。

3　差を倍数で表す表現

2050 年までに，我々は現在の 2 倍肉を食べるようになるでしょう。

答 By 2050, we will be eating (twice / as / much / meat / as / we / eat / today).

POINT 1 〈倍数表現 ＋ as ＋ 形容詞 / 副詞の原級 ＋ as〉 倍数表現 ＋ as ＋ 形容詞 / 副詞の原級 ＋ as の形で，2 つの比較対象の差を倍数で表すことができる ☞ STANDARD 2。本問では，「未来の我々が食べる」のが「現在の我々が食べる」のと比べて「2 倍多くの肉」なので，as much meat as の前に「2 倍」を表す twice を置いて twice as much meat as we eat today とする。
なお，meat は不可算名詞なので量の多さを much で表すこともおさえておこう。

POINT 2 〈倍数表現 ＋ 名詞〉 本問の文を，倍数表現 ＋ 名詞 の形を用いて By 2050, the world will be eating twice the amount of meat (as) we eat / do today. と表現することもできる。

4　比較対象を揃える

じゃがいもの栽培は小麦の栽培より簡単です。

答 The cultivation of potatoes is (easier / than / that / of / wheat).

POINT 〈比較対象を揃える〉 比較の文では，2 つの比較対象が何を基準として比較されているかを意識しなけれ

ばならない ☞ **BASIC** 4, **STANDARD** 3。本問では，「じゃがいもの栽培」と「小麦の栽培」を比較する。the cultivation of potatoes に対応するのは the cultivation of wheat であるが，the cultivation は繰り返しの情報となるため，指示代名詞で置き換える。cultivation は単数名詞なので that で置き換えて easier than that of wheat とする。potatoes に引きずられて × those of ... としないように注意しよう。

5　2つの比較対象の差を具体的に表す表現

平均して，日本人女性はアメリカ人女性よりも5年以上長生きします。

答 On average, Japanese women live (over / five / years / longer / than / those / in / the US).

POINT 〈数・量を表す語句＋比較級〉 2つの比較対象の差を具体的に表すには，数・量を表す語句＋比較級の形を用いるか，by＋数・量を表す語句を文末に置く ☞ **BASIC** 5, **STANDARD** 4。本問では，「日本人女性」が「アメリカ人女性」よりも「5年以上長く生きる」ことを表せばよい。比較対象を揃える必要があるが，Japanese women に対応する American women が語群にないので the women in the US と考え，繰り返しの情報となる the women を指示代名詞に置き換えて those in the US とする。具体的な差の部分は over five years になるので，Japanese women live over five years longer than those in the US. あるいは Japanese women live longer than those in the US by over five years. という文を作ることができるが，by がないので前者が正答となる。

6　最上級で表す意味を強める表現

オンラインメッセージでは笑顔の絵文字が圧倒的によく使われています。

答 Emojis with smiling faces are (by / far / the / most / popular) in online messages.

POINT 1 〈by far＋最上級〉 最上級で表す意味を強めて，「断然 / 抜群に / 圧倒的に…な～」という意味を表すには，by far＋最上級の形を用いる。本問では，「笑顔の絵文字が使われている」程度が「圧倒的に多い」ので，最上級 the most popular の前に by far を置いて by far the most popular とする。

POINT 2 〈最上級で表す意味を強める他の表現〉 by far 以外に，much / far and away / easily / definitely などを最上級の前に置くことで最上級で表す意味を強めることができる。イギリス英語では，by far よりも much の方が好んで用いられる。

例 Ms Jones was much the best applicant. ……… ★京都薬科大
ジョーンズさんは**圧倒的に優秀な志願者**でした。

例 London is far and away the most ethnically and culturally diverse place in Britain. ……… ★関東学院大
ロンドンはイギリスの中で**断然民族的，文化的な多様性がある場所**です。

POINT 3 〈the very＋形容詞の最上級〉 形容詞の最上級の前に the very を置くことで，「まさに / 本当に…な～」という意味を表す。by far / much などと異なり，× very the＋形容詞の最上級という形にはならないことに注意しよう。また，very は most＋原級の形で表される最上級には使わないようにするのが望ましい。

例 It is the responsibility of companies to provide the very best working conditions in order to attract the very best workers. ……… ☆松山大
本当に優秀な人材を集めるために，**本当に良い労働環境**を提供することは企業の責任です。

POINT 4 〈「絵文字」と「顔文字」〉 英語では，スマートフォン等でメッセージを送る際に使う「絵文字」（感情表現用のアイコン）を表す語は emoji である。これは, sushi（寿司）, kimono（着物）, judo（柔道）, manga（マンガ）などと同じく, 日本語が英語に流入して定着したものである。一方, E メールやチャットなどで使われてきた「顔文字」（記号などを使って表す感情表現用のマーク）を表す語は emoticon である。こちらは, emotion（感情）+ icon（アイコン）が合わさって生まれた語である。

7 「最も…な（ものの）1つ」を表す表現

「文化」は人文社会科学において最も難しい概念の 1 つです。

答 "Culture" is (one / of / the / most / difficult / concepts / in) the human and social sciences.

POINT 〈「最も…な人 / ものの 1つ」を表す表現〉「最も…な人 / ものの 1つ」を表すには one of the + 最上級 + 可算名詞の複数形 もしくは among the + 最上級 + 可算名詞の複数形 の形を用いる ☞ STANDARD 7。本問では, 「文化」が「最も難しい概念の 1 つ」なので, 文化と同程度に難しい概念が少なくとも他に 1 つ以上あることになる。したがって, 複数名詞である concepts を用いて one of the most difficult concepts in ... とする。

8 the +序数詞+最上級

メタンは二酸化炭素に次いで多い温室効果ガスです。

答 Methane is (the / second / most / common / greenhouse / gas / after) carbon dioxide.

POINT 1 〈the + 序数詞 + 最上級〉「X 番めに…な〜」という意味を表すには, the + 序数詞 + 最上級 の形を用いる ☞ STANDARD 8。本問では, 「二酸化炭素に次いで多い温室効果ガス」=「（最も多い）二酸化炭素の後, 2 番めに多い温室効果ガス」なので, the second most common greenhouse gas after (carbon dioxide) とする。なお, common（よくある / ありふれた / 共通の）は 2 音節だが -er / more / -est / most のどちらの形も取る語であることに注意しよう（使用頻度は more / most の方が高い）。

POINT 2 〈the next + 最上級〉本問では, 「…に次いで」という日本語が与えられており, after carbon dioxide で「二酸化炭素が最も多い」ことがわかるので, the next + 最上級 の形を用いて, Methane is the next most common greenhouse gas after carbon dioxide. と表現することもできる ☞ STANDARD 8 POINT 2 。

COLUMN 〈more, most 型の 1 音節語〉

例外的に, 1 音節語でも -er, -est の形にならない形容詞（副詞）もあるので注意しよう。

more / most real（より / 最も本当の）
more / most right（より / 最も正しい）
more / most tired（より / 最も疲れた）
more/most like（より / 最も似た）
more/most wrong（より / 最も間違った）
more / most bored（より / 最も退屈そうな）

CHAPTER 12 比較の構文

Key Grammar & Constructions

比較には，さまざまな構文が存在する。本章では，次のようなタイプを取り上げる。

◆**比較の強調**：比較する相手との差が，大きかったり小さかったりすることを強調して表すことがある。差が大きい場合は much / far / a lot などを，差が小さい場合は a little / a bit などを，比較級の前に置く。

例 He was **much / a little taller** than the other students.
（彼は他の生徒よりはるかに / 少し背が高かった）

◆**比較 and 比較**：程度がだんだんと増えたり，減ったりすることを表すときは，比較級を and でつないでくり返す。

例 He is getting **taller and taller**.（彼はどんどん背が高くなっている）

◆ **the 比較 ..., the 比較 ...**：「…すればするほど，ますます…だ」のように，2 つの関係しあう動作や状態があり，一方の程度・数・量が変わると，もう一方もそれに合わせて変化することを述べる構文である。

例 **The taller** a building is, **the greater** the risk is.（ビルは高ければ高いほど，リスクも大きくなる）

◆ **A is no more ... than B.**：「A は，B と同じように…ではない」という否定の意味になる。than の後ろに明らかにありえない内容を述べ，それと同じくらい，A もそうではないことを述べる。

例 I **am no more** a genius **than** my father is.
（私の父がそうでないのと同じように，私は天才ではない）

BASIC

1 差が大きいことを表す：much と比較級

彼らは新しい場所に移転したところだ。そこは前の店舗よりずっと大きい。

答 They've just moved into a new place. It's (much / ~~very~~) bigger than the old store.

POINT 1 〈差の大きさを強調する much〉比べるもの同士の差が大きい場合は，比較級の前に，「かなり / ずっと」の意味を持つ much / far / a lot などを置く。問題文では，今の店と過去の店の大きさの差が大きいことを強調するが，このような比較級を強調する機能は very にはないことに注意しよう。

例 The Indian Ocean is **a lot bigger** than the Arctic Ocean. ……… 神戸親和女子大
インド洋は北極海より**ずっと大きい**。

POINT 2 〈more ＋ 形容詞 / 副詞 / 名詞 の場合〉more を使う比較の場合は，強調の語句を more ＋ 原級 の前に置く。× more much ＋ 原級，などの語順にしないことに注意。

例 Going to school is **much more important** than doing a part-time job. …… ★実践女子大
学校に行くことは，アルバイトをするよりも**はるかに大事**だ。

POINT 3 〈still や even による強調〉比較級の前に置かれた even や still は「さらに / いっそう」という意味になり，比較級を強めることができる。

例 Growing to as long as around 30 meters, it is thought to be the largest animal to have ever lived, **even bigger** than the largest dinosaurs. ……… 広島経済大
その体長は約 30 メートルにもなり，これまでに生息した生物の中で最大と考えられ，最大級の

恐竜よりも**さらにいっそう大きい**とされる。

2 数や量の多さを強調する

A：あなたの学校には男子も女子もいるの?

B：うん，いるよ。でも，女子のほうが男子よりもはるかに多いよ。

A：Does your school have both boys and girls?

答 B：Yes, it does. However, there are ([many more] / ~~much more~~) girls than boys.

POINT 1 〈数の多さを強調する many〉 数の多さを強調し，「…よりもずっと多くの数の…」と言いたいときは，many more ＋ [可算名詞の複数形] の形にする。more の後ろには，名詞の複数形や，people（人々）のような複数を意味する単語がくる。

POINT 2 〈量の多さを強調する much〉 量の多さを強調する場合は，much more ＋ [不可算名詞の単数形] の形にする。

例 We have recently learned how increased rainfall in Greenland is melting **much more ice** than anyone expected. ☆日本女子大

グリーンランドで降雨量が増加し，皆の予想より**はるかに多くの氷**が溶けていることが最近わかった。

3 差が大きいことを表す：by far と最上級

イギリス人は世界で最もたくさんビスケットを食べる。

答 The British are (~~by even~~ / [by far]) the biggest biscuit eaters in the world.

POINT 1 〈差の大きさを強調する by far〉 最上級で表す意味が，他のものよりとび抜けていることを表す場合は，by far（はるかに / 抜群に）や much を最上級の前に置く。この時，much や by far は，the よりも前に置くことに注意。

POINT 2 〈最上級を強調する他の表現〉 最上級を強調する表現には，「断然」を表す easily や，「確かに」の definitely などがある。

例 Christmas was **easily the best** time of year. 成蹊大

クリスマスは一年で，**ずば抜けて最高の**時期でした。

例 She is **definitely the best** person for the job. 中央大

彼女はこの仕事に**間違いなく最適の**人物です。

4 [比較級] and [比較級]：-er タイプ

日が経つにつれて，彼女がだんだん弱っていくのに気づいたので，より注意を払う必要があった。

答 As the days went by, we noticed that she was getting (~~more and more weaker~~ / [weaker and weaker]), so we had to focus more on her.

POINT 1 〈程度が次第に増す〉「だんだん… / ますます…」のように，形容詞や副詞が表す程度 / 数 / 量が次第に増していくことは，[比較級] and [比較級] の形にする。問題文では，weak（弱い）の程度が増していくことを表している。

POINT 2 〈進行形との相性の良さ〉 [比較級] and [比較級] は，徐々に程度が増すことで状態が変化する様子を表すので，getting や becoming といった進行形と一緒に使われることが多い。

5 比較級 and 比較級：数がますます減るタイプ

この 20 年にわたって，公共の場ではゴミ箱が少なくなってきている。

答 Over the last two decades, there are (~~less and less /~~ fewer and fewer) garbage cans in public places.

POINT 1 〈数が次第に減る様子〉可算名詞の「数」が減ることは，fewer and fewer ＋ 可算名詞 の形で表す。問題文では garbage cans（ゴミ箱）の数の現象が話題であり，cans が複数形になっていることもヒントになる。

POINT 2 〈程度 / 量が次第に減る様子〉比較級の less は，less and less ＋ 不可算名詞 の形で，「程度や量」が次第に減る様子を表す。そのため，問題文のような可算名詞の「数」が減る場合は使えない。

例 They spent **less and less time** together as the years went by. ★岩手大
年を経るにつれて，彼らが一緒に過ごす**時間は少なくなって**きている。

6 the 比較級 ..., the 比較級 ...

読書をすればするほど，それに対する理解が深まり，そして理解が深まるほど，ますます好きになり，そして好きになればなるほど，それをもっとやるようになる。

答 (The more ~~/ The better~~) you read, the better you get at it; the better you get at it, the more you like it; and the more you like it, the more you do it.

POINT 1 〈…すればするほど，ますます…〉2 つの関係し合う動作や状態が，一方の程度 / 数 / 量が変わると，もう一方もそれに合わせて変化することは，the 比較級 ..., the 比較級 ... の形にする。問題文では，「たくさん読書をすればするほど」を表すため，much の比較級である more を使う。

POINT 2 〈the 比較級〉この構文では the 比較級 を各文の文頭に置く。一方で，the を除いた比較級を文末に置くと通常の文になるので，各文の意味を理解しやすくなる。問題文の場合は，次のようになる。

the more you read → you read **more**	**the better** you get at it → you get at it **better**
the more you like it → you like it **more**	**the more** you do it → you do it **more**

7 A is no more ... than B

子どもの溺死防止にかかる費用は，これらの病気の阻止と同じくらい高くない。

答 The cost of drowning prevention among children is (no more ~~/ any more~~) expensive than interventions for these diseases.

POINT 1 〈A は B と同じくらい…ではない〉問題文は，病気の阻止（処置）の費用が安いことを例に挙げて，同じくらい，子どもの溺死防止対策の費用も高くないことを述べる。このような「A は B と同じ程度に…ではない」という否定の意味の文は，A is no more ... than B の文にする。

POINT 2 〈any more の書き換え〉会話などでは，A is no more ... than B と同じ意味を A is not any more ... than B の文で表すことも多い。ただし any more を使う場合は直前に not が必要になるため，not が出ていないこの問題文では any more は選択できない。

STANDARD

1 差が大きいことを表す：a lot と比較級

携帯電話は会社員に多くの自由な時間を与えて，人々の生活を以前よりかなり楽なものにしている。

答 The cell phone has (made / people's / life / a / lot / easier) by giving office workers a lot of free time.

POINT 1 〈差の大きさを強調する a lot〉 a lot には差の大きさを強調する用法があり，類似表現の much や far と同じく，比較級の直前に置かれる。なお，問題文の 2 つめの a lot (of ...) は「多く(の…)」という意味になり，異なる用法である。

POINT 2 〈O を C にする〉 問題文は「(携帯電話が)人々の生活を，より楽にする」状況を表している。そのため，make を用いて make O C(O を C(の状態)にする)を使って，SVOC の文型を作る。

2 差が小さいことを表す：a little と比較級

彼らは概して，以前よりも少し長めの睡眠を得られるようになっている。

答 They are, in general, getting (a / little / more / sleep / than) they were before.

POINT 1 〈差の小ささを表す a little〉 比べるもの同士の差が小さいことを強調する場合は，「少し」を意味する a little(不可算名詞の場合)や，a few(可算名詞の場合)を比較級の前に置く。問題文では sleep(睡眠)という不可算名詞に付くので，a little more＋[不可算名詞の単数形]の形にする。可算名詞の場合は，a few more＋[可算名詞の複数形]にする。

例 There are only **a few more chances** to collect data in mid-summer and conduct experiments. Time is running out. ……☆明治学院大
真夏のデータ収集や，実験を行う**チャンスはあとわずか**だ。時間切れになりつつある。

POINT 2 〈差の小ささを表す他の表現〉 差が小さいことを表す語句には他にも，a bit や slightly などがある。a little bit という合体形も可能である。

例 Blue stars are the hottest, while red stars are **a little bit cooler**. ……★桜美林大
青い星が一番熱く，赤い星は**少し冷たい**。

例 The clocks in English banks were **slightly more accurate** than those in Italian banks. ……大阪医科大
イングランドの銀行の時計は，イタリアの銀行の時計よりも**わずかに正確**だった。

POINT 3 〈than＋[時の表現]〉 問題文では，than 以下にある比較対象が they were (getting) before. という文(の省略形)になっている。before には than before(以前よりも)という than 以下を 1 語で表す用法もあり，似た表現には他にも than usual(いつもより)，than now(今より)などがある。

3 差が大きいことを表す：very と最上級

テストの実施者は，受験者の成功のために抜群に最高の環境を用意すべきだ。

答 Test-givers should make sure that test-takers have (the / very / best / conditions) for success.

POINT 1 〈最上級を強調する very〉 by far と同じく，very にも最上級を強調する用法がある ☞ BASIC 3。しかし，by far とは異なり，very は the の後ろに現れて the very [最上級]の語順を作ることに注意が必要。

POINT 2 〈very は most タイプに使えない〉 最上級を強調する very は，-est 型の最上級や，best のような不規則変化の場合は使えるが，most タイプの最上級のときは使えない。そのため，the most [最上級]の強調はいつも by far を使う。

例 Food is **by far the most vital** element for people to live. ……近畿大
食料は人々が生きていくうえで**圧倒的に重要な**要素だ。

4 比較級 and 比較級：more タイプ

だんだん目が疲れて，ほどなくページ上の文字を読むのも困難になった。

答 My eyes (became / more / and / more / tired), and soon I found it hard to read the words on the page.

POINT 1 〈程度が次第に増す〉 比較級 and 比較級（だんだん… / ますます…）の文を作る。

POINT 2 〈more タイプの比較級の場合〉 more を使う比較級の場合は，more and more ＋ 形容詞 / 副詞 の形にする。more だけを繰り返し，形容詞 / 副詞は 1 度しか使わないことが大事で，× more tired and more tired にはならないことに注意。

例 Changed social conditions have meant that year by year we walk **more and more quickly**. ……… 名古屋市立大
社会情勢の変化は，年々，私たちの歩くスピードが**どんどん速くなる**ことを意味する。

例 In Japan, we are seeing **more and more elderly people** staying at work. …… 北海学園大
日本では，**ますます多くの高齢者**が職場にとどまるケースが多くなっている。

5 the 比較級 ..., the 比較級 ...

それまでの学習量が多ければ多いほど，さらに多くのことを学ぶことが容易になる。

答 The more a man has learnt, the (easier / it / is / for / him / to) learn still more.

POINT 1 〈…すればするほど，ますます…〉 問題文では，カンマを挟んで前後の文が the で始まることから，the 比較級 , the 比較級 の構文を作る。この構文で用いられる比較級は通常と同じ変化をするので，easy は easier になる。

POINT 2 〈「the 比較級」の直後の語順〉 the 比較級 ..., the 比較級 ... の構文の前後 2 つの文では通常，最初に the 比較級 が現れ，次に 主語 ＋ 動詞 が続く。問題文では，the easier の後ろは，形式主語を用いた it is 形容詞 for 人 ＋ to 動詞原形（人 が…するのは 形容詞 だ）の形を作る。ただし，the easier は文頭にあるので，形容詞の場所には何も置かないことに注意しよう。

POINT 3 〈比較級の前の still〉 比較級の前に置かれた still は，「さらに / いっそう」という意味になり，文末の比較級 more を強めている ☞ BASIC 1 POINT 3。

6 the 比較級 ..., the 比較級 ...：〈主語 ＋ 動詞〉以降の省略

安ければ安いほどよい。

答 (The / cheaper / , / the / better).

POINT 1 〈…すればするほど，ますます…〉「安くなるほど，より一層よくなる」という，互いに関係し合う状況を表すので，the 比較級 , the 比較級 の文を作る。この構文では，前の文の the 比較級 に伴い，後ろの文の the 比較級 の状況が起こることを表すので，問題文の前半は the cheaper（安くなればなるほど）にする。

POINT 2 〈「the 比較級」に続く形は?〉 通常，the 比較級 の後ろには 主語 ＋ 動詞 が続くが，ことわざや慣用句などでは省略されることがある。

例 The sooner, the better. ……… 日本大
早ければ早いほどよい。

7 the 比較級 ..., the 比較級 ...：程度・量が減る less

知識が増えれば増えるほど，覚えるのがいかに大変だったかの記憶は薄れていく。

答 The better you know something, (the / less / you / remember) how hard it was to learn.

POINT 1 〈…すればするほど，ますます…〉日本語訳や，文頭が The better で始まることから，the 比較級 ..., the 比較級 ... の構文を作ると判断する。すると，並べ替え部分は the 比較級 になるはずなので，選択肢から比較級の less を使うとわかる。

POINT 2 〈the less の用法〉less は，程度・量の少なさを表す比較級なので，the 比較級 ..., the 比較級 ... の構文では，ますます少なくなる状況を表す。問題文では，知識が増す (more) と，その知識を得る大変さの記憶が減る (less) という，互いに反比例する状況を表している。

8 A is no more ... than B.：more の後ろが動詞

かなづちが泳げないのと同じように，私はまったく泳げない。

答 I can (no / more / swim / than) a hammer can.

POINT 1 〈ありえないことを引き合いに出す〉「かなづちは泳げない」という，明らかにありえないことを引き合いに出して，同じくらい，I (私) が泳げないと述べているので，A is no more ... than B.（A は B と同じ程度に…ではない）という構文を作る。この構文では，動詞を more の後ろに置くことが可能であることを覚えておこう。

POINT 2 〈more の後ろにくる要素〉A is no more ... than B. の構文では，more の後ろには，問題文のような動詞以外にも，形容詞 ☞ BASIC 7，さらに名詞などさまざまな要素が現れることが可能である。名詞の場合は，more + a 名詞 のように冠詞は no more の後ろに来ることに注意。

例 My father was **no more a scientist** than his brother was. ☆青山学院大
父の兄が科学者でなかったのと同じように，父も**科学者ではな**かった。

9 A is no less ... than B.

人にサッカーを教えることは，サッカーを上手にプレーすることと同じくらい難しい。

答 Teaching someone how to play football (is / no / less / difficult / than / playing) it well.

POINT 1 〈A は B と同じくらい…だ〉問題文ではサッカーに関して，「やり方を教えること」と「上手くプレーすること」の両方が，同程度に難しいと述べている。選択肢には no や less があるので，A is no less ... than B. の形にする。

POINT 2 〈比べる対象は「プレーすること」〉主語は teaching ... (…を教えること) という動名詞なので，than 以下も動名詞の playing ... (…をプレーすること) にする。

暗記の前に，理解!

ADVANCED

1 差が大きいことを表す：much と比較級

日本人は式典の開始時間より，かなり早く到着する傾向がある。

答 Japanese people tend to (arrive much earlier than) the starting time of ceremonies.

POINT 1 〈差の大きさの強調〉日本語訳から，「かなり早く」と到着時間の早さが強調されていることがわかる。「早く到着する」は arrive early なので，early を比較級 earlier にする。なお，early は -ly で終わる副詞だが，形容詞+ -ly の副詞ではないので× more early にしないことに注意。そして，「かなり」を表すために，その前に差の大きさを表す語句 (much / a lot など) を置き，much earlier とする。

POINT 2 〈何が比較されているかの把握〉問題文は「日本人が到着する時間」と「式典の始まる時間」を比べているので，than を the starting time(開始時間) の前に置いて，比較対象をはっきりさせている。

2 量の多さの強調

彼は今，兄よりもはるかに多くのお金を稼いでいる。

答 He is now making (much more money than) his brother does.

POINT 〈不可算名詞の「量の多さ」を強調する場合〉 money は不可算名詞なので，「お金が多いこと」を強調するためには much を使う。このとき much + more money の語順にすることに注意。

3 比較級 and 比較級：比較級＋形容詞

人々は，他人の公的な生活にはあまり興味を持たなくなってきている。

答 People are becoming (less and less interested) in other people's public lives.

POINT 1 〈less and less〉 問題文では，日本語訳から興味・関心の量が減っていく様子がわかるので，量が少なくなる less を用いて 比較級 and 比較級 の形にする。

POINT 2 〈interested in ...〉 直後に in があることから，空所の最後には interested を置くと判断する。be interested in ...（…に興味がある）は状態を表すが，become interested in ... は「…に興味を持つようになる」という状態変化を表す。問題文では，興味の量が「減る」方に向かうことを表している。

POINT 3 〈less の繰り返し〉 比較級 and 比較級 の構文にするとき less だけをくり返した less and less + 形容詞 の形にすることが大切。×less interested and less interested のように，interested を繰り返す形にはしないように注意しよう。

4 比較級 and 比較級：比較級＋名詞

自分の幼い子どもに，ワクチンを打たない選択をする親がますます増えている。

答 (More and more parents are) choosing not to get vaccines for their young children.

POINT 1 〈ますます多くの…〉「ますます多くの…」は，more and more + 複数名詞 にする。問題文では parents を使うが，この文では「両親」という意味ではなく，複数の家庭の親たちを指している。

POINT 2 〈…しないことを選ぶ〉「…しないことを選ぶ」は，to 不定詞の前に not を置いて，choose not to + 動詞原形 の形にする。問題文では choosing という形に合わせて，現在進行形を作る必要があるので，空所の最後は are を置く。

5 the 比較級 ..., the 比較級 ...：比較級＋名詞

今日学校（教育）にお金をかければかけるほど，明日ミサイル（防衛）に使うお金が減るでしょう。

［現在形を用いて］

答 (The more money we spend) on schools today, the less we'll have to spend on missiles tomorrow.

POINT 1 〈…すればするほど，ますます…〉 the less we'll have to... という形と，「かければかけるほど」という日本語訳から，the 比較級 ..., the 比較級 ... の文を作ると判断する。後半は使うお金が「減る」ことを表すので the less が使われているが，前半は使うお金が「増える」ことを表すので the more を使う。

POINT 2 〈形容詞と名詞を離さない〉「（お金を）使う」は，後半の文に合わせて spend を使うと自然な英文になる。ただし，the 比較級 ..., the 比較級 ... の構文では，比較級 + 名詞 はワンセットで The more money の形にする必要がある。そのため，×The more we spend money のように，more と money を分離させないように注意しよう。

POINT 3 〈特定の人を指さない主語の we〉 日本語訳からは，英文の主語が何かわかりづらい。つまりそれは，

主語では特定の人を指定せず，一般論のような話をしていることになる。そのような場合は，you / we / they / people などを主語にすることが多いが，後半の文は we が主語なので，前半も we で合わせると自然な英文になる。

6 A is no more ... than B.

抗菌石鹸は，通常の石鹸と同様の殺菌効果しかない。

答 Antibacterial soap is (no more effective in) killing germs than is regular soap.

POINT 1 **〈A は B と同じくらい…でない〉** 問題文では，抗菌石鹸と通常の石鹸が，同程度に効果を持たないことを表している。このような「A は B と同じ程度に…ではない」という否定の意味の文は，空所の直前に is があることからも，A is no more ... than B. の文にする。

POINT 2 **〈…に効果がある〉**「…に対して効果がある」は，be effective in ... を使う。問題文では kill germs (菌を殺す) が効果の対象になっているので，前置詞 in の直後に来る kill は，動名詞の killing になっている。

例 Exercise **is effective in** making the brain work better. ……… 奥羽大
運動は，脳の働きをよくするために**有効だ**。

7 A is no less ... than B.

握手それ自体も，それが相手に伝える普遍的なメッセージと同じくらい重要だ。［less を用いて］

答 The handshake itself is (no less important than) the universally accepted message it conveys.

POINT 1 **〈A は B と同じくらい…だ〉** 問題文では握手に関して，「握手そのもの」と「握手が伝える普遍的なメッセージ」の両方が，「同じ程度に重要だ」と述べている。less を用いて，A is no less ... than B. の形にする。

POINT 2 **〈比較する相手を見極める〉** 空所の直後には，比較対象である「握手が伝える普遍的なメッセージ」がある。そのため，空所の最後には than を置くと判断でき，そうすれば than の直前には比べている内容である important が来るとわかる。このように，空所の後ろから文を組み立てるのも効果的。

COLUMN 〈no / not ＋比較級の構文まとめ〉

日本語にはない語順の感覚なので，何度でも原則に戻って，音読も合わせて身に付けよう。

A is no ＋比較級＋ than B	A は B とゼロ差※＞**A はせいぜい B だ**
A is no more B than C is D	(C が D) と (A が B) がゼロ差＞ **A が B でないのは C が D でないのと同じだ**
no more than A	A を上回るのはゼロ差＞**A しかない**
no less than B	B を下回るのはゼロ差＞**B もある**
not more than C	C を上回らない＞**C 以下の**
not less than D	D を下回らない＞**D 以上の**

※「ゼロ差」とは差がほとんどない状態のこと。

CHAPTER 13 関係詞① 関係代名詞who, whose, which, that

Key Grammar & Constructions

◆関係代名詞：〈接続詞＋名詞〉の機能を果たす語

例 The plane [which I was supposed to take △] was delayed.

（私が乗るはずの飛行機が遅延しました）……★中部大

which が take の目的語の働きをすると同時に，The plane was delayed. と I was supposed to take the plane. の 2 文をつないでいる。the plane のように，関係詞節によって後から説明される名詞を先行詞という。

◆関係代名詞の種類と働き

主格の関係代名詞：先行詞 [関係代名詞＋V] ...「V する先行詞」

例 People [who △ speak English] live and work all over the world.

（英語を話す人は，世界中で生活し，仕事をしています）……武蔵野美術大

who △ speak English と関係詞節内の S が関係代名詞になっている。

目的格の関係代名詞：先行詞 [関係代名詞 S＋V] ...「S＋V する先行詞」

例 One day Kailash will float free into a life [which he chooses △ himself].

（いつかカイラッシュは，自分で選んだ人生に自由に羽ばたいていくだろう）……関西大

which he chooses △ himself と関係詞節内の O が関係代名詞になっている。

所有格の関係代名詞（主語になる場合）：先行詞 [whose B＋V] ...「B が V する先行詞」

例 Tennoji High School is a public school [whose baseball △ ('s) team is coached by a dedicated and humble teacher, Masa-sensei].

（天王寺高校は，熱心で謙虚なマサ先生が野球部の監督を務める公立校である）……★石川県立大

whose baseball team が is coached の主語になっている。

所有格の関係代名詞（目的語になる場合）：先行詞 [whose B＋S＋V] ...「B を S＋V する先行詞」

例 If we start excluding those [whose △ ('s) views we don't like], what next?

（もし私たちが気に入らない意見を持つ人を排除し始めたら，次はどうなるのでしょうか？）……立教大

whose views が we don't like の目的語になっている。

◆関係代名詞節の作り方

先行詞のあとに関係代名詞 who, which, that などが続き，先行詞を説明する。

例 This is the book [that I have found △ the most fascinating].

先行詞

（これは，私が最も魅力的に感じた本です）……★同志社大

found の目的語である the book が関係代名詞 that になり先行詞と結びつく。これは関係代名詞節が先行詞 the book を説明する形容詞節の働きをする。このように，関係代名詞節の前にカンマを打たない場合は，

関係代名詞節は先行詞について具体的に限定する。これを制限用法［限定用法］という。

一方，関係代名詞節の前にカンマを打つと，関係代名詞節は先行詞について補足説明をする。これを非制限用法［継続用法］という。

例 The writer is working on a new book, that △ will be published next spring.

（その作家は新しい本を書いていて，それは来春出版されます）……★大東文化大

BASIC

1　主格の関係代名詞（人）

Our group is looking to set up a language exchange program with students who are studying Japanese and can speak English.

答 私たちの団体は（日本語を勉強していて英語を話すことができる学生）との言語交換プログラムを立ち上げようと努めている。

POINT 〈主格の関係詞代名詞 who〉関係代名詞は，先行詞と後に続く節をつなぐと同時に，関係詞節内で代名詞の働きをするものである。本問の文構造を表した下の図を見てみよう。

students ［ who △ are studying Japanese and （△） can speak English ］
先行詞　S　V　O　V　O

先行詞 students を後に続く関係代名詞節が修飾している。who △ are studying Japanese and（△）can speak English となっていることから，関係代名詞節内の S が関係代名詞になっていることがわかる。これを主格の関係代名詞という。先行詞が「人」の場合，who を用いる。先行詞 students について後ろから具体的に限定しているので，解答は「日本語を勉強していて英語を話すことができる学生」となる。

2　目的格の関係代名詞（人）

Tonight I have made plans to go out with an old friend whom I haven't seen in about a year.

答 今夜ぼくは（1 年くらい会っていない古い友人）と出かける計画を立てた。

POINT 1 〈目的格の関係代名詞 who(m)〉本問の文構造を表した下の図を見てみよう。

an old friend ［ whom I haven't seen △ in about a year ］
先行詞　O　S　V

先行詞 an old friend を後に続く関係代名詞節が修飾している。whom I haven't seen △ in about a year となっていることから，関係代名詞節内の O が関係代名詞になっていることがわかる。これを目的格の関係代名詞という。先行詞が「人」の場合，who(m) を用いる。先行詞 an old friend について後ろから具体的に限定しているので，解答は「1 年くらい会っていない古い友人」となる。wh 関係詞（who / which など）は義務的に節の先頭に移動するため，whom は I の前に移動している。ただし関係代名詞が前置詞の目的語となっている場合，前置詞が節の先頭にくることもある ☞ STANDARD 7。

POINT 2 〈who と whom の違い〉先行詞が「人」の場合，目的格の関係代名詞に whom を用いるのは，現在ではややかたい表現とされる。日常の表現としては who を用いることが圧倒的に多い。ただし，for whom など 前置詞 ＋ 関係代名詞 の時は × for who などとせず，whom を用いる ☞ STANDARD 7。

3　所有格の関係代名詞

For a person whose height is 175 centimeters, a weight between 57 and 76 kilograms is in the normal weight range.

答 (身長が 175cm である人) にとって，体重が 57 から 76kg の間であれば適正体重です。

POINT 〈所有格の関係代名詞〉本問の文構造を表した下の図を見てみよう。

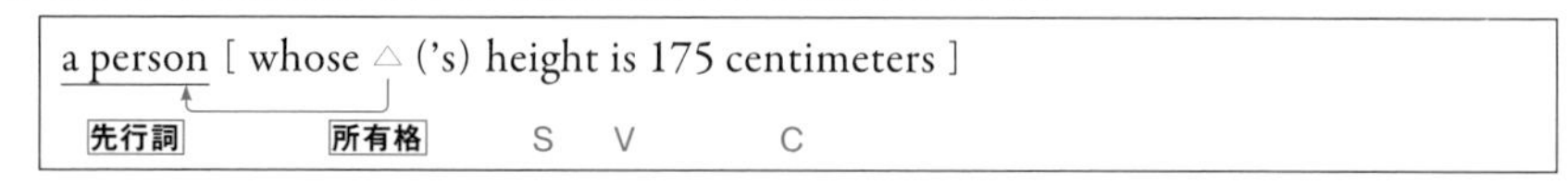

先行詞 a person を後に続く関係代名詞節が修飾している。whose △ ('s) height is 175 centimeters となっていることから，関係代名詞節内の S が 関係代名詞 ＋ 直後の名詞 (height) になっていることがわかる。このように， 関係代名詞 ＋ 直後の名詞 が関係代名詞節内の主語や目的語の働きをするものを，所有格の関係代名詞という。先行詞が「人」「もの」どちらの場合も，whose を用いる。先行詞 a person について後ろから具体的に限定しているので，解答は「身長が 175cm である人」となる。whose 以下をそのまま日本語に直して，先行詞 a person につなげることがポイント。

4　主格の関係代名詞 (もの)

In one of the big supermarkets in England, I found something which looked like nigiri sushi.

答 イギリスのある大きなスーパーマーケットで，私は (握り寿司のように見えるもの) を見つけた。

POINT 〈主格の関係代名詞 which〉本問の文構造を表した下の図を見てみよう。

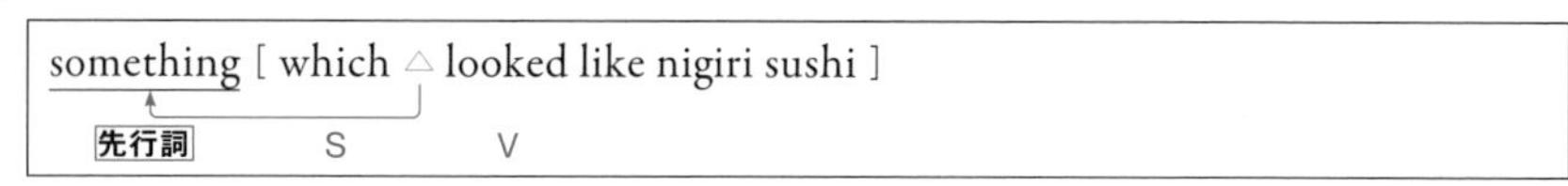

先行詞 something を後に続く関係代名詞節が修飾している。which △ looked like nigiri sushi となっていることから，関係代名詞節内の S が関係代名詞になっていることがわかる (＝主格の関係代名詞)。先行詞が「もの」の場合，which を用いる。先行詞 something について後ろから具体的に限定しているので，解答は「握り寿司のように見えるもの」となる。

5　目的格の関係代名詞 (もの)

Human beings can make sentences which they have never used or heard before.

答 人は以前に (まったく使ったことも聞いたこともない文章) を作ることができる。

POINT 〈目的格の関係代名詞 which〉本問の文構造を表した下の図を見てみよう。

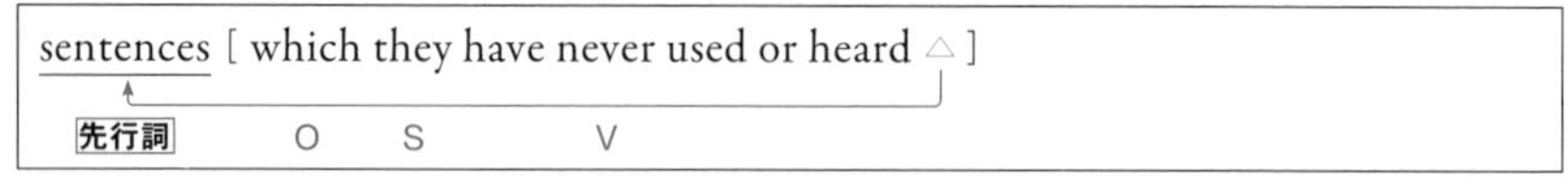

先行詞 sentences を後に続く関係代名詞節が修飾している。which they have never used or heard △ となっていることから，関係代名詞節内の O が関係代名詞になっていることがわかる (＝目的格の関係代名詞)。先行詞が「もの」の場合，which を用いる。先行詞 sentences について後ろから具体的に限定しているので，解答は「(人が) まったく使ったことも聞いたこともない文章」となる。なお，never used or heard は 否定語 ＋ A or B (A も B も…でない) の形になっていることにも注意しよう。

6 **目的格の関係代名詞（人）の省略**

He married a girl he had known in his student days in Zurich and settled down in an apartment in Bern.

答 彼はチューリッヒで（学生時代に知り合った女性）と結婚してベルンのアパートで身を固めた。

POINT 1 **〈目的格の関係代名詞 who(m) の省略〉** 本問の下線部では，a girl の後ろに主格の代名詞 he が続き，2 つの名詞が連続する奇妙な語順になっている。この a girl と he の間には目的格の関係代名詞 who(m) が省略されていると考えることもできる。本問の文構造を表した下の図を見てみよう。

> a girl [~~who(m)~~ he had known △ in his student days]
> 先行詞 O（省略） S V

a girl の後に続く部分が he had known △ in his student days となっていることから，a girl を先行詞とした目的格の関係代名詞 who(m) が省略されていることがわかる。したがって，解答は「（彼が）学生時代に知り合った女性」となる。目的格の関係代名詞は省略されやすいことをおさえておこう。

POINT 2 **〈主格の関係代名詞は省略できるか?〉** 主格の関係詞を省略すると S + V + V のように，1 つの主語に複数の述語動詞が接続詞なく連続して続くおかしな文となる。したがって，主格の関係代名詞は基本的に省略することができない。

例 **The number of persons [who △ attended the meeting]** was small. ……………東京工芸大
S V C →第 2 文型

会議に参加した人の数は少なかった。

× **The number of persons attended the meeting** was small.
S V O V C → VO の後ろに VC が続く

しかし，主格の関係代名詞ではあるが省略できる場合がある。Jane is a girl (who) I know △ is a dancer.（ジェーンはダンサーであると私が知っている女の子です）という文において，関係代名詞 who は Jane is a girl. と I know (that) she is a dancer. をつなぎ，that 節中の S (she) の働きをする主格の関係代名詞であるが，省略することができる（なお，このような S + V + **that 節** が関係節になったものを連鎖関係（代名詞）節という）。以上のことから，関係代名詞が省略できるのは，**先行詞** + **関係代名詞** + **主語** になる名詞の 3 つが連続する場合と考えるとよい。

7 **目的格の関係代名詞（もの）の省略**

Picture a face you know really well: someone in your family, a friend or even someone famous.

答 家族の誰か，友人あるいは有名人など，（あなたがよく知っている顔）を思い浮かべなさい。

POINT 1 **〈目的格の関係代名詞 which の省略〉** 本問の下線部では a face の後ろに主格の代名詞 you が連続しているので，目的格の関係代名詞の省略を予測しよう。本問の文構造を表した下の図を見てみよう。

> a face [~~which~~ you know △ really well]
> 先行詞 O（省略） S V

a face の後に続く部分が you know △ really well となっていることから，a face を先行詞とした目的格の関係代名詞 which が省略されていることがわかる。したがって，解答は「あなたがよく知っている顔」となる。

POINT 2 〈他動詞 picture〉 picture は基本的に名詞として使われるが，ここでは「(人 / もの) を心に描く / 想像する」という他動詞の命令形として使われている ☞ STANDARD 8。

8　前置詞の目的語となる関係代名詞

The host family which I stayed with this summer took care of me very well.

答 この夏に (私が滞在したホストファミリー) は私の面倒をとてもよく見てくれた。

POINT 〈前置詞の目的語となる関係代名詞〉 関係代名詞は前置詞の目的語になることもできる。本問の文構造を表した下の図を見てみよう。

the host family	[which	I	stayed	with	△]
先行詞	前置詞の O	S	V	前置詞	

the host family の後に続く部分が which I stayed with △となっていることから，the host family を先行詞とした目的格の関係代名詞 which 節であることがわかる。したがって，解答は「私が滞在したホストファミリー」となる。

STANDARD

1　主格の関係代名詞

集中的なテキスト学習に重点を置く学校に通っていた 10 代の若者は，他の 10 代の若者に比べて近視になる確率が非常に高いと他の証拠が示している。

答 Other evidence shows that teenagers (who / attended / schools / that / focus on / intensive textual study) were much more likely to develop myopia than other teenagers.

POINT 〈先行詞(人) + who + V, 先行詞(もの) + that + V〉 この問題は「学校に通っていた 10 代の若者」がポイント。「10 代の若者」を説明するのが「学校に通っていた」にあたるので，関係代名詞を使って teenagers who △ attended schools を作るとよい。「集中的なテキスト学習に重点を置く学校」も同様に「学校」を 先行詞 + that + V を使って schools that △ focus on intensive textual study としよう。解答はこれらを組み合わせた who attended schools that focus on intensive textual study となる。

2　目的格の関係代名詞 (人)

ミープが観察したアンネは別人だったのだ。

答 The Anne (whom / Miep / observed / was / another person).

POINT 1 〈先行詞 + who(m) + S + V〉「ミープが観察したアンネ」は 先行詞 + whom + S + V を使って The Anne whom Miep observed △を作るとよい。これは observed の目的語が The Anne だからである。whom を見たら 先行詞 [whom SV] を思い浮かべられるようになろう。

POINT 2 〈関係代名詞で限定される固有名詞〉 この文は，『アンネの日記』を書いたアンネ・フランクについて述べた一節である。ここでは The Anne whom Miep observed と固有名詞 Anne が関係代名詞節によって限定されており，定冠詞 the がついている。こうすることで，アンネという人物の限定的な一面を述べていることを表している。

3　所有格の関係代名詞

絶滅危惧種は個体数が非常に少なく，絶滅の危機に瀕している動物の一種です。

答 An endangered species is a type of animal (whose / population / is / so / small) that it is in danger of becoming extinct.

POINT 1 〈先行詞 ＋whose＋ 名詞 ＋V＋C〉「個体数が非常に少ない動物」は,「(その)個体数が非常に少ない」が「動物」を説明している。これを 先行詞 ＋whose＋ 名詞 ＋V＋C を使って (animal) whose population is so small を作る。

POINT 2 〈so＋ 形容詞 / 副詞 that ...〉 so＋ 形容詞 / 副詞 that ... は「非常に(とても)…なので …」と「結果」を表す。so の後は程度に段階がある形容詞 / 副詞が使われる。この that は省略されることもある。

例 Spider webs are **so** amazing **that** engineers have been studying them for years.
大阪産業大

クモの巣は**非常に**素晴らしいもの**なので**技術者が何年もかけてずっと研究している。

4 目的格の関係代名詞(人)の省略

もしあなたが話しかけている相手を見つめれば,あなたはその人の関心を引きつけるだろう。

答 If you (look at / the person / you / are / talking to), you will hold that person's attention.

POINT 〈先行詞 ＋~~who(m)~~ S＋V〉「あなたが話しかけている相手」は「相手」を説明するのが「あなたが話しかけている」にあたる。並べ替えの語句には関係代名詞の that や who(m) がないので関係詞の省略を考えよう。先行詞 ＋~~who(m)~~ S＋V を使って the person ~~who(m)~~ you are talking to △を作る。the person は look at の目的語となっているため解答は look at the person you are talking to となる。

5 目的格の関係代名詞(もの)の省略

研究者が次に研究したい領域の 1 つは世界の子どもの人口が人間社会に与える影響である。

答 One of (the areas / researchers / want / to / study) next is the impact of the global child population on the human world.

POINT 〈先行詞 ＋~~which~~ S ＋V〉「研究者が次に研究したい領域」は関係詞の省略を考えよう ☞ STANDARD 4。「領域」を説明するのが「研究者が次に研究したい」にあたるが,語群の中に関係代名詞がないので, 先行詞 ＋~~which~~ S＋V を使って the areas ~~which~~ researchers want to study を作るとよい。want to study の目的語が the areas になっていることを確認しておこう。ここでの areas は「領域 / 分野」を意味し,fields などと同じ意味である。

6 関係代名詞 that が好まれる場合

先生から学んだ最も大切なことは何ですか?

答 What is (the most important thing / that / you / have / learned) from your teachers?

POINT 1 〈先行詞＋that S＋V〉「先生から学んだ最も大切なこと」は「最も大切なこと」を説明するのが「先生から学んだ」にあたるので,関係代名詞 that を用いて,the most important thing that you have learned △を作る。the most ... など先行詞が最上級の場合は,関係代名詞は that が好んで使われる。

POINT 2 〈関係代名詞 that が好まれる場合まとめ〉下の (1) ~ (4) の場合,関係代名詞 that が使われる傾向にある。

(1) **先行詞に形容詞の最上級 (the most ... / the -est)** がついている場合。

(2) **先行詞に the がついて,唯一の対象に限定**される場合。the first(最初の), the second(第 2 の), the last(最後の), the only(唯一の), the very(まさにその), the same(同じ)など。

例 **The first thing that** I did was search for the library. ………… ★大東文化大
私が**一番初め**にしたことは，図書館を探すことでした。

(3) **先行詞に all / any / every / no** などがついている場合（anything / everything / nothing の場合も同様）。

例 Yet not **all characteristics that** evolution selects are beneficial. ………… 関西大
しかし，進化の過程で選択される**すべての特性**が有益であるとは限らない。

(4) **先行詞が（人＋動物 / もの / こと）**の場合。

例 Ask friends about **the people and places that** shaped them. ………… 慶應大
自分を形作った**人々や場所**について，友達に聞いてみましょう。

※（1）～（3）の場合でも，先行詞が「人」のときは who を用いることが多い。

7 前置詞の目的語となる関係代名詞

もしその場所があなたにとってなじみのない土地であれば，インターネットで調べたり，行ったことのある人に話を聞いたり，その土地に関する本を読んだりしてみましょう。

答 If it is (a place / which / you / are / unfamiliar) with, check the Internet, talk to people who have been there before, and read books about the region.

POINT 1 〈先行詞＋which＋S＋V＋前置詞〉「あなたがなじみのない土地」は先行詞 which S＋V＋前置詞を使って a place which you are unfamiliar (with) を作る。これは with が一番後ろにあるので you are unfamiliar with という形を作るのがポイント。

POINT 2 〈前置詞＋関係代名詞〉前置詞の目的語になる関係代名詞は前置詞を伴って節の先頭に移動することができ，前置詞を文末に残すものよりかたい表現になる。

例 Happiness can change, and does change, according to
the quality of the society [**in which people live**]. ………… 亜細亜大
先行詞　[前置詞＋関係代名詞 S V]

幸福は**人々が暮らす社会の質**によって変わりうるし，実際に変わっている。

このことを踏まえると，今回の問題文「あなたがなじみのない土地」は次のように前置詞＋関係代名詞の形でも表すことができる。

a place [with which you are unfamiliar]
先行詞　[前置詞＋関係代名詞 S V C]

例 Stories follow certain rules **with which** we are familiar almost from birth. …… 京都産業大
物語はほぼ私たちが生まれたときから慣れ親しんでいるある一定の法則に則って作られています。

8 関係代名詞の前置詞を伴う移動

私たちはグーグルで検索し，ブログを書き，ポッドキャストを配信し，そしてスパムを送ることができる時代に生きている。

答 We live in (an age / in / which / you / can / Google), blog, podcast and spam.

POINT 1 〈先行詞＋前置詞＋which＋S＋V〉「あなたがグーグルで検索できる時代」は，ここでは in which を you の前において an age in which you can Google とすると，後ろに続く blog, podcast and spam とつなげることができる。

POINT 2 **〈名詞を動詞として使う〉** Googleは「…についてグーグル（検索エンジン）で調べる」という他動詞である。この問題ではblog（ブログを書く）, podcast（ネット上の音声／動画番組を配信する）, spam（勧誘／広告などの迷惑メールを送る）も同様に，もともと名詞であった単語が動詞として使われている。e(-)mail（メールを送る）, microwave（電子レンジで調理する）, vacuum（掃除機をかける）, YouTube（（動画を）YouTubeにアップする）なども同様に使われる。これは新しい機械や技術の名称が一般化したときに名詞が動詞化すると考えよう。

例 I began to **vacuum** again, but five minutes later the door flew open. ……………… 茨城大
再び**掃除機をかけ**始めたが，その5分後にドアが勢いよく開いた。

ADVANCED

1 主格の関係代名詞（人）

教育学部に所属する学生のうち，たった3割程度しか教員にならない。［whoを用いて］

答 Of the (students) (who) (belong) (to) the Department of Education, only about 30% will be teachers.

POINT **〈「教育学部に所属する学生」をどう英語にするか〉**「教育学部に所属する学生」は 先行詞 ＋who＋Vを使って，the students who △ belong to the Department of Educationと表す。belongは自動詞なので前置詞toを忘れないようにしよう☞ CHAPTER 3 BASIC 4。

2 目的格の関係代名詞（人）

私が最も愛し大切にしている友人は人間でさえなく，馬なのだ。［whomを用いて］

答 The (friend) (whom) (I) love and cherish most, though, is not even a human being, but a horse.

POINT 1 **〈「私が最も愛し大切にしている友人」をどう英語にするか〉**「私が最も愛し大切にしている友人」は 先行詞 **＋whom＋S＋V**を使って，the friend whom I love △ としよう。全体は (S)The friend ... (V)is not even (C)a human being ...というSVCの文である。

POINT 2 **〈not A but B〉** not A but Bは「Aではなくて（むしろ）Bで」という意味である。本問では**not** even a human being, **but** a horseの形で，「人間でさえなく，馬なのだ」という意味になる。not A but BはBを強調するためにAを否定するのである。なお, not only A but also B（AだけではなくBも）は，AもBも肯定しつつ，追加された情報であるBを強調する表現である。この2つは形が似ているので注意しよう。

3 所有格の関係代名詞 whose

母語が英語である人々は，他国で人々が英語を違うように話していると心が落ち着かない。

答 People (whose) (mother) (tongue) is (English) feel uneasy when people speak English differently in other countries.

POINT 1 **〈「母語が英語である人々」をどう英語にするか〉**「母語が英語である人々」は「（その人の）母語が英語である」が「人々」を説明している。これを 先行詞 ＋whose＋ 名詞 ＋V＋Cを使って (People) whose mother tongue (is) Englishを作ろう。

POINT 2 **〈「母語」を表す表現〉** 人が幼児期に自然と習得した最初の言語のことを「母語」と言うが，英語ではmother tongueの他にnative languageという表現も用いられる。「母国語」と訳される場合もあるが，「母語」とは異なる場合もあるので注意しよう。

4　関係代名詞の省略

私が好きだったその女の子はあなたが踊っていた子より年下だった。

答 The (girl) I (liked) was younger than the one you (were) (dancing) (with).

POINT 1 **〈「私が好きだったその女の子」をどう英語にするか〉**「私が好きだったその女の子」は 先行詞（人） + who (m) + S + V を使って，The girl whom I liked △ と表現したいが，それでは The (　　) I (　　) の空所の数と合わない。これを関係代名詞の省略と考えて，The girl I liked △ としよう。同様に「あなたが踊っていた子」も関係代名詞の省略で，the one you were dancing with △ とする。

POINT 2 **〈存在を示す the one〉** the one は特定の存在を強く指す働きをする。the one の後には関係詞節 / 前置詞句 / 不定詞などが続くことが多い。ここでは，「あなたが踊っていた女の子」が強く意識されていることになる。

5　関係代名詞の省略

1500 年代から 1800 年代にかけて，私たちがメキシコとして知るその土地はニュースペインと呼ばれるスペインの植民地の一部だった。

答 From the 1500s to the 1800s, the (land) (we) (know) (as) Mexico was part of a Spanish colony called New Spain.

POINT **〈「私たちがメキシコとして知るその土地」をどう英語にするか〉**「私たちがメキシコとして知るその土地」は the land which we know △ as Mexico と表現したいが，ADVANCED 4 と同様に空所の数から関係詞の省略だと考えて，the land we know △ as Mexico のように表現しよう。

6　関係代名詞 that が好まれる場合

子どもが生まれてから 5 年間で学ぶべき最も重要なことは何ですか。

答 What is the (most) (important) thing that (children) (should) (learn) in the first five years of life?

POINT **〈the most important thing that + S + V〉** the most important thing(最も重要なこと) に注目しよう。先行詞に形容詞の最上級 (the most ... / the -est) がついている場合，関係詞 that が好まれる。「子どもが生まれてから 5 年間で学ぶべき最も重要なこと」は「最も重要なこと」を説明するのが「子どもが生まれてから 5 年間で学ぶべき」にあたるので，関係代名詞 that を用いて the most important thing that children should learn と表現する ☞ STANDARD 6 POINT 2。

7　前置詞 + 関係代名詞

知識は新しいアイディアが生み出される材料だ。

答 Knowledge is the stuff (from) (which) (new) (ideas) are made.

POINT **〈先行詞 from which ...〉**「新しいアイディアが生み出される材料」は，「材料」を説明するのが「新しいアイディアが生み出される」にあたる。関係代名詞 which を用いて the stuff which new ideas are made from △としたいが，文末には from がないので，前置詞 + 関係代名詞 を関係代名詞節の先頭に移動させる。したがって，the stuff from which new ideas are made が答えとなる。 be made from ... の形も復習しておこう ☞ CHAPTER 6 BASIC 11）。

8 前置詞 ＋ 関係代名詞

知識のかなりの部分はその人々が所属する社会集団の慣習に依存する。

答 A good part of knowledge depends on the practices of the social (group) (to) (which) the (people) belong.

POINT 1 〈先行詞 to which ...〉 ADVANCED 7 と同様に考えよう。「その人々が所属する社会集団」は，「社会集団」を説明するのが「その人々が所属する」にあたる。関係代名詞 which を用いて the social group which the people belong to △としたいが，文末には to がないので，前置詞 ＋ 関係代名詞 を関係代名詞節の先頭に移動させる。したがって，the social group to which the people belong が答えとなる。

POINT 2 〈a good part of A〉 good は「よい」が一般的な意味であるが，a good ... で「かなりの（量 / 距離 / 時間 / 大きさ / 集合体など）/ たっぷりの / 十分な」といった意味も表すことができる。ここでは，a good part of knowledge（知識のかなりの部分）として文の S になっている。

例 **A good part of** knowledge does not belong to the minds of the people. …… ★早稲田大
知識**のかなりの部分**は人々の精神に属していない。

先行詞	主格	所有格	目的格※
人	who	whose	whom / who
人以外	which	whose / of which	which
どちらでも	that	—	that

※目的格の関係代名詞は話し言葉などではふつう省略される。

CHAPTER **14**

関係詞② 関係代名詞what，関係副詞

Key Grammar & Constructions

◆関係代名詞 what：「…するもの / こと」「…であるもの / こと」

先行詞を取らず，それ自体で〈先行詞＋関係代名詞〉＝〈the thing(s) which〉の機能を果たす。what 以下で構成される関係詞節（what 節）は名詞として機能し，文中で a. 主語，b. 補語，c. 動詞の目的語，d. 前置詞の目的語となる。

例 a. What he means is clear.（彼の言いたいことははっきりしています）
 [What(O) he(S) means(V)] → S　is → V　clear → C

例 b. This is what she wants.（これが彼女の求めているものです）
 This → S　is → V　[what(O) she(S) wants(V)] → C

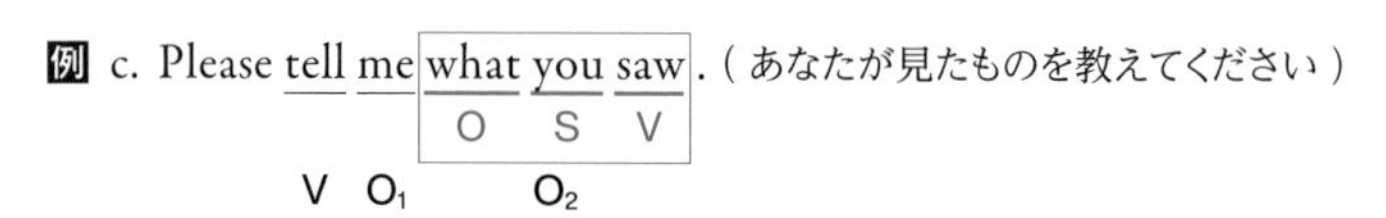

例 c. Please tell me what you saw.（あなたが見たものを教えてください）
 tell → V　me → O_1　[what(O) you(S) saw(V)] → O_2

例 d. You are responsible for what happens to you.（あなたの身に起こることはあなたに責任があります）
 for → 前置詞　[what(S) happens(V) to you] → 前置詞の O

◆関係副詞

〈接続詞＋副詞〉の機能を果たす語。2 つの文をつなぐ接続詞としての機能と，関係詞節内での副詞の機能をあわせ持っている。「時」を表す when，「場所 / 状況」を表す where，「理由」を表す why，「手段 / 方法」を表す how の 4 つがある。

例 I remember **the day** [when you came to Japan].（あなたが来日した日を覚えています）
 the day → 先行詞

when は，I remember **the day.** と You came to Japan on the day. の 2 文をつなぎ，「時」を表す副詞句 on the day の働きをしている。

関係副詞	先行詞	〈先行詞＋関係副詞〉の例
where	場所・状況	the place [house, town, country など] where
when	時	the time [day, month, year など] when
why	理由	the reason(s) why　※ why の先行詞は the reason のみ
how	なし	先行詞を含む

関係詞の省略については，章末のコラムを参照しよう。

BASIC

1 関係代名詞 what

私たちはたいていの場合，自分の身体の中で起こっていることについて意識していません。

答 Most of the time we are unaware of (イ. what) is happening in our bodies.

S V

前置詞 前置詞の O

ア. that (イ. what) ウ. which エ. why

POINT 1 〈関係代名詞 what〉関係代名詞 what は先行詞を取らず，それ自体で 先行詞 ＋ 関係代名詞 =the thing(s) which の機能を果たす語である。what 節は what V(V すること / もの)，what S＋V(S＋V すること / もの)の形で，文中で名詞として機能する。本問では，空所の前に先行詞となる名詞が存在しないことと，目的語が必要であることに気付けるとよい。what V の形を用いて what is happening in our bodies とすると，空所以降を前置詞 of の目的語とすることができる。なお，what 節内で what は名詞として機能する。what は is happening in our bodies の主語となっている点にも注目しよう。

POINT 2 〈what は関係代名詞か疑問代名詞か〉関係代名詞の what 節と疑問代名詞 what の間接疑問文は，文の形では見分けることができない。本問でも，「身体の中で起こっていること」と解釈すれば関係代名詞の what，「何が身体の中で起こっているのか」と解釈すれば疑問代名詞の what ということになる。実際のところ区別することにあまり意味はないとも言われるが，疑問や不確実性を表す語 (ask / wonder / be not sure / be uncertain など) に続く場合や，what の後に else(その他に) を置いても意味が不自然にならない場合は疑問代名詞であると理解しよう。

例 I'm sorry, but can I ask **what (else) the problem is**? ………… 名古屋大
すみませんが，**(その他に) 何が問題なのか**伺ってもよろしいでしょうか。

例 I wasn't really sure **what (else) I could do**. ………… 中央大
私は **(その他に) 何ができるのか**よくわかりませんでした。

POINT 3 〈that which〉関係代名詞 what は the thing(s) which の機能を果たす ☞ POINT 1 が，the thing(s) の代わりに that / those を置いて that which / those which の形が用いられることもある。ただしこの表現にはかたい印象があり，what の方が一般的な表現である。

例 **That which** makes life easier can also make it better. ………… 埼玉大
生活を楽にする**もの**は，生活をよりよくするものでもあるのです。

2 関係副詞 when

この写真を見るとカリフォルニアに住んでいたころを思い出します。

答 This picture reminds me of the days (ウ. when) I lived in California.

ア. how イ. what (ウ. when) エ. which

POINT 1 〈関係副詞 when〉関係副詞は先行詞と後ろに続く節をつなぎ，同時に関係詞節内で副詞の働きをするものである。本問では，空所の直前に「時」を表す the days があり，空所の後は完全な文が続いているので when が正解となる。なお，when は This picture reminds me of **the days.** と I lived in California on the days. の 2 文をつなぐ働きをしている。day / month / year / time など「時」を表す語が先行詞の場合，関係副詞 when を用いる。

POINT 2 〈前置詞と関係代名詞 which で表す〉関係副詞 when は，時を表す名詞 ＋ which ... ＋ 前置詞 または 時を表す名詞 ＋ 前置詞 ＋ which で表すこともできる。動詞や文の内容によって，前置詞は主に in /

on / at のいずれかが置かれる。本問の場合，以下のようになる。

This picture reminds me of **the days**. + I lived in California **on the days**.

→ This picture reminds me of **the days which / that** I lived in California **on**.

→ This picture reminds me of **the days** I lived in California **on**.

→ This picture reminds me of **the days on which** I lived in California.

上の文では，関係代名詞 which の代わりに関係代名詞 that を置く，または関係代名詞を置かないこともある。また，前置詞 + which の形はかたい印象がある。

POINT 3 **〈関係副詞 when の代用として that を用いる〉** くだけた表現として，関係代名詞の that が関係副詞 when と同じように用いられることがある。ただし，この場合 that は省略されることが多い。

例 I was looking forward to **the day (that)** I could return home to my family in China. ……… 岡山大

私は中国の家族のもとに帰れる**日**を心待ちにしていました。

3 関係副詞 where

シティ・オブ・ロンドンは，現在多くの銀行が本店を置く地域です。

答 The City of London is now the area (ウ. where) many banks have their head offices.

ア. how　イ. when　(ウ. where)　エ. which

POINT 1 **〈関係副詞 where〉** 関係副詞 where は，place / area / city / house など「場所」を表す語を先行詞とする。本問では，空所の直前に「場所」を表す the area があり，空所の後はその地域を説明する内容が続くので，the area where S + V で「S + V する地域」を表そう。なお，where は The City of London is now **the area**. と Many banks have their head offices in the area. の 2 文をつなぐ働きをしている。

POINT 2 **〈前置詞と関係代名詞 which で表す〉** 関係副詞 where は，場所を表す名詞 + which ... + 前置詞 または 場所を表す名詞 + 前置詞 + which で表すこともできる。動詞や文の内容によって，前置詞は主に in / on / at のいずれかが置かれる。本問の場合，以下のようになる。

The City of London is now **the area**. + Many banks have their head offices **in the area**. 【2 つの独立した文を関係詞でつなげる】

→ The City of London is now **the area** (**which / that**) many banks have their head offices **in**. 【the area が which になり many banks の前に移動する】

→ The City of London is now **the area in which** many banks have their head offices. 【前置詞 in / at が関係代名詞 which の前に移動する】

関係副詞 when と同様に，上の文では関係代名詞 which の代わりに関係代名詞 that を置く，または関係代名詞を置かないこともある。また，前置詞 + which の形はかたい印象がある。

POINT 3 **〈関係副詞 where の代用として that を用いる〉** place / somewhere / anywhere / everywhere などが先行詞になる場合，くだけた表現として関係代名詞の that が関係副詞 where の代用として用いられることがある。ただし，この場合 that は省略されることが多い。

例 Do you think **the place (that)** you live is more important than **the place (that)** you work? ……… 名古屋大

働く**場所**より住む**場所**の方が大切だと思いますか。

4 関係副詞 why

あなたが留学を希望する理由を教えていただけますか。

答 Could you tell me the reason (エ. why) you want to study abroad?

ア. how　イ. what　ウ. which　(エ. why)

POINT 1 **〈関係副詞 why〉** 関係副詞 why は,「理由」を表す reason を先行詞とする。本問では, 空所の直前に「理由」を表す the reason があり, 空所の後はその理由を述べる内容, 先行詞 the reason に続く関係詞 why が正解だとわかる。why は Could you tell me **the reason**? と You want to study abroad for the reason. の 2 文をつなぐ働きをしている。

POINT 2 **〈前置詞と関係代名詞 which で表す〉** 関係副詞 why は, the reason + for + which で表すこともあるが, 使われる頻度はそれほど高くない。また, × the reason + which ... + for の形はあまり使われないことに注意しよう。本問の場合, 以下のようになる。

Could you tell me **the reason**? + You want to study abroad for the reason.

→ Could you tell me **the reason** for which you want to study abroad?

POINT 3 **〈関係副詞 why の代用として that を用いる〉** くだけた表現として関係代名詞の that が関係副詞 why の代用として用いられることがある。ただし, この場合 that は省略されることが多い。

例 Many psychologists think that **the reason (that)** we cry is to let other people know that we need their sympathy or help. ……… 福島県立医科大

多くの心理学者は, 私たちが泣く**理由**は他の人の同情や助けを必要としていることを知らせるためだと考えています。

5 関係詞節の外置

地球温暖化によって冬がない時代が来るかもしれません。

答 The time may come (イ. when) there will be no winter because of global warming.

ア. what　(イ. when)　ウ. where　エ. why

POINT **〈関係詞節の外置〉** 関係詞節はふつう先行詞の直後に置かれるが, 主語が[先行詞]+[関係詞節]となる場合, 主語が長くなりすぎるのを避けるため, 関係詞節を後に移動 (=外置) することがある。本問では,「時」を表す the time が文の主語だが, それを説明する there will be ... が動詞 come の後ろに置かれている。これを関係詞節の外置と考えると, the time と there will be ... をつなぐ when が正解だとわかる。

〈関係節の外置が起こる理由〉→主語が長くなりすぎるのを避けるため

The time [when there will be no winter because of global warming] may come.
S　V

The time の直後に when 節があると主語が長すぎる…外置の必要性あり

6 先行詞を省略した関係副詞の文

皮膚は身体が私たちに必要なビタミン D をつくる場所です。

答 The skin is (ウ. where) our bodies make the vitamin D that we need.

ア. what　イ. when　(ウ. where)　エ. which

POINT 1 **〈先行詞を省略した関係副詞の文〉** the place where / the time when / the reason why など, 関係副詞から先行詞の内容が明らかな場合は, くだけた表現として先行詞を省略することがある。先行詞が省略された where S + V(S + V するところ), when S + V(S + V するとき), why S + V(S

＋Vする理由）は，what S＋V(S＋Vすること／もの）☞ BASIC 1と同様，文中で名詞として機能することをおさえておこう。これは be 動詞の補語としてよく用いられる形である。本問では，文全体は SVC の第 2 文型であり，空所以降が be 動詞の補語として「皮膚」がどのような「ところ」であるかを説明している箇所になるので，空所に where を入れて S be where S'＋V(S は S'＋Vするところだ）の形にすればよい。

例 It is said that sleep is [when permanent memories form]. ……★愛知教育大
（sleep = S，is = V，when permanent memories form = C）

睡眠は**永続記憶が形成される時**だと言われています。

POINT 2 〈This / That is why ...〉先行詞を省略した表現である This / That is why ... は，直訳すると「これ／それが…の理由だ」という意味になるが，そこから転じて「こういう／そういうわけで…だ」という訳語がよくあてられる。先に原因・理由が示されており，why 以降にその結果・結論が示される形である。This / That is because ...（これ／それは…という理由による）と混同しやすいので注意しよう。こちらは先に結果・結論が示されており，because 以降にその原因・理由が示される形である。

例 I love food, and [that is why] I am saving my money to go to cooking school.
理由 ――→ 結論
……☆慶應大

私は食べ物が大好きです。**そういうわけで**私は料理教室に通うためにお金を貯めているのです。

例 Sometimes one month has two full moons. [This is because] the phases of the moon take 29.5 days to complete.
結論 ←―― 理由
……九州大

1ヶ月に満月が2回あることもあります。**これは**月の満ち欠けが29.5日で完了する**から**です。

7 関係副詞 how

私はこのようにして困難な問題の解決策を見出すのです。

答 This is (ア. how) I find solutions to difficult problems.

(ア. how)　イ. the way how　ウ. the way which　エ. what

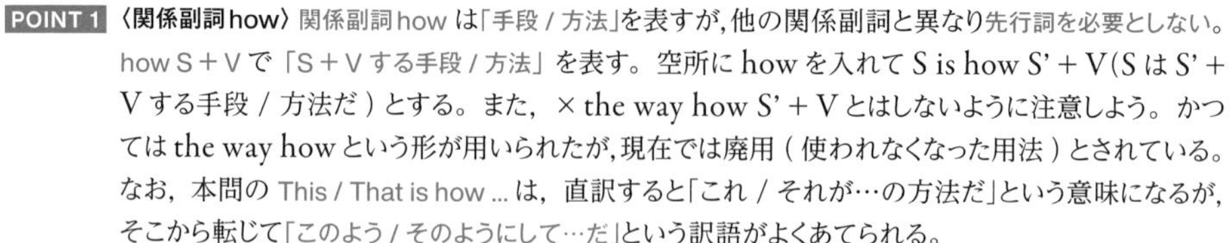
POINT 1 〈関係副詞 how〉関係副詞 how は「手段／方法」を表すが，他の関係副詞と異なり先行詞を必要としない。how S＋V で「S＋Vする手段／方法」を表す。空所に how を入れて S is how S'＋V(S は S'＋Vする手段／方法だ）とする。また，×the way how S'＋V とはしないように注意しよう。かつては the way how という形が用いられたが，現在では廃用（使われなくなった用法）とされている。なお，本問の This / That is how ... は，直訳すると「これ／それが…の方法だ」という意味になるが，そこから転じて「このよう／そのようにして…だ」という訳語がよくあてられる。

POINT 2 〈前置詞と関係代名詞 which で表す〉関係副詞 how は，the way＋in＋which の形で表すこともあるが，とてもかたい表現とされる。本問の場合，以下のようになる。

This is **the way**. + I find solutions to difficult problems in the way.

→ This is **the way** in which I find solutions to difficult problems.

POINT 3 〈関係副詞 how の代用として that を用いる〉現在では the way how の形は廃用とされているが，この関係副詞 how を関係代名詞 that で代用した the way that の形はよく用いられる。ただし，この場合 that は省略されることが多い。

例 Cultural differences affect **the way (that)** you do business internationally. ……青山学院大
文化的な違いは国際的な商取引の**あり方**に影響を及ぼします。

8　関係副詞の非制限用法

紙幣という概念は中国に起源を発し，そこでは1000年以上も前に初めて紙幣が印刷されました。

答 The idea of paper money comes from China, (エ. where) the first banknotes were printed over 1,000 years ago.

ア. how　　イ. that　　ウ. when　　(エ. where)

POINT 1 〈関係副詞の非制限用法〉関係代名詞と同様に，関係副詞 where / when にも非制限用法がある。先行詞に関する情報を追加（補足）するので，where の場合は「(そして)そこでは…」，when の場合は「(そして)その時に…」と日本語を補って考えるとよい。本問では，固有名詞の China の直後にカンマが打たれているので，空所以降には補足説明が続くと考えよう。ここでは，China という「場所」に関する情報を追加（補足）しているので，where が正解となる。なお，× 関係副詞 why / how には非制限用法がないことに注意しよう。

POINT 2 〈接続詞と副詞で表す〉関係副詞の非制限用法は 接続詞 ＋ 副詞 の形で書きかえることができる。where は「(そして)そこでは…」と解釈できるので and there で書き換えることができる。また when は「(そして)その時に…」と解釈できるので and then で書き換えることができる。

例 When she was five, her family went to live in **Rome**, and there she started primary school. ……………… 大手前大

≒ When she was five, her family went to live in **Rome**, where she started primary school.

5歳の時，彼女の一家はローマに移り住み，**そこで**彼女は小学校に通い始めました。

STANDARD

1　関係代名詞 what

その情報はまさにあなたが求めているものです。

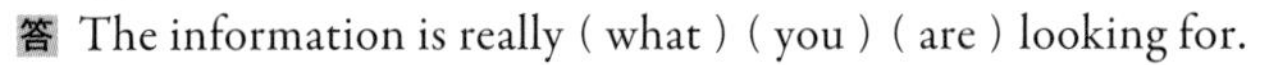

答 The information is really (what) (you) (are) looking for.

POINT 〈関係代名詞 what〉関係代名詞 what は，それ自体で 先行詞 ＋ 関係代名詞 〉=the thing(s) which の機能を果たし，名詞節を作る語である ☞ BASIC 1。本問では，be 動詞の補語の部分で「…なもの」という名詞節を作る。空所が3つしかないので the thing を使うと空所の数が足りなくなる。したがって，関係代名詞 what を用いて what you are (looking ...) とする。

2　関係代名詞 what を用いた慣用表現：what is called

一部の文化圏では，母親たちはいわゆる「赤ちゃん言葉」をよく使います。

答 In some cultures, mothers often use (what) is (called) “baby talk.”

POINT 〈what is called〉関係代名詞 what はさまざまな慣用表現に用いられる。what is called は「いわゆる…」という意味の慣用表現である。これと同じ意味で使う what we/you/they call という表現もある。これらの表現は以下のような成り立ちであることをおさえておこう。

what (O) we/you/they (S) call (V) C　※ SVOC の第5文型

「私たち / あなたたち / 彼らが C と呼ぶもの」→「いわゆる C」

↓〈受動態に〉

what (O) is called (V) C　※受動態の動作主は明示する必要がないので置かれていない。

「Cと呼ばれているもの」→「いわゆるC」

what is called, what we/you/they call の後に続く名詞は補語なので，× 名詞との間にカンマを置いて区切ることのないように注意しよう。

例 Humans today live in what we call a symbolic culture. ………… 大阪大
現代の人間は**いわゆる**象徴文化 / 非物質文化の中で生きています。

3 関係代名詞 what を用いた慣用表現：what is＋比較級
このソフトは便利で，そのうえ高価なものではありません。

答 This software is useful and, (what) is (more), it is not expensive.

POINT 〈what is＋比較級〉 what is の後に比較級を続けて，「さらに / その上…な（ことに）」という意味を表す慣用表現がある。代表的なものとしては以下のとおり。

> what is more（その上… / さらに…）, what is more important（さらに大切なのは…）,
> what is better（さらに良いことに…）, what is worse（さらに悪いことに…）

くだけた表現では，what's more のように省略した形が用いられることもある。本問のように，挿入句として前後にカンマを置いて使われることも多い。

例 It began to rain and, what was worse, we lost our way in the dark. ………… 福岡大
雨が降り始め，**さらに悪いことに**私たちは暗闇で道に迷ってしまいました。

4 関係副詞 when
アボリジニの人口は，彼らが狩猟採集の生活をしていた時期に大きく増えました。

答 The population of Aborigines increased greatly during the (period) (when) (they) led a hunter-gatherer way of life.

POINT 1 〈関係副詞 when〉「時」を表す語が先行詞の場合，関係副詞 when を用いる ☞ BASIC 2。本問では，前置詞 during の後に名詞が必要なので，the period（時期）を置く（× during S V としてしまいがちなので注意しよう）。the period は「時」を表す名詞なので，これを先行詞とする関係副詞 when を置いて the period when S＋V の形を作る。なお，when は The population of Aborigines increased greatly during **the period**. と They led a hunter-gatherer way of life in the period. の 2 文をつなぐ働きをしている。

POINT 2 〈「…な生活を送る」を表す表現〉「…な生活を送る」は，名詞の life を用いて lead / live / have a ... life の形で表す。どのような生活なのかを表す語と一緒に使われることに注意しよう。lead / live / have a life of... や lead / live / have a life which ... などの形になることもある。なお，live a ... life のように，述語動詞の名詞形が目的語になるものを同族目的語という。同族目的語の構文には以下のようなものがある。

> sleep a ... sleep（…な眠りをとる）, dream a ... dream（…な夢を見る）,
> smile a ... smile / laugh a ... laugh（…な笑い方をする）, die a ... death（…な死に方をする）,
> sing a (...) song（(…な)歌を歌う）

例 I've **dreamed a strange dream** every night. ………… 東京医科大
私は毎晩**不思議な夢を見ています**。

例 Males of most bird species **sing a unique song** to attract females. ………… ☆日本大
ほとんどの鳥類のオスはメスを惹きつけるために**独特な鳴き声で鳴きます**。

5 関係副詞 where

あなたの周りにいる人が皆外国語をしゃべっている状況を想像してみてください。

答 Imagine yourself in a situation (where) everyone around you is speaking a foreign language.

POINT 1 **〈関係副詞 where の先行詞〉** 本問では，空所の前に「状況 / 立場（←概念的な場所）」を表す the situation があり，空所の後は完全な文が続いているので関係副詞 where を置く。なお，where は Imagine yourself in **a situation.**（命令文）と Everyone around you is speaking a foreign language in a situation. の 2 文をつなぐ働きをしている。

POINT 2 **〈先行詞 where S＋V となるいろいろな名詞〉**「場所」を表す語が先行詞の場合には関係副詞 where を用いる ☞ BASIC 3 が，具体的な場所だけではなく，抽象的・概念的な場所も先行詞にとることができる。代表的なものとして case（場合 / 状況），situation（状況 / 立場），point（点 / 時点）などがある。

6 the way (that)

コミュニケーションにおける技術の進歩は，私たちと世界の他の国々との関わり方を根本的に変えました。

答 Technological advances in communication have fundamentally changed (the) (way) we interact with the rest of the world.

POINT **〈the way S＋V「S＋V する方法」〉** 関係副詞 how は「手段 / 方法」を表す ☞ BASIC 7 が，先行詞をとる× the way how S＋V の形は現在においては使われなくなっている。本問では，change の目的語に「我々と…との関わり方」＝「…と関わる方法」という名詞節が必要である。空所の数に合わせて，the way S＋V（S＋V する方法）となる。

7 This / That is why ...

運転中の携帯電話での通話は大変危険です。そのため多くの国で違法とされています。

答 Talking on a cellphone while driving is very dangerous. (This / That) (is) (why) many countries have made it illegal.

POINT **〈This / That is why ...〉** 先行詞を省略した表現の This / That is why ... は，「こういう / そういうわけで…だ」という意味を表す ☞ BASIC 6 POINT 2。先に原因・理由が示されており，why 以降にその結果・結論が示される形である。本問では，1 文めの Talking on a cellphone while driving is very dangerous.（運転中の携帯電話での通話は大変危険です）が理由となり，空所の後の many countries have made it illegal（多くの国で違法とされています）という結果をもたらすので，This / That is why が正解となる。理由を述べる× This / That is because（これは / それは…だからだ）を入れないように注意しよう。

8 関係副詞の非制限用法

2010 年夏には再び食料価格が急騰し，小麦の価格が 66%上昇しました。

答 Food prices increased again rapidly during the summer of 2010, (when) the cost of wheat rose by 66% .

POINT 1 **〈関係副詞の非制限用法〉** 関係副詞 where / when には先行詞について後で追加（補足）的に説明する非制限用法がある ☞ BASIC 8。本問では，空所の直前に「時」を表す the summer of 2010 があり，カンマが打たれている。また，空所の後は，the summer of 2010 という「時」に関する情報を追加（補足）しているので，and then と同じように働く when が正解となる。

POINT 2 〈変化や相違の「差」を表す by〉「66%上昇する」は rise by 66% と表現する。× rise in 66% や rise 66% などとしないように注意しよう。この by は「どれくらい差があるのか」を表す。比較の文で，by＋数 / 量を表す語句を文末に置くことで 2 つの比較対象の差を具体的に表せるが，その by と同じ働きをしている ☞ CHAPTER 11 BASIC 5。

例 The girl missed the train because she was late **by** twenty minutes. …………… 神戸学院大
その女の子は 20 分遅刻したので電車に乗り遅れました。

ADVANCED

1　that which（＝what / the thing which）

語彙は習得するのに最も時間がかかるものです。［ 1 語不要 ］

答 Vocabulary is (that / which / takes / the / longest / time) to learn. ［ what 不要 ］

POINT 〈that which〉本問は，be 動詞に続けて補語として「…なもの」という名詞節を作る必要がある。今回は，the thing which / what の代わりとなる that which を置いて，that which takes the longest time (to learn) とする。関係代名詞 what を用いると，what V の形で「V すること / もの」を表す名詞節を作ることができるが ☞ BASIC 1，what takes the longest time (to learn) とすると 2 つ不要な語が出てしまうので注意しよう。

2　関係代名詞 what を用いた慣用表現：what we/you/they call

ウェールズ語はいわゆる少数言語です。［ 1 語不要 ］

答 Welsh (is / what / we / call) a minority language. ［ called 不要 ］

POINT 〈what we call〉関係代名詞 what を用いた慣用表現として，「いわゆる…」という意味を表す what we/you/they call，what is called がある ☞ STANDARD 2。本問では，主語 Welsh の述語動詞として is を用いる必要があるので，what is called の形にすることはできない。したがって，(Welsh) is what we call (a minority language). とする。

3　関係代名詞 what を用いた慣用表現：A is to B what C is to D

読書の心に対する関係は，運動の肉体に対する関係と同じです。［ 1 語不要 ］

答 (Reading / is / to / the mind / what / exercise / is) to the body. ［that 不要 ］

POINT 1 〈A is to B what C is to D〉関係代名詞 what を用いた慣用表現として，A is to B what C is to D で「A の B に対する関係は，C の D に対する関係に等しい」という意味を表す ☞ CHAPTER 15 STANDARD 9。この表現は，A is what C is to D to B の what C is to D が文末に移動した形である。元々は以下のような SVC to A の形である。

Reading is [what exercise is〈to the body〉]〈to the mind〉.
　S　　V　　　　　C　　　　　　　　　M

直訳すると「読書は心にとって，運動が肉体にとってのもの（と同じ）だ」という意味になり，そこから「読書の心に対する関係は，運動の肉体に対する関係と同じだ」と意訳できる。この文の補語である what exercise is to the body を文末へと移動したものが，正解の Reading is to the mind what exercise is (to the body). である。

POINT 2 〈A is to B as C is to D〉関係代名詞 what の代わりに接続詞 as を置いて，A is to B as C is to D とすることもできる。原級を用いた比較の文で，as が「同じくらい…」を表すように，「B に対しての A」

と「D に対しての C」が同様であることを示す表現である。

例 Power is to politics as money is to economics. ……………… ☆大阪教育大
権力の政治に対する関係は，金の経済に対する関係と同じです。
→権力は政治にとって，経済における金のようなものです。

4　関係詞節の外置

私たちが月に旅行できる日が間もなくやって来るでしょう。［ 1 語不要 ］

答 The day will soon (come / when / we / can / travel / to) the moon. ［which 不要 ］

POINT 〈関係詞節の外置〉主語が**先行詞**＋**関係詞節**となる場合，主語が長くなりすぎるのを避けるため，関係詞節を後に移動（＝外置）することがある ☞ **BASIC 5**。本問では，「時」を表す the day が主語であるが，どのような「時」なのかはその直後に説明がない。したがって，関係詞節の外置があると考えて，(The day will soon) come when we can travel to (the moon). とする。

The day when we can travel to the moon will soon come.
S　　　　　　　　　　　　　　　　　　　V

とすると主語が長くなりすぎるので，それを避けた文である。

5　関係副詞 where

自転車を置いておく場所に注意してください。［ 1 語不要 ］

答 Please pay attention to (the / area / where / you / leave) your bike. ［ which 不要 ］

POINT 1 〈関係副詞 where〉関係副詞 where は「場所」を表す語を先行詞とする ☞ **BASIC 3**。本問では，pay attention to（…に注意を払う）の目的語に the area（場所）を置き，その後にどのような「場所」なのかを説明するための関係詞節を続ける。語群の中に場所を表す前置詞がなく，文末にも置かれていないので関係代名詞 which は用いることができない。したがって，the area where you leave とする。なお，where は Please pay attention to **the area.** と You leave your bike in the area. の 2 文をつなぐ働きをしている。

POINT 2 〈前置詞と関係代名詞 which で表す〉本問の文を，以下のように**場所を表す名詞**＋which ...＋**前置詞**または**場所を表す名詞**＋**前置詞**＋which で表すこともできる。

Please pay attention to **the area.** + You leave your bike in the area.
→ Please pay attention to **the area** (which / that) you leave your bike in.
→ Please pay attention to **the area** in which you leave your bike.

6　the way ＋ in ＋ which

ボディランゲージは，身体の様々な部分を使って自分を表現する手段です。［ 1 語不要 ］

答 Body language is (the / way / in / which / we / express / ourselves) using different parts of our body. ［ how 不要 ］

POINT 1 〈関係副詞 how を前置詞と関係代名詞 which で表す〉関係副詞 how は「手段 / 方法」を表すが ☞ **BASIC 7**，**STANDARD 6**，先行詞をとる× the way how S + V の形は現在においては使われなくなっている。本問では，文全体が SVC の第 2 文型であり，be 動詞の補語として「手段 / 方法」を説明する名詞節が必要である。関係副詞 how は先行詞を必要としないので，how を用いて表すと how we express ourselves (using ...) となり，不要な語が多数発生してしまう。したがって，関係副詞 how を the way in which の形を用いて表し，the way in which we express ourselves (using ...) とする。

POINT 2 〈using の働き〉本問の using different parts of the body は express *oneself* C(C だと自分を表現する)の C のところに入ったものである。これは，express oneself *doing*(…して自分を表現する)という意味を表す。C の位置に来る *doing* は，主語の状態 / 様子 / 動作を表すために使われる。

7 This / That is why ...

インドネシアの島の 6 割は正式名称や法的地位がありません。そのため他国から領有権を主張される可能性があるのです。[1 語不要]

答 60% of Indonesian islands don't have an official name or legal status. That is (why / they / can / be / claimed) by another country. [because 不要]

POINT 1 〈This / That is why ...〉先行詞を省略した表現である This / That is why... は，「こういう / そういうわけで…だ」という結論を表す ☞ BASIC 6，STANDARD 7。本問では，1 文めの 60% of Indonesian islands don't have an official name or legal status. (インドネシアの島の 6 割は正式名称や法的地位がありません) が理由を表し，That is 以降で「他国から領有権を主張される可能性があるのです」という結果を述べる。「他国から領有権を主張される可能性がある」→「インドネシアの島の 6 割は正式名称や法的地位がない」という因果関係ではないので，× That is because を用いないように注意しよう。

POINT 2 〈claim〉動詞 claim は元々「叫ぶ」という意味であり，「(人が)…だ / すると主張する / 断言する」や「(人が自分のものとして)…を要求する」「(人が)…の所有権 / 権利を主張する」を表す。「クレーム」というカタカナ語のように，×「(他人に)文句を言う」という意味を表さないことに注意しよう。

8 関係副詞の非制限用法

パリのルーヴル美術館には「モナ・リザ」の特別室があり，何百万人もの人々がこの絵を見に行きます。

[1 語不要]

答 "The Mona Lisa" has a special room of her own in the Louvre Museum in Paris, (where / millions / of / people / go / to / see) the painting. [that 不要]

POINT 1 〈関係副詞の非制限用法〉関係副詞 where / when には先行詞について後で追加(補足)的に説明する非制限用法がある ☞ BASIC 8，STANDARD 8。本問では，the Louvre Museum in Paris がどのような「場所」なのかについての情報を，カンマ以降の部分で追加(補足)する。that は非制限用法では用いないので，関係副詞 where を用いて where millions of people go to see (the painting) とする。なお，本問の文を 接続詞 + 副詞 の形で書きかえて，"The Mona Lisa" has a special room of her own in the Louvre Museum in Paris, **and there** millions of people go to see the painting. とすることもできる。

POINT 2 〈「見に行く」を表す表現〉「見に行く」を表すには，本問の go to see の他に go and see と表現することもできるが，日常会話においては go see の形がよく用いられる。この see は原形不定詞 ☞ CHAPTER 8 である。go + 原形不定詞 の形は英語の中でもかなり歴史は古いものだが，くだけた表現とされ，アメリカ英語で特に好まれる。go + 原形不定詞 の他に come + 原形不定詞 の形もよく用いられる。

go / come see (見に行く / 来る), go / come drink (飲みに行く / 来る), go / come eat (食べに行く / 来る), go / come get (取りに行く / 来る)

例 After the concert, my friends wanted to go eat ramen, but I went back home instead. ……… 早稲田大

コンサートの後，友だちはラーメンを**食べに行き**たがったのですが，私は家に帰りました。
go eat の箇所が正誤判定の問題として出題された。

POINT 3 〈millions of A〉 millions of A は直訳すると「数百万の A」という意味になるが，「無数 / 多数の A」と数の多さを表す場合にも用いられる。hundreds of A / thousands of A / billions of A なども同様である。どのように訳出するのが適切かは文脈で判断しなければならない。なお，A には複数名詞を置くことに注意しよう。

例 There are billions of stars in our galaxy. ……… ☆立教大

私たちの銀河系には**何十億もの / 無数の星**があります。

関係代名詞 → 接続詞＋代名詞の働き
関係副詞 → 接続詞＋副詞の働き

下は関係詞の省略まとめ～

COLUMN **〈関係詞の省略まとめ〉**

① 関係代名詞の省略

・目的格 that/which はよく省略される
・主格 who の省略は基本的に不可

② 関係副詞の省略

・why か the reason かどちらか
　× the reason why
・how か the way かどちらか
　× the way how
・when の省略は可
　○ the time / day / month / year SV
・where の省略はほぼ不可
　× 具体的な場所 SV　○ the place SV

CHAPTER 15 関係詞③ いろいろな関係詞・複合関係詞・疑似関係代名詞・連鎖関係代名詞など

Key Grammar & Constructions

いろいろな関係詞

◆**複合関係代名詞**：関係代名詞に -ever をつけて作る接続詞の一種。whatever（何でも），who(m)ever（誰でも），whichever（どれでも）があり，名詞節（S や O の位置に来る）や副詞節（主節を説明する）として働く。

〈名詞節として〉「…するなら wh-ever（何 / 誰 / どれ）でも」という，基本的には anyone who(m) ... や anything that ... と同じ意味。

例 **Whatever you do to make things better** makes them worse.
（物事を良くするためにどんなことをやっても，それらをより悪くすることになる）……金城学院大

→ Anything that you do to make things better ... と同じ意味。

〈副詞節として〉「…であっても」という譲歩を表す。

例 **Whoever you are**, don't come in.（誰であっても，入ってはいけません）

→ No matter who you are ... と同じ意味。

◆**疑似関係代名詞**：as / than / but が関係代名詞として用いられることがある。これは接続詞として扱われることもある。

〈as〉：such A as S + V / the same A as S + V

例 I have never heard **such stories [as he tells △]**.（私は，彼が語るような話を聞いたことがない）……明治薬科大

as he tells が関係節として such stories を修飾していると考える。

〈than〉：比較級 … than + V

例 He has **more money [than △ is necessary** for a comfortable life].
（彼は，快適な生活を送るために必要以上のお金を持っている）……立命館大

than is necessary ... が関係節として more money を修飾。

〈but〉：no A but + V / nothing but + V

否定の意味を持つ先行詞と共に使う。この but は that / who ... not の意味で用いられるので，「…ではない人はいない」→強い肯定を表す。ただし，関係詞の but はあまり用いられなくなっている。

例 There is **no rule [but △ has some exceptions]**.
（例外のない規則はない / 規則には必ず例外がある）……早稲田大

◆**連鎖関係代名詞**：think / believe / know などの that 節内の S や O が関係代名詞になって先行詞と結びつくものを，連鎖関係代名詞と呼ぶ。

例 **The author [that I think △ is the greatest in Japan]** is Soseki Natsume.
（私が日本で一番すごいと思う作家は，夏目漱石です）

think that ... などの that は必ず省略される。
× The author that I think that is ... とはしない。

◆関係詞を使った慣用表現

what little A（なけなしの A）

例 I gave him **what little money I had** △.（私は，彼に自分が持っていたなけなしのお金をあげた）
………千葉工業大

A is to B what C is to D（B にとっての A は D にとっての C と同じだ）

例 Money **is to** Americans **what** prestige **is to** the Japanese.
（アメリカ人にとってのお金は，日本人にとっての名声と同じだ）………東洋大

BASIC

1　主語になる whatever

始まりがあるものはどんなものも終わりがある。

答（イ. Whatever）has a beginning also has an end.

ア. However　(イ. Whatever)　ウ. Whenever　エ. Whichever

POINT 1 **〈Whatever V「V するものはどんなものも」〉** 本問は Whatever has a beginning とすることで「始まりがあるものはどんなものも」を意味する名詞節を作ることができる。この whatever は has の主語の働きをしている。また，名詞節なので文の主語になることができる点にも注目しよう。

POINT 2 **〈whatever は anything とは限らない〉** 今回使われている whatever は anything（何でもよい）ではなくて，everything（あらゆること）の意味になるので注意しよう。
書きかえ：**Whatever** has a beginning → **Everything** that has a beginning
everything は anything と異なり，「すべてのもの」という意味で特定の範囲の事柄をあらわす。今回は whatever を「始まりがある」で範囲を指定しているので，everything の意味になる。anything は「関係ないものも含めて何でも」という意味なので今回のような形で使われることはあまりない。

2　副詞節で使われる whoever

誰が選出されても，私たちのグループ全体でその人を応援します。

答（イ. Whoever）is elected, our entire group will support that person.

ア. Who　(イ. Whoever)　ウ. Anyone　エ. Someone

POINT 1 **〈Whoever V「誰が V しても」〉** イ. Whoever を用いて，Whoever is elected と表すことで「誰が選出されても」という譲歩の表現を作ることができる。これは whoever を従属接続詞として使った例で，副詞節を主節とつなぐ働きをする。No matter who is elected と書きかえることも可能。

POINT 2 **〈文と文は接続詞がないとつなげない〉** 正解以外のア. Who，ウ. Anyone，エ. Someone には節と節をつなぐ働きはないので注意しよう。

3　副詞節で使われる wherever

地球上のどこにいても，少なくとも 4 機の GPS 衛星が，いつでもあなたをシステム上で確認できるようにしてくれます。

答（ア. Wherever you are）on the planet, at least four GPS satellites make you visible on the system at any time.

(ア. Wherever you are)　イ. Whenever it may be
ウ. However you are　エ. Whatever it may be

POINT 1 〈wherever S＋V「どこでS＋Vしようとも」〉ア．Wherever you areで「地球上のどこにいても」を表すことができる。Whereverが従属接続詞としてyou are on the planetと主節であるat least four GPS satellites make you visible ... を結ぶ働きをしている。

POINT 2 〈at least four GPS satellites make you visible ... は?〉 (S)at least four GPS satellites (V) make (O)you (C)visibleはSVOC（第5文型）になっている ⇒ **CHAPTER 2**。主語であるat least four GPS satellitesは無生物主語でyou visible（あなたが見える）ことに対する手段となっている。したがって「GPSによってあなたが可視化される」と解釈できる。

4 関係代名詞のように用いられるas

インターネットによって体系的な知識にアクセスできるようになったので，大学は昔のような役割を果たせなくなるかもしれません。

答 The Internet provides us with access to knowledge, so universities may not play the same role (イ. as) they did in the past.

ア. where　(イ. as)　ウ. than　エ. what

POINT 1 〈the same ... に注目してasを導く〉 the sameに注目してイ．asを疑似関係代名詞asとして使えることに気づこう。the same role as they did in the pastで「昔のような役割」という意味を表す。なお，このasは接続詞として考えることもできる。asの品詞が関係代名詞的なものなのか，接続詞なのかという分析も大切だが，「suchやthe sameを見たらasを予測」のように文脈に慣れていくことも大切である。

POINT 2 〈asがなぜ関係代名詞とされるのか?〉 asが疑似関係代名詞として認められるのは次の例のように通常の関係代名詞と同じ仕組みを持つと考えられるからである。

例 I won't make the same mistake [as I made △ yesterday]. ……… ★東京工業大

私は，自分が昨日してしまったものと同じ過ちは犯しません。

この例では，I madeに後ろにあったthe mistakeがasに代わり，共通項で先行詞になるthe same mistakeに続いている。これは次に示す関係代名詞と同じ形になっているのである。

例 I understood the mistake [that I was making △]. ……… 甲南大

自分が犯している過ちを理解した。

この英文でも，先ほどのasの例と同じように，I was makingに続くthe mistakeが関係代名詞thatになり，先行詞のthe mistakeに続いている。つまり，疑似関係代名詞のasは関係代名詞と性質が似ているのである。

5 連鎖関係代名詞節はどのように作るか

私があなたのお兄さんだと思った人は，違う人だったことがわかりました。

答 The man (エ. who I thought was) your brother proved to be the wrong person.

ア. was I thought　イ. who was I thought
ウ. I thought he was　(エ. who I thought was)

POINT 1 〈先行詞 [who S thought ...] 「Sが…だと思った先行詞」〉この問題では先行詞The manに続けてwho I thought was ... という連鎖関係代名詞節を作る必要がある。先行詞 [who S thought ...] という形を知っていれば，エ．が正解だとわかる。

POINT 2 〈連鎖関係代名詞節の作り方〉解答のwho I thought was ... はthoughtとwasという2つの動詞

が連続する奇妙な語順になっている。ここでは，連鎖関係代名詞節の作り方について考えてみよう。

The man [who I thought (that) ~~the man~~ was your brother]
who 〈thoughtのthat節内のthe manがwhoに変わる〉

上の図で示すとおり，連鎖関係代名詞節はI thought (that) **the man** was your brother のthat節内の主語the manが関係代名詞whoとなり先行詞のthe manの隣に移動して作られる。結果的にwho I thought △ was ... という動詞が連続した語順が生まれるのである。つまり，「連鎖関係代名詞節はthinkやknowなどのthat節内にあるSやOを関係代名詞に変える」という仕組みを理解しておく必要がある。なお，thought that... のthatは必ず省略される。

POINT 3 **〈連鎖関係代名詞節を日本語に直すには〉** 日本語に直すときは① that節内→② I thought →③先行詞の順番に日本語にすると，①「あなたのお兄さんだと」②「私が思った」③「男性」となり，「私があなたのお兄さんだと思った男性」という日本語を導くことができる。

6 〈However 形容詞 S＋V〉で譲歩を表す

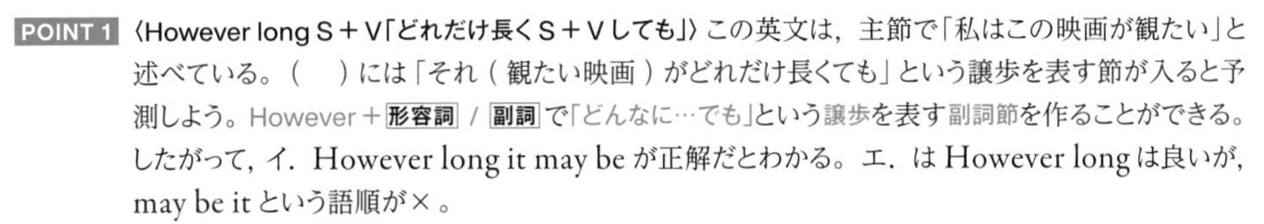

（それが）どんなに長くても，私はこの映画を観たいと思います。

答 (イ. However long it may be), I want to see this movie.

ア. However it may be long　　イ. However long it may be
ウ. However may it be long　　エ. However long may be it

POINT 1 **〈However long S＋V「どれだけ長くS＋Vしても」〉** この英文は，主節で「私はこの映画が観たい」と述べている。(　　)には「それ（観たい映画）がどれだけ長くても」という譲歩を表す節が入ると予測しよう。However＋形容詞 / 副詞で「どんなに…でも」という譲歩を表す副詞節を作ることができる。したがって，イ. However long it may be が正解だとわかる。エ. は However long は良いが，may be it という語順が×。

POINT 2 **〈「映画を観る」の動詞は?〉** 一般的に「映画を観る」は英語ではsee a movieだと言われている。特に，映画館の大きなスクリーンは，意識しなくても自然と映画が目に入ってくるような印象を持つので，「（自然と）目に入る」のseeがよく使われてきた。しかし，最近では家庭のテレビやスマートフォンなどの電子端末で映画を観ることも一般的なので，「テレビを観る」＝watch TVと同様，watch a movieという表現も広まっている。ここでは，see / watch a movie＋場所 / 媒体の実例を見ていこう。

例 ① You can read a book or **watch a movie on your phone.** ……崇城大
スマホで本を読んだり，**映画を観たり**することができます。

例 ② Mary sat down in a comfortable chair and **watched a movie on television.** ……近畿大
メアリーは座り心地の良い椅子に座り，**テレビで映画を観た。**

例 ③ While **watching a movie at a theater** last night, I had my phone stolen. ……立命館大
昨夜，**映画館で映画を観ている**ときに，携帯電話を盗まれた。

例 ④ I've been in the mood **to see a movie in a theater.** ……☆目白大
映画館で映画を観たい気分になっています。

様々な実例を見てみると，watchのほうが① on your phone(電話で)，② on television(テレビで)，③ at a theater(劇場で)など，様々な場所や媒体と共に用いられる傾向にある。seeは④にある通り，「映画館で映画を観る」という文脈で使われるが，同時にsee a movie with some friends(友人と映画を観る)など「誰かと一緒に観る」という文脈で使われることも多い。

7　what little A「なけなしの A」

その男はなけなしのお金を寄付した。

答 The man gave away (エ. what little) money there was.

ア. what a little　イ. what　ウ. what few　(エ. what little)

POINT　〈what を使った慣用表現：what little A〉問題文の (　　) money から, (　　) の後には不可算名詞 money が続くことに注目しよう。そうすると, what little money there was (なけなしのお金) となるエ. が正解だとわかる。ア. what a little money は「なんて少ないお金なんだ」という感嘆文の意味になる。ウ. what few は後ろに可算名詞を続けて「数少ない…」を表すが, money は不可算名詞なので few と共に使うことはできない。イ. は「存在していた何のお金」のような意味になり, 文の意味が通らない。

8　疑似関係代名詞としての than

タイなど一部の国では, 彼らが必要とするよりもはるかに多くの米を生産しています。

答 Some countries, such as Thailand, produce far more rice (ア. than) they need.

(ア. than)　イ. when　ウ. what　エ. however

POINT 1　〈比較級 + than S + V (than V)〉 far more rice に続くのはア. than である。far more rice than they need とすることで「彼らが必要とするよりもはるかに多くのお米」を表す。

POINT 2　〈疑似関係代名詞としての than〉 than が疑似関係代名詞として扱われるのは, than が関係代名詞のような振る舞いを見せるからである。

... far more rice [than] they need ~~the rice~~
↑ [than]

need の目的語の位置にあった the rice が than に変わり, その than が先行詞 far more rice の後ろに移動している。このような振る舞いが the same ... as ... の as 同様 ☞ BASIC 4, 関係代名詞と似ているので疑似関係代名詞と呼ばれているのである。また, than の後に what が省略されているという考えもあり, その場合, than は接続詞という扱いになる。

STANDARD

1　「誰であったにせよ」を whoever で表す

本当のモナ・リザが誰であったにせよ, 彼女は何世紀にもわたって多くの人々に愛される存在となっています。

答 (Whoever / the real Mona Lisa / may / have / been), she has become the object of much affection over the centuries.

POINT 1　〈副詞節の Whoever S + V〉「本当のモナ・リザが誰であったにせよ」は whoever S + V を使って譲歩の副詞節 Whoever the real Mona Lisa may have been を作るとよい。the real Mona Lisa は, 「モナ・リザ」という絵のモデルになった人物を指している。

POINT 2　〈助動詞 + 完了形：may have 過去分詞〉 may have 過去分詞 は過去の事柄に対する推量「…だったかもしれない」を表す。今回は「モナ・リザが誰だったかわからない」という推量の意味を文に与えている,

2　「なけなしのお金」

彼はなけなしのお金をはたいて新車を買った。

答 He took (what / little / money / he / had) and bought a new car.

POINT 1 〈what little A「なけなしの A」〉 **BASIC 7** でも扱った「なけなしのお金」である。「彼が持っていたなけなしのお金」を表すように what little money he had とする。

POINT 2 〈what little ... に続く名詞〉 what little A は「なけなしの A」や「ごくわずかな A」で表すことができる。ここでは what little ... に続く名詞について考えてみよう。

例 **What little change** did happen occurred over centuries. ……… 奈良県立医科大
ごくわずかな変化が実際に生じたが，それは何世紀もかけて起こった。

例 Jason has lost **what little pride** he had. ……… 國學院大
ジェイソンは，**なけなしのプライド**も失ってしまった。

例 The government lost **what little credibility** it had. ……… 東京理科大
政府は**わずかな信用**を失った。

ここに挙げた以外には，value(価値)，content(内容)，motivation(動機) などがある。いずれも分量で表す名詞である。

3 「いつでも都合の良い時に…」

いつでも都合の良い時に来てください。

答 Please come (whenever / it / is / convenient / for) you.

POINT 1 〈副詞節を作る whenever S + V〉「いつでも都合の良い時に」は whenever it is convenient for you で表す。これは Please come に対する副詞節として働いている。

POINT 2 〈「都合が良い」は何というか〉 英作文において「都合が良い時」を × when you are convenient などとしないように注意しよう。convenient は「人を主語にしない形容詞」なので，今回の設問のように形式主語構文を使うのが普通。

4 「どれだけ…だろうと」という譲歩の副詞節

その決断がどれだけ難しいものであろうと，我々は明日までにこの問題を解決しなければなりません。

答 (However / difficult / the / decision / is), we have to settle this issue by tomorrow.

POINT 〈However difficult S + V「S + V するのがどれだけ難しくとも」〉「その決断がどれだけ難しくても」という譲歩を表す副詞節は However + 形容詞 S + V を使って，However difficult the decision is と表現する。今回の However は「どれだけ」という程度を表す副詞なので，形容詞 difficult と離さないことがポイント。× However the decision is difficult とはしないように注意。

5 連鎖関係代名詞節の語順に注意

その製品にふさわしいとあなたが思う言葉を思い浮かべましょう。

答 You should think (a / word / which / you / think / suits / of) the product.

POINT 〈 先行詞 [which you think of ...]「…だと思う 先行詞 」〉「その製品にふさわしいとあなたが思う言葉」は「言葉」を「その製品にふさわしいとあなたが思う」が修飾した形である。これを英語で表すときに連鎖関係代名詞を使うと考えよう。S think that ... の that 節内から要素を抜き出すのが連鎖関係代名詞節の特徴である ☞ **BASIC 5**。

例 a word [which you think of [△ suits the product]]

[[その製品にふさわしいと] あなたが思う] 言葉

上の図からは that 節内の主語である a word が関係代名詞 which になって先行詞と結びついて連鎖

関係代名詞節が作られることがわかる。

6 譲歩を表す「どちらの A でも」は whichever A で表す

コインの裏表のどちらを向いて着地しても，フクロウが見えると幸運な出会いと考えられている。

答 (Whichever / side / the coin / lands / on), seeing an owl is considered to be a fortuitous meeting.

POINT **〈Whichever side ... で譲歩を表す〉**「コインの裏表どちらを向いて着地しても」は，まず Whichever side the coin lands on (コインのどちら側でも) を作る。この whichever side が「裏表」にあたることに注目しよう。lands on で「(地面に) 着地する」のような意味を表す。

7 疑似関係代名詞の as: the same A as S + V

私は，チンパンジーにも人間が持っているのと同じ権利を与えるべきだと考えています。

答 I believe we should give chimpanzees (the / same / rights / as / we / have).

POINT **〈「人間が持つのと同じ権利」の表し方〉**「…するのと同じ」から the same A as S + V を使うと考える。また，the same rights(同じ権利) 以降は as S + V が続くと考えると as we have となることがわかる。

8 than 以下に主語のない場合：比較級 + than + V

カフェインの作用は，これまで考えられていたよりも複雑なようです。

答 The effects of caffeine seem to be (more / complex / than / had / been / thought).

POINT 1 **〈「これまで考えられていたよりも複雑な」を比較級で表す〉**本問の The effects of caffeine seem to be ... の後には「…よりも複雑な」= more complex という比較級を続けよう。ポイントは「これまで考えられていたよりも」の部分で，これは than had been thought と受動態にするのがポイント。

POINT 2 **〈than 以下の省略された要素〉**than 以降には，主語と thought に続く形容詞句の省略がある。以下のとおり省略を復元したものを見てみよう。

省略された要素を元に戻すと…

... than **they** had been thought **to be**

(それら (カフェインの作用) が考えられていたよりも…)

they (= the effects of caffeine) が省略されていることで than が関係代名詞のように働いている。このような省略の存在が，than が疑似関係代名詞として扱われる理由である。

POINT 3 **〈「…されたよりも」ではどんな動詞が見られるか〉**本問では「考えられたよりも」= than had been thought という形が出て来た。疑似関係代名詞の than の直後には，主語のない受動態の完了形がくることが多い。比較級 + than be + 過去分詞 の形でよく現れる動詞は次のとおり。

think（思う / 考える），expect（予想する），imagine（想像する），believe（信じる），assume（想定する），anticipate（予想する），realize（理解する）

9 A is to B what C is to D という語順に注意

ゴルフにとってのタイガー・ウッズは，テニスにとってのアーサー・アッシュと同じです。

答 Tiger Woods (is / to / golf / what / Arthur Ashe / was / to) tennis.

POINT 1 **〈「B にとっての A は，D にとっての C と同じ」に当てはめて考えよう〉**日本語に基づいて英語の語順を把握することが大切。日本語では「ゴルフにとってのタイガー・ウッズ」とある。これに対して英語は

Tiger Woods から始まっている。A is to B＝「B にとっての A」なので，これに当てはめると Tiger Woods is to golf を作ることができる。これに続いて「テニスにとってのアーサー・アッシュ」は，what C is to D（D にとっての C であるもの）に当てはめて what Arthur Ashe was to tennis を作ろう。これらを組み合わせることで，正しい語順を導くことができる。この形は ⇒ CHAPTER 14 ADVANCED 3 でも扱った。合わせて見直しておこう。

POINT 2 **〈A is to B what C is to D は補語の移動がある〉** A is to B what C is to D という構文は，その語順が特殊なので，「暗記するもの」と考える人も少なくない。しかし実際には，「新しい情報 / 大切な情報は文末に移動させる」という英語が持つ〈文末重点の原則〉に従っているのである。次の例で考えてみよう。

例 To most of us, city trees (A) are (be) to genuine forests (to B) what gardens (what C) are (be) to jungles (to D). …… 福井大

我々の多くにとって，**天然の森に対する街の木々はジャングルに対する庭のようなものだ**。

この例は，ここまで見てきた A is to B what C is to D だが，what gardens are to jungles はもともと city trees are ... の直後に置かれていた。元の形は次のとおり。

To most of us, (S) city trees (V) are (C) what gardens are △ to jungles（前）to genuine forests.

この構文は元々 SVC という第 2 文型である。「街の木々は，天然の森に対して，庭のジャングルに対するものである」という意味をとりやすくなるだろう。このように，構文の形には意味があるので，その成り立ちを知っておくことは英語学習において有効である。

ADVANCED

1　名詞節を作る whoever

研究者が見つけたあらゆるデータは，それが欲しい人誰にでも提供されます。

答 All of the data the researchers find will be given away to (whoever) (wants) it.

POINT 1 **〈whoever V「V する人は誰でも」〉**「それが欲しい人誰にでも」は複合関係代名詞 whoever を使って，whoever wants it が答えになる。「V する人は誰でも」では主語が whoever, 動詞が wants になる。whoever は 3 人称単数なので，want に -s をつけるのを忘れないようにしよう。また whoever wants it は名詞節になるので，be given away to の目的語になっている。

POINT 2 **〈give O away to A〉** 問題文の動詞 be given away to ... は「…に提供される」という意味の定型表現である。能動態は give O away to A（O を A に提供する）である。この表現は「寄付する」という意味でも使われるので，しっかりと押さえておこう。

例 She **gave the money away to the poor**. …… 桜美林大
彼女は**そのお金を貧しい人々に寄付した**。

2　「SV するたびに」を whenever で表す

私はこの写真を見るたびに，アメリカにいた頃のことを思い出します。

答 (Whenever) (I) (see) this picture, I remember the days when I was in America.

POINT 1 **〈副詞節としての whenever S＋V〉**「私はこの写真を見るたびに」は，I remember the days when ... に対する副詞節になる。複合関係副詞 whenever（…のたびに）を使って，Whenever I see ... とするのが良い。「見る」は s が与えられているので，see が入ると気づくだろう。

POINT 2 **〈「…するたびに」など副詞節を作る表現〉** 今回の whenever S＋V（S＋V するたびに）は every time S

＋Vと書きかえることができる。このような表現は，他にも the instant S＋V（S＋Vするとすぐに）などいくつかある。X S＋Vで副詞節を作る表現には以下のようなものがある。

「…するとすぐ」as soon as S+V, the moment S+V, the instant S+V, once S+V（いったん…すると）
「…するたびに」every time S+V, each time S+V, whenever S+V
「初めて…する / したとき」the first time S+V
「最後に…する / したとき」the last time S+V

3　連鎖関係代名詞節 A S＋V＋[△ V ...]「Sが…するとVするA」

ハーヴァードでの生活で気に入っていることのひとつに，私がアメリカの大学全般に当てはまると信じていることですが，文化の多様性があります。

答 One of the things I like about life at Harvard, (which) I (believe) applies (to) American universities in general, is the cultural diversity.

POINT 1 〈「私が…に当てはまると信じていること」〉「Sが…するとVするA」は連鎖関係代名詞節で表現しよう。今回は「私が…と信じている」の中の「に当てはまる」に主語がない。この主語にあたる部分が連鎖関係代名詞になっていると考えよう。

私が [△ アメリカの大学全般に当てはまる] と信じていること
one (of the things) ..., which I believe [△ applies to American universities in general]
applies の主語が連鎖関係代名詞 which になっている

ここで示す通り，I believe の that 節内にある applies の主語が連鎖関係代名詞となり先行詞 one of the things と結びついている。

POINT 2 〈非制限用法の連鎖関係代名詞節〉今回の英文では，which I believe applies to American universities in general は直前の内容の one of the things ... を補足説明する働きをしている。

4　the same A as S＋V＋△

明日は間違った「近道」をして，昨日やってしまったのと同じ間違いをしないようにと自分に言い聞かせています。

答 I say to myself that tomorrow I won't take the wrong 'short-cut' and make the (same) (mistake) (as) I (made) yesterday.

POINT 〈the same A as S＋V＋△「昨日やってしまったのと同じ間違い」〉設問の日本語を英語の語順に整理して考えてみよう。

同じ間違い　[△私がやってしまった △ 昨日]
日本語には英語の as にあたる語がない。
the same mistake [as I made △ yesterday]

疑似関係代名詞 as に限らないことだが，英語の関係代名詞節を考える時，日本語の語順を英語に合わせて変えてみるとわかりやすくなるだろう。

5　疑似関係代名詞 than を使って

インターネットは，1つの書店で購入できるよりもはるかに多くの種類の本を消費者に提供します。

答 The Internet provides consumers with a much (larger) selection of books (than) (is) available in any one bookstore.

POINT 〈「購入できるよりもはるかに多くの本」: 比較級 + than ... を使う 〉日本語を英語の語順に直し，それに合わせて英語を考えてみよう。

はるかに多くの種類の本 [△ [購入できるよりも] [1 つの書店で]]

a larger selection of books [than △ is available in any one bookstore]

than is available と than の後ろに主語がないことがポイント。主語が疑似関係代名詞 than に変わったと考えよう。なお，available は「利用できる」という意味でよく使われるが，「購入できる」という意味もあるので覚えておこう。

6 what little A S + V が主語になる場合

最近，農場で過ごす時間はわずかですが，たいてい一人で過ごしています。

答 (What) (little) time I (spend) at the farm these days (is) usually spent alone.

POINT 〈「農場で過ごす時間はわずかですが」を what little time ... で表す〉「農場で過ごす時間はわずかですが」の部分を「私が農場で過ごすなけなしの時間」のように読みかえて考えてみよう。そうすると「なけなしの時間」は what little time となり，「私が過ごす」は I spend とすればよいことがわかる。そして，「その時間が一人で過ごされる」という受動態の意味になっている。What little time ... が主語なので，is spent ... と単数扱いになる。

7 譲歩の副詞節〈however 形容詞 S + V〉

あなたと私は全く正反対です。我々がこのことについてどれだけ長く話し合っても埒が明かないようです。

答 You and I are still poles apart. We seem to be getting nowhere, (however) (long) (we) may (talk) (about) this.

POINT 〈「どれだけ長く話し合っても」の語順に注意〉「どれだけ長く…」は however long と表す。それに続いて，助動詞 may の前に主語が入ると考えて we を入れよう。あとは however 形容詞 S + V の V の部分を埋めればよいので，talk about (話し合う) を入れる。

8 Whatever V「V するどんなことも」

未来に起こるどんなことも，過去にすでに起こったことよりも奇妙なことではなさそうである。

答 (Whatever) (happens) (in) the (future) is unlikely to be odder than what has already happened in the past.

POINT 1 〈主語になる whatever〉 BASIC 1 で扱った whatever V を思い出そう。「未来に起こるどんなことも」は Whatever happens ... と自動詞 happen を使う。また,「未来に」は in the future で表現する。

POINT 2 〈be unlikely to *do* + 比較級〉 be unlikely to *do* は比較級と共に使われることがある。今回の問題文も be unlikely to be odder は「…よりも奇妙なことである可能性は低い」という少し読み取りにくい意味になっている。これは「未来の出来事は『奇妙さ』の観点で過去の出来事と違いがない」ことを述べている。つまり，be unlikely to *do* + 比較級 は「比較対象が現状と違いがないことを述べる構文」である。次の例を見てみよう。

例 You are unlikely to have more free time. ……… ☆藤女子大
自由な時間が増えることはまずないでしょう。

この例では「自由時間が今より増える可能性がない」→「自由時間は今と変わらない」ことを述べている。unlikely(しそうにない) は否定的な響きを持つので，「現在の状態で自由時間が不足していること」を含意しており，さらに比較級が使われることで，それ以上自由時間が増える可能性がないことを示している。

9 whichever A＋S＋V を主語にする

どの方法を試しても必ず成功するよ。

答 (Whichever) (way) you (try) (is) bound to succeed.

POINT 1 **〈whichever way S＋V「どの方法を試しても」〉**「どの方法を試しても」は whichever way you try と表現しよう。これは日本語を「あなたが試すどの方法も」のように直訳調に読みかえて考えてみるとよい。whichever A＋S＋V は **STANDARD 6** において「どの方法を S＋V しようとも」という副詞節で扱ったものである。合わせて見直しておこう。

POINT 2 **〈be bound to *do* は「きっと…する」という意味がある〉** be bound to は通例 must よりも強い「義務」の意味があるので，「…する義務がある」を表す。しかし，今回の例のように「きっと…する」という「確信」を表す意味にも注意しよう。be bound to *do* は，動詞 bind (…を縛る) が受動態になった形なので，文字通り「何かに拘束されている」という意味を表すことを押さえておこう。

例 But as Japanese earn higher salaries, their attitude toward money **is bound to** change. ……東洋大

しかし日本人の給料が上がれば，お金に対する考え方も変わってくる**はず**です。

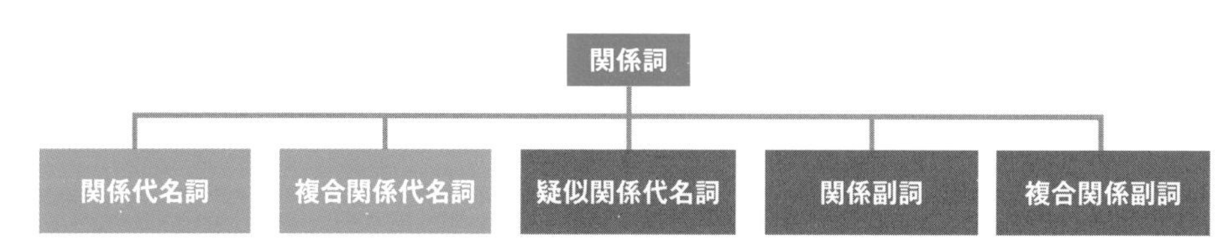

CHAPTER 16 仮定法

Key Grammar & Constructions

仮定法の基本

◆仮定法の表す意味と形

助動詞の働きに注目!

〈仮定法の意味〉

仮定法は，話し手が現在の事実と異なると思っている時に用いる形である。

〈仮定法の形〉

仮定法過去：**if S＋動詞の過去形 , S could / would / might＋動詞原形**

仮定法過去完了：**if S had 過去分詞 , S could / would / might＋have＋過去分詞**

◆仮定法と直説法の違い

〈仮定法と直説法：形式と意味の違い〉

直説法は，「実際の事実」を述べる用法として，現在の出来事なら現在形，過去の出来事なら過去形を用いる。仮定法は，「実際にはあり得ないこと」を述べる用法として，現在の出来事に過去形，過去の出来事に過去完了を用いる。例えば，以下の例文を見てみよう。

例 If I were the prime minister, I would make college free for everyone.
（私が総理大臣なら，大学は全員無料にします）……北里大

英語の仮定法の「私が総理大臣なら」は，「実際には総理大臣ではないのだけれども」という「現実にはありえないこと」を表す。現在の事実について，過去形を使うのは，現在の事実との距離感を表すためである。これに対して直説法で述べるif節は「実現する可能性がある条件」を表す。次の直説法の例を見てみよう。

例 Junko makes a snack for her younger brother if he is hungry.
（純子さんは，もし弟がお腹を空かせていたら，おやつを作ってやっている）……★白鷗大

英語の直説法は「実現する可能性のある条件」を表す。この例は，実際に弟がお腹を空かしているという状況を想定している。もしこれを仮定法でif he were hungryとすると，「弟はお腹が空いていない」と想定していることになる。

BASIC 1

1 仮定法過去

私があなたなら，もう一度彼に話しかけます。

答 If I (~~am /~~ were) you, I would talk to him again.

POINT 1 〈「現在の事実」と異なる仮定〉「私があなたなら」は「私があなたになる」という現実にはあり得ないことなので，英語では仮定法過去で表す。したがって，If I were youが正解だとわかる。

POINT 2 〈仮定法過去の基本の形〉仮定法過去で「もしS' が…なら，S＋Vなのに」を表す基本の形はIf＋S'＋過去形 , S would / could / might（助動詞の過去形）＋動詞原形である。今回は主節がI **would** talk to ... となっている点がポイント。

2 仮定法過去

私がこの会社の社長なら，全てのシステムを変えるかもしれない。

答 If I were the president of this company, I (could change ~~/ have changed~~) the entire system.

POINT 1 **〈「現在の事実」と異なる仮定〉**「私がこの会社の社長なら」は現実と異なる仮定（実際にはその会社の社長ではない）なので，英語では仮定法過去を用いる。したがって，can change（変えることができる）の can を過去形 could にした，could change が正解になる。仮定法過去の基本の形は If＋S'＋**過去形**，S would / could / might（助動詞の過去形）＋**動詞原形**を用いることを確認しておこう ☞ BASIC 1 POINT 2。

POINT 2 **〈entire（全体の）〉** entire は「全体の / すべての / 全部の」という意味を表す形容詞である。他に「全体」を表す形容詞として whole があるが，entire は whole より強い意味を表すこともあり，驚きやいらだちを表すことを押さえておこう。今回の文脈も「私が社長ならすべてのシステムを変えるかもしれない」という意味で，そこには現状のシステムについてのいらだちがあると考えることができる。もう1つ例文を確認しておこう。

例 His discoveries changed **the entire world** and everything around us.
彼の発見は，**世界全体**と私たちを取り巻くすべてのものを変えました。

この例文では彼の発見が世界全体を変えたことへの驚きを表していると考えることができる。

3 仮定法過去完了

もし十分なお金があれば，私は家を買っていたかもしれない。

答 I (~~bought /~~ might have bought) a house if I had had enough money.

POINT 1 **〈「過去の事実」と異なる仮定〉** 本問の日本文「もしお金があれば，…していたかもしれない」は，「実際にはその当時家を買うお金はなかった」という意味が込められている。つまり，「…したかもしれない」というのは，過去に実現できなかったことを表すのである。したがって，正解は might have bought ... という仮定法過去完了（**助動詞の過去形**＋have＋**過去分詞**）だと分かる。したがって，might have bought が正解となる。

POINT 2 **〈仮定法過去完了の基本の形〉** 仮定法過去完了で「もし S' が…だったなら，S＋V だったのに」を表す基本の形は If＋S'＋had＋**過去分詞**（**過去完了形**），S would / could / might（助動詞の過去形）＋have＋**過去分詞**である。本問でも if 節内で If I **had had** enough money, という過去完了の形が用いられ，主節では I **might have bought** a house. という**助動詞の過去形**＋have＋**過去分詞**の形が用いられている。

4 仮定法過去完了

地図を持参していれば，彼女は東京で迷うことはなかっただろう。

答 If she (had brought ~~/ had bringing~~) a map, she would not have gotten lost in Tokyo. ……会津大

POINT 1 **〈「過去の事実」と異なる仮定〉** 本問の日本文「もし地図を持参していれば，…だったかもしれない」とは，「実際には地図を持参しなかった」という意味を含む。これは過去の事実と異なる仮定を表しているので，英語では仮定法過去完了を用いる。仮定法過去完了の if 節は If S'＋had＋**過去分詞** / **過去完了形**で表す ☞ BASIC 1 3 ので，If she had brought a map という形が正解とわかる。

POINT 2 **〈「道に迷う」を表す表現〉**「道に迷う」は get / become lost で表そう。lost は lose の過去分詞の形であるが，形容詞として用いると「道に迷った」という意味を主に表す。次の例文を見てみよう。

例 I **got lost** on the New York subway. ……関西学院大
私はニューヨークの地下鉄で**迷った**。

get＋**形容詞**で「…になる」という変化を表すので，get lost は「迷った」という意味になる。また，次の例文を見てみよう。

例 When I **was lost** in the big building, there was no one to tell me how to get to the conference room. ……武庫川女子大
大きなビルで**迷っていた**とき，会議室への行き方を教えてくれる人がいなかったんです。

ここでは be 動詞を用いているので状態を表している。つまり be lost は「迷っている」という状態を表す意味になることに注意しよう。
また，「道に迷った」は他に lose *one*'s way でも表すことができる。次の例文を確認しよう。

例 He used to take me shopping by car every weekend but I noticed that he sometimes **lost his way**. ……浜松医科大
彼はかつて毎週末私をショッピングに連れていってくれたものですが，私は彼が時々**道に迷っている**ことに気づいた。

BASIC 2

5 仮定法過去

もし私がオーストラリアに住んでいたら，泳ぎに行ったり，ビーチでクリスマスを祝ったりできるのにね！

答 If I (ウ. lived) in Australia, I could go swimming and celebrate Christmas at the beach!

ア. will live　イ. living　(ウ. lived)　エ. had lived

POINT 1 **〈「現在の事実」と異なる仮定〉** 本問の日本文「もしオーストラリアに住んでいたら，…できるのに」は「実際にはオーストラリアには住んでいない」という意味が含まれるので，現在の事実とは異なる仮定と判断できる。したがって英語では If＋S'＋**過去形**の形である仮定法過去で If I lived in Australia となる。したがってウ. lived が正解だとわかる。

POINT 2 **〈「祝う」に用いる動詞は〉**「祝う」は celebrate / congratulate を用いて表すことができる。ただし，**人**を目的語にするときは congratulate を用いることに注意しよう。次の例文を見てみよう。

例 In Mexico, people **celebrate the start of the new year** by getting together with friends and family.
メキシコでは友だちや家族と集まって，**新年の始まりを祝います**。

例 I would like to **congratulate you** on the successful completion of the program.
私はそのプログラムがうまく完成したことで**あなたを祝い**たいと思っています。

このように celebrate は祝う日や出来事を目的語にするのに対し，congratulate は**人**を目的語にすることができる。また congratulate A (人) on B (成功 / 喜び) で「A を B のことで祝う」という使い方をすることも確認しておこう。

6 仮定法過去完了

もし，彼がベストを尽くさなかったならば，成功することはなかったでしょう。

答 (ウ. If he hadn't done his best), he would not have succeeded.

ア. If he haven't done his best　イ. If he won't do his best
(ウ. If he hadn't done his best)　エ. If he doesn't do his best

POINT **〈「過去の事実」と異なる仮定〉** 本問の日本文は「実際は彼がベストを尽くした」という意味を含んでおり，「ベストを尽くさなかったならば」は過去の事実と異なる仮定をしているので英語では仮定法過去完了 (If＋S'＋had＋**過去分詞** / **過去完了形**) を使おう。したがって，If he hadn't done his best が正解

とわかる。

7 **wish ＋ SV (仮定法過去)**

答 子どもに戻れたらいいなあ。

I wish I (ア. could be) a kid again.

(ア. could be)　イ. can be　ウ. had been　エ. will be

POINT 1 **〈現在の事実と異なることへの願望〉** 本問の日本文は「今は子どもではない」という現状に対して，「子どもに戻れたらいいのに」という願望を表している。これは，現実に反する内容なので，wish ＋ [仮定法過去] または wish ＋ S' ＋ [過去形] で表す。したがって，仮定法過去を用いた could be が正解だとわかる。

POINT 2 **〈wish の意味 ＝ 実現不可能だと話し手が思う願望〉** wish ＋ S ＋ V (仮定法過去 / 過去完了) で「…であればいいのに (仮定法過去)」「…であればよかったのに (仮定法過去完了)」という話し手が実現しないと思っている願望を表すことができる。また，この表現は「残念だ」という話し手の気持ちも含まれる。以下の例文を見てみよう。

例 I wish I knew his telephone number. ………… 福岡工大
彼の電話番号を知っていたらなあ。

この例文では実際は「私が彼の電話番号を知らない」ことを残念に思う気持ちを表しているので，直説法で以下のように表すこともできる。

例 I'm sorry I don't know his telephone number.
彼の電話番号を知らなくて残念です。

こちらの例文は事実に沿う内容なので，直説法を用い，現在のことについて現在形で表している。

8 **wish ＋ SV (仮定法過去完了)**

あの時，その情報を知っていればなあ。

答 I wish I (イ. had known) that information at that time.

ア. knew　(イ. had known)　ウ. had knew　エ. know

POINT **〈過去の事実と異なることへの願望〉** 本問の日本文は「あの時，その情報を知らなかった」という意味を含んでいる。これを，wish ＋ [仮定法過去完了] または wish ＋ S' ＋ [過去完了形] を使うことで，過去の事実と異なる「あの時,その情報を知っていればなあ」を表すことができる。したがって,過去完了形 (had ＋ [過去分詞]) を用いた had known が正解だとわかる。本問の英文を，直説法を用いて表すと以下のようになる ☞ BASIC 2 7。

例 I'm sorry I didn't know that information at that time.
あの時，その情報を知らなったことが残念です。

これは単純に「その情報を知らなかった」という事実を直説法で述べている。

9 **if S were to *do***

仮に現地で戦争が起きれば，旅行の中止も検討しなければならないだろう。

答 We would have to consider cancellation of our trip if a war (エ. were to break) out in the region.

ア. are broken　イ. are to break　ウ. were broken　(エ. were to break)

POINT **〈「仮に…すれば」〉** 「仮に…すれば」は if S were to *do* で表そう。これは，「旅行の中止を検討する」という未来の話題について,「仮に現地で戦争が起きれば」という純粋な仮定の話をしている。このように未来の事柄についての仮定を表すものはエ. were to break である。イ. are to break は未来の予定を表す直説法の現在形だが,主節が We would have to consider ... と仮定法過去になっているので,解答として合わないので注意しよう。

STANDARD

1 仮定法過去

もちろん,後悔はしています。もし,もう一度人生をやり直せるなら,医学を学びたいです。[be]

答 Of course, I have regrets. (If) I (were) able to live my life again, I would study medicine.

POINT 1 〈現在の事実と異なる仮定〉本問は「もう一度人生をやり直したい」という願望を表している。これは実現不可能な願望なので英語では仮定法過去(If + S' + 過去形)を使おう。仮定法では,主語が単数であっても,S were ... のように be 動詞は were を用いることが原則である。したがって **If** I **were** able to live my life again, が正解とわかる。

POINT 2 〈medicine の意味は?〉medicine は「薬」という意味が中心だが,不可算名詞で用いると「薬」のほか「医学」という意味になることに注意しよう。本問では study medicine という無冠詞単数の不可算名詞として使われていることがわかる。したがって本問では「医学」となっている。また,medicine の形容詞形である medical は「医学の」の意味である。× study medical のように形容詞を名詞のように使ってしまわないように注意しよう。

2 仮定法過去

もっとお金があれば,新しいスマートフォンを買うのになあ。[buy]

答 (If) I had more money, I (would) (buy) a new smartphone.

POINT 〈現在の事実と異なる仮定〉本問の日本文は「実際はスマートフォンを買うお金がない」という意味を含んでいる。つまり「もっとお金があれば」は,現在の事実とは異なる仮定を表し,英語では If I had more money(仮定法過去)となっている。これに対して「買うのになあ」という主節は仮定法過去(S + would / could / might(助動詞の過去形)+ 動詞原形)で表すと考えよう。今回,頭文字が w で指定されているので,助動詞は would を用いる。したがって,I **would buy** a new smartphone. が正解になる。

3 仮定法過去完了

あの時,母が私の悩みを知っていたら,私のことを助けてくれただろうに。[know]

答 If my mother (had) (known) about my problem then, she (would) (have) helped me.

POINT 〈「過去の事実」と異なる仮定〉本問の日本文「あの時,母が私の悩みを知っていたら,…だっただろうに」は「実際は母は私の悩みを知らず,助けてくれなかった」ということを意味する。つまり過去の事実と異なる仮定を表しているので英語では仮定法過去完了を用いる。したがって if 節内は If my mother **had known ...** (If + S' + had + 過去分詞 (過去完了形))が,主節は **would have** helped me (S + would / could / might(助動詞の過去形)+ have + 過去分詞)が正解とわかる。

4 仮定法過去完了

もっと頑張っていれば,結果は違っていたかもしれません。[be]

答 (If) I had (worked) harder, the result (might) (have) (been) different.

POINT 1 〈「過去の事実」と異なる仮定〉本問の日本文「もっと頑張っていれば,…だったかもしれない」は過去に

「実際は頑張らなかった」ということを意味する。主節も過去の結果とは異なることを述べているので，「結果は違っていたかもしれない」は仮定法過去完了で表そう。主節内は would / could / might（助動詞の過去形）＋ have ＋ 過去分詞 の形を用いる。与えられた日本語「…かもしれない」であり，頭文字 m から始まる単語なので，**might have been** different が正解とわかる。

POINT 2 〈「頑張る」を表す表現〉本問の「頑張る」には work hard の表現が用いられているが，ここでは「頑張る」の表現について見てみよう。

> try hard（頑張ってやってみる）, do *one*'s best（全力で頑張る），
> make an effort（努力する）※他の表現よりもかたい表現

いずれの表現も work hard to *do*（…するために頑張る）のように to *do* を伴って頑張る目的を表現することができることも押さえておこう。

5 if 節と主節で時制が異なる仮定法

けさ，もっと早く起きていれば，今朝食を食べるのに十分な時間があるはずなのに。［ get ］

答 If you (had) (gotten / got) (up) much earlier this morning, you (would) have enough time to eat breakfast now.

POINT 1 〈if 節と主節で時制が異なる場合は?〉本問の日本文は「実際は早く起きなかった」という意味を含む。つまり「もっと早く起きていれば」は過去の事実と異なる仮定を表す。一方で「今…する時間があるはずなのに」は現在の事実と異なる状況を表している。この場合英語では，if 節内には仮定法過去完了（If ＋S' ＋had＋ 過去分詞 / 過去完了形 ），主節には仮定法過去（would / could / might（助動詞の過去形）＋ 動詞原形 ）を用いる。したがって if 節は If you **had gotten / got up** much earlier，主節内は you **would** have ... とわかる。

POINT 2 〈get up か wake up か?〉get up は朝目覚めてからベッドを出るところまでをいう表現なのに対し，wake up は眠りから覚めるという表現であるという違いに注意しよう。次の例文を確認しておこう。

〈get up〉

例 Very early in the morning George's father **got up** to go to work in a fish market. ……… 愛媛大

ジョージの父親は，魚市場に働きに行くために，朝とても早くに**起きました**。

この例文では「魚市場に働きに行くために」とあるので，ここでの「起きる」は体を起こしてベッドから出る動作まで含むといえる。

〈wake up〉

例 People who **wake up** in the middle of the night and cannot go back to sleep often start watching TV. ……… ☆明治学院大

夜中に**目が覚めて**，なかなか寝付けない人は，テレビを見始めることが多い。

「夜中に目が覚めて，寝付けない」なので身体を起こす動作が含まれていないことがわかり，wake up は目を覚ます動作だけ表していることがわかる。

6 wish ＋ SV（仮定法過去）

こんなパソコンが家にあったらいいのに。そうすれば，父のノートパソコンを借り続ける必要はないでしょう。

［ have ］

答 I (wish) I (had) a computer like this one at home. Then I wouldn't have to keep borrowing my father's laptop.

POINT 1 〈wish＋仮定法過去〉本問の日本文「…あったらいいのに」は現実の事実と異なる願望を表しているので，wish＋仮定法過去（wish＋S'＋過去形）で表そう。したがって，I **wish** I **had** a computer like this one が正解とわかる。

POINT 2 〈wish か hope か?〉願望を表す動詞は wish の他に hope が有名である。この 2 つの動詞の違いを確認しておこう。wish that SV では仮定法を用いるので，話し手が実現不可能だと考える内容を望むことを表す。一方で V that SV は直説法を用いて実現可能性があることを望むことを表す。次の例文を見てみよう。

例 I **hope that** I **will be** able to visit you and your family in Oxford in the near future. …… 札幌大

近い将来，オックスフォードにいるあなたとご家族を訪れることができればと願っています。

この例文は「実際にあなたとあなたの家族を訪れる」可能性があり，それを望んでいることを表す。この文の動詞を hope から wish に変えて表してみると，次のような文になる。

例 I **wish** (that) I **could** visit you and your family in Oxford.
オックスフォードにいるあなたとご家族を訪れることができればいいのに。

これは「実際にあなたとあなたの家族を訪れる」ことが実現しないと話し手が考えており，訪れられないことを残念に思う気持ちを表す。このように同じ「望む」でも意味が異なることに注意しよう。

7 wish を使った構文：S＋wish＋S'＋would *do*

私たちが話しているときに，スマートフォンをそんなに長く使うのはやめてくれないかな。[spend]

答 I (wish) you (would) (not) (spend) so much time on your smartphone when we're talking.

POINT 〈wish＋S'＋would〉「…するのはやめてくれないか」は，wish you would *do* を用いてその否定形で表すことができる。この用法は wish＋S V の中に仮定法過去を用いているので，直訳すると「（実現する可能性は低いが）あなたが…すればいいのに」ということになり，期待感の薄い願望を表す。この表現を使用するときには話し手の不満の気持ちが含まれることが多い。したがって問題文の「…するのはやめてくれないか」は wish で表すのがよい。(　　) のあとに so much time が続いており，spend 時間 on A（A に時間を費やす）の表現を使えばよいので，I **wish** you **would not spend** so much time on が正解とわかる。

8 If＋S＋should *do*

万が一気が変わったら，できるだけ早く教えてください。

答 (If) you (should) change your mind, let me know as soon as possible.

POINT 1 〈実現可能性の低い仮定〉「万が一…したら」は if S'＋should *do* で表そう。if S'＋should *do* は可能性はあるがあまり起こりそうにないと話し手が考えている仮定に用いる。主節には仮定法 (S＋would / could / might *do*) を用いることもあるが，直説法で現在形の助動詞（will *do*）や命令文を用いることも多いことにも注意しよう。また，shall と同様に法律文や契約などのかたい場面で使われることが多いことも押さえておこう。本問の日本語も「万が一…したら」なので **If** you **should** change your mind が正解とわかる。

POINT 2 〈「A に知らせる」〉「A（人）に…を知らせる」は let A know ... で表そう。「相手に確実に知らせるようにする」という含意がある。let O＋動詞原形で「O に V することを許す」なので，直訳すると「A が…を知ることを許す」となることも確認しておこう。本問の let me know ...（私に…を知らせる）の他に，let you know ...（あなたに…を知らせる）の形もよく使われる。次の例文を確認しておこう。

例 I'll **let you know** when I've finished reading this detective mystery. ★神奈川大
この推理小説を読み終えたら，**知らせます**。

この表現は本問やこの例文のように，命令文や will と用いられることが多いことにも注意しておこう。

ADVANCED

1　仮定法過去

全ての国がキャッシュレス決済を導入すれば，海外の人もよりスムーズに買い物を楽しむことができます。

答 (If / all / countries / adopted / cashless payment), people from overseas could enjoy their shopping much more smoothly.

POINT 1 **〈現在の事実と異なる仮定〉** 本問の日本文「全ての国がキャッシュレス決済を導入すれば」は現在の事実と異なる仮定なので，英語では仮定法過去を用いよう。したがって，「導入する / 採用する」という意味を表す adopt の過去形を用いて，If all countries adopted cashless payment が正解だとわかる。

POINT 2 **〈「現金」は英語で?〉**「現金」は cash で表そう。本問では cashless（現金のいらない）という形容詞が用いられている。また，「現金で払う」は pay in cash で表す。次の例文を確認しよう。

例 Would you like to pay **in** cash or **by** credit card?
現金で支払いたいですか，クレジットカードで支払いたいですか。

このように pay in cash の形が用いられている。また，「クレジットカードで払う」は pay by credit card で表せることも確認しておこう。ここでの by は by＋**手段**（…によって）の用法である。

2　仮定法過去完了

もっと勉強していれば，昨日のテストはもっといい点数が取れたはずだ。

答 If I had studied harder, I (would / have / gotten / got / a / better / score) on the test yesterday.

POINT 1 **〈過去の事実と異なる仮定〉** 本問の日本文は「もっと勉強していれば」は過去の事実と異なる仮定である。したがって英語では仮定法過去完了の would / could / might（助動詞の過去形）＋have＋**過去分詞** の形を用いる。would have の後に来る get は過去分詞 gotten / got の形に直して用い，I would have gotten / got a better score が正解だとわかる。

POINT 2 **〈test（試験 / 検査）を目的語にとる主な動詞〉** test には主に「試験」と「検査」という意味がある。それぞれの意味で，共に使う動詞が異なることも多いので，確認しておこう。

> 「試験」pass（…に通る), take（…を受ける), fail（…に落ちる), do（…を受ける), finish（…を終える), miss（…を欠席する), complete（…を仕上げる)
> 「検査」have（…を受ける), carry out（…を行う)

3　仮定法過去完了

もしどの電車もそんなに混んでいなかったら，そのうちの 1 本に乗っていたのに。

答 (If / all / the / trains / had / not / been / so / crowded), I would have taken one.

POINT 1 **〈過去の事実と異なる仮定〉** 本問の日本文「どの電車もそんなに混んでいなかった」は過去の事実とは異なる仮定だとわかる。したがって，英語では仮定法過去完了の If＋S'＋had＋**過去分詞**（過去完了形）

の形を用いる。「そんなに混んでいない」は be so crowded で表し，これを過去完了の形にした，If all the trains had not been so crowded が正解とわかる。

POINT 2 〈all the 複数名詞 か all 複数名詞 か？〉 all the A（複数名詞）は「（特定の集団の中の）すべての A（複数名詞）」，一方で all A（複数名詞）は「（不特定の中の一般的な）すべての A」を表すことに注意しよう。ただし，アメリカ用法では all A でも特定の集団を指すこともある。

POINT 3 〈not ... so＋形容詞〉 本問の not ... so crowded は「そんなに混んでいない」という意味を表す。ここで使われている not ... so＋形容詞（そんなに 形容詞 ではない）という表現に注目し，次の例文を見てみよう。

例 For Japanese, a church wedding is **not so strange.** ……… 山梨学院大
日本人にとって，教会での結婚式は**そんなにおかしなことではありません。**

この例文の not so strange は strange（奇妙な）の度合いが大したものではないことを表しているので「そんなにおかしなことではない」という意味になる。

4 仮定法過去完了

あと 10 分早く出発していれば，終電を逃すことはなかったのに。

答 If I had left ten minutes earlier, (I / would / not / have / missed / the / last / train).

POINT 1 〈過去の事実と異なる仮定〉 本問の日本文「あと 10 分早く出発していれば」は過去の事実とは異なる仮定であり，「終電を逃すことはなかったのに」は英語では仮定法過去完了の S＋would / could / might（助動詞の過去形）＋have＋過去分詞 の形を用いる。したがって would not have のあとに来る miss（逃す）は過去分詞 missed の形で用い，I would not have missed the last train が正解だとわかる。

POINT 2 〈「…分早く」〉「…分早く」は ... minutes earlier で表す。英語では early（時間が早く）の比較級 earlier（より早く）を用いて表現することに注意。例文を確認しておこう。

例 Let's get up **15 minutes earlier** to talk with our son. ……… ★東洋英和女学院大
息子と話すために，**15 分早く**起きましょう。

「15 分早く」という日本語に対し，比較級 earlier が使われていることがわかる。

5 wish＋S V（仮定法過去）

夫がもっと家のことで私を助けてくれたらいいのに。

答 (I / wish / my / husband / helped / me / more / with) things around the house.

POINT 1 〈…ならいいのに〉「助けてくれたらいいのに」という日本語は実際には助けてくれていないことを表す。これは現実の事実と異なる願望であり，英語では wish＋仮定法過去（wish＋S'＋過去形）で表す。したがって，help（助ける）を過去形 helped の形で用いた，I wish my husband helped me more with が正解とわかる。

POINT 2 〈wish to *do*, wish O_1 O_2 ≠ wish＋SV〉 wish to *do* は「…したいと思う」，wish O_1 O_2 は「O_1（人）のために O_2（健康 / 幸福 / 成功など）を祈る」という意味を表す。wish to *do*, wish O_1 O_2 のそれぞれ例文を確認しよう。

〈wish to *do*〉

例 I **wish to talk** with Ms. Smith, the manager of the business section. ……… 亜細亜大
営業部の部長であるスミスさんと**話がしたい**のですが。

wish to *do* は want to *do*, would like to *do* と同じく「…したい」を表すが，より丁寧な表現であることを確認しておこう。

〈wish O_1 O_2〉

例 Fumiko：What's up, Martin? ……… 鶴見大
Martin： Hi, Fumiko. I'm kind of busy right now. I have a lot of work to do.
Fumiko：Then **I wish you good luck**.
Martin： Thank you.
Fumiko：調子はどうだい，マーティン。
Martin： やあ，ふみこ。今，ちょっと忙しいんだ。やらなきゃいけないことがたくさんあるんだ。
Fumiko：じゃあ，**幸運を祈ってるよ**。
Martin： ありがとう。

このように，特にあいさつの場面で用いられることに注意しよう。

6 If ＋ S ＋ should *do*

万が一，怪我が悪化した場合は，専門家に診てもらう必要があります。

答 (If / your / injury / should / get / worse), you will need to see a specialist.

POINT 1 **〈実現可能性の低い仮定〉**「万が一…したら」は if S ＋ should *do* で表そう。この表現は話し手が実現可能性が低いと考えている未来の話題について用いるが，実現可能性が 0%のものには使わないという点に注意しよう。また injury（怪我）が名詞であるので主語になる。be injured in A（A で怪我をする）の injured のように形容詞と考えないように注意しよう。したがって If your injury should get worse が正解とわかる。

POINT 2 **〈see A（専門家 / 医者）〉** see A（専門家 / 医者）で「A に相談する / 診てもらう」という意味を表す。see の目的語に医者などの専門職の人が来る場合は単に「…に会う」という意味以外に「…に診てもらう」など，その職業に関連する意味を表すことに注意しよう。例えば，次の例文では see が「診てもらう」という意味を表す。

例 For the first time in two years, Alan caught a cold and **saw a doctor**. ……… 青山学院大
2 年ぶりにアランは風邪をひき，**医者に診てもらった**。

この例文では「アランが風邪をひいた」という前提から saw a doctor は単に「医者に会った」という意味ではなく，「医者に診てもらった」や「医者にかかった」という意味になる。

7 if ＋ S ＋ were to *do*

もし仮に西アフリカ中を旅するとしたら，700 以上の異なる言語に出会うことになるだろう。

答 (If / you / were / to / travel / across / West Africa), you would encounter more than 700 distinct languages.

POINT **〈「仮に…すれば」〉**「仮に…すれば」は if ＋ S ＋ were to *do* で表す ☞ BASIC 2 9。「西アフリカ中を旅する」という未来の話題について純粋な仮定の話をしている。if ＋ S ＋ were to *do* の表現は，should と異なり実現可能性がまったくない場合にも用いるが，実現可能性が 0%から 100%までの場合に用いられることに注意しておこう。したがって travel across ...（…中を旅する）の表現を用いた，If you were to travel across West Africa が正解だとわかる。

CHAPTER 17 仮定法の構文

Key Grammar & Constructions

◆**仮定法を使った慣用表現**

If it were not for ... (もし…がなければ)
If it had not been for ... (もし…がなかったならば)
as if / as though ... (まるで…であるかのように)

◆ **if を省略した仮定法**：if 節の接続詞 if を省略すると，疑問文と同じ語順になる。

~~If~~ it were not for his assistance, I would still be without a job.
省略

Were it △ not for his assistance, I would still be without a job. …… 立命館大

彼の助けがなかったら，私は未だに仕事がなかっただろう。

if が省略されることで were が文頭に移動する。if の省略が起こるのは，仮定法の were / had / should がある時である。

◆**強い願望を表す仮定法**

if only + 主語 + 仮定法過去 (…でさえあればなあ)
if only + 主語 + 仮定法過去完了 (…でさえあったならなあ)

◆ **if を用いない条件文**

Could you ...? / Would you ...? ((もしよろしければ) …してもらえますか?)
otherwise (もしそうでなければ)
but for ... / without ... (もし…がなければ) (もし…がなかったならば)

◆**仮定法現在**：「提案 / 要求 / 主張」などを表す動詞 (suggest, demand, insist など) や「必要 / 重要」を表す形容詞 (necessary, important など) に続く that 節のなかでは動詞の原形が使われる。

BASIC

1 if を省略した仮定法

もし私があなたの立場だったら，この知らせを聞いてとてもショックを受けるでしょう。

答 (~~I were~~ / Were I) in your place, I would be very shocked to hear the news.

POINT 1 〈if の省略〉 if 節の接続詞 if を省略すると，主語と動詞，あるいは主語と助動詞が入れ替わり，疑問文と同じ語順になる。本問では，前の文と後ろの文を繋ぐ接続詞がないことに注目し，if の省略であることを見極めよう。したがって，仮定法過去の were と主語の I が倒置した Were I が正解である。

POINT 2 〈if の省略ができる場合〉 この倒置ができるのは仮定法過去の were，仮定法過去完了の had (+ 過去分詞)，そして助動詞 should に限定される。この倒置表現はかたい印象を与えるため，書き言葉や形式ばった話し言葉で使われる。

2 if only + 仮定法過去

クラスメートと話すときに，もっと自信が持てればいいんだけどなあ。

答 If only I (~~can~~ / could) be more confident when I talk to my classmates.

POINT 1 〈強い願望を表す if only ...〉 if only ＋ 仮定法過去 は現在の事実に反する願望や過去に叶えられなかった願望に対する残念な気持ち，後悔を表す。本問では，when 節の動詞が現在形であることから，現在の願望を表していると判断できる。したがって，仮定法過去が使われている could が正解となる。

POINT 2 〈I wish よりも強い願望〉 if only ＋ 仮定法 は I wish ＋ 仮定法 ☞ CHAPTER 16 と同じような気持ちを表すが，if only ＋ 仮定法 の方がより強い感情を表す。

3 otherwise を使った仮定表現

私は駅まで走った。そうでなければ電車に乗り遅れるところだった。

答 I ran to the station. Otherwise, I (~~missed~~ / would have missed) the train.

POINT 1 〈otherwise ＋ 仮定法 〉 otherwise は「もしそうでなければ」という意味を表し，直前で述べられている事実に反する内容の仮定を表す。本問では，「駅まで走っていなければ（if I hadn't run to the station）」という過去の事実に反する仮定を表している。したがって，仮定法過去完了が使われている would have missed が正解となる。

POINT 2 〈otherwise が現れる位置は?〉 otherwise は副詞なので文頭以外に文中や文末にも置かれる。次の例文を見てみよう。ここでは助動詞 would の直後に otherwise が置かれている。

例 By using money, people could acquire goods and services which would **otherwise** have been unavailable to them. …… 九州国際大
お金を使うことで，それまで手に入らなかったモノやサービスが手に入るようになった。

また，otherwise は意味的に前の文脈を受けていたり，節の終わりにカンマと一緒に使われたりすることから，接続詞化する例も見られる。次の例文で確認しておこう。

例 I need to make a decision soon; **otherwise**, the opportunity is going to slip away. …… ★都留文科大
早く決断しないと，せっかくのチャンスが逃げてしまう。

4 as if ＋ 仮定法 を使った表現

マイクとの最初のデートは，今でも昨日のことのように覚えています。

答 I still remember my first date with Mike as though it (~~had been~~ / were) only yesterday. …… 京都女子大

POINT 1 〈as if / as though ＋ 主語 ＋ 仮定法 〉 as if / as though は「まるで…であるかのように」という意味を表し，事実に反する内容と仮定してたとえる場合に使う。本問では，空所の直後に置かれている only yesterday に気をつけよう。この yesterday は過去の時を表しているのではなく「昨日のことのように」と現在の事実に反する内容の仮定を表している。したがって，仮定法過去の were が正解となる。only は時を表す語句と一緒に使われて「ほんの… / つい…」のような意味を表し，あまり時間が経っていないことを強調している。

POINT 2 〈be 動詞が主語の人称と一致する場合〉 as if においても be 動詞が使われると，人称や単複にかかわらず仮定法過去では were となるが，話し言葉では 1 人称や 3 人称単数の場合に was が使われることもある。次の例で確認しておこう。

例 For a moment, you could see through it, **as if** it **was** a ghost. …… 成蹊大
一瞬，**まるで**幽霊のようにそれが透けて見えた。

この文の it はどちらも代名詞で，前文にある the little machine を指している。

POINT 3 〈直説法が使われる as if / as though〉 as if / as though は仮定法だけではなく，直説法でも使われる。

次の例文では，話し手は直説法の believe を使って，as if＋仮定法よりも you believe 以下の内容に関して確信をもってたとえていることがわかる。

例 It's **as if** you **believe** that your forgotten memories has been destroyed over time.
それは，忘れていた記憶が時間の経過とともに破壊されたと考えるようなものです。

5 if it were not for を使った表現

エンターテインメント性がなければ，読書は退屈な作業になってしまう。

答 If it (~~had not been for~~ / were not for) the entertainment value, reading would be a boring task. 法政大

POINT 1 〈if it were not for〉 if it were not for は「もし…でなければ」という意味を持ち，現在の事実に反する内容の仮定を表す。本問では，「エンターテインメント性がなければ」とあるので，仮定法過去の were not for が正解となる。仮定法過去完了の had not been for は「エンターテイメント性がなかったならば」と過去の事実に反する内容になるので，選ばないようにしよう。

POINT 2 〈if it were not for の倒置〉 if it were not for は if を省略して were it not for という形で表すことができる ☞ BASIC 1。次の例では，if it were not for の if を省略して Were it not for の形になっている点に注目しよう。また，not の位置にも注意が必要である。× Weren't it for とはできない。

例 **Were it not for** the heavy rain, we would have been there on time. ★フェリス女学院大
大雨が降って**いなければ**，私たちは予定通りに到着するだろう。

6 仮定法を使った丁寧表現

お早めに手紙をお送りくださいますと幸いです。

答 We (~~will~~ / would) appreciate it if you could send us the letter as soon as possible.

POINT 1 〈S would appreciate it if ...「…してくれたらうれしい」〉 if you could ... に注目すると，仮定法が使われていることがわかる。これに対応するのは We would appreciate it if ... なので，would を選ぼう。このように依頼の表現では仮定法過去が良く使われる。またこの構文の it は if 節を指す点にも注目しておこう。

POINT 2 〈丁寧な提案を表す would〉 仮定法の would は丁寧に提案をする際にも使われる。次の例で確認してみよう。it would be to 不定詞で「…した方がいいと思いますが（しませんか）」という意味を表す。形式主語の it を使っているので間接的な表現となり，さらに丁寧さが増している。

例 My sister said **it would be** better not to cut my hair short. ★関西学院大
姉からは髪は短くしないほうが**いいんじゃないか**と言われました。

POINT 3 〈丁寧に許可を求める would〉 仮定法の would を使って，丁寧に許可を求める場合がある。次の例を見てみよう。would you mind if ... で「…していただけますか?」という丁寧な許可を表す。if 節の中が仮定法過去（plugged）になっており，現在形の × plug とはならない点にも注意しよう。

例 **Would you mind if** I plugged my computer into the outlet by your chair? ★武蔵野美術大
私のコンピュータを，あなたの椅子の横のコンセントにつないでも**よろしいでしょうか**?

7 But for＋名詞

膝の怪我がなければ，キャプテンは昨日もプレーしていただろう。

答 But for a knee injury, the captain (~~would play~~ / would have played) yesterday.

POINT 1 〈But for + 名詞〉 But for + 名詞 で「…がなければ / …がなかったら」という現在もしくは過去の事実に反する仮定を表す。But for は意味的に条件を表すが動詞が使われずに直後に名詞を置く。このため，文全体が過去・現在・未来のどの時点のことを話題にしているのかは主節の動詞の形によって判断する必要がある。本問の主節の中に yesterday があることから過去の事実に反する内容を述べていることがわかる。したがって，But for ... を条件節と考え，主節は仮定法過去完了の would have played となる。

POINT 2 〈But for の由来〉 But for はなぜ仮定の意味を表すのだろう?この but は接続詞で，条件を表す副詞節を導いて「もし…ということがなければ」という意味を表す。本来は But it were for + 名詞 の形をしていたが，it were が省略されて But for の形で仮定の意味を表す用法が定着したものである。同様に，If it were not for + 名詞 も it were が省略されて If not for (もし…がなければ) という形で使うことがある ☞ ADVANCED 6 POINT 2。

8 Without を使った表現

大気中の空気がなければ，私たちは焼け死んだり，凍死してしまうかもしれません。

答 Without the air in our atmosphere, we (might burn / ~~might have burnt~~) up or freeze to death.

POINT 〈Without + 名詞〉 Without + 名詞 で「…がなければ / …がなかったら」という現在もしくは過去の事実に反する仮定を表す。But for と同様に，直後に名詞を置くことから過去・現在・未来のどの時点のことを話題にしているのかは主節の動詞の形によって判断する。本問では，等位接続詞 or の直後には動詞の原形 (freeze) が置かれているので，同じ原形 (burn) を使っている仮定法過去の might burn が正解となる。ここから，現在の事実に反する仮定であることがわかる。

9 it is (about) time を使った表現

さて，そろそろお別れの時間ですね。

答 Well, it is about time we (~~are~~ / were) saying goodbye.

POINT 1 〈it is (about) time + 仮定法過去〉 it is (about) time + 仮定法過去 は「もう…してもよい頃だ」という意味で，現在とは反する仮定を表す。本問のように time の前に about / high をつけると「そろそろ / とっくに…してもよい頃だ」という意味になる。控えめな表現として使われるが，「もっと早くそうすべきだった」という気持ちが含まれる。したがって，本問では仮定法過去の were が正解となる。なお，it is (about) time の後に that が続くこともある ☞ STANDARD 8。

POINT 2 〈人称の一致に注意しよう〉 他の仮定法の表現とは異なり，it is (about) time + 仮定法過去 は主語が代名詞の 1 人称 (I) や 3 人称単数の場合は一般的に were ではなく was を使うのが普通である。次の例で確認しておこう。

例 **It's time** David **was** in the office. .... 亜細亜大
もうデーヴィッドはオフィスにいるでしょう。

POINT 3 〈It's about time と It's high time の使用頻度〉 It's about time と It's high time はどれくらい頻繁に使われるのだろう?アメリカ英語のコーパス (COCA) によると，It's about time は It's high time に比べて約 6 倍多く使われている。また歴史的に見ていくと，It's about time も It's high time も 1950 年代をピークに，近年にかけて次第に使われなくなっていることも知っておこう。

10 仮定法現在の使い方

彼女は快方に向かってはいるが，医師からはしばらく入院するようにとのアドバイスがあった。

答 She is getting better, but the doctor advised that she (stay / ~~had stayed~~) in the hospital for a while.

POINT 1 〈主語 + advise that + 主語 + 動詞原形〉「提案」や「要求」などを表す動詞に続く that 節の中では動詞の原形が使われる。これも一種の仮定法で仮定法現在と呼ぶ。本問では，主節で使われている「提案」を表す動詞 advise に注目し，that 節の中の動詞が原形になっている stay を選ぼう。したがって，stay が正解となる。

POINT 2 〈イギリス英語では should を挿入する〉仮定法現在は主にアメリカ英語で使われる。次の例文のように，イギリス英語では should を挿入する方が一般的である。言葉の歴史から考えると「should を省略する」という説明は誤りなので注意しよう。

例 The researchers **advise that** teachers **should consider** increasing grades for students who are forced to take exams in hot settings. ……… 北海道医療大
研究者は，教師は暑い環境下で試験を受けざるを得ない生徒の成績を上げることを**検討すべきだと助言**しています。

POINT 3 〈that 節内で仮定法現在を使う動詞〉that 節内で仮定法現在を使う動詞には，that 以下の出来事がまだ実現していなくて，話し手がこれから実現してほしいと考えているものがある。以下で仮定法現在が使われる動詞を確認しよう。

advise（忠告する）, demand（要求する）, insist（要求する）, order（命令する）, propose（提案する）, recommend（推薦する）, request（依頼する）, require（要求する）, suggest（提案する）

ただし，insist が（…だと主張する）, suggest が（…ということを示す）という意味の場合は「提案」や「要求」をもたないので仮定法現在を使わずに直説法を使うので注意しよう。

例 The young man **insisted** that he **was** innocent. ……… 中央大
青年は，自分は無実だと**主張した**。

STANDARD

1 過去の叶わなかった願望を表す if only

もう少し早く期末テストの勉強を始めていればなあ。

答 (If / only / I / had / started / studying) for the final exam a little earlier!

POINT 1 〈if only + 仮定法過去完了〉if only + 仮定法で現在または過去の事実に反する内容を表す ☞ BASIC 2。本問では，日本語訳の「始めていれば」から，過去の事実に反する内容だと判断しよう。語群の中に if と only があることに注目して，強い願望を表す If only に仮定法過去完了形を使った語順を意識しよう。

POINT 2 〈wish よりも強い願望を表す if only〉if only + 仮定法 は I wish + 仮定法 よりも強い感情を表す ☞ BASIC 2 POINT 2。そのため，本問のように文の最後には感嘆符（!）が使われることが多い。

例 **If only** I had listened to your advice! ……… 北海道文京大
あなたのアドバイスを聞いていたらなあ。

POINT 3 〈only if との違い〉if only と混同しやすい形に only if がある。only if の only は条件を表す if 節を修飾する副詞で，「…の条件を満たす限り / …の場合にのみ」と条件節を限定する表現となる。

2 if を省略した頻出表現

ご不明な点がございましたら，ご遠慮なさらずにいつでもご連絡ください。

答 (Should / you / have / any / questions), please do not hesitate to contact us at any time.

POINT 1 〈Should + S + V〉 if 節の接続詞 if を省略すると，疑問文と同じ語順になる ☞ BASIC 1。本問の語群には if がないので，倒置された形式を意識しよう。したがって，疑問文と同じように Should を文頭に置いて，主語 + 動詞 と続く語順が正解となる。特に本問の助動詞 should は if を省略して使うことも多く，ビジネスの場面やメールの文面などで頻出するので覚えておこう。

POINT 2 〈仮定の条件を表す should〉 通常，仮定法の if 節には助動詞を使うことは原則的にないが，should はその例外にあたる。助動詞の should は if 節などの条件節では「もし万が一…したら」という意味を表し，不測の事態に関する条件・譲歩を表す。このような意味から，ビジネスの場面において「万全を期しておりますが，不測の事態が万が一起こりましたら」という丁寧な定型表現としてよく使われる。

例 **If** you **should** ever receive any defective item, please inform us at once. …… 防衛大学校
もし万が一，不良品が届いた場合は，すぐにご連絡ください。

3 if 節を用いない仮定表現：to 不定詞で表す

彼の話を聞くと，みんな彼を天才だと思うだろう。

答 (To / hear / him / talk), one would take him for a genius.

POINT 〈to 不定詞を使った仮定法〉 副詞用法の to 不定詞が条件の意味で使われ，if 節と同様の内容を表すことができる。本問では，語群に if がないため，to 不定詞を使って条件の意味を表す必要がある。また，hear は知覚動詞なので hear + 目的語 + 原形不定詞 / 動詞原形 になることを思い出そう。

4 if 節を用いない仮定表現：主語で表す

裕福な人なら，窓がたくさんある大きな家を持っているでしょう。

答 (A / wealthy / person / would / have) a big house with many windows.

POINT 〈主語に含まれる仮定の意味〉 主語の中に仮定の気持ちが含まれる仮定法が用いられることがある。本問では，if 節を使わずに主語である A wealthy person が条件として働き，「裕福な人なら」と仮定の意味を表している。したがって，仮定の意味を含む A wealthy person に仮定法過去の would have が続く語順が正解となる。

5 as if / as though を使った仮定表現

彼は彼女の前で立ち止まり，話すかのように口を開いた。

答 He stopped in front of her and opened (his / mouth / as / if / to / speak).

POINT 〈as if to 不定詞〉 as if / as though は「まるで…であるかのように」という意味を表し，事実に反する内容と仮定してたとえる場合に使う ☞ BASIC 4。as if の直後には to 不定詞を置くことができる。本問では，語群の中に as if と to が入っていることに注目しよう。したがって，他動詞 open の後ろに目的語の his mouth を置き，その後に as if to speak が続く語順が正解となる。× as though + to 不定詞 とはできないので注意しよう。

6 if it had not been for を使った表現

ただ，もしオリンピックがなかったら，私の人生は大きく変わっていただろうと感じています。

答 I just feel that (if / it / had / not been / for) the Olympics, my life would have been so different.

POINT 1 〈if it had not been for〉 if it had not been for は「もし…でなかったならば」という意味を表し，過去の

事実に反する内容を表す。これは if it were not for の仮定法過去完了にあたる表現となる ☞ BASIC 5。本問では，語群の中に if が入っていることを確認し，「もしオリンピックがなかったら」という日本語を手がかりにして過去の事実に反する内容であると判断しよう。

POINT 2 〈Had it not been for〉 if it had not been for は過去完了形の had が使われているため，if を省略して倒置することができる。これまでに見た仮定法の倒置と同様に疑問文の形になるため，Had を文頭に置いて主語と動詞が続く。次の例で確認してみよう。

例 **Had it not been for** your help, I would have lost what little money I had. 岡山理科大
あなたの助けが**なかったら**，私はなけなしのお金を失うところでした。
what little + 名詞 の形で「少ないながらも全ての…」という意味を表す ☞ CHAPTER 15 BASIC 7，STANDARD 2。この what は関係形容詞と呼ばれるもので，直後の名詞 money を修飾する形容詞の働きをしている。

7 without を使った仮定表現

ナイル川がなければ，エジプト全土が砂漠になっているだろう。

答 Without the Nile River, (all / of / Egypt / would / be / a desert).

POINT 1 〈Without + 名詞 〉 Without + 名詞 で「…がなければ / …がなかったら」という現在もしくは過去の事実に反する仮定を表す ☞ BASIC 8。本問では，without が仮定の意味を表しており，「砂漠になっているだろう」という日本語から現在の事実に反する内容であると判断しよう。したがって，主節では主語の all of Egypt の後に仮定法過去の would be を置く語順となる。「エジプト全土」の意味を表す場合，all of Egypt は all Egypt としてもよい。

POINT 2 〈With + 名詞 〉 With + 名詞 で「…があれば」「…があったなら」という現在もしくは過去の事実に反する仮定を表す。without と同様に，その文がどの時について述べているのかは，主節の動詞によって判断しよう。

例 **With** his help, I **could have completed** this work.
彼の協力**があったなら**，この作業を**終えることができたのに**。

8 it is high time + 仮定法過去

もう一度，地球周回軌道を超えるべき時が来たのだと思います。

答 I think (it's / high / time / that / we / went) beyond Earth's orbit again.

POINT 1 〈it is high time + 仮定法過去 〉 it is high time + 仮定法過去 で「もうとっくに…してもよい頃だ」という意味を表す ☞ BASIC 9。本問では，語群の high や time に注目し，it's high time + 仮定法過去 の形に気づく必要がある。したがって，It's high time の後に that が続く that we went という語順が正解となる。

POINT 2 〈it is time + 不定詞節 〉 It is time の後には（for A） to 不定詞句 が続くことも多い。to 不定詞を使う場合には，単に「そろそろ…する時間だ」という事実を伝える解釈となる。次の例で確認しておこう。

例 **It is time for us to board** the plane. ★関西学院大
そろそろ飛行機に**乗る時間です**。

9 仮定法現在の使い方

自己批評は，その後のパフォーマンスを向上させるための重要なフィードバック源となりますが，過度に一般化しないことが重要です。

答 Although self-criticism can provide an important source of feedback to improve later performances, (it / is / important / that / we / not / overgeneralize).

POINT 1 〈必要性を表す後に続く that 節〉「必要 / 重要」などを表す形容詞に続く that 節の中では仮定法現在が使われる。本問では，important が「重要さ」を表す形容詞なので that 節の中は仮定法現在を使って動詞の原形にする。仮定法現在では否定文になると not + 動詞原形 となるので注意しよう。したがって，it is important の直後の that 節の中は仮定法現在の否定形になるため not overgeneralize とし，that we not overgeneralize という語順となる。

POINT 2 〈イギリス英語では should を挿入する〉仮定法現在は主にアメリカ英語で使われる ☞ BASIC 10。次の例文のように，イギリス英語では should を挿入する方が一般的である。

例 **It is important that** we **should** start adapting as soon as possible. ……… ☆関西大
一刻も早く適応し始めることが重要です。

ADVANCED

1 I wonder if を使った表現

最新のレポートを送っていただけないでしょうか。

答 I wonder (if) you (would) be kind enough to send me the most recent report.

POINT 1 〈I wonder if you + 仮定法〉I wonder if ... で「…かしらと思う」という意味を表し，文頭に置くと丁寧な依頼の表現となる。I wonder if you の後に仮定法の could や would を使うことでより丁寧さの度合いが高くなる。本問では，日本語から丁寧な依頼であることを確認し，I wonder if you would が正解となる。

POINT 2 〈より丁寧な I was wondering if you〉現在形の wonder ではなく，進行形 wondering や過去形 wondered を使うことで，より丁寧さの度合いを高めることができる。進行形は，自分のお願いはあくまでもまだ結論を出す途中であり，断定していないという気持ちを表すことから丁寧な表現になる。また，過去形は，現実との間に表現的な距離を取ることで実現性の低さや事実に反する内容を表すことから丁寧な表現となる。次の例文では，過去進行形の I was wondering if が使われているので，最も丁寧な形を使った依頼表現になっていることを確認しよう。

例 Excuse me. **I was wondering if** I **could** ask you a few questions. It's for a school project. ……… 立命館大
失礼します。いくつか質問させて**いただいてもよろしいでしょうか**。学校のプロジェクトに関する質問なのですが。

POINT 3 〈I wonder if you + 直説法〉I wonder if の後には直説法を使うこともあるが，相手に対して直接的な依頼に聞こえるので，依頼する相手によっては注意が必要である。次の例文は，客と店員との会話の中で I wonder if you + 直説法 が使われているので確認しておこう。

例 Jean: Hello, **I wonder if** you **can** help me. I'm looking for a book. ……… ★京都産業大
Staff: That's why I'm here. What book is it?
ジャン：ちょっといいですか。本を探しているんです。
店員： それが私の仕事ですから。何の本ですか?

2 if の省略

もし，老人に助けを求めなければ，ホテルへの道は見つからなかったかもしれない。

答 (Had) I (not) (asked) the old man for help, we might have never found the way to the hotel.

POINT 〈否定文の if の省略〉過去完了形は had が使われているため，if を省略して倒置することができる ☞ BASIC 1 POINT 2, STANDARD 6 POINT 2。if 節が否定文の場合は not の位置に注意が必要である。if を省略するときに倒置するのは過去完了の had のみで，否定語の not と過去分詞はそのままの位置に置かれる。× Had not / Hadn't I asked ... とはならないので気をつけよう。本問では過去の事実に反する内容であることを確認し，仮定法過去完了を倒置させた形を使おう。したがって，Had I not asked が正解となる。

3 不定詞を使った条件

彼女が英語を話すのを聞くと，アメリカ人だと思うだろう。

答 To (hear) (her) (speak) English, you would think she is an American.

POINT 〈to 不定詞を使った仮定の表現〉副詞用法の to 不定詞を使って if 節と同様の内容を表すことができる ☞ STANDARD 3。本問では，To が文頭に置かれていることに注目し，「彼女が英語を話すのを聞くと」を手掛かりにして to 不定詞を使った仮定表現を入れよう。ここでの「聞く」は「耳にする」という意味で捉え，知覚動詞の hear を使うと良い。listen (to) は「意識して聴く」という積極的な動作を表すので文の意味からあまり適さない。したがって，To hear her speak (原形不定詞) が正解となる。

4 otherwise を使った仮定表現

私には先約があったのだ。それがなければ，昨夜のパーティに参加できたはずだったのに。

答 I had a previous appointment. (Otherwise) I (could) (have) joined the party last night.

POINT 1 〈otherwise ＋ 仮定法 〉otherwise は「もしそうでなければ」という意味を表し，直前で述べられている事実に反する内容の仮定を表す ☞ BASIC 3。本問は，「先約があった」ことに対して，otherwise で「それがなかったら」を用いて，「昨夜のパーティに参加できたはずだったのに」と，過去の事実 (実際にはパーティに参加できていない) に反する仮定を表している。よって，仮定法過去完了 could have joined が正しい。

POINT 2 〈「参加」を意味する表現の違い〉英語で「…に参加する」を意味する表現にはどのような違いがあるのだろう? join ＋ 名詞 は一般的または日常的な活動に対して広く用いられ，join in ＋ 名詞 は楽しむことを目的とした活動への参加を表す。attend ＋ 名詞 は会議やイベントなどへの参加を表す。participate in ＋ 名詞 は行事など過程を意識した活動や討論への参加を表す場合に好まれ，take part in ＋ 名詞 は国内外の高レベルな活動や大規模な実験や調査へ参加する場合に好まれる。それぞれ使われやすい場面を確認しておこう。ちなみに，本問の join the party は，話しことばでは go to the party を用いる方がふつう。

例 I wonder how many people are likely to **attend** the event. ……… ★工学院大
どれだけの人が**そのイベントに参加する**のだろうか。

例 She wanted to **participate in** an interesting program. ……… 立命館大
彼女は**面白いプログラムに参加**したいと思った。

例 Having taken ballet lessons for more than ten years, he now feels he is ready to **take part in** an international competition. ……… 成城大
10 年以上バレエのレッスンを受けてきて，彼はいま，**国際コンクールに出場する**準備ができていると感じている。

5　as if を使った仮定表現

彼女はまるでついてきてくれと頼むかのように，振り向いてエルヴィンを見た。

答 She turned to look at Erwin, (as) (if) (to) ask him to follow.

POINT 1 〈as if to 不定詞〉 as if / as though は「まるで…であるかのように」という意味を表し，事実に反する内容を仮定してたとえる場合に使う ☞ BASIC 4。as if の直後には to 不定詞を置くこともある。×as though to 不定詞とはできないので注意しよう。本問では，「まるで…のように」という日本語から，事実とは異なる内容を仮定してたとえていると判断できる。また空所の直後には動詞の原形 ask が使われている点に注目しよう。したがって，as if to 不定詞を使った表現が正解となる。

POINT 2 〈as if 前置詞 / as if 分詞〉 as if の直後には不定詞の他にも前置詞句や分詞を置くこともある。次の例文で確認しておこう。

例 I passed my brush across the paper, and, **as if by magic**, I saw a flower come to life. ☆島根大

紙の上に筆を走らせると，**まるで魔法にかかったかのように**，花に命が宿ったのです。

例 Our brains are active, and our eyes make fast short movements, **as if watching something.** 福岡工業大

脳は活性化し，目は**まるで何かを見るように**速く短い動きをする。

6　if it were not for ... を使った表現

もしこの地域に台風が頻繁に来なければ，作物はよく育つでしょう。

答 (If) (it) (were) (not) for the frequent typhoons in this area, crops would grow well.

POINT 1 〈if it were not for ...〉 if it were not for ... は「もし…でなければ」という現在の事実に反する内容の仮定を表す ☞ BASIC 5。本問では，主節で would が使われているので現在の内容を仮定していると判断しよう。また，空所の直後に for が置かれている点にも注意したい。したがって，仮定法過去を使った if it were not が正解となる。

POINT 2 〈if not for ...〉 if it were not for ... や if it had not been for ... は，それぞれ it were や it had と been が省略された if not for ... という表現がある。if 節の動詞が省略されるため，現在の事実に反する内容か過去の事実に反する内容かは主節の意味から判断する必要がある。

例 Starbucks would probably not even exist today **if not for** the effort of one business visionary: Howard Schultz. ★大阪電気通信大

スターバックスは，ハワード・シュルツという先見の明のある経営者の存在**がなければ**，おそらく今ごろは存在すらしていないだろう。

7　but for を使った表現

あなたの助けがなければ，私は決してこの仕事を終えることができなかっただろう。

答 (But) (for) (your) (help), I could never have finished the job.

POINT 〈But for ＋名詞〉 But for ＋名詞で「…がなければ / …がなかったら」という現在もしくは過去の事実に反する仮定を表す ☞ BASIC 7。But for は意味的に条件を表すが動詞が使われずに直後に名詞を置く。本問では，「あなたの助け」という日本語から your advice を思い浮かべ，残りの空所には「…がなければ」という否定の意味を含む仮定表現が入る。Without であれば空所が 1 つ余分になるので，But for が正解となる。

8　Without を使った表現

印刷機がなければ，教育は富裕層だけの特権にとどまっていたかもしれない。

答 (Without) the printing press, education would likely (have) (remained) a privilege available only to the wealthy.

POINT 〈Without＋名詞〉Without＋名詞で「…がなければ / …がなかったら」という現在もしくは過去の事実に反する仮定を表す ☞ BASIC 8，STANDARD 7。本問では，「印刷機がなければ」という日本語から空所には否定の意味を含む仮定表現が入ると予測しよう。また，「とどまっていたかもしれない」という日本語に注目すると，過去の事実に反する仮定であると判断できる。したがって，1 語で否定の意味を含む仮定表現を表す Without と主節には仮定法過去完了の have remained が正解となる。

9　仮定法現在の使い方

言葉に込められた価値判断に疑問を投げかけることを学ぶことが大切です。

答 (It) (is) important that we (learn) to question our value judgment about language.

POINT 1 〈必要性を表す後に続く that 節〉「必要」や「重要」などを表す形容詞に続く that 節の中で仮定法現在が使われている ☞ STANDARD 9。本問では，important が「重要さ」を表す形容詞に注目し，that 節の中は仮定法現在を使って動詞の原形にする必要がある。したがって，It is important の直後の that 節の中には仮定法現在の learn を入れるとよい。

POINT 2 〈that 節の中の be 動詞に注意しよう〉本問のように，「重要さ」を表す形容詞に続く that 節の中は仮定法現在となるため，be 動詞も原形の be になることに注意したい。次の例文では，that 節の中で you be there となっているのを確認しておこう。× you are there とはならないので気をつけよう。

例 I'm just calling to remind you of our meeting tomorrow. It's **important** that you **be** there. ……… 南山大

明日のミーティングを忘れないように電話したんだ。あなたが出席することが重要なのです。

POINT 3 〈learn か study か?〉本問の「学ぶことが大切である」には，動詞 learn と study のどちらを使うとよいだろうか? 本問のような，目的語に to 不定詞をとるかとらないかの判断とは別に，基本的な意味の違いも押さえたい。まず，learn は知識や技術を経験や教育・研究を通じて完全に使いこなすことができるようになる意味を表し，知識の習得に焦点が置かれる。一方，study は独学や教育によって学ぶ，研究する意味を表し，勉強や研究活動の過程に焦点が置かれる。本問では，「疑問を投げかける考え方を学ぶ=身に付ける」という意味なので，習得に焦点を置いた learn を使う方との判断も可能である。

COLUMN 〈if を用いない仮定表現まとめ〉

without＋名詞,	…がなければ / なかったら
but for＋名詞,	…がなければ / なかったら
one more＋名詞,	もう一度…していれば
otherwise,	さもなければ…
to 不定詞,	…すると
it's about / high time	そろそろ / とっくに…していい時だ
in＋名詞,	…にいたなら

CHAPTER 18 否定の構文

Key Grammar & Constructions

問題に取り組む前に，否定語を含む構文に目を通しておこう!

◆ **not を使った構文**：助動詞や副詞を伴うものを中心に

cannot help *doing*（…せずにはいられない）→例文は BASIC 1
it is not until ~ that ...（~して初めて…）→例文は BASIC 2
it will not be long before ...（まもなく…）→例文は BASIC 3
cannot ... too ~（どんなに~しても…しすぎることはない）→例文は BASIC 4

◆ **no を使った構文**：比較級や前置詞と共に

no sooner ... than ~（…するとすぐに~）→例文は BASIC 5
no longer ...（もはや…ではない）→例文は BASIC 6
by no means ...（決して ... でない）→例文は BASIC 7

◆ **nothing を使った構文**：nothing が動詞の目的語として

have nothing to *do* with ...（…とは無関係である）→例文は STANDARD 3
do nothing but *do*（…ばかりしている）→例文は STANDARD 4

◆ **否定語を使わない否定構文**：to 不定詞 ☞ CHAPTER 7 や前置詞と共に

too ~ to *do*（…するには~すぎる / ~すぎて…できない）→例文は BASIC 8
the last ~ to *do*（決して…しない~）→例文は BASIC 9
far from ...（決して…ない）→例文は BASIC 10

BASIC

1 not を使った構文 1

何か大切なことをし忘れているような気がしてならないのです。

答 I can't (help) feeling that I've forgotten to do something important.

POINT 1 〈cannot help *doing*〉 cannot help *doing* で「…せずにはいられない」という意味を表す ☞ CHAPTER 5 BASIC 8。この help は「…を避ける」という意味をもち，否定語の not を伴って「…を避けられない」→「…せずにはいられない」という意味になる。本問では，空所の直後に動名詞 feeling が置かれていることに注目しよう。したがって，help が正解となる。

POINT 2 〈cannot help but *do*〉 同じ意味は cannot help but *do* でも表すことができる。この but は前置詞であり，通常 but の後は前に来る語句によって to 不定詞か原形不定詞が決まる。cannot (help) but の後には必ず原形不定詞が置かれるので覚えておこう。

例 You **cannot help but chuckle.** ………… 関西大
君は**くすくすと笑わずにはいられないよ**。

この場合の but は「…以外」という意味の副詞。「避ける」の意味の help と合わせて「くすくす笑うこと以外は避けられない」→「くすくす笑わずにはいられない」を意味する。

2 not を使った構文 2

桜の花に人々が心を奪われるようになったのは，江戸時代になってからである。

答 It was (not) (until) the Edo era that people came to be fascinated by the cherry blossoms.

POINT 1 〈it is not until ~ that ...〉 it is not until ~ that ... は「~して初めて…」という意味を表す。この it ~ that ... は強調構文 ☞ **CHAPTER 20** で，It + is + 強調したい要素 + that という形で表す。ここでは not until ~を強調して「~まで…しない」→「~して初めて…」という意味になる。問題文では，it ~ that ... の強調構文の形と日本語訳の「…したのは~になってから」を踏まえると，not until が正解となる。

POINT 2 〈S + do not ... until ~〉 it is not until ~ that ... を強調構文を使わない通常の語順では S + do not ... until ~となる。次の例文で確認してみよう。

例 I **didn't** visit a zoo **until** I was in my late teens because there was no money for that kind of thing. ……… 愛知医科大
10 代後半**まで**動物園に行かなかった。なぜならそんなことをするお金がなかったからです。

なお，強調構文が使われた問題文を通常の語順で表すと People **didn't** come to be fascinated by the cherry blossoms **until** the Edo era. となる。

3 not を使った構文 3

当社の業績が上向くのはそう遠くないでしょう。

答 It will (not) be (long) before our business begins to improve.

POINT 〈it will not be long before ...〉 it will not be long before ... は「まもなく…」という意味を表す。「…する前には長い時間はかからないだろう」→「まもなく…する」という近い未来を表し，副詞の soon（まもなく）と同じ意味となる。文頭の it は時間を表す非人称の it と捉えると良い。本問では，「上向くのはそう遠くないでしょう」を「まもなく上向くでしょう」と考え，it will not be long before S + V が使われていることが分かることで，not と long が正解となる。

4 not を使った構文 4

情報収集はいくら慎重になっても足りることはない。

答 You (cannot) be (too) careful when you collect information.

POINT 1 〈cannot ... too ~〉 cannot ... too ~は「どんなに~しても…しすぎることはない」という意味を表す。本問では，副詞の too が形容詞 careful を強めて「あまりに注意しすぎる」という意味となり，cannot がこの意味を否定する形となる。日本語訳の「いくら慎重になっても足りることはない」と合わせて考えよう。そうすると，cannot と too が正解だと分かる。

POINT 2 〈cannot ... enough〉 cannot ... too ~は too + 形容詞（または 副詞）で「余りにあり過ぎること」，つまり「過分さ」を表す。したがって，too 以外の「過分さ」を表す enough や overestimated といった表現を使って同じような意味を表すことができる。次の例文を見てみよう。

例 We truly **cannot** thank him **enough**. ……… ★追手門学院大
彼には本当に感謝**してもしきれません**。

「十分さ」を表す副詞の enough を使って，「どんなに~しても…しすぎることはない」という意味を表している。

例 The impact of the theory of plate tectonics **cannot be overestimated**. ……… 東京海洋大
プレートテクトニクスの理論が与えたインパクトは，**いくら**評価**してもしすぎることはない**。

また，「過大評価する」という意味の動詞 overestimate も「過分さ」を表すため，同様の意味で使われる。

5 no を使った構文 1

彼はとても疲れていたので，家に帰るやいなや寝てしまった。

答 He was so tired that he had (no) (sooner) come home than he fell asleep.

POINT 1 〈no sooner ... than ~〉 no sooner ... than ~は「…するとすぐに~」という意味を表す。sooner ... than ~は「~するより早く…する」という意味をもち，no は比較級が表す「差分」を打ち消すため，「すぐに」「まもなく」の soon の意味が打ち消され，「…すると同時に~する」→「…するとすぐに~」という意味になる。本問では，日本語訳の「~するやいなや」と比較表現の than に注目しよう。したがって，no sooner が正解となる。

POINT 2 〈hardly ... when ~〉 hardly ... when ~も同様に「…するとすぐに~」という意味を表す。hardly は「ほとんど…ない」という意味の副詞で，when 節が表す時間との間に「差分がほぼない」ことを表す。次の例文を見てみよう。

例 I had **hardly** left the building **when** I was asked some questions by a police officer. ……駒澤大

私はビルを**出てすぐに**警官から職務質問をされた。

主節が表す「ビルを出た」時と when 節が表す「職務質問された」時との間に時間的な差分がないことが hardly によって表されている。

6 no を使った構文 2

税込価格も表示されるので，もはや価格計算が不要になりました。

答 We (no) (longer) have to calculate prices because the tax-inclusive price is also displayed.

POINT 1 〈no longer ...〉 no longer ... は「もはや…ではない」という意味を表す。この long は時間的な「長さ・遠さ」を表す副詞であり，no を伴うことで「これ以上遠さがない」→「もはや…ない」という意味になる。本問では，日本語訳の「もはや…ない」に注目しよう。したがって，no longer が正解となる。

POINT 2 〈not ... any longer〉 not ... any longer も同様に「もはや…ではない」という意味を表す。not ... any は「少しの…もない」という no とほぼ同じような意味で使われるので覚えておこう。not ... any に比べて no は少し堅い表現で，書き言葉で好まれる。次の例文で確認しよう。

例 I **can't** put up with this construction noise **any longer**. ……関西医科大

これ以上，工事の騒音に我慢できない。

7 no を使った構文 3

モビリティ (社会的流動性) は，決して人間の行動の新しい特徴ではありません。

答 Mobility is (by) no (means) a new feature of human behavior.

POINT 1 〈by no means ...〉 by no means ... は「決して…でない」という意味を表す。means は単複同形の名詞で「手段・方法」の意味をもち，no がこの意味を打ち消すことで「あらゆる手段をもってしても…ない」→「決して…ない」という強い否定を表す意味になる。本問では，空所に挟まれた no に注目し，日本語訳の「決して…ではない」を手掛かりにしよう。したがって，means が正解となる。

POINT 2 〈not by any means ...〉 not by any means ... も同様に「決して…でない」という意味を表す。not ... any は no とほぼ同じような意味で使われる ☞ BASIC 6 POINT 2。not の場合は動詞を打ち

消すため，by よりも前の位置に置かれるので気をつけよう。

例 The Italian can**not by any means** stand to have his dishes touched by anyone, since not everyone's hands are clean. ★立教大
イタリア人は，自分の皿を指で触られることにどうしても耐えられない。すべての人の手がきれいではないからだ。

8 否定語を使わない否定構文 1

新しいことを学ぶのに歳をとりすぎているということはない。

答 No one is ever (too) old (to) learn something new.

POINT 1 〈too ~ to ...〉 too ~ to ... は「…するには~すぎる」「…すぎて~できない」という意味を表す。too + 形容詞 / 副詞 は「過分さ」を表すので「…するには~すぎる」→「…すぎて~できない」という否定の意味を伝えることができる ☞ BASIC 4 POINT 1。本問では，空所の直後に形容詞が置かれている点と，日本語訳の「~すぎるということはない」に注目しよう。したがって，too と to が正解となる。

POINT 2 〈to *do* の目的語の有無〉 too ~ to ... を使った表現では，文の主語と目的語が一致する場合，to 不定詞の目的語は置いてはいけない。次の例文を見てみよう。

例 The problem is **too** difficult **to** solve. ☆立教大
その問題は難し過ぎて解けない。

文の主語 the problem は to solve の目的語と一致しているので，× solve it としない。

9 否定語を使わない否定構文 2

彼は絶対に約束を破らなそうな人だ。

答 He is the very (last) man likely (to) break a promise.

POINT 1 〈the last ~ to *do*〉 the last ~ to *do* は「決して…しない~」という意味を表す。the last ~は「最後の~」という意味を表し，直後に 名詞 + likely to *do* を置くことで「最後に…しそうな~」→「決して…しなさそうな~」という否定の意味を伝えることができる。本問のように very を使ってさらに意味を強めることもある。本問では，日本語訳の「絶対に…しなさそうな人だ」を手掛かりにして，last と to を導こう。

POINT 2 〈the last ~ 関係詞節〉 the last ~ to *do* は関係詞節を使って the last ~ 関係詞節 の形で表されることもまれにあるが，「最後に…する~」という文字通りの意味で使われることが多いので注意が必要である。

例 I remember I was **the last person who** saw you. 京都産業大
最後にあなたを見たのは**私だった**と記憶しています。

10 否定語を使わない否定構文 3

手話をよく知らない人の多くは，手話は現地の言葉を翻訳したものだと思っているが，それは決して真実ではない。

答 Many people unfamiliar with sign language think that it is a translation of the local language, but this is (far) from the truth.

POINT 1 〈far from ...〉 far from ... は「決して…ない」という意味を表す。far は「遠さ」を表す副詞で，「…からほど遠い」→「決して…ない」という強い否定の表現を表す。本問では，日本語訳の「決して真実ではない」を参考にし，空所の直後に from が置かれていることに注目しよう。したがって，far が正解となる。

POINT 2 〈far from ...〉 from の直後には名詞や動名詞の他にも形容詞を置くことがあるので覚えておこう。far from の後に形容詞を置いた形は from と形容詞の間に being が省略されていると考えよう。

例 The life of a 19th-century American industrial worker was **far from easy.** …… 早稲田大
19 世紀アメリカの工業労働者の生活は，**決して楽なものではなかった。**

例 In preindustrial society, packaging of food was **far from unknown.** ………… ★同志社大
産業革命以前の社会では，食品の包装は**決して知られていないものではなかった。**

STANDARD

1 it will not be long before S＋V「まもなく SV する」

彼女が世界のトッププレーヤーの仲間入りをする日もそう遠くはないだろう。

答 (It / will / not / be / long / before / she / joins) the list of the world's top players.

POINT 〈it will not be long before ...〉 it will not be long before ... は「まもなく…」という意味を表す ☞ BASIC 3。本問では，日本語訳の「そう遠くないだろう」を参考にして，語群の中に not や long before のキーワードが入っていることを確認しよう。時間を表す非人称の it を文頭に置いて，It will not be long before she joins という形が正解となる。

2 cannot *do* too＋副詞「どんなに…してもしすぎることはない」

ジャンクフードが健康に悪影響を与えることはいくら強く強調しても足りない。

答 (It / cannot / be / stressed / too / strongly) that junk food damages your health.

POINT 〈cannot *do* too＋副詞〉 cannot *do* too ～は「どんなに…してもしすぎることはない」という意味を表す ☞ BASIC 4。この構文には一般動詞を使った cannot＋一般動詞＋too＋副詞という形もあるので覚えておこう。本問では，まず主語の内容が that 節以下で現れていることに注目しよう。形式主語 it を文頭に置き，一般動詞の stress が受動態で使われていることから cannot be stressed とし，続けて「いくら強く」を表す too strongly を置くと良い。

3 nothing を使った構文 1

等級はお茶の品質や風味とは関係なく，単に葉の大きさを表しています。

答 The grades (have / nothing / to / do / with) the quality or flavor of tea; they simply refer to leaf size.

POINT 1 〈have nothing to do with ...〉 have nothing to do with ... は「…とは無関係である」という意味を表す。肯定の意味を表す have (something) to do with「…と関係がある」の something の位置に否定を表す nothing が置かれたものと考えよう。本問では，日本語訳の「…とは関係なく」に注目して，語群に nothing があることを確認しよう。したがって，have nothing to do with が正解となる。

POINT 2 〈don't have anything to do with ...〉 同様の意味を don't have anything to do with を使って表すこともできる。not ... anything で nothing とほぼ同じような意味を表すので覚えておこう。

例 She does**n't have anything to do with** this incident, as far as I know. ………… 天理大
私の知る限り，彼女はこの事件とは**何の関係もない。**

4 nothing を使った構文 2

彼らはただ謝るばかりである。

答 (They / do / nothing / but / apologize).

POINT 1 〈do nothing but *do*〉 do nothing but *do* は「…ばかりしている」という意味を表す。この but は「…を除いて，…以外に」の意味をもつ前置詞で，「…する以外に何もしない」→「…ばかりしている」という意味になる。but の後ろには原形不定詞を置き，× to *do* とはしないように注意しよう。本問では，日本語訳の「ただ謝るばかり」に注目して，do nothing but apologize としよう。

POINT 2 〈等位接続詞の名残がある前置詞の but〉 **POINT 1** で do nothing but の直後は原形不定詞をとると説明したが，これは述語動詞 do とのつながりによるものと考えて良い。次の例文を見てみよう。

例 We see trails of millions of ants doing **nothing but** gathering food and swiftly taking it back to the colony. ……白百合女子大
何百万匹ものアリが，**ただひたすら**餌を集め，素早くコロニーに持ち帰る姿を見ることができるのです。

この文では，知覚動詞 see に続いて現在分詞 doing nothing but ... が現れている。これは do nothing but が，知覚動詞 see O *doing*（O が *doing* しているのを見る）の *doing* の位置にあるからである。また，but の後も gathering となっている。これは直前の doing と同じ形である。つまり，nothing but の but は，「…以外」という意味を持つ前置詞でありながら，doing と gathering という 2 つの現在分詞をつなぐ接続詞の働きも持っているのである。

5 never fail to *do*「必ず…する」

先生はお話が上手です。彼女の話は生徒を飽きさせることがない。

答 The teacher is a good story teller. Her stories (never / fail / to / amuse / her students).

POINT 1 〈never fail to *do* の使い方〉 never fail to *do* は「必ず…する」という意味を表す。fail to *do* は「…し損なう」という否定の意味をもち，never がそれをさらに否定するので二重否定になる。二重否定になると「…し損なうことは決してない」→「必ず…する」という強い肯定を表すことができる。never は「no（ない）ever（どんな時も）」から出来ているので，never fail to *do* は「習慣の意味」を表し，「決まっていつも…する」という意味になる。本問では，日本語訳の「飽きさせることがない」を参考に，「生徒を楽しませることを失敗しない」に置き換えて考えよう。したがって，never fail to amuse her students が正解となる。

POINT 2 〈not fail to *do*〉 同様の意味を not fail to *do* を使って表すことができる。never fail to *do* がおもに習慣的な意味を伝えるのに対して，not fail to *do* は一度きりの行為を表す違いがあるので注意しよう。次の例文では習慣的な意味はなく，「（何度あろうが）チャンスがあれば（その都度）逃さない」という一度きりの出来事について述べている。

例 **Don't fail to take** advantage of the big chances you can find in your everyday life. ……★都留文科大
日常生活の中で見つけられるビッグチャンスを**逃さない**ようにしましょう。

6 far too ~ to *do*「あまりに~すぎて…できない」

君はあまりにも忙しすぎてもう一緒に映画館に行けないから，一人ぼっちで行かなくちゃ。

答 You are (far / too / busy / to / go) to the theater with me anymore, so I have to go by myself.

POINT 〈far too ~ to *do*〉 too ~ to *do* は「~すぎて…できない」という意味を表す ☞ BASIC 8。「はるかに」という意味をもつ副詞 far を強意副詞 too の直前に置くことで，「あまりに~すぎて…できない」のようにさらに意味を強めることができる。本問では，日本語訳の「あまりに忙しすぎる」を手がかりにして，語群の中の far が入っていることに注目しよう。far は too + 形容詞 の前に置いて意味を強める働きをするので，far too busy to go が正解となる。

7　no longer「もはや…ない」

気候変動の影響は，もはや遠い未来の脅威ではありません。

答 The impact of climate change (is / no / longer / a / threat) in the distant future.

POINT　〈no longer ...〉no longer ... は「もはや…ではない」という意味を表す ☞ BASIC 6。本問では，no を使うことで「遠い未来」ではなく「現在」と「脅威」の間に差分がほぼないことを伝えている。threat は「脅威」の意味では可算名詞となるので単数の場合は不定冠詞の a を忘れずに入れよう。日本語訳の「もはや…ではない」に注目して，is no longer a threat が正解となる。

8　nothing を使った構文 3

健康を維持する手段として，朝の新鮮な空気の中を歩くことに勝るものはない。

答 (There / is / nothing / like / walking) in the fresh morning air as a means of keeping healthy.

POINT　〈there is nothing like ...〉there is nothing like ... は「…に勝るものはない」という意味を表す。「存在」を表す there 構文と一緒に使われて，「…のようなものはない」→「…に勝るものはない」という意味になる。この like は前置詞なので後ろには名詞（句）や動名詞句などが置かれる。本問では，語群の中の nothing に注目し，日本語訳と合わせて考えよう。「歩くようなものはない」→「歩くことに勝るものはない」と捉えることで，there is nothing like＋動名詞 の形が正解であると分かる。

9　no sooner ... than ～「…するとすぐに～」

部屋に入るやいなや，皆が私を見ていることに気づいた。

答 No (sooner / had / I / entered / the room / than) I noticed everyone was looking at me.

POINT　〈no sooner ... than ～の倒置〉no sooner ... than ～は「…するとすぐに～」という意味を表す ☞ BASIC 5。no sooner を含む節は than 節が表す時よりも前の出来事を表すので，主に過去完了形と共に使われる。No sooner は文頭に置かれることも多いが，no が否定語であるために倒置が起こり，疑問文の形で表すので注意しよう ☞ CHAPTER 21。本問では，No が文頭に置かれているので疑問文の形にすることを意識しよう。したがって，助動詞 had と主語を入れ替えた No sooner had I entered という語順になる。

ADVANCED 1

1　否定語を使わない否定構文 4

遺伝子組み換え植物の遺伝子は，私たちがコントロールできないほど広がったり，急速に進化したりする可能性があります。

答 The genes in genetically modified plants may spread or rapidly evolve (beyond) (our) (control).

POINT 1　〈否定の意味を伝える beyond〉前置詞 beyond は「…の向こう側に / …を超えて」という意味をもち，「…を超える」→「…できない」という否定の意味を表すことがある。本問では，日本語訳の「手に負えない」に注目し，「私たちのコントロールを超えてしまっている」→「コントロールできない」と捉えると良い。したがって，beyond our control が正解となる。

POINT 2　〈beyondの後ろに置かれる名詞〉beyond (A's) ... の後ろには以下のような名詞が現れる。全体的に「認識に関わる名詞」が多く現れる傾向があるので一緒に覚えておこう。

> belief（信じられない）, comprehension（理解できない）, control（制御できない）, doubt（疑いなく）, imagination（想像できない）, reach（手の届かない）, recognition（認識できない）, repair（修理できない）, words（言葉にできない）

2　否定語を使わない否定構文 5

彼らは高齢者の特別なニーズを考慮していなかった。

答 They (failed) (to) take into account the special needs of elderly people.

POINT 〈fail to *do* の使い方〉 fail to *do* は「…し損なう」という意味をもち,「…することに失敗する」→「…できない」という意味を表す。fail to *do* には期待していたことが達成できず残念で落胆した気持ちが含まれる。この fail to *do* に否定語の never が付いたものが never fail to *do*（必ず…する）である ☞ STANDARD 5。本問では，日本語訳の「配慮していなかった」に注目し,「配慮しそこなう」→「配慮しなかった」と考えると良い。したがって，fail to が正解となる。

3　否定語を使わない否定構文 6

私の言いたかったことを実は理解してもらえていないのかと思う。

答 I (doubt) that they really understood what I was trying to say.

POINT 〈S doubt that S' V'〉 動詞 doubt は「…を疑う」という意味をもち，that 節を後ろに置くことで「…ではないと思う」という not think と同じような意味を表す。本問では，空所が 1 つしかないので否定の意味を含む表現が入ることになる。日本語訳の「…しないのかと思う」に注目して，I don't think と同じような意味を表す doubt を入れよう。したがって，doubt が正解となる。

4　do nothing but *do*「…しかしない」

ジョニーが初めて幼稚園に行ったとき，彼は泣くばかりであった。

答 The first time Johnny went to kindergarten, he did (nothing) (but) (cry).

POINT 1 〈do nothing but *do*〉 do nothing but *do* は「…しかしない / …ばかりしている」という意味を表す ☞ STANDARD 4。この but の直後に置かれる動詞の形に注意が必要である。本問では，日本語訳の「泣くばかり」と，空所の前に did が置かれていることに注目しよう。したがって，nothing but cry が正解となる。

POINT 2 〈nothing but + 名詞〉 nothing but の後ろには名詞を置くことがあり,「…以外に何ものもない」→「…だけ」という only と同じ意味を表す。次の例文を見てみよう。

例 You can hear **nothing but** the sound of the waves and see a wonderful view of the sea from your room. ……… 法政大
部屋からは波の音**しか**聞こえず，素晴らしい海の景色を見ることができます。

nothing but の後ろに the sound of the waves が置かれているので,「波の音以外は何もない」→「波の音しか聞こえない」という意味になる。

5　it is not until A that S + V「A になって初めて SV する」

観光が環境に与える影響が認識されるようになったのは，1960 年代後半からだった。

答 (It) (was) (not) (until) the late 1960s that the impact of tourism on the environment began to be recognized.

POINT 1 〈it is not until A that S＋V〉 it is not until A that S＋V は「A になって初めて SV する」という意味を表す ☞ BASIC 2。本問では，日本語訳の「**SV** されるようになったのは 1960 年代後半からだった」を「1960 年代後半になって初めて **SV**」と捉えるとよい。文中に that 節があることを確認して形式主語 it を文頭に置く形を想定しよう。be 動詞は過去形 was とする。したがって，It was not until が正解となる。

POINT 2 〈Not until A that S＋V〉 it is not until … は Not until を文頭に置くこともある。Not が否定を表す語句なので，倒置した際は疑問文の形になることを思い出そう。次の例文では，Not until が文頭に置かれているので，that 節の that の代わりに助動詞 did が置かれて疑問文の形を作っている。

例 **Not until** I had gotten home **did** I realize that my wallet was in the locker. … ★東海大
家に帰ってから，財布がロッカーにあることに気づいた。

ADVANCED 2

6 too ～ to … を言い換えた構文：so＋形容詞＋that not …

その論文は彼が一日で読み切るには難しすぎた。

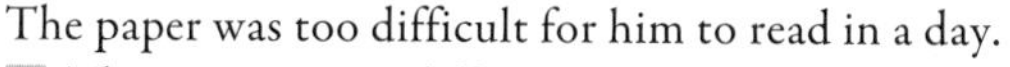
The paper was too difficult for him to read in a day.

答 The paper was so difficult (that) he could (not) read (it) in a day.

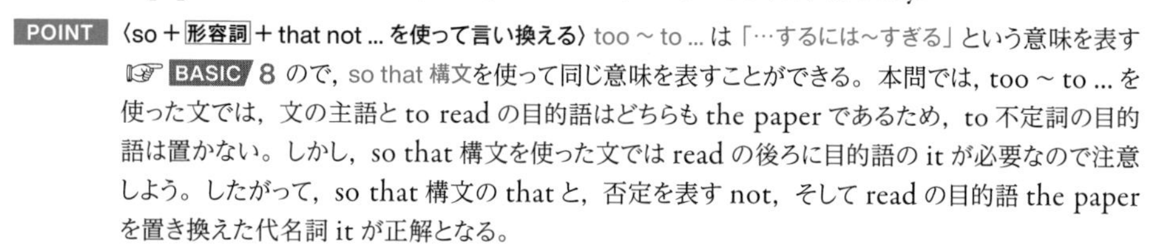
POINT 〈so＋形容詞＋that not … を使って言い換える〉 too ～ to … は「…するには～すぎる」という意味を表す ☞ BASIC 8 ので，so that 構文を使って同じ意味を表すことができる。本問では，too ～ to … を使った文では，文の主語と to read の目的語はどちらも the paper であるため，to 不定詞の目的語は置かない。しかし，so that 構文を使った文では read の後ろに目的語の it が必要なので注意しよう。したがって，so that 構文の that と，否定を表す not，そして read の目的語 the paper を置き換えた代名詞 it が正解となる。

7 never（決して…ない）を言い換えた構文：the last A to *do*

彼女は決して賄賂を受け取るような人ではない。

She would never accept a bribe.

答 She would be the (last) (person) (to) (accept) a bribe.

POINT 〈the last A to *do* を使って言い換える〉 否定語の never は「決して…ない」という強い否定を表すので，the last A to *do*（決して…しない A）を使って同じ意味を表すことができる。本問では，空所の前に定冠詞 the が置かれている点と，3 つ目の空所に t が与えられている点に注目しよう。したがって，名詞句の last person を入れ，その後に to 不定詞の to accept を入れた形が正解となる。

8 far from を言い換えた構文：anything but

彼らの販売キャンペーンは成功とは程遠かった。

Their sales campaign was far from a success.

答 Their sales campaign was (anything) (but) a success.

POINT 1 〈anything but … を使って言い換える〉 far from … は「決して…ない」という意味を表す ☞ BASIC 10 ので，anything but …（決して…ではない）を使って同じ意味を表すことができる。but は「…を除いて」という意味の前置詞で，「…以外は何でも」→「…では決してない」という強い否定を表す表現になる。本問では，最初の空所に a が与えられていることと，空所の直後に名詞句が置かれていることに注目しよう。したがって，anything but が正解となる。

POINT 2 〈anything but＋形容詞〉 anything but ... の but の後ろには名詞以外にも形容詞を置くことができる。次の例文を見てみよう。anything but easy で「決して簡単ではない」という意味を表し，very difficult と同じような意味で使われていることが分かる。

例 For the slave, running away to the North was **anything but** easy. ………… 甲南大
奴隷にとって，北部に逃げるのは**簡単なことではなかった**。

9 as soon as を言い換えた構文

その手紙に目をやるとすぐに，それは私が望んでいたものだと判った。
As soon as I glanced at the letter, I found it to be what I had wanted.

答 (Hardly) (had) (I) (glanced) at the letter when I found it to be what I had wanted.

POINT 〈hardly ... when ～を使って言い換える〉 as soon as は「…するとすぐに」という意味を表すので，no sooner ... than ～や hardly / scarcely ... when / before を使って同じ意味を表すことができる。no sooner と同様に，hardly も文頭に置かれることが多く，hardly は「ほとんど…ない」という意味の否定語であるために倒置が起こる。本問では，最初の空所に H が与えられている点と，空所の後ろに when が置かれている点を合わせて考えよう。したがって，疑問文の形をとる Hardly had I glanced が正解となる。

Oh no!
英語の否定表現は多彩!

COLUMN 〈部分否定 / 全否定の頻出表現まとめ〉

① 部分否定

not all	すべて…というわけではない	not always	いつも…とは限らない
not necessarily	必ずしも…ない	not really	そんなに…ない
not very	そんなに…ない		

② 全否定

no	どんな…もない	none	誰も / 何も…ない
no one	誰も…ない	nobody	誰も…ない
nothing	何も…ない	never	決して…ない
not any	少しの…もない	not ... at all	まったく…ない

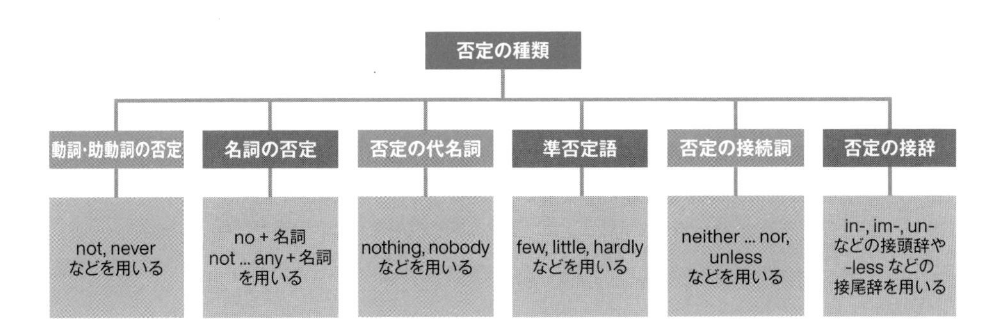

CHAPTER 19 名詞構文と無生物主語構文

Key Grammar & Constructions

◆名詞構文とは?

development「発展 / 開発」のような名詞が，the development of A の形で「A が発展すること」「A を発展させること」のように，of A が development の主語や目的語のように働くものを名詞構文と呼ぶ。次の例を見てみよう。

例 a. **The development of the technology** is just starting.
(**テクノロジーの発展**はまだ始まったばかりです) ☆神戸女学院大

例 b. We were there to work on **the development of a product.**
(私たちはそこである**製品の開発**に携わりました) ☆東京理科大

the development of ... に関して，a. では「テクノロジーが発展する」という SV の関係になっている。これに対して b. では「製品を開発する」という VO の関係になっている。
このように名詞構文は，「動詞の性格を残した」名詞が，その意味の上で S + V や V + O のまとまりになるもの，あるいは 名詞 + 形容詞 = V + 副詞 になるものなど，名詞 +αで 動詞 +αを表すものを指す。

◆無生物主語構文とは?

無生物主語構文は，主語がその動詞との組み合わせにより「原因 / 理由」，「手段」，「条件」といったものに解釈されるものを指す。次の例を見てみよう。

例 **Careful analysis would produce** three possibilities.
(**注意深く分析すると**，3 つの可能性**が出てくるだろう**) 中央大

この例では主語が careful analysis であるが，これは「注意深く分析すると…が出てくるだろう」という意味になっている。無生物主語構文は，主語の働きに注意しておくとよい。

BASIC 1

1 give + 人 an explanation of ...
彼は，事故が起きた経緯を詳しく説明してくれました。
答 He (エ. gave) me a detailed explanation of how the accident happened.
ア. explained　イ. took　ウ. came　(エ. gave)

POINT 1 〈「人 に…を説明する」= give + 人 an explanation of ... (名詞構文) のパターン〉動詞 explain ... to 人 (人 に…を説明する) は基本動詞 give を使って give + 人 an explanation of ... と表現することができる。したがって，正解はエ. gave となる。

POINT 2 〈〈基本動詞 + a / an + 名詞 〉のパターン〉動詞 1 語で「…する」という場合と比べ， 基本動詞 + a / an + 名詞 の表現を使うことで，その行為 (散歩 / 話など) を「一度やってみる」，「試しにやってみる」という意味が出る。 基本動詞 + a / an + 名詞 については以下の例を見てみよう。

> give ... a call (…に電話をする), give a message (伝言する), give a response (反応する),
> give a speech (演説する); have a drink (飲む), have a reaction (反応する), have a talk (話す);
> make a decision (決心する), make a mistake (間違う);
> take a break (中休みする / 休憩する), take a breath (呼吸する), take / have a look (見る)

なお，give＋人 some advice や make progress など，不可算名詞が使われることもある。
また，形容詞で名詞を修飾して豊かな表現ができるのもこの構文の特徴である。文脈によっては定冠詞や複数形の名詞を使うこともできる。

例 The English philosopher David Hume **made similar comments about** spatial distancing in *A Treatise on Human Nature* (1740). ……慶應大
イギリスの哲学者デーヴィッド・ヒュームも，『人間本性論』(1740年)の中で，空間的距離の確保**について同様の発言をしている**。

make similar comments on ...（…について同じような発言をする）という意味。comments と複数形が使われている。

例 Later, back in a lecture hall at Stanford University, I **made the same request of** an audience of distinguished scholars. ……☆横浜国立大
その後，スタンフォード大学の講義室で，私は著名な学者たちの聴衆に**同じことを要求した**。

make the same request of ...（…に同じ要求をする）という意味。the same request と定冠詞 the が使われている。

2 *one's* interest in A

彼女が子どもたちに興味があるのなら，教師という職業は正しい選択だろう。

答 Given (ア. her interest in children), teaching would be the right career choice.

(ア. her interest in children)　イ. children's interest in her
ウ. her interesting in children　エ. children interested in her

POINT 1 **〈「…に興味がある」を名詞構文で〉**「彼女が子どもたちに興味がある」は S＋V の文で表すなら She is interested in children となる。これを名詞 interest(興味)を中心に表すにはどうすればよいか考えてみよう。*one's* interest in ... という形から，*one's* という所有格を「主語」と考えると，ア. her interest in children が正解だとわかる。イ. やエ. は children's interest となっているので，children are interested in ...（子どもたちが…に興味がある）となるので×。また，ウ. は children's interesting in ... と形容詞 interesting(興味を持たせる)が中心になっているので名詞構文にはならない。

POINT 2 **〈Given A ...〉** 今回使われている Given A... という表現に注目しよう。これは分詞構文 ☞ CHAPTER 10 の表現のひとつで，「…を考慮に入れると」や「…があれば」という意味を表す。今回は，「…があれば」という意味になっている。

3 *one's* first trip to ...

初めてアメリカに旅行に行った時，現地の新聞にテレビ番組欄が載っていないことに気づきました。

答 On (ウ. my first trip to) America, I noticed that there were no TV programs listed in the local newspapers.

ア. my first travel　イ. my firstly travel to　(ウ. my first trip to)　エ. my first tripped to

POINT 1 **〈「…に初めて旅行に行く」を名詞構文で〉** 名詞構文で大切な形は，名詞の所有格が意味上の主語になることである。trip(旅行)という名詞で考えてみると my trip は I travel という S＋V の関係になることがわかる。また「初めて」という副詞は，名詞構文では形容詞にあたるので，On my first trip to America(私が初めてアメリカに旅行に行く時に)となるウ. が正解だとわかる。

POINT 2 **〈名詞構文を作ることができないパターン〉** ア. は前置詞 to がないので，my first travel America

となり，×。イ．は firstly という副詞が名詞を修飾できないので×。エ．は first tripped ... と trip が過去分詞形になっているので×となる。*one's* 形容詞＋名詞＋前置詞 …という名詞構文のパターンでは，最後の前置詞を忘れないようにするのがポイントである。

4 S depend on ... ＝名詞構文 *one's* dependence on ...

もう一つの課題は，暑い時期のエアコンへの依存です。

答 Another issue is (イ. our dependence on) air conditioning during hot periods.

ア. we dependence on　　(イ. our dependence on)

ウ. we dependent on　　エ. our depend on

POINT 〈「我々が…に依存する」を名詞構文で〉 we depend on ...（我々が…に依存する）を *one's* 名詞＋前置詞という名詞構文を作ると考えよう。そうすると，イ．our dependence on ... が正解だとわかる。アは，we のあとに名詞が，ウは形容詞が続いているので×。our のあとに動詞は続かないのでエも×である。

5 a / an 形容詞＋名詞 ... の名詞構文

地図をちらっと見ただけで，私たちが正しい道にいることがわかった。

答 (ア. A quick glance) at the map showed that we were on the right road.

(ア. A quick glance)　　イ. Quickly glance

ウ. Of glance quickly　　エ. A glance of quickness

POINT 1 〈「A をちらっと見ただけで」を名詞構文で〉 主語となる所有格になる部分が定冠詞（the）や不定詞冠詞（a / an）になることもある。特に，a＋名詞では「一度…すると」という 1 回の行為であることを表す。本問はア．A quick glance が正解で，「素早く（一度）ちらっと見ること」という 1 回の行為を表すと考えよう。イ．Quickly glance は quickly という副詞が glance を修飾できないので×。ウ．Of glance quickly は前置詞 of から始まっており，主語にはなれないので×。エ．は a glance of は良いが，その対象が quickness なので「素早さをちらっと見ること」という意味になってしまい×となる。

POINT 2 〈a / an＋形容詞＋glance のパターン〉 glance を修飾する形容詞はいくつか代表的なものがある。次のまとめを確認しておこう。

> a casual glance（何気なく見てみると）, a sharp glance（にらむように見る）, a backward glance（振りかえって見る）, without a backward glance（見向きもせずに）, a lengthy glance（じっと見て）, a cursory glance（さっと見て）

BASIC 2

6 名詞構文の主語＋形式目的語構文

彼の発見により，より強力なコンピュータの開発が可能になった。

答 (His discovery / made / it / possible / to / develop) more powerful computers.

POINT 1 〈「S によって，to *do* が可能になる」＝ S make it possible to *do*〉 問題文の「彼の発見により」が名詞構文 His discovery である。これが「…のおかげで」という理由の意味で，後ろに続く形式目的語構文を作るとよい。

POINT 2 〈無生物主語構文で「…の開発が可能になった」〉 made it possible to develop ... で「…の開発が可能になった」を表すことができる。it が形式目的語 to develop を指す。POINT 1 と組み合わせると His discovery made it possible to develop ... と適切な語順を作ることができる。

7 無生物主語 ＋ remind ＋ 人 of ...

クローゼットにあった日記を見て，私はなつかしい日々を思い出した。

答 The diary I found in the closet (reminded / me / of / the good old days).

POINT 1 **〈「無生物主語 を見て…を思い出す」〉** ここでは動詞 remind O of A の使い方が大切である。動詞 remind は無生物を主語にとり「無生物主語 によって…を思い出す」という意味を表すことができる。これを使うと文の主語である The diary（日記）に続けて reminded me of ... と「日記によって（日記を見て）私は…を思い出す」という形を作ることができる。

POINT 2 **〈remind O of A を別の表現で表すと〉** 今回使われている remind O of A は，次の例のように受動態 ☞ CHAPTER 6 でもよく用いられる。

例 On the night of the election, **I was reminded of the Yankees in 1976.** ………… 法政大
選挙当日の夜になって，**1976 年のヤンキースが思い出された**。

be reminded of A は「A が思い起こされた」のような意味で，「何かを思い出すきっかけ」と共に使われることがある。この例でも「選挙当日の夜になる」というきっかけが提示されている。

8 無生物主語 ＋ allow ＋ 人 to *do*

電子書籍の技術により，個人のコンピュータに図書館を丸ごと持つことが可能になる。

答 (E-book technology / allows / you / to / have) an entire library on your personal computer.

POINT 1 **〈「電子書籍の技術により…が可能になる」を S allow O to *do* を使って〉** 「電子書籍の技術により」から，E-book technology を主語にして，allow you to have ... を続けるとよい。allow O to *do* の主語には「O が to *do* する」のきっかけになるものが来る。

POINT 2 **〈allow O to *do* にはどんな主語が来るか〉** 主語には，手段を表す表現，情報源となる表現，成長や発達を表す表現が来ることが多い。主なものは次のとおり。

> e-mail（eメール），method(s)（方法），information（情報），diet（食事），feature(s)（特徴），growth（成長），development（発展）

9 名詞構文 the inability of A to *do*

ミツバチは赤を見ることができないので，ピンクや赤の花にはほとんどミツバチが訪れない。

答 The (inability / of / bees / to / see / red) means that pink or red flowers are almost never visited by bees.

POINT 1 **〈「A が…できないこと」を the inability of A to *do* で表す〉** the inability of A to *do* は of A が主語の働きをする名詞構文である。したがって「ミツバチは赤を見ることができない」は of A の部分を of bees として，the inability of bees to see red と表現しよう。これは bees are unable to see red と書き換えることができる。

POINT 2 **〈the inability of ... に続くもの〉** the inability of A to *do* の of A の位置には，一般的・総称的な表現が来ることが多い。今回の the inability of bees も「ミツバチ全般ができないこと」を述べている。

POINT 3 **〈the inability of A to *do* と *one's* inability to *do* との違い〉** the inability of A to *do* では A の位置に一般的・総称的な表現が来ることが多いことは POINT 2 で述べた。これに対して，同じ名詞構文で *one's* ability to *do* という形も存在する。この場合は，意味上の主語である所有格 *one's* にはどんな要素が来るのだろうか。次の例を見てみよう。

例 **Tom's inability to express himself** clearly annoyed his wife. ………… 慶應大
トムは自分の意見をはっきり**言えない**ので妻を困らせた。

この例が示すとおり，*one's* inability to *do* は the inability of A to *do* と比べて，より狭い範囲の個人的な事柄について述べることが多い。この表現を the inability of Tom to express himself ... と表現するのはやや不自然に響くので注意しよう。

10 無生物主語構文 S prevent O from *doing*

交通渋滞のせいで彼らは目的地に時間通りには着けなかった。

答 (The traffic jam / prevented / them / from / arriving) at the destination on time.

POINT 1 **〈「交通渋滞のせいで彼らは…には着けなかった」を S prevent O from *doing* を使って表現する〉** 問題文の「交通渋滞のせいで…」という原因になっている箇所を prevent の主語にして考えてみよう。The traffic jam prevented の後には，「彼らは…には着けなかった」の部分を入れると考える。そうすると prevent の目的語のところに，「彼ら」にあたる them を置き，「着く」を from arriving とする。そうすると The traffic jam prevented them from arriving ... を作ることができる。

POINT 2 **〈prevent O from *doing* の主語に来るものは?〉** prevent O from *doing* は「O が…するのを妨げる」や「O が…するのを防ぐ」という意味をもつ。つまり，prevent の主語には「人」が来ることもある。

例 **We prevented the fire from spreading.** ………… 上智大
私たちは炎が広がるのを防ぎました。

prevent は「妨げる」だけではなく「未然に防ぐ」という意味でも使われることに注意しよう。

POINT 3 **〈prevent の類似表現〉** prevent と同じような意味を持つものとして，keep / stop / hinder O from *doing* がある。

例 Parents should **keep children from spending** too much time online. ………… 大阪工業大
親は子どもがネットに長時間アクセスしないようにするべきである。

keep O from *doing* は「そのまま放っておけないこと」によく使う。

例 Governments should **stop people from dumping garbage** into the oceans. ………… ☆高知工科大
各国政府は人々が海にゴミを捨てるのを止めるべきだ。

stop O from *doing* は「ある可能性を防ぐ」という場合によく使われる。

例 A lack of accommodation is another factor that **has long hindered Nara from developing** as a major tourist destination. ………… 明治大
宿泊施設の不足も，奈良が観光地として発展するのを長い間妨げてきたもう一つの要因だ。

hinder O from *doing* はかたい言葉で頻度も高くないが，物事の発展を止めてしまうような文脈でよく使われる。

STANDARD

1 名詞構文が中心で作られる英文

私たちが「便利さ」を愛し，先のことを計画できないことを受け入れるのは，まったく新しい考え方なのです。

答 (Our) (love) of "convenience" and our acceptance (of) our (inability) to plan ahead is an entirely new way of thinking.

POINT 1 **〈*one's* love of A〉** *one's* love of A で「…が A を愛していること」という名詞構文を作ろう。したがって「私たちが「便利さ」を愛し」は our love of "convenience" となる。これは we love "convenience" と同じ意味を表すことができる。

POINT 2 〈our acceptance of A〉 *one's* acceptance of A で「…が A を受け入れること」という名詞構文を作ると考える。our acceptance に続くところに of を入れるとよい。

POINT 3 〈*one's* inability to *do*〉「先のことを計画できないこと」には *one's* inability to *do* を使い our inability to plan ahead とする ☞ BASIC 9 POINT 3。

2 名詞構文 S have a 形容詞 impact on A

幼いころの宮崎駿の人生は戦争によって強い影響を受けていた。

答 The war (had) an (strong) impact (on) the young Hayao Miyazaki's life.

POINT 1 〈「S によって A は影響された」〉問題文では「幼いころの宮崎駿の人生は…」となっているが，英語の主語は The war である。これは The war を無生物主語と考え，「戦争が幼いころの宮崎駿の人生に強い影響を与えた」と読みかえるとよい。「影響を与える」は have an impact on A なので，The war の後には had を入れる。そして「強い」にあたる形容詞は strong を入れる。impact の後には on を入れよう。

POINT 2 〈「…に影響を与える」という表現について〉「…に影響を与える」は今回の have an impact on A のように基本動詞 have を使った have an influence / effect on A という表現がある。

「influenceとよく結びつく形容詞」strong（強い），negative（悪い / 否定的な），positive（良い / 肯定的な），good（よい），great（大きな），significant（十分な），enormous（莫大な），important（重要な），immediate（直接の）
「impactとよく結びつく形容詞」negative（悪い / 否定的な），huge（莫大な），strong（強い），profound（重大な / 深刻な），serious（深刻な）
「effectとよく結びつく形容詞」negative（悪い / 否定的な），positive（良い / 肯定的な），bad（悪い），harmful（有害な），beneficial（有益な），calming（心を落ち着かせる）

3 名詞構文 *one's* first visit to A「…が A に初めて訪れたこと」

黄色い車を見るたびに，私が初めて訪れたニューヨークを思い出します。

答 Whenever I see a yellow car, I remember my (first) (visit) (to) New York.

POINT 〈「私が初めて訪れたニューヨーク」＝my first visit to New York〉問題文の「私が初めて訪れたニューヨーク」を remember の目的語のところにどうやって入れるかを考えよう。my が与えられるので，名詞構文 *one's* first visit to ... を当てはめて，my first visit to New York を作るとよい。これは I visited New York for the first time. とほぼ同じ意味を表すことができる。なお，ニューヨーク市内を走るタクシーはほとんど黄色の車体である。

4 名詞構文 *one's* 形容詞 arrival in A

メアリーは彼女が無事にロサンゼルスに到着したことを両親に報告した。

答 Mary informed her parents of her (safe) (arrival) (in) Los Angeles.

POINT 1 〈「彼女が無事に…に到着したこと」＝her safe arrival in ...〉「彼女が無事にロサンゼルスに到着したこと」を inform＋人 of A の A のところで表現する。of her に続く形なので，her safe arrival in ...（彼女の…への安全な到着）という名詞構文を使おう。inform＋人 that S＋V のように that 節の場合は she arrived in Los Angeles safely と表現できる。

POINT 2 〈arrival に続く前置詞〉名詞構文を作る arrival は動詞 arrive と同じ前置詞をとると考えよう。例えば動詞 arrive と同じように *one's* arrival の後には in 以外にも at ... が現れるのである。

例 The Queen waved to crowds on **her arrival at the museum.** ★獨協医科大
美術館に到着した女王は，群衆に手を振った。

5 名詞構文 the importance of A

ほとんどの人が，草木が酸素をつくるのに重要であることを認識しています。

答 Most people are aware of the (importance) (of) (plants) and (trees) in creating oxygen.

POINT 1 〈「草木が…に重要であること」＝ the importance of plants and trees in ... 〉 plants and trees are important という形容詞を使った表現を名詞構文で表すと the importance of plants and trees となる。

POINT 2 〈the importance of ... を目的語に取る動詞〉 the importance of ...（…の重要性）という表現を目的語に取る主な動詞は以下のとおり。

emphasize（強調する）, realize（わかる / 認識する）, recognize（認識する）, show（示す）, learn（学ぶ）, understand（理解する）, stress（強調する）

6 無生物主語構文 S allow O to *do*

ブリテン島のこの地域の温暖な海洋性気候によって，たくさんの花やそれに付随する昆虫とともに，コケが生育しています。

答 The mild oceanic climate in this part of Britain (allows) mosses (to) (grow), along with many flowers and associated insects.

POINT 〈「S によって O が…している」〉「この地域の温暖な海洋性気候によって…コケが生育している」は allow O to *do* を使って表現できる。ここでは主語が The mild oceanic climate と 3 人称単数なので allows にすることに注意しよう。「生育する」は grow を使う。

7 無生物主語構文 S make ＋人＋原形不定詞

自分で運転することで，私は自由と自立を感じることができました。

答 (Driving) (on) my own (made) (me) feel free and independent.

POINT 〈「自分で運転することで，私は…を感じることができた」〉「自分で運転することで」が主語なので，動名詞 Driving ... を最初の（　）に入れる。次に「自分で」は on my own という表現を使おう。Driving on my own を無生物主語として，「運転することによって私は…を感じることができた」を表現するには S make O 動詞原形（S によって O が動詞原形する）という使役動詞を使おう。そうすると Driving on my own made me feel free and independent. という英文を作り出すことができる。

8 The book を主語にした無生物主語構文

この本を読めば，アメリカ流の子育てがよくわかる。

答 The book will (give) you a clear (idea) (of) the American way of rearing children.

POINT 1 〈基本動詞 give a / an ＋名詞 の表現〉「この本を読めば…がわかる」を The book を主語にして表現するには The book will give you a clear idea of ... のように，S give ＋人 an idea of ...（S によって…という考えを人に伝える / S によって人は…についての考えがわかる）という表現を使おう。ここでの a clear idea of ... は「…に関する明確な考え」→「…についてはっきりとわかる」という意味である。understand ... clearly などと同じ意味になる。

POINT 2 〈give＋人 a / an＋形容詞 idea of ... の形容詞〉S give＋人 a / an＋形容詞 idea of ... で「S によって人は…について形容詞に理解できる」を意味する。a / an＋形容詞 idea of ... も一種の名詞構文なので，ここでの形容詞は副詞のような働きをする点に注意しよう。give＋人 a / an＋形容詞 idea of ... に現れる形容詞で代表的なものは以下のとおり。

general（全体的に理解する）, new（新たにわかる）, rough（大まかにわかる）

無生物主語構文は
日本語と違った発想!

ADVANCED 1

1 S be absent from A を名詞構文で表す

あなたは，会議を欠席した理由を説明する必要があります。

a. You must explain why you were absent from the meeting.

答 b. You must account for (your) (absence) from the meeting.

POINT 〈S be absent from A = *one's* absence from A〉本問は you were absent from the meeting という節の表現を名詞構文で表すことを求めている。account for ...（…を説明する）の前置詞 for に続くものは名詞句なので your absence という所有格＋名詞の組み合わせで答える。

2 Because of ..., を無生物主語構文で表す

地球の気温上昇により，氷河は小さくなっています。

a. Because of a rise in global temperature, glaciers have become smaller.

答 b. A rise in global temperature has (caused) glaciers (to) become smaller.

POINT 〈Because of A, S＋V＝S cause O to *do*〉a. の文の Because of a rise in global temperature（地球の気温上昇のせいで）が「氷河が小さくなる」という原因になっている。これが b. では A rise in global temperature と主語の位置にきている。主語の部分が原因になる用法は無生物主語構文である。ここでは S cause O to *do* に当てはめるとよい。結果的に ... has caused glaciers to become smaller となる。

3 理由を表す Since S＋V を無生物主語構文で表す

公共交通機関がすぐれているので，都市内・都市間の移動がスムーズかつ効率的に行えます。

a. Since the public transport system is excellent, we are able to travel within and between cities smoothly and efficiently.

答 b. The (excellence) (of) the public transport system (allows) for smooth, efficient (travel) within and between cities.

POINT 1 〈the public transport system is excellent を名詞構文で表す〉本問では，the public transport system is excellent を名詞構文で表すことが求められている。STANDARD 5 の S be important = the importance of A と同じ形を考えてみよう。そうすると，形容詞である excellent を名詞にして the excellence of ...（…のすばらしさ）を作ればよいことがわかる。

POINT 2 〈we are able to travel ... smoothly and efficiently を名詞構文で表す〉今回は，さらに「我々が，スムーズかつ効率的に移動できる」という節を名詞構文で考える必要がある。ここでは The excellence of the public transport system が無生物主語として「公共交通機関のすばらしさによって」という理由として働く。そして動詞部分で「都市内・都市間のスムーズで円滑な移動が可能になる」を表すのである。そうすると「…が可能になる」は allow for ... を使う。そして smooth, efficient travel のように名詞構文で表現するとよい。

ADVANCED 2

4　S allow O to *do* を日本語で表現する

①Extensive reading ②allows students to see a lot of the language in context over and over again.

答 ①多読（によって / のおかげで），②（生徒たち）はその言語のうちの大部分を文脈の中で何度も（見ることができる）。

POINT 1 〈Extensive reading は手段を表す無生物主語〉Extensive reading は文の主語であると同時に，「手段 / 理由」として働いている。したがって①には「…によって」あるいは「…のおかげで」が入る。

POINT 2 〈allow students to see ...〉S allow O to *do* では「S によって O が to *do* する」と O が to *do* の意味上の主語の働きをしている。したがって，②の最初の（　）は「生徒たち」を入れる。また，allow students to see ... なので 2 つめの（　）には「見ることができる」を入れるとよい。

5　S enable O to *do* を日本語で表現する

①Searching for extraterrestrial life ②may enable us to one day find out whether or not we are alone in the universe.

答 ①地球外生命体を（探すことで / 探索することで），②私たちが宇宙で唯一の存在かどうかをいつの日か（（私たちが）見つけ出す / 知ることができる）かもしれない。

POINT 1 〈Searching for extraterrestrial life は「…によって」という方法を表す〉この英文の骨組みは S enable O to *do* である。これは「S によって O が to *do* できる」を表す。つまり主語である Searching for extraterrestrial life が「方法」として働いているので，（　）には「探すことで / 探索することで」を入れるとよい。

POINT 2 〈enable us to find out ... は「私たちが…を見つけ出す」〉S enable O to *do* の O to *do* の部分を日本語でどのように表すかという問題。us to find out ... は we find out ... のように読みかえて考えるとよい。したがって「（私たちが）見つけ出す / 知ることができる」が入ると考えるとよい。

POINT 3 〈分離不定詞：to 副詞 *do*〉②の may enable us to one day find out ... に注目しよう。ここでは to find out ... の to と find out の間に副詞 one day が挿入されている。このように to 不定詞の to と動詞の原形の間に副詞が挿入され，その副詞が to 不定詞の内容を直接的に修飾する形を分離不定詞という。

例 What is a big mistake is **to not ask the right question** at the right time. ………… 法政大
大きな間違いとなるのは，適切なタイミングで**適切な質問をしないこと**です。

この例が示す通り，to not *do* の形がよく見られる。分離不定詞は，かつては避けた方がよいとされたが，現在では，特にアメリカ英語で話し言葉・書き言葉を問わず広く使われている。

6　S make it ＋形容詞 for A to *do* を日本語で表現する

①Hubble's detection of the cloud ②has made it possible for scientists to draw conclusions about how it was made.

答 ①ハッブル宇宙望遠鏡がその雲を（発見したことによって），②それがどのように作られたかについて，（科学者たち）が結論を出すことが（可能になった / できた）。

POINT 1 〈名詞構文 Hubble's detection of the cloud に見える SVO〉文全体は S make it ＋形容詞 for A to *do* で，無生物主語＋形式目的語構文である ☞ BASIC 2 6。①では主語の部分が聞かれている。Hubble's detection of the cloud は「ハッブル宇宙望遠鏡がその雲を発見したことによって」となる。主語が「理由」の意味になるように日本語に直すとよい。

POINT 2 〈S make it possible for A to *do* は「S によって A が to *do* するのが可能になる」〉下線部②の had made it possible for scientists to draw conclusions about how it was made の for scientists の部分と has made it possible の部分をそれぞれ答えよう。そうすると最初の（　）には「科学者たち」が入り，2 つめの（　）には「可能になった」「できた」が入るとわかる。

COLUMN 〈無生物主語構文まとめ〉

① 〈使役〉型

S make O *do*	S は O に…させる> **S によって O が…する**
S let O *do*	S は O が…するのを許す> **S のおかげで O が…する**
S enable O to *do*	S は O が…するのを可能にする> **S のおかげで O が…できる**
S force O to *do*	S は O が…するのを強制する> **S のせいで O が…しなければならない**

② 〈阻止〉型

S keep O from *doing*	S は O が…するのを防ぐ> **S のせいで O が…できない**
S stop O from *doing*	S は O が…するのを妨げる> **S のせいで O が…できない**
S prevent O from *doing*	S は O が…するのを妨げる> **S のせいで O が…できない**

③ 〈告知〉型

S say O	S は O だと知らせる> **S によれば O だ**
S tell O	S は O に…を知らせる> **S によれば O に…とわかる**
S inform O	S は O に…を知らせる> **S によれば O に…とわかる**
S show O	S は O に…を示す> **S によれば O だ**

④ 〈先導〉型

S lead O [場所]	S は O を [場所] に導く> **S を行けば O は [場所] に着く**
S bring O [場所]	S は O を [場所] に連れて来る> **S のおかげで O が [場所] に行ける**
S take O [場所]	S は O を [場所] に連れて行く> **S を行けば O は [場所] に着く**

⑤ 〈許容〉型

S allow O to *do*	S は O が…するのを許す> **S のおかげで O が…できる**
S permit O to *do*	S は O が…するのを許す> **S のおかげで O が…できる**
S help O to *do*	S は O が…するのを助ける> **S のおかげで O が…できる**

⑥ 〈感情〉型

S please O	S が O を喜ばせる> **S によって O が喜ぶ**
S surprise O	S が O を驚かせる> **S によって O が驚く**
S shock O	S が O に衝撃を与える> **S によって O がショックを受ける**
S satisfy O	S が O を満足させる> **S によって O が満足する**

⑦ そのほか

S save O_1 O_2	S が O_1 から O_2 を省く> **S のおかげで O_1 は O_2 しないで済む**
S cost O_1 O_2	S が O_1 から O_2 を取る> **S のせいで O_1 は O_2 を失う**

CHAPTER 20 強調構文と同格構文

Key Grammar & Constructions

◆強調構文（分裂文）

It is / was A that ...（…なのはAだ / だった）は，強調したい要素を「A」に置くことで，そこに焦点が当たり，聞き手の注意を向けさせる効果を生む。この構文は強調構文と呼ばれる。正式には「分裂文」と呼ぶが，これは，以下の例で示す通り強調される要素が文から「分裂」して移動するからである。

It is と that の間に置くことができるのは「名詞・代名詞・前置詞句・副詞句 / 副詞節」である。以下の例では，通常の肯定文を例にとって「どんな要素」が強調できるか（焦点を当てられるか）を見てみよう。

① John saw ② a tiger ③ in the bush ④ last night.
「昨晩ジョンは茂みの中にトラを見た。」

例 ① It was John that △ saw a tiger in the bush last night.　固有名詞

例 ② It was a tiger that John saw △ in the bush last night.　一般名詞

例 ③ It was in the bush that John saw a tiger △ last night.　前置詞句

例 ④ It was last night that John saw a tiger in the bush △.　副詞句

①，②は名詞の例，③は前置詞句の例，④は副詞句の例である。強調構文（分裂文）では，元の文の要素が It is と that の間に移動していると考えるとよい。強調構文で前に移動する要素は「読み手に注目してほしい要素」である。これのように文の中で注目してほしい要素を文の読み手の近くに置くことを「前景化」と呼ぶ。また，that 以下の要素は「前提条件」となる。「前提条件」はすでに情報として共有されており，話の前提となるものである。したがって，強調構文では，that の後に残された要素が背景としてあり，それを前提として前に移動した要素に注目させていることを意識することが大切である。

一方で，「形容詞・動詞・様態の副詞（well や quickly など）」は It is と that の間には置くことはできないので注意しよう。

例 This observation is true of all forms of communication.
（この観察は，あらゆる形態のコミュニケーションに当てはまります）……静岡県立大
× It is true that this observation is △ of all forms of communication.

また，次のような形式主語構文では，形容詞の true は元の文から「分裂」したものではなく，もともとそこにあったものである。

例 It is true that the project didn't go well.（プロジェクトがうまくいかなかったのは事実だ）…福岡大

◆同格

ある語句の後ろに，意味を補足したり言いかえたりする目的で，別の語句を置くことがある。このような語句同士の関係を「同格」と呼ぶ。of 句や that 節でつないで A of / that B（B という A）の形を作り，このように同格を導く of や that は通称「同格の of / that」と呼ばれる。なお，同格の that は通常省略しない。

・of＋動名詞：the idea of going to a different country to study（勉強のために異国に行くという考え）……近畿大

・that＋節：the idea that the earth is flat（地球は平らだという考え）……昭和女子大

BASIC

1　It is A that ...「…なのは A だ」の強調構文

月に明るさを与えるのは太陽だ。

答 It (~~had the sun to~~ / is the sun that) makes the moon bright.

POINT 1 **〈It is A で始まる強調構文〉**「…なのは A だ」という「A だ」の部分を強調するために，It is A that ... の強調構文で表すことができる。問題文では the sun（太陽）が強調されている。また，日本語訳から時制は現在だと分かるので，現在形 is の選択肢 is the sun that を選ぶ。

POINT 2 **〈強調されていない文〉** 問題文は，強調がかからない場合は，The sun makes the moon bright.（太陽は月を明るくする）の語順になる。

2　「時間」を表す前置詞句の強調

自立心がごく自然に芽生えるのは 10 代後半だ。

答 (It is in / ~~It should be~~) the later teenage years that the desire for independence grows quite naturally.

POINT 1 **〈強調構文〉** 日本語訳から「10 代後半」が強調されていることがわかるので，**It is A that ...（…なのは A だ）**の強調構文を作る。

POINT 2 **〈前置詞句の強調〉** 強調されているのは，in the later teenage years（10 代後半に）という前置詞句である。これは，元の文が The desire for independence grows quite naturally in the later teenage years. であることからもわかる。そのため，in を含む前置詞句が，It is の直後に現れる文を作る。

3　「場所」を表す副詞の強調

私が安心できる輝かしい場所を見つけたのはまさにここだ。

答 (~~Here is it~~ / It is here) that I have found a glorious place where I feel safe.

POINT 1 **〈強調を表す構文〉** 日本語から「ここ（で）」が強調されていることがわかるので，It is A that ...（…なのは A だ）の強調構文の「A」の位置に here を置く。強調構文ではない場合は，I have found a glorious place where I feel safe here. の語順になる。

POINT 2 **〈Here it is. の文〉** 文頭に場所を表す here をおいた Here it is. という表現が，おもに話し言葉で使われることがある。it が指すものが不意に登場することに対して，驚きや感嘆を表す表現だが，この場合は Here の後ろは必ず it is の語順になる。

例 Yuri：Where is my tablet? ★名古屋大
Lily：**Here it is.**
ユリ：私のタブレットはどこ?
リリー：**ここにあるわ**。

4　「人」を表す名詞の強調

結局のところ，この惑星を支配してきたのは人間だ。

答 After all, it is (humans who have / ~~humans are~~) dominated the planet.

POINT 1 **〈「人」が強調される場合〉** 日本語訳から「人間」が強調されていることがわかるので，It is A that ...（…なのは A だ）の強調構文を作る。ただし問題文のように，A に人を表す表現が入る場合は，that ではなく who が用いられることがある。これは関係代名詞と先行詞の関係と同じである ☞ CHAPTER 13。

POINT 2 〈現在完了形の継続用法〉日本語訳にある「(ずっと)…してきた」から，現在完了形の「継続」の用法を使うと判断できる。そのため，have ＋ 過去分詞 の文を作る。

POINT 3 〈「もの」が強調される場合〉It is A that ... の構文の A にものを表す表現が入る場合は，that ではなく which が用いられることがある。

例 Certain dialects, or groups of dialects, have greater prestige than others, and it is **these which** we usually refer to as 'languages'. ……… 県立広島大
ある種の方言，あるいは方言のグループは，他よりも高い威信を持っており，私たちが通常「言語」と呼ぶのは**それら**である。

5 疑問詞の強調

何が恐竜を絶滅させたのですか?

答 (What was it / ~~What does it~~) that killed the dinosaurs?

POINT 1 〈疑問詞の強調〉疑問詞が強調される場合は 疑問詞 ＋ is / was ＋ that ... の形にする。問題文は，過去の話をしているので，What was it の形で始まる強調構文にする。

POINT 2 〈通常の疑問文とのちがい〉問題文は， 主語 ＋ killed the dinosaurs. という文の 主語 を問う強調構文である。疑問詞を強調しない通常の疑問文は，What killed the dinosaurs? となる。

POINT 3 〈さまざまな疑問詞の強調〉 疑問詞 ＋ is / was ＋ that ...（…なのは 疑問詞 ですか）の形は，さまざまな疑問詞で用いることができる。

例 **Who** was it that won the Japan Open? ……… 杏林大
ジャパン・オープンに優勝したのは**誰**でしたか?

例 **When** was it that the report was due? ……… 上智大
報告書の締め切りは**いつ**でしたか?

例 **Why** is it that just these two great works have survived from ancient times? … ★関西大
これら 2 つの大作だけが古代から残ったのは**なぜ**ですか?

6 同格の of：A of A'「A' という A」

風力発電を使うという発想に，新しいものはない。

答 There is nothing new about the idea (~~that uses~~ / of using) wind power.

POINT 1 〈同格の関係〉問題文では，idea（考え / 発想）に関して，その内容が「風力発電を使う」ことだと補足説明がされている。よってここでは，同格の関係ができているので of using を選ぼう。

POINT 2 〈同格の of と that〉同格の of は後ろに動名詞を置き，「…という / …である」と訳されることが多い。問題文でも，「…を使うという発想」となる。that にも同格の関係を作る用法があるが，同格の that の後ろには完成した文が続く。問題文では that の直後には動詞 uses が来ており，主語がないので正しい文を作れない。

POINT 3 〈同格の of を導く名詞〉後ろに 同格の of ＋ 動名詞 が続く名詞には，次のようなものがある。

idea（考え），habit（習慣），difficulty（困難さ），hope / chance（見込み），possibility（可能性）

7 同格の that：A that ...「…という A」

ジェイソンが会社を辞めるといううわさを信じますか?

答 Do you believe the rumor that (~~Jason's~~ / Jason will) leave the company?

POINT 1 〈同格の関係〉問題文では，rumor（うわさ）の内容に関して，「ジェイソンが会社を辞める」がその具体的内容を述べている。よってここでは，同格の関係ができている。したがって，thatの直後にはJason willを置き，後ろにあるleave the companyにつなげて未来を表す文を作る。

POINT 2 〈Jason'sの機能〉Jason'sには次の3つの可能性が考えられる。①所有のJason's（ジェイソンの），②Jason isの短縮形，③Jason hasの短縮形。しかし，①~③のいずれの場合も，空所の直後のleave the companyとつなげても，完成した正しい文を作ることはできない。

POINT 3 〈同格のthat節を導く名詞〉後ろに 同格のof ＋ that節 が続く名詞には，次のようなものがある。これらの特徴には，that節で具体的な補足説明をしないと，中身がわかりにくい抽象名詞ということがある。

「元の動詞がthat節を取る」conclusion（結論）(conclude that ...), information（情報）(inform that ...), suggestion（提案）(suggest that ...)
「思考·認識·伝達」comment（コメント), idea（考え), opinion（意見), story（話）
「事実·可能性」fact（事実), news（知らせ), chance（可能性 / 見込み), possibility（可能性), probability（可能性）

ただし，上記の名詞の直後に来るthatは，常に同格のthatだとは限らない。下の例文では，thatは関係節を導くthatであり，そのため直後の文はgiveの目的語が欠落している。

例 What is the main opinion **that the author gives in paragraph 2**? ……… 大阪教育大
第2段落で著者が示している主な意見は何か。

8 同格のthat

この試験の目的は，イスラエルの子どもたちのピーナッツアレルギー発症率が非常に低いのは，早い時期からピーナッツ製品を多量に食べているという事実からではないか，という考えを検証することだ。

答 The purpose of the trial was to test (the idea that / ~~the idea of~~) the very low rates of peanut allergies in Israeli children may be due to (the fact that / ~~the fact of~~) they start eating peanut products in high quantities early in life.

POINT 1 〈同格の関係〉問題文では，the idea（考え）やthe fact（事実）の内容に関して，それぞれ後ろで補足説明がされている。よってここでは，同格の関係ができている。

POINT 2 〈同格のthat〉通常，同格のofの後ろには名詞や動名詞が続き，that**の後ろには**完成した文が続く。1つめの空所の直後には，the very low rates of peanut allergies in Israeli children（イスラエルの子どもたちのピーナッツアレルギー発症率）が主語になった文が，2つめの空所の直後にはthey（彼ら（イスラエルの子どもたち））が主語になった文がある。そのため，the ideaもthe factも，ofではなくthatを直後に置くと考えよう。

STANDARD

1 強調構文にwhoが現れる場合

サイを絶滅から救う可能性を持つのは人間だ。

答 It (is / humans / who / have / the potential / to) save rhinos from extinction.

POINT 〈It is A that... の強調構文〉文頭にItがあるので，強調構文It is A who ...（…なのはAだ）の構文を作る。日本語訳から，強調されているのは「人間」だと分かるので，It isの直後にはhumansを置く。この文では人を表す名詞が強調されているので，thatではなくwhoが用いられている。これに続けてhave the potential to *do*（…する可能性がある）を使って並べかえると良い。

2 「場所」を表す前置詞句の強調

石炭で鉄を溶かす製法が開発されたのはこの場所でだった。

答 (It / was / in / this / place / that) the process of melting iron with coal was developed.

POINT 〈前置詞句の強調〉日本語訳から「この場所で (in this place) 」が強調されているとわかるので，強調構文 It is A that ... (…なのは A だ) の構文を作る。そうすると，It was in this place that ... と前置詞句が強調された形になる。

3 強調構文：代名詞は主格か目的格か

私たちの幸せに対する責任を負うべきなのは私たち自身だ (私たち以外の誰でもない)。

答 (It / is / we / who / must / take) responsibility for our own happiness.

POINT 1 〈「人」が強調される場合〉日本語訳から「私たち」が強調されていることがわかるので，It is A that ... (…なのは A だ) を使って We must take responsibility for our own happiness. の主語の we を強調した形を作ろう。そうすると It is we who must take のように並べかえることができる。

POINT 2 〈主語の強調〉主語の代名詞が強調されるときは，書きことばでは主格 (I や he や we) が使われるが，話し言葉では目的格 (me や him や us) が使われることも多い。目的格が現れた場合は，that の後ろの動詞は 3 人称に合わせた形になる。

例 Now it's **me** who is trying to be funny. ……………… 京都女子大
さぁ，**私**が面白いことをする番よ。

4 not until の強調：「A になって初めて」

1870 年になって初めて，明治政府は武家以外の一般市民に苗字を認めた。

答 It (was / not / until / 1870 / that) the Meiji government permitted civilians outside of samurai families to take surnames.

POINT 1 〈「A になって初めて…」の強調構文〉It was not until A that ... の文は，「A までは…でなかった / A になって初めて…する」という否定を伴う強調構文になる。

POINT 2 〈not until A のかたまり〉問題文は，もとは The Meiji government did**n't** permit civilians outside of samurai families to take surnames **until 1870**. という文である。そこから，not と until 1870 をワンセットにして強調の位置に置くことで，It was not until 1870 that(1870 年になって初めて…だ) という強調構文を作る。

5 節の強調

日本の家がとても片付いているのは，我々がリサイクルやリユースに力を入れているからだ。

答 (It / is / because / we / focus / on / recycling) and reusing that our homes here in Japan are so tidy.

POINT 1 〈節の強調〉日本語訳の「我々がリサイクルやリユースに力を入れているから」から because 節が強調されていることがわかる。It is A that ... の強調構文では，「A」の強調位置に従属節を置くことも可能なので，問題文は It is + **because 節** + that... の形になる。したがって，It is because we focus on recycling となる。

POINT 2 〈さまざまな節の強調〉because 節以外にも，It is A that ... の強調構文で節を強調することが可能である。

〈when 節の強調〉

例 It was **when Angus visited an organic farm elsewhere** that he realized what was best for their future. ……法政大

アンガスさんが自分たちの将来のために何がベストなのか気づいたのは，**彼が別の場所の有機農場を訪れたとき**だった。

〈until 節の強調〉

例 It was not **until the author boarded the train** that she realized her pass case was gone. ……杏林大

その筆者は電車に乗るまで，パスケースがないことに気がつかなかった。

6 同格の of：the possibility of *doing*「…する可能性」

この製品は，発展途上国において大きな社会的影響を及ぼす可能性を持っている。

答 This product has the possibility (of / becoming / a / huge / social influence / in / developing) countries.

POINT 1 〈同格の関係〉問題文では，possibility（可能性）の内容に関して，「発展途上国において大きな社会的影響を及ぼす」が補足説明をしている。よってここでは，同格の関係ができており，possibility of ... の語順が決まる。

POINT 2 〈同格の of〉同格の of の後ろには動名詞が来て，「…という / …となる」という意味を持つ。問題文では，「…となる可能性」の形を作るので，possibility of becoming ... という語順を作る。それに続いて a huge social influence in developing と続けよう。become an influence in A で「A において影響力を及ぼす」という意味である。

7 同格の that

その薬は危険かもしれないといううわさを聞いたことがある。

答 I've heard a (rumor / that / the medicine / can / be / dangerous).

POINT 1 〈同格の関係〉問題文では，rumor（うわさ）の内容に関して，「その薬が危険かもしれない」が補足説明をしている。よってここでは，同格の関係ができており，a rumor that ... の語順が決まる。

POINT 2 〈同格の that〉同格の that の後ろには完成した文を置く必要がある。そのため，that 以降は主語の the medicine can be dangerous としよう。

ADVANCED

1 It is A that ...「…なのは～だ」の強調構文

ダイエットする人の体重を制御（control）するのは脳だ。

答 (It is the brain that controls) the dieter's weight.

POINT 1 〈強調構文〉日本語訳から「脳」が強調されていることがわかるので，It is A that ...（…なのは A だ）の強調構文を作る。

POINT 2 〈身体部位の表現〉人の身体の中では唯一のものとわかる「脳」などの身体部位には，通常 the が付く。

2 「時間」を表す前置詞句の強調

初めて本格的な気球飛行が行われたのは 18 世紀末だった。

答 It was (in the late 18th century that) the first real balloon flight was made.

POINT 1 〈強調構文〉日本語訳から,「18 世紀末」が強調されていることがわかるので, It is A that ...(…なのは A だ)の強調構文を作る。

POINT 2 〈前置詞句の強調〉問題文の強調構文は, 通常の文にすると The first real balloon flight was made in the late 18th century. となる。そのため, 問題文では時間を表す前置詞句が強調されていることがわかる。日本語訳からは「18 世紀末」という名詞句のように思えるが, in the late 18th century という前置詞句を強調の位置に置こう。そうすると It was in the late 18th century that を作ることができる。

3 前置詞の目的語の強調

今年あなたが行くべきなのはリオ (Rio) です。[must と go を用いて]

答 It (is Rio that you must go) to this year.

POINT 〈強調構文〉日本語訳から, go to の行き先である「リオ (Rio)」が強調されていることがわかる。そのため, It is A that ...(…なのは A だ)の強調構文の, A の位置に Rio を置いて It (is Rio that you must go) to this year. を作ろう。Rio とは, ブラジルの都市 Rio de Janeiro (リオデジャネイロ市) のこと。

4 疑問詞の強調

あなたがそこで見たのは何でしたか?

答 (What was it that) you saw there?

POINT 〈疑問詞の強調〉saw(見た) の目的語を, 疑問詞 what(何) を用いて尋ねる疑問文を作る。What did you see?(あなたは何を見ましたか?) という通常の疑問文の場合は see は現在形になるはずなので, 過去形 saw が用いられている問題文では, 疑問詞を強調した 疑問詞 + is / was + that ... の強調構文にして, What was it that ... の形にしよう。また, 過去形 was にする点に注意。

5 同格の of

そうでなかったら, 私は弁護士になるという自分の夢をあきらめていただろう。

答 Otherwise, I would have given up (my dream of becoming a lawyer).

POINT 1 〈同格の関係〉問題文では, dream(夢) の内容に関して,「弁護士になる」が補足説明をしている。よってここでは, 同格の関係ができており, my dream of ... の語順が決まる。

POINT 2 〈同格の of〉同格の of の後ろにくる動名詞は,「…という / …である」という意味を持つ。問題文は,「弁護士になるという私の夢」の形を作るので, of becoming a lawyer の語順が決まる。

POINT 3 〈直後に動名詞を取る give up〉「…することを断念する」は give up *doing* で表すことができる。しかし問題文では,「あきらめる」の対象は「弁護士になるという夢」であり,「弁護士になること」ではない。そのため, この文では, give up becoming a lawyer という語順を作らないように注意しよう。

6 同格の that

勉強 (studying) は楽しくあるべきだという意見を否定するか受け入れるか, 迷い続けている人たちもいる。[should を用いて]

答 Some people keep going back and forth between denying and accepting (the opinion that studying should be) fun.

POINT 1 **〈同格の関係〉** 問題文では，opinion (意見) の内容に関して，「勉強は楽しくあるべきだ」が補足説明をしている。よってここでは，同格の関係ができており，the opinion that ... の語順が決まる。

POINT 2 **〈同格の that〉** 同格の that の後ろには完全な文を置く必要があるので，「勉強は楽しくあるべきだ」を文で作り，studying should be fun としよう。

COLUMN 〈同格構文　抽象名詞＋ that 節まとめ〉

同格の that 節を導く名詞は，後ろに具体的内容を置かないと意味がよくわからない抽象名詞である。

① 元の動詞が that 節を伴う名詞

agreement (合意，協定) < agree
conclusion (結論，結末) < conclude
demand (要求，需要) < demand
doubt (疑い，疑惑) < doubt
hope (希望，見込み) < hope
information (情報，報告) < inform
suggestion (提案，見込み) < suggest
belief (信念，信仰) < believe
decision (決定，決心) < decide
desire (願望，欲望) < desire
feeling (気分，感覚) < feel
impression (印象，感じ) < impress
knowledge (知識，認識) < know
thought (考え，思いつき) < think

② 「思考」「認識」「伝達」の意味の名詞

idea (考え，理解，概念)
opinion (意見，見解)
story (話，記事，筋)
message (メッセージ，意図)
rumor (うわさ)

③ 「事実」「可能性」の意味の名詞

fact (事実，現実)
likelihood (見込み，可能性)
possibility (可能性)
chance (見込み，可能性)
news (ニュース，知らせ)

CHAPTER 21 倒置構文 否定倒置，場所句倒置，CVS倒置

Key Grammar & Constructions

英語の「倒置」とはどのようなものか。
英語の倒置は，ある要素（否定語や場所を表す句など）が文頭に移動することで，主語と助動詞が入れ替わること，あるいは〈助動詞＋主語＋動詞〉の語順（Yes / No 疑問文と同じ語順）になることである。

◆**否定倒置構文**：never, no sooner, not until, little, few などが文頭に来ることで倒置が起こる。

例 **Never did I** △ **imagine** that I myself would become a doctor one day.

（まさか自分が医者になるとは思ってもみなかった）……岩手医科大

Never が文頭に出ることで，did I imagine と倒置が起きている。否定倒置は必ず起こる。

◆**場所句倒置構文**：場所を表す句に限らず，前置詞から始まる句（前置詞句）が文頭に出ることで倒置が起こる。

例 In one hand, he held a cigarette. **In the other was a match** △.

（片手にはタバコ。もう片方の手にはマッチがあった）……フェリス女学院大

In the other という前置詞句が文頭に出ることで was a match と倒置が起きている。場所句倒置は必ず起きるものではない。

◆**CVS 倒置**：補語にあたる要素（比較級 / 最上級の形容詞，進行形を作る現在分詞，受動態を作る過去分詞など）が文頭に出ることで，be 動詞の後ろに主語が移動する。

例 **Most famous is the Guggenheim Museum in Bilbao, Spain** △.

（最も有名なのは，スペインのビルバオにあるグッゲンハイム美術館です）……青山学院大

Most famous という文の補語にあたる要素が文頭に出て，is the Guggenheim Museum ... と倒置が起きている。

BASIC

1 準否定語 Little が文頭に出ると…

私の人生が再び変化することになるとは，ほとんど思いもよらなかった。

答（ウ. Little did）I know that my life would be changing again.

ア. Did little　イ. Did a little　(ウ. Little did)　エ. A little

POINT 1 〈Little did S ＋ know〉 Little did S know ... の形で「S は…についてはほとんど思いもよらなかった」という意味を表す。準否定語 little は否定語 never などと同じように文頭に移動することで倒置が起こる。したがって，Little did I know というウ. が正解だと分かる。Little did S + V（過去形）（S + V することはほとんどなかった）という形が大半を占める。

POINT 2 〈否定倒置が起こるプロセス：little の場合〉 Little did I know ... は否定倒置構文と呼ばれるが，これはどのように作られるのだろうか。次の図を見てみよう。

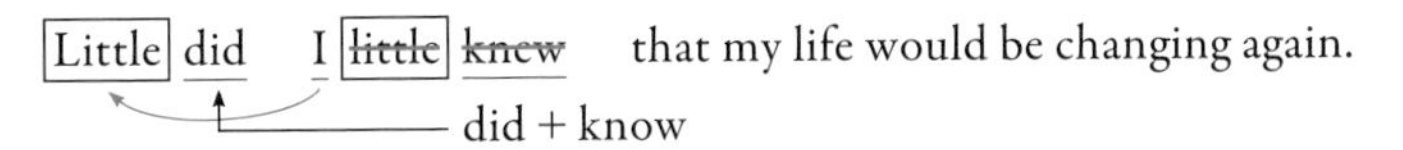

I little knew ... の little が文頭に出ることで，倒置（主語・助動詞倒置）が起こる。過去形の knew を did と know に分けて，did と主語に倒置が起きるのである。ここで出て来る did は一般動詞の疑問文の時に出て来る do と同じ助動詞である。

2 **否定語 Never が文頭に出ると…**

新聞で彼の名前を見ずに過ごす日は一日たりともなかった。

答（エ. Never did I spend）a single day without coming across his name in the newspaper.

ア. Did never I spend　イ. Never spend I did
ウ. Did spend I never　(エ. Never did I spend)

POINT 1 **〈Never did S + V ...〉** 否定語 Never が文頭に出ると，**BASIC 1** の little と同じように倒置が起こる。つまり，I never spent ... が Never did I spent（私が…を過ごすことは決してない）となる。did I spend は一般動詞の Yes / No 疑問文と同じ形である。したがってエ. が正解だと分かる。Never は Never did S + V の形が一番多く，次いで Never do S + V, Never is S + V, Never was S + V がよく見られる。

POINT 2 **〈否定倒置が起こるプロセス：Never の場合〉** Never did I spend ... は **BASIC 1** の Little did I know ... と同じプロセスである。

[Never] did　I [~~never~~] ~~spent~~　a single day without coming across his name in the newspaper.
did + spend

Never が文頭に出ることで I spent が did I spent という形になっている。

POINT 3 **〈否定倒置が起きる否定語・準否定語〉** 文頭に出ることで倒置が起きる否定語と準否定語には次のようなものがある。

「1語の副詞」hardly（ほとんど…ない），little（ほとんど…ない），never（決して…ない），not（…ない），nowhere（どこにも…ない），only（…のみ），rarely（めったに…ない），scarcely（ほとんど…ない），seldom（めったに…ない）
「副詞句」at no time（どんな時でも…ない），in no case（決して…ない），on no account（どんな理由でも…ない），under no circumstances（どんなことがあっても…ない）
「副詞節」hardly A when B（AするとすぐにB），not only A（but）B（AだけでなくBも），no sooner A than B（AしてすぐBになる），not until A（Aまで…ない / Aしてはじめて…する），only when A（Aする時のみ / Aしてはじめて…する）

3 **準否定語 rarely が文頭に出ると…**

ゴールキーパーは左か右に跳ぶ。真ん中に立ったままでいることはめったにない。

答 Goalkeepers dive either to the left or to the right.（ア. Rarely do）they stay standing in the middle.

(ア. Rarely do)　イ. Do rarely　ウ. Rare　エ. Rare do

POINT 1 **〈Rarely do S + V〉** rarely は「めったにない」という意味の準否定語なので，文頭に出ることで倒置が起きる。今回は Rarely do they stay ... となるア. が正解である。Rarely do S + V は「SV することはめったにない」という意味である。

POINT 2 **〈stay *doing* とは?〉** 問題文に出ている stay standing（立ったままでいる）は，standing が C（補

語）として働いている。つまり，stay C で「C のままでいる」という意味である。この形では現在分詞よりも過去分詞の方がよく見られる。実例で多いのは connected と focused である。

〈stay connected（つながったままである）〉

例 Amazon **stays connected** to their ideal future. ……法政大
アマゾンは理想の未来と**つながっている**。

〈stay focused（集中したままである）〉

例 When we're running low on glucose, we have a tough time **staying focused**. ……工学院大
ブドウ糖が不足しているときは，**集中力を維持する**のが難しいのです。

4 No sooner had S＋V than S＋V

東京駅に着くやいなや，真理子は友人たちに大歓迎された。

答 No sooner（エ．had）Mariko arrived at Tokyo Station than she was given a big welcome by her friends.

ア．having　イ．has　ウ．been　(エ．had)

POINT 1 〈「…するやいなや S＋V した」〉No sooner という否定表現から始まっているので倒置を予測しよう。（　）の後ろが Mariko arrived となっているので，これに合わせて考えよう。文法的にはイ．かエ．が考えられるが，than 以下が she was given ... と過去形になっているので，No sooner had Mariko arrived at ... と過去完了形になるエ．が正解である。なお，イ．だと現在完了形になるので，「東京についてすぐに大歓迎された」という時系列に合わないことになる。

「歓迎された時点」より「東京に着いた時点」のほうが過去の出来事なので，No sooner had Mariko arrived at Tokyo Station と過去完了形を使う。

POINT 2 〈No sooner の時制〉No sooner A than S＋V の時制は多くが，今回の問題文と同じ 過去完了 → 過去形 のパターンである。しかし，探してみると，過去形 → 過去形 や 現在形 → 現在形 のパターンが存在する。

例 No sooner **were they placed** in her hands than **she was transformed** once more into a swan. ……山陽学園大
それら（白鳥の翼）を手にした瞬間，彼女は再び白鳥に変身した。

例 No sooner **does a new trend or fashion emerge** in one country than **it spreads** rapidly to another. ……青山学院大
ある国で新しいトレンドやファッションが生まれると，すぐに他の国へも広がっていく。

No sooner A than S＋V の構文では時制を限定せず，2 つの出来事の時間的な差がないことに注目するのが大切である。

5 場所句倒置を起こす among A

待っている乗客の中に，高価なオーバーコートを着た背の高い男がいた。

答（ア．Among）the waiting passengers was a tall man in an expensive overcoat.

(ア．Among)　イ．What　ウ．Did　エ．Being

POINT 1 〈「乗客の中に」＝Among the waiting passengers〉「待っている乗客の中に」は among the waiting passengers で表す。ここでの among は「人々の範囲」を表す表現で，場所を表す表現ではない。しかし，このように前置詞句が文頭に出ると倒置が起こることがあるので覚えておくとよい。

POINT 2 〈倒置が起きる前の方は?〉場所句倒置構文で意識することは，主語と動詞の位置である。今回の例では（場所句）Among A (V) was (S) a tall man ... となっている。倒置が起こる前の形は次のようなものである。

(S) A tall man (前) in an expensive overcoat (V) was (前) among the waiting passengers.

倒置の語順は必ず通常の語順に戻すことができる。文中のどの要素が SVOC になるかをしっかり把握しよう。

6 主語・補語倒置：現在分詞が文頭に出るパターン

私を見つめていたのは，15 人ほどの子どもたちの顔であり，それぞれが期待に胸を膨らませて待っていた。

答 ((A) ウ. Gazing) up at me ((B) ウ. were) the faces of about fifteen children, each of them wating expectantly.

ア. (A) Gazed (B) was　イ. (A) Gazing (B) was
(ウ. (A) Gazing (B) were)　エ. (A) Gazed (B) was

POINT 1 〈*Doing* V＋S の語順〉進行形や受動態を作る現在分詞や過去分詞が文頭に出て倒置が起こるパターンがある。その場合は，主語と動詞の一致に注意しよう。今回も文頭の Gazing up ... に引っ張られて was とするのは×である。もともとの語順は (S) the faces of ... (V) were gazing up at me ... である。つまり，主語は the faces という複数形の名詞なので be 動詞は was ではなく were になる。したがって答えはウ. (A) Gazing (B) were である。

POINT 2 〈なぜ主語・補語倒置が起きるのか〉Gazing up at me が文頭に置かれ，主語である the faces of about fifteen children が動詞 were の後ろに来ることで，話題の重心が主語に置かれるのである。その直後の each of them は「15 人ほどの子どもたち」のことを指すので，語順の流れとしてもスムーズである。

7 On 場所 stand S

丘の上に田舎の家が建っていて，その屋根は鮮やかな色に塗られていた。

答 On the top of a hill (ア. stood) a country house, the roof of which was brightly painted.

(ア. stood)　イ. stand　ウ. standing　エ. have stood

POINT 1 〈「場所の上に S が建っている」〉On the top of a hill からはじまる場所を表す句が文頭に出ると，be 動詞以外にも stand / sit / lie など「存在する」の意味を表す動詞や，come や go など「移動」を表す動詞で倒置が起こる。今回は (V) stood (S) a country house となるア. が正解。

POINT 2 〈倒置構文は主語と動詞の一致に注意しよう〉正解以外の選択肢について考えてみよう。この文の主語は a country house なので，イ. stand は三単現がないので×，エ. have stood も has stood とする必要がある。また，いずれの場合も the roof of which was ... と過去形であることに気付けば，時制の一致で stood と気付くこともできる。

8 With A come S

巨大な権力には巨大な責任が伴います。

答 With great power (イ. comes) great responsibility.

ア. come　(イ. comes)　ウ. coming　エ. have come

POINT 1 〈「A には S が伴う」〉 With great power(巨大な権力には)が文頭にあることで，V + S の倒置が起こることがある。great responsibility を主語とすると三単現の -s がついたイ. comes が正解となる。ア. come やエ. have come は主語と一致しないので×。ウ. coming だと文の動詞がなくなってしまうので×。

POINT 2 〈come で倒置が起きるパターン〉 come S となる場合，文頭に来る要素は次のような「場所を表す句」,「順序を表す副詞」,「come + **副詞を作る副詞**」がある。

〈場所を表す句が文頭に来た時〉

例 **Here comes** the bus just now. ……… 拓殖大
ちょうど今，バスが来たところです。

〈first や next といった順序を表す語が文頭に来た時〉

例 **First comes** the data: a behavior must be measured, captured, and stored. … 立教大
第一に，データから入ります。行動を測定し，捕捉し，保存する必要があります。

例 **Next come** the external factors. ……… 九州大
次に，外的要因についてです。

〈come along など動詞句を作る副詞が文頭に来た時〉

例 Then **along came** the smash hit, "Lifetime Respect" by Douzan Miki. ……… 東洋大
それから，三木道三の「Lifetime Respect」が大ヒットした。

9 Hardly had + S + 過去分詞 when S + V

タクシーから降りたところですぐに傘を忘れてきたことに気がついた。

答 ((A) ウ. Hardly) had I got out of the taxi ((B) ウ. when) I found I had left my umbrella behind.

ア. (A) Soon (B) that　イ. (A) Rarely (B) before
(ウ. (A) Hardly (B) when)　エ. (A) Scarcely (B) that

POINT 1 〈「…してすぐに S + V する」を hardly を使って表す〉 hardly は「ほとんどない」という意味だが，Hardly had S + **過去分詞** when S + V の形で「…してすぐ S + V する」を表すことができる。これは hardly(ほとんどない)から「S + V したとき，ほとんど…していなかった」という意味になる。したがって，選択肢ウ. が正解だと分かる。

POINT 2 〈Hardly / Scarcely ... when / before / than S + V〉 今回は Hardly ... when S + V を扱ったが，接続詞は when 以外にも **before** や **than** が現れることがある。

例 But **hardly had she won the battle and lifted the siege before** more and more French soldiers and commoners began to follow her. ……… 早稲田大
しかし，**彼女が戦いに勝利し，包囲網を解除するやいなや**，多くのフランス人兵士や平民が彼女に従い始めた。

例 **Scarcely had I left than** it began to rain. ……… 東京理科大
出発してすぐに雨が降ってきた。

STANDARD

1 否定倒置構文：Not until A から始まる倒置形

19 世紀末になってようやく植物品種改良が科学的な学問として確立された。

答 Not (until / the end / of / the nineteenth / century / did) plant breeding become a scientific discipline.

POINT 〈「A になってようやく S + V する」= Not until A + 助動詞 + S + V〉 not until A（A になってようやく）は否定倒置構文で使われる。今回は Not が与えられているので，それに続けて Not until を作る。次に「19 世紀末」は the end of the nineteenth century である。Not until A が文頭に出ているので，（助動詞）did（S）plant breeding（V）become ... のような主語と助動詞の倒置形を作るとよい。

2 否定倒置構文：Only から始まる倒置形

後になってようやく，その成分の危険性を知ったのです。

答 Only (later / did / we / learn) the dangers of the ingredient.

POINT 1 〈Only A 助動詞 + S + V「A になってようやく S + V する」〉 only は「…しかない」という意味の準否定語と考えることができる。これが文頭に出ると，後続の節は 助動詞 + S + V という倒置が起こる。したがって Only later did we learn ... という語順になる。

POINT 2 〈倒置を起こす only A の A にはどのようなものがくるか〉 今回は only later が倒置を起こすきっかけになったが，only の後に来る要素は他にも以下のようなものがある。

> only by chance（ほんの偶然で），only after ...（…の後になって），only when ...（…の場合のみ），
> only recently（最近になって），only toward ...（…に向かってようやく）

3 Hardly A when S + V

映画が始まったとたんに，観客は寝てしまった。

答 (Hardly / had / the movie / started / when) the audience fell asleep.

POINT 〈「映画が始まったとたん…」〉「映画が始まったとたん…した」は Hardly had the movie started when ... で表現する ☞ BASIC 9。Hardly のあとには had S started という過去完了形が続いていることに注目しよう。

倒置構文は珍しくないんだよね

4 on no account

どんな理由があっても，私はそんなことはしない。

答 On (no / account / will / I) do such a thing.

POINT 〈「どんな理由があっても…ない」を表現する〉 on no account は「どんな理由があっても…ない」という文全体を否定する表現である。これが文頭に来ることで，後続の「私はそんなことはしない」に主語と助動詞の倒置が起きるので，will I do such a thing という語順になる。

5 On A live S という形

マダガスカルには 1 インチとちょっとのカメレオンの一種が生息している。

答 (On / Madagascar / lives / a species) of chameleon a little more than an inch long.

POINT 1 〈「場所 には S が生息している」〉「マダガスカルには」を On Madagascar で表し，それに続く文を V + S で表現するので lives a species となる。a species とあとには of chameleon が続くのがポイント。× A species lives on Madagascar of chameleon（ある種がカメレオンのマダガスカルに生息している）としないように注意。

POINT 2 〈 場所 live S になる理由は?〉 On Madagascar lives a species of chameleon a little more than an inch long. の文では,「マダガスカルに生息しているのは」と話題の導入がある。その後に「カメレオン」が続き,そのカメレオンの大きさ「1 インチとちょっと」が述べられている。これは「マダガスカル」から「カメレオン」への情報の流れを表している。

6　過去分詞が文頭に出るパターン

その丸太に取り付けられていたのは等間隔に結び目のあるロープだった。

答 (Attached / to / the log / was / a rope) which had knots evenly spaced apart.

POINT 1 〈「…に取り付けられていたのは」〉「丸太に取り付けられていたのは」というのが話題の導入になっているので,これを Attached to the log で表す。過去分詞が文頭に出るので,続く要素は was a rope(V + S) と倒置形になる。

POINT 2 〈Attached to the log ... の情報の流れ〉この問題のように過去分詞が文頭に出るパターンも STANDARD 5 と同様,Attached to the log から a rope に焦点が当たり,それについて which had knots evenly spaced apart(等間隔に結び目があった) ということが述べられている。英語では文末に重要な要素を置くことが多い。

7　「すぐ近くに」= Not far away

すぐ近くに水牛がいたが,畑を耕すという仕事をして休んでいる。

答 Not (far / away / stood / a water buffalo) who was also taking a rest from his work plowing the fields.

POINT 〈Not far away stand S〉「すぐ近くに水牛がいたが」は Not が文頭にあるので,Not far away(すぐ近くに / 遠くないところに) という副詞句を作り,その後に stood a water buffalo と V + S の形を作ろう。stood a water buffalo とすることで直後の who was also taking ... とスムーズに結びつく。

8　Not only A but also B の倒置形

サンゴ礁は多くの魚の餌の発生源となるだけでなく,ダイバーにとっても美しい場所です。

答 Not (only / are / the coral reefs / a source / of / food) for many fish, but they are also beautiful places for divers.

POINT 〈文頭の Not only は倒置を起こす〉「サンゴ礁は多くの魚の餌の発生源となるだけでなく」を Not only (…だけでなく) から始めて表すと,それに続く S + V には倒置が起こる。したがって,Not only are the coral reefs a source of food という語順になる。これは the coral reefs are not only a source of food for many fish に倒置が起こった形である。

ADVANCED 1

1　No sooner had S + V when S + V の訳し方

No sooner had he got on the train when he fell asleep.

答 彼は (電車に乗るとすぐに / 乗ったとたんに),(眠って) しまった。

POINT 〈No sooner had S + V「S + V するとすぐに」〉No sooner had he got on the train は「彼は電車に乗るとすぐに / 乗ったとたんに」である。これは as soon as he got on the train と書き換えることができる。when he fell asleep は「眠ってしまった」である。

2　Only later の意味は？

Only later did Britain come to terms with democracy.

答 (後になってようやく)，イギリスは民主主義と折り合いをつけるようになった。

POINT 1 〈「…してようやく」の意味を表す only later〉 only later は「後になってようやく」という意味を表す ☞ STANDARD 2。

POINT 2 〈come to terms with A の意味は？〉 come to terms with A は「A を受け入れる」という意味だが，これは困難なことや不快なことを受け入れる場合に使われる。learn to live with A や be reconciled to A などが同じ意味の表現である。

3　With A come S という構文

答 With the Industrial Revolution came many changes in the world of manufacturing and business.

(産業革命によって)，製造業やビジネスの世界にも (多くの変化が起こった)。

POINT 1 〈With the Industrial Revolution came many changes ...〉 With A は「A には」を表すが ☞ BASIC 8，今回は「原因・理由」を表す。したがって，「産業革命によって」という意味になる。それに続く came many changes は「多くの変化が起こった」としよう。

POINT 2 〈「起こる」の意味の come〉 With A come S の形で「A によって S が起こる」という意味の倒置構文だが，ここでは come の意味が「来る」ではないことにも注目しておこう。

例 **The song's first major performance came** one year later, on December 22, 1869, in Vienna. ………… 成城大

この曲の初めての大々的な演奏は，1 年後の 1869 年 12 月 22 日，ウィーンで**行われた**。

この例が示すとおり，come は「起こる」「行われる」という意味を持つ。映画などの Coming soon は「行われる」の come の意味で「近日公開」を表している。

4　Little do people know that ...

答 Little do people know that some of the best and newest wine is being produced in the central valleys of Japan.

日本の中央渓谷で最高で最新のワインが生産されていることは，人々は (ほとんど知らない)。

POINT 〈little「ほとんどない」〉 Little do people know that ... は「人々はほとんど知らない」という意味である。People little know that ... が元の形である。

5　Little did I imagine ...

答 It is surprising that Frank won the piano contest. Little did I imagine he was such a good musician.

フランクがピアノコンクールで優勝したのは驚きです。彼が (そんなに良い音楽家だったとは想像もしなかった)。

POINT 〈「ほとんど想像できなかった」を表す Little did I imagine ...〉 little を使った否定倒置構文である ☞ BASIC 1。Little did I imagine ... は「私は…をほとんど想像しなかった」という意味で，he was such a good musician は「彼がそんなに良い音楽家だった」という意味である。

ADVANCED 2

6 情報の流れをスムーズにする場所句倒置構文

The land of the Incas included what is now Bolivia, Peru, Ecuador, and parts of Argentina and Chile.

答 ×ア．Its capital, Cuzco, the "Sacred City of the Sun." was in the center of the Inca Empire.
○イ．In the center of the Inca Empire was its capital, Cuzco, the "Sacred City of the Sun."
インカの国土は，現在のボリビア，ペルー，エクアドル，アルゼンチンとチリの一部を含んでいた。
インカ帝国の中心には，「太陽の聖地」と呼ばれる首都クスコがあった。

POINT 〈話題の展開〉本問は「情報の流れとしてスムーズなもの」ということである。空所の直前の話題が「インカ帝国」である。ア．はインカ帝国の話題が出ているのにも関わらず，主語が「クスコという首都」なので情報の流れとして合わない。これに対して，イ．は In the center of the Inca Empire（インカ帝国の中心には）直前の内容を受けるのに自然だと考えよう。したがって解答はイ．となる。

7 強調構文→場所句倒置構文への情報の流れ

It is their presence of patterned and coloured wings that immediately distinguishes the butterflies from most other groups of insects which tend to have rather uniform, transparent wings.

答 ×ア．Some of the most exquisitely coloured of all living things appear among the butterflies.
○イ．Among the butterflies appear some of the most exquisitely coloured of all living things.
透明な翅(はね)を持つ多くの昆虫から蝶を際立たせるのは，翅に模様や色が付いていることです。
蝶の中には，生き物の中で最も美しい色彩を持つものがいます。

POINT 〈強調構文の話題の中心は…〉この英文では「蝶の翅の特徴」が強調構文で述べられている。これに続くものとしては「蝶」に焦点を当てた Among the butterflies ... から始まるイ．が正解である。ア．は「生き物の中で最も精巧な色彩を持つものが現れる」から始まるので，直前の内容と合わない。

CHAPTER 22 いろいろな構文

Key Grammar & Constructions

英語を多彩にするいろいろな構文を取り上げる。

◆ one's way 構文

〈make *one's* way〉「苦労して…に進む」

例 I **made my way** home from church on Sunday.（私は日曜日に教会からなんとか家に帰った） 上智大

基本的には「なんとか…する」という移動を表す表現。make 以外にもさまざまな動詞が *one's* way と結びつく。S + V + *one's* way + 前置詞句 / 副詞という形を使って「主語がある動作をしながら（自身の）経路を進む」という意味を表す構文を one's way 構文と呼ぶ。

◆ time-away 構文

〈V 時間 away / V away 時間〉「…して時間を過ごす」

例 I can't afford to **sleep away** one-third of my life.
（私は，人生の 3 分の 1 を**眠って過ごす**余裕はない） ★愛媛大

副詞 away の**「消えてなくなる」**という意味から「時間の消失」という意味を持つ。また「のんびり」「楽しんで」「無駄に」などの意味を含む特徴がある。

◆場所格交替構文

例 a. We should have **loaded the equipment into the truck** before it got wet.
（濡れる前に機材をトラックに積み込むべきだった） ★阪南大

例 b. Jeff and two friends **loaded a rental truck with all the donations.**
（ジェフと 2 人の友人は，レンタルトラックをすべての寄贈品でいっぱいにした） ★大阪商業大

動詞 load には，a. のように〈load + もの into + 場所〉のようにものを目的語する形と，b. のように〈load + 場所 with + もの〉のように場所を目的語とした形という 2 つの形をとる。a. は「機材をトラックに積み込んだ」という「ものの移動」に焦点が当たっている。これに対して b. は「レンタルトラックをすべての寄贈品でいっぱいにした」という「場所の状態変化」に焦点が当たっている。

◆ as 移動

例 **Try as you will**, you can't beat a computer at chess.
（**どんなに頑張っても**，チェスでコンピュータに勝つことはできない） ★青山学院大

as の前に動詞 try が移動している。Try as S + 助動詞という語順が基本となる。これは主節の内容を強調する効果がある。

◆重名詞句転移構文

例 No one has explained △ to me [**what I should do**].
（誰も私が何をすべきなのか説明してくれない） 宮崎大

explain O to A の O にあたる what I should do が to A の後ろに移動している。目的語が重要な情報や新しい情報である場合，文末に移動する。これを重名詞句転移と呼ぶ。

◆ just because 構文

例 **Just because you can do an experiment doesn't mean** that you should do an experiment.
（実験ができるからといって，実験をした方がいいとは限りません）……国際教養大

Just because S + V（単に S + V だからといって）が主語になる形。Just because S + V, it doesn't mean ... という形の it が省略された形。Just because S + V doesn't meant that ...（SV だからといって，…ということではない）を表す。

◆身体部位所有者上昇構文

〈SV + 人 by the + 身体部位〉「S は人の…を V する」

例 George caught me by the arm.（ジョージは私の腕をつかんだ）……龍谷大

この構文は，George caught my arm. の my arm の my の部分が caught の目的語として上昇し，George caught me by the arm. となる構文である。この構文では「私のことをつかんだ」が先に述べられているので，単に caught the arm（腕をつかんだ）以上に，感情的な理由があることを意味する。

◆ let go 構文

例 **Don't let go of the rope** when it is tight.（ロープがきつくなっても離してはいけません）……中央大

使役動詞 let O go が go の後ろに O がくる場合，let go of O のように of が使われる形を let go 構文と呼ぶ。let go of O で「O の手を放す / O を放っておく」という意味になる。

◆先行詞内包削除構文

例 I've done **everything [I can △ to help him with his homework]**.

（彼の宿題を手伝うために，私は自分ができる限りのことをしました）……☆佐賀大

everything I can の後に do everything が省略されている。本来，関係代名詞の目的格の場合，目的語部分だけ削除され everything I can do ... となるべきだが，動詞部分も一緒に削除されているのがこの構文の特徴。

◆ pretty 構文

例 **Snow is pretty to look at,** but **troublesome to clear.**
（雪は見るのは心地よいですが，除雪するのは面倒です）……広島経済大

pretty 構文は，難易構文と同じように S be pretty to *do* の形をとる。ここでの pretty は「（目や耳に）心地よい」という意味である。pretty 構文に現れる形容詞は pretty のような五感で感じる形容詞と，troublesome（面倒だ）という話者の判断を表す形容詞である。また，この構文は難易構文と異なり形式主語構文 it is ... for A to *do* の形で書き換えることができない点に注意しよう。

◆結果構文

例 They **painted the wall blue** for John yesterday.（彼らは昨日，ジョンのために壁を青く塗った）……創価大

結果構文は「ある動作の結果」が補語として現れる構文である。この例は，SVOC の形で，painted the wall（壁に色を塗った）という動作の結果が補語として blue（青色）であることを示している。

BASIC

1 one's way 構文

彼は人ごみを押しのけて彼女のもとへたどり着いた。

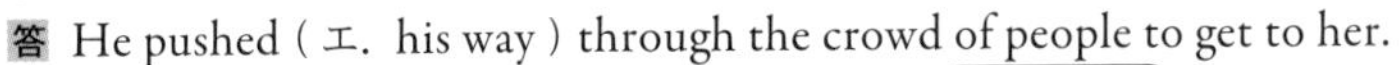

答 He pushed (エ. his way) through the crowd of people to get to her.

ア. the street　　イ. the arms　　ウ. his face　　(エ. his way)

POINT 1 〈push *one's* way through A〉 本問の動詞 push は push *one's* way + **前置詞句** という形で one's way 構文を作る。したがってエ. his way が正解だとわかる。この構文は through ... のような前置詞を必ず必要とする。× He pushed his way. とは言えないので注意しよう。

POINT 2 〈**動詞** + *one's* way に続く前置詞句〉 one's way 構文は後ろに across ... / into ... / out of ... / through ... / to ... のような場所・運動・方向を表す前置詞句が続く。本問では，through the crowd ... (人混みを通って) という前置詞句が続いている。

POINT 3 〈one's way 構文の本質〉 one's way 構文は「道のり」に焦点を当てる表現と覚えておこう。動詞によって表される動作を繰り返しながら進むことから，one's way 構文に使われる動詞は「移動の様子」を表している。次の例を見てみよう。

例 He **hitchhiked** his way to the ocean from the Mojave Desert. ……………… 広島修道大
彼はモハーヴェ砂漠から**ヒッチハイクで**海までやってきた。

hitchhike を使った例では，本問で動詞 get to が表していた移動の意味に「ヒッチハイクを繰り返しながら」という「どのように移動したか」という移動方法が加わった表現になっている。one's way をとる動詞は本章末の (COLUMN) を参照しよう。

2 time-away 構文

パズルやクロスワードのような暇つぶしは，読者が新聞を読む時間をのんびり過ごすのに役立ってきました。

答 Pastimes such as puzzles and crosswords have helped readers (エ. while away) the time spent with their newspaper.

ア. fade away　　イ. dance away　　ウ. sleep away　　(エ. while away)

POINT 1 〈while の動詞用法〉 動詞 while (…をのんびり過ごす) は S + while + away + **時間** の形で「時間をのんびり過ごす」を表す。本問では pastimes (暇つぶし) →「のんびり時間を過ごす」と捉えて，エ. while away が正解だとわかる。

POINT 2 〈time-away 構文とは?〉 time-away 構文とは S + V + **時間** + away という形で「S が V をしながら時間を過ごす」を表す。この構文は副詞の away があることによって，「時間の消失」を表す。次の例を見てみよう。

例 They **danced the night away.**
彼らは**夜通しダンスを踊った。**

この文は dance the night away の部分が time-away 構文であり，They danced (彼らがダンスをした) の結果 the night away (夜が過ぎ去った) という解釈となる。
time-away 構文は時間の消失に焦点を当てる表現であるため，× John slept the night away. (夜に寝て過ごす) など「当然だと考えられる時間の使い方」を表す場合には使えないので注意しよう。

3 場所格交替構文：場所 が目的語の場合

その後の航海で，スペイン人はこの植物の樹冠を船いっぱいに積み込んだ。

答 On later voyages the Spanish loaded their ships (ア. with) crowns of the plants.

(ア. with)　イ. on　ウ. into　エ. by

POINT 1 〈load 場所 with もの〉 load(積み込む) が「どこに積み込むのか」という場所を表す their ships を目的語としている。それに続くのは「何を積み込んだのか」である。with ＋ もの は「 もの で満たして」を表すので，「船を荷物でいっぱいにした」を表すためにはア．with が正解だとわかる。

POINT 2 〈 場所 を目的語にすると…〉 load ＋ 場所 ＋ with もの のように， 場所 が load の目的語になる場合，その 場所 が もの でいっぱいになっている様子を表す。今回の問題では， 場所 にあたる船が「植物の樹冠でいっぱいになった様子」を表す。このように， 場所 が目的語になると，その場所全体がもので満たされた様子を表す。 場所 が目的語になると動作の達成に焦点を置かれる。次の例文を見てみよう。

例 Young as she is, she has already successfully **climbed the Himalayas** twice. …… 北里大
若いけれども，彼女はすでに**ヒマラヤ登頂**を 2 度も成功させている。

動詞 climb の後に the Himalayas(ヒマラヤ) という場所を表す目的語が続いている。これは「最後まで登り切る」という「動作の達成」の意味が含まれる。これに対して，climb up のように副詞 up を伴った形で climb up the Himalayas とすると「ヒマラヤに登った」というだけで，「登り切った」かどうかはわからないのである。

4 場所格交替構文：もの が目的語の場合

濡れる前に機材をトラックに積み込むべきでした。

答 We should have loaded the equipment (イ. into) the truck before it got wet.

ア. by　(イ. into)　ウ. of　エ. with

POINT 1 〈load ＋ もの into ＋ 場所 〉 loaded the equipment ... と もの が目的になっている。the equipment を積み込む場所が into the truck だと考えよう。load ＋ もの into ＋ 場所 の形で「 もの を 場所 に積み込む」という意味になる。

POINT 2 〈 もの を目的語にすると…〉 load ＋ もの into ＋ 場所 のように， もの が load の目的語になる場合，その もの が 場所 へ移動したことを表す。この形は，BASIC 3 のように「 場所 がいっぱいになった」という場所の変化は表さず，単に「積み込んだ」という動作を表すのである。

5 as 移動：述語が接続詞の前に来る構文

どんなに努力しても，あなたが成功することはないのです。

答 (イ. Try as you may), you will never succeed.

ア. You may try　(イ. Try as you may)　ウ. Try you may　エ. As may you try

POINT 1 〈Try as you may〉 as you may try(あなたが努力しようとも) という as を用いた譲歩の意味を表す節は，try のような述語を文頭に出す。これを as 移動と呼ぶ。この表現は文頭の try と文末の may を強く発音することを覚えておこう。

POINT 2 〈「譲歩」の意味では as 移動が必須〉 as が「…だけれども」という譲歩の意味になる場合，述語は必ず前に出る。「あなたは若いけれども」は Young as you are となる。× As you are young とはならないので注意。

POINT 3 〈though 移動〉 as 移動と同じように though 移動という現象もある。次の例を見てみよう。

例 **Objective though it may be**, this criterion can annoy nationalists. ………… ☆大分大
客観的であるかもしれないが，この基準はナショナリストを悩ませうる。

この例では，though it may be objective における形容詞 objective が文頭に移動している。as 移動も though 移動も前置できる語の品詞は形容詞・名詞・副詞・動詞である点に注目しておこう。

STANDARD

1 文末に移動する目的語

先日，彼女は自分で作った餃子を親切にも私に分けてくれました。

答 She was so kind to share with (me / some / of / the gyoza) she had made herself the other day.

POINT 1 〈to share に続くのは…〉 share（…を共有する）は share A with B（A を B と一緒に共有する）という形で使う。しかし本問は share with となっている点に注目しよう。これは share ... with B A のようにもともと share の目的語であった A が文末に移動していると考えて ... to share with me some of the gyoza とするとよい。

POINT 2 〈なぜ share with B A となるのか〉 今回の英文では the gyoza [she had made herself the other day]（先日，彼女が自分で作った餃子）のように 名詞 ＋ 関係代名詞節 の形で長い名詞を作っている。このように「長い名詞」は文の最後に移動することがある。このような移動はその名詞が新しい情報や重要な情報である場合に起こる。このような移動を重名詞句転移と呼ぶ。

2 just because 構文

見た目が良いからと言って実際に良いとは限りません。

答 Just (because / something / looks / good / doesn't / mean) it is good.

POINT 1 〈Just because ＋ SV が主語になる形〉 Just because ＋ SV（ただ SV だからといって）が主語になり，動詞に doesn't mean ... が続く構文がある。今回は Just because something looks good（何かが良く見えるからと言って）が主語になり，動詞 doesn't mean it is good（それが実際に良いということを意味するわけではない）に続く形となる。

POINT 2 〈Just because ＋ SV に続く動詞〉 Just because ＋ SV（ただ SV だからといって）に続く動詞はほとんどが does not mean ... である。また，doesn't necessarily mean ... のように副詞 necessarily（必ず）が入り「必ずしも…ということではない」を意味することもある。また次の例のように，doesn't mean ... 以外にも does not follow that S ＋ V（SV ということにはならない）や there's no excuse for *doing*（…する言い訳にはならない）など，結果や結論を表す表現が続くことがある。

例 Just because our decisions are not conscious, **it does not follow that reason is not involved.** ………… 岡山大
私たちの決断が意識的でないからといって，**理性が関与していないことにはならない。**

例 Just because you're old, **there's no excuse for just sitting at home watching television all day.** ………… 明治学院大
年を取ったからといって，**家で一日中テレビを見ていることの言い訳にはならない。**

3 身体部位所有者上昇構文

アーロンは私を睨みつけましたが，ネイトは彼の腕を殴ったのです。

答 Aaron stared at me, but Nate (punched / him / in / the / arm).

POINT 〈punch 人 in the 身体の部位〉与えられた語が him や the arm なので，「彼の腕を殴った」を punched his arm で表すことができないことに気付こう。今回は punched him in the arm のように punched の直後に him（人）を目的語にする。そして，「殴った部位」を in the arm として表現する。

4 let go 構文

そして，別れの時が来たが，私はブランカの手を放すことができなかった。

答 Then it was time to say goodbye, but I (couldn't / let / go / of) Blanca.

POINT 〈let go of A〉let go of Blanca で「ブランカの手を放す」という意味になる。これは使役動詞 let Blanca go の Blanca が go の後ろに移動した形である。この構文は of をつけるのが普通だが，次のイギリス用法の例のように，普通名詞の場合で of がないこともある。

例 Then we'd have to **let go our flat.** ☆大阪大
そうなると**アパートを手放さ**なければならないだろう。

ただし，次の例のように let go of の後ろに代名詞がくる場合，of が必須である。

例 The little girl held on to her mother's hand and refused to **let go of it.** ☆神奈川大
少女は母親の手を握りしめ，**離そう**としなかった。

× The little girl held on to her mother's hand and refused to let go it.
× of がない

5 先行詞内包削除：先行詞 [that S＋助動詞 △]

彼女は人気のある子どもたちのようになるためにできることは何でもやった。

答 She (did / everything / that / she / could) to be like the popular kids.

POINT 1 〈everything [that S could △]〉「できることは何でもやった」を問う問題。今回は everything を先行詞として，それに関係代名詞節 that she could を続けよう。動詞 did は could の後ろに置いてしまうと× could did となるので避ける。did の目的語として everything that she could という形を作ろう。この構文の特徴は本来 could の後ろにあるはずの do が省略されている点である。

everything [that she could ~~do everything~~]
↑―――― that

she could do everything の everything だけでなく do も含んで関係代名詞 that になる。

POINT 2 〈先行詞が what になるパターン〉先行詞内包削除は先行詞が what の場合もある。次の例を見てみよう。

例 A baby does **what he can** to attract and hold his mother's attention. 東京慈恵会医科大
赤ちゃんは，お母さんの注意を引きつけるために**できる限りのこと**をします。

この例では what he can の後に do が省略されているので「その赤ちゃんができること」が直訳である。ここでは「できる限りのこと」のように解釈するとよい。

例 There are good reasons not only to study these languages but to preserve **what we can** of all of them. 関西大
これらの言語を研究するだけでなく，**できる限り**すべての言語を保存する正当な理由があるのです。

この例では what we can が of all of them とセットでひとつの名詞句を作っている。直訳は「それらすべての中から我々が保存できるもの（＝言語）」である。そこから「できる限りすべての言語」という解釈になる。

ADVANCED

1 pretty 構文

In 1876, an exhibition game was played in England for Queen Victoria who remarked, "The game is very pretty to watch."

答 1876年にイギリスで行われたエキシビションゲームでは，ヴィクトリア女王が「このゲームは（見ていてとても気持ちがいい）」と発言している。

POINT 1 **〈S be pretty to *do* の意味は?〉** 難易構文あるいは tough 構文 ☞ **CHAPTER 8** **STANDARD** **3** と良く似た構文に pretty 構文がある。S be pretty to *do* は「S は…するのが心地よい」という意味なので，the game is pretty to watch は「その試合は見ていて心地よい」となる。pretty 構文の特徴は，難易構文と同じように話し手の気持ちや評価を述べることである。本問ではヴィクトリア女王がラクロスのエキシビションゲームについての感想を述べている。

POINT 2 **〈pretty 構文で使う形容詞は?〉** pretty 構文（S is＋形容詞 to *do*）で使われる形容詞は五感で感じる形容詞や話者の判断を表す形容詞だが，具体的には次のような形容詞である。

「五感で感じる形容詞」pretty（心地よい），delicious（おいしい），beautiful（美しい / 楽しませる）

例 Sugarcane juice **was delicious to drink**. ………★関西学院大
サトウキビジュースは**おいしく飲めました**。

「話者の判断を表す形容詞」excellent（素晴らしい），boring（退屈な），terrible（ひどい），expensive（高価な）

例 Recycled paper **is much less expensive to make** than new paper. ………近畿大
再生紙は，新しい紙よりも**はるかに安価に作ることができます**。

五感で感じる形容詞も話者の判断を表す形容詞も主語がどのようなものかという「属性」を表す。

2 結果構文

Isolated ants may have walked themselves to death in the study.

答 研究では，孤立したアリは（歩きすぎて死んでしまった）可能性がある。

POINT 1 **〈walk *oneself* to 結果状態〉** 結果構文は「ある動作の結果として生じる状態」を述べる場合に使う。今回は walked themselves（歩いた）という結果，to death（死に至った）となっているので，「歩きすぎて死んでしまった」という意味になる。

POINT 2 **〈結果を表す補語になる要素〉** 結果構文に現れる補語には形容詞や前置詞句が入り，目的語の変化状態を表す役割を果たす。本問では themselves が walk の目的語のように働いており，to death が前置詞句としてその結果を表している。以下の例を見てみよう。

例 Why do they always **cut the story short**? ………★白百合女子大
彼らはなぜいつも**話を端折る**のでしょうか?

この例では cut the story（話を切る）結果として形容詞 short（短い）ものになることを表している。

例 The recipe called for **squeezing the tomatoes dry** and then salting and boiling them. ………甲南大

そのレシピでは，**トマトの水気を絞り**，塩を振って煮るというものだった。
squeezing the tomatoes dry も「トマトを絞った」結果，トマトが dry（水気がない）状態になることを表している。このように結果を表す語句には形容詞や前置詞句が現れるのである。

COLUMN 〈動詞＋*one's* way のいろいろ〉

one's way 構文の基本は make *one's* way（苦労して進む）だが，どのような進み方かをはっきり表すために make の代わりにいろいろな動詞を用いる。one's way 構文を作るものには以下のようなものがある。
次の例を見てみよう。

例 Hi there. I wish I had time to chat more, but my economics class starts in 10 minutes and I have to **make my way all the way across campus.** …… 金沢大
こんにちは。もっと話す時間があればいいのですが，あと 10 分で経済学の授業が始まるので，**キャンパスを横切って行か**なければならないのです。

one's way 構文では動詞 make が使われることが多く，本来的に「道を切り開きながら進む」という意味を持つ。例文では，教室までの道のりに焦点を当てることで，急いで移動しなければならない状況を伝えている。この make の位置にさまざまな動詞が入り込むことで，特有の動作を行いながら進む解釈が可能になる。

buy *one's* way「金を使って入る」

Why can't the US **buy its way to the top of the health charts**? …… 神戸学院大
なぜアメリカは**健康優良国の首位を買収できないのか**？

dig *one's* way「掘って進む」

When the baby birds hatch, they **dig their way up to the surface.** …… 日本大
雛鳥が孵化するとき，**殻の表面を掘り返していく**のです。

eat *one's* way「食いちぎって進む」

White House squirrels **ate their way through the surface of a tree on the North Lawn.** …… 立教大
ホワイトハウスのリスは**ノースローンにある木の表面を食い荒らして進んでいきました。**

elbow *one's* way「肘でかき分けて進む」

Venetians **cannot elbow their way onto public transportation.** …… 長野大
ベネチアの人は**肘で人混みをかき分けて公共交通機関に乗ることは許されていない。**

find *one's* way「なんとかして行く / 努力して進む」

Anyway, when I got to New York, I bought a map, and I finally **found my way to her place.** ……… 名古屋市立大

とにかく，ニューヨークに着いて，地図を買って，やっと**彼女の家にたどり着いた**んです。

work *one's* way through A「働きながら A（学校など）を出る」

Uncle John **worked his way through college with jobs in restaurants.**

……… 大学入試センター試験

ジョンおじさんは，**レストランで働きながら大学を出ました**。

このほか，feel *one's* way（手探りで進む），fight *one's* way（奮闘して進む），force *one's* way（無理やり進む），pick *one's* way（道を選んで進む），thread *one's* way（縫うようにして進む），weave *one's* way（縫うようにして進む），win *one's* way（勝ち進む），wind *one's* way（くねくねと曲がりながら進む）がある。

APPENDICES 付録

音声付き暗唱例文集　到達度チェックシート

音声付き暗唱例文集

iOS  Android 

書名を選んでクラウドマークをタップ!

CH. 1	1	ヤスコさん一家は1年間ニューヨークで生活していました。	Yasuko and her family lived in New York for a year.
	2	私はそれでも時々寂しくなります。	I still feel lonely sometimes.
	3	私は1ヶ月前に新しいメガネを買いました。	I bought a new pair of glasses a month ago.
	4	対面でのコミュニケーションはリアルタイムで生じます。	Face-to-face communication happens in real-time.
	5	アガサ・クリスティは今でも世界中で人気があります。	Agatha Christie remains popular all over the world.
	6	キャッスルタワーは学校が休みになると大変混雑します。	Castle Tower becomes very busy during school holidays.
	7	加藤さんは彼らと新しいプロジェクトについて話し合いました。	Ms. Kato discussed the new project with them.
	8	餃子の形は，古代中国の楕円形の通貨に似ている。	The shape of a dumpling resembles the ancient Chinese oval currency.
	9	カレンは大学の図書館で働いています。	Karen works in the university library.
	10	1750年以前は，ほとんどのヨーロッパ人が田舎に住んでいました。	Before 1750, most Europeans lived in the countryside.
	11	パーソナルスペースは，多くの文化圏で必要不可欠な概念です。	Personal space is an essential concept in many cultures.
	12	私はクレジットカードを家に忘れてきてしまった。	I left my credit card at home.
	13	姫路城は美しい白い鳥のような見た目をしています。	Himeji Castle looks like a beautiful white bird.
CH. 2	1	私は彼女に新しいプレゼントを見つけて，そして戻ってこなきゃ。	I'll have to find her a new present and come back.
	2	私は来週末にあなたに電話するつもりです。	I'll give you a call next weekend.
	3	私はジョンにすぐにメッセージを送ります。	I'll send John a quick message.
	4	あなたはその観光客に下北沢への道を教えることができます。	You can tell the tourist the way to Shimokitazawa.
	5	父さん，私を駅まで送ってくれない?	Dad, could you give me a ride to the station?
	6	私はあなたに自分の正直な意見を述べるべきですね。	I should give you my honest opinion.
	7	ジョン，今日の午後までに私にあなたの報告書を送ってくれますか?	John, could you send me your report by this afternoon?
	8	すみません。私に歴史博物館への道を教えていただけませんか?	Excuse me. Would you tell me the way to the historical museum?
	9	もうすぐ先生が私たちにテストを行う予定ですよね。	Our teacher is going to give us a test soon, you know.

CH.	No.	日本語	English
	10	その惑星には氷という形で水が存在します。	There is water on the planet in the form of ice.
CH. 3	1	私たちはフェアトレードの重要性について議論しました。	We discussed the importance of fair trade.
	2	NASA はアメリカ大統領の宇宙旅行計画に同意しました。	NASA agreed with the U.S. President's plans for space travel.
	3	面談で彼女はその結果を私に説明してくれました。	She explained the results to me at the interview.
	4	この雑誌は私たちに最新情報を伝えてくれます。	This magazine informs us of the latest news.
	5	自分でやれば本当にお金の節約になります。	Doing it yourself can really save you money.
	6	この文章では野生動物の行動について論じています。	This text discusses the behavior of wild animals.
	7	私の友だちはみな同じ学校に通っています。	All my friends attend the same school.
	8	フランス語とイタリア語は同じ言語群に属します。	French and Italian belong to the same group of languages.
	9	私たちは午後の講義に出席するつもりです。	We will attend the lecture in the afternoon.
	10	私たちはまもなく山の頂上に到達します。	We will soon reach the top of the mountain.
	11	その新しいコピー機で時間を大幅に短縮できます。	The new copy machine will save you a lot of time.
CH. 4	1	多くの人は1日に数回，手を洗います。	Most people wash their hands several times a day.
	2	私の祖母は次の日曜日で 70 歳になります。	My grandmother will be 70 years old next Sunday.
	3	最近，若い人たちは自分たちで旅行に行くのが好きなんです。	Nowadays, younger people like to go on vacation by themselves.
	4	ヘンリーはいつも他人の欠点を探してばかりいる。	Henry is always finding fault with others.
	5	私が祖国を離れてから 9 年になります。	It has been nine years since I left my country.
	6	どれくらいの間列に並んでいるのですか?	How long have you been standing in line?
	7	若かったころ，私はたいてい自分で歩いて図書館に行っていた。	When I was younger, I usually walked to the library by myself.
	8	もし明日大雪が降ったら，家でテレビを見よう。	If it snows heavily tomorrow, I will stay home and watch TV.
	9	最後にお会いしたのは，もう 2 年前だと思います。	I believe that it has been two years since we last saw each other.
	10	定年を迎えるころには，45 年間教壇に立っていることになります。	By the time I retire, I will have taught for 45 years.
CH. 5	1	電車事故があったにもかかわらず，彼は昨夜家に帰ることができた。	Despite the train accident, he was able to get home last night.
	2	私は小学生のころカナダに住んでいました。	I used to live in Canada when I was a young school boy.
	3	私の手袋がどこにもないのです。タクシーに忘れてきたのかもしれません。	My gloves were nowhere to be found. I may have left them in the taxi.
	4	かつてここに大きな桜の木がありました。	There used to be a big cherry tree here.

CH. 5	5	先週，図書館にその本を持ってくるべきでしたね。罰金を払わなければならないよ。	You ought to have brought those books back to the library last week. You'll have to pay a fine.
	6	子どものころ彼はよく川へ釣りに行った。	As a child, he would often go fishing in the river.
	7	私たちは以前は小さな町に住んでいたが，今では東京に住んでいる。	We used to live in a small town, but now we live in Tokyo.
	8	ギャンブルにお金を使うくらいなら捨てた方がましだ。	You might as well throw away your money as spend it on gambling.
CH. 6	1	スエズ運河はフランスの会社によって建設されました。	The Suez Canal was built by a French company.
	2	国会議員は直接選挙で選ばれます。	The Congress members will be chosen through direct election.
	3	その本は 20 の言語に翻訳された。	The book was translated into twenty languages.
	4	彼は式典には招待されなかった。	He was not invited to the ceremony.
	5	どんなことに興味がありますか。	What are you interested in?
	6	この写真は，世界初の写真画像として知られている。	The photograph is known as the world's first photographic image.
	7	今日では電車の中のほとんどの乗客がスマートフォンに熱中しています。	Nowadays, almost all the passengers on the train are absorbed in their smartphones.
	8	地球表面のほぼ 4 分の 3 は水で覆われています。	Nearly three fourths of the Earth's surface is covered with water.
	9	我々を利用できると考えるとはもってのほかだ。	How dare they assume that we can be taken advantage of.
	10	大学はこの調査結果に驚きました。	The university was surprised at the survey results.
	11	今日はたくさんの宿題をもらいました。	We were given a lot of homework today.
CH. 7	1	私は，歴史のテストで良い成績をとりたいと思っています。	I want to get a good grade on my history test.
	2	英文法を学ぶことは，それを実践することとは別物です。	To learn English grammar is one thing; to put it into practice is another.
	3	私の計画は，ビジネスを勉強するためにアメリカに行くことです。	My plan is to go to America to study business.
	4	何か書くためのものを貸してくれませんか。それをすべて覚えることはできません。	Can you give me something to write with? I can't remember all of that.
	5	外国語を学ぶためには，モチベーションが重要です。	To learn a foreign language, motivation is important.
	6	赤ん坊は音楽を学習し，記憶する能力がある。	Babies have the ability to learn and remember music.
	7	先日，バスの中で偶然，日本人の同僚に会いました。	The other day I happened to meet one of my Japanese colleagues on the bus.
	8	本当のことを言うと，ニュージーランドではあまり英語を話さなかったんです。	To tell the truth, I didn't speak English very much in New Zealand.
	9	今から日本語で書きますので，メアリーさんに訳してもらうようにお願いしてください。	I'll write in Japanese now and you can ask Mary to try to translate.
	10	夜空をきちんと見るためには，都市の外に行く必要があることが多い。	It is often necessary to go outside the city in order to see the night sky properly.
	11	私は若すぎてその教訓が何であるかを理解することができませんでした。	I was too young to understand what that lesson was.

CH. 8	1	私の宿題を手伝ってくれるとは，あなたは親切だった。	It was kind of you to help me with my homework.
	2	父は私に，私道をゆっくりと車で走ることを許してくれる。	My dad lets me drive slowly on the driveway.
	3	手がまだ痛かったので，私は医者に診てもらった。	My hand was still hurting so I had my doctor take a look at it.
	4	夜中に目が覚めるというのは，人にとって自然なことだ。	It is natural for human beings to wake up during the night.
	5	何らかのルールが必要だ。	It is necessary for there to be some rules.
	6	他人の悪口を言うなんて，あなたは失礼だ。	It's rude of you to speak ill of others.
	7	大雪のせいで私たちは旅行を延期した。	Heavy snow made us postpone the trip.
CH. 9	1	音楽を上手に演奏することには，技術と想像力が必要です。	Playing music well requires skill and imagination.
	2	私の夫の趣味は切手を集めることです。	My husband's hobby is collecting stamps.
	3	アメリカの農家は，燃料用に大豆を栽培し始めました。	American farmers started growing soybeans for fuel.
	4	彼女は同じ過ちを犯すことに腹を立てています。	She is angry about making the same mistake.
	5	映画スターと結婚したいと思う人は多いかもしれません。	Many of us might wish to marry a movie star.
	6	私は彼と楽しい思い出話に花を咲かせました。	I enjoyed talking with him about our pleasant memories.
	7	孤独な人は自分の気持ちを話すことを嫌います。	Lonely people dislike talking about their feelings.
	8	弟や妹の世話に追われる学生もいます。	Some students are busy taking care of younger brothers and sisters.
	9	このスカートを試着してもいいですか。	Would you mind my trying the skirt on? / Would you mind me trying the skirt on?
	10	私は暖かいコートを着てこなかった自分に腹が立ちました。	I was angry at myself for not wearing a warm coat.
	11	スイッチの修理が必要なようです。	It looks like the switch needs repairing.
	12	彼女は新しい服に給料を使うのを楽しみにしています。	She is looking forward to spending her wages on new clothes.
	13	あまり食べたい気分ではありません。	I don't feel like eating much.
	14	その件について私に尋ねても無駄ですよ。	It is no use asking me about it.
	15	この活動は参加する価値があります。	This activity is worth participating in.
	16	高齢者は賑やかな都市の外で暮らしたいと思うかもしれません。	Older people may feel like living outside busy cities.
CH. 10	1	アーティストは驚いた表情でこちらを向いた。	The artist turned to us with a surprised look on his face.
	2	地元のショッピングモールへ買い物しに行こうと計画しています。	I'm planning to go shopping at the local mall.
	3	ある日，ケンは学生たちがキャンパスを走っているのを見た。	One day, Ken saw some students running across the campus.

CH.	No.	日本語	English
CH. 10	4	残念ながら，私は英語で自分を理解してもらうことができなかった。	Unfortunately, I couldn't make myself understood in English.
	5	大学を卒業してから，ケンは自分の専門分野での研究を深めるために大学院へ行った。	Having finished his basic college education, Ken went to graduate school for further study in his field.
	6	何を言っていいのかわからなかったので，黙っていた。	Not knowing what to say, I remained silent.
	7	昨日，私は買い物をしているときに自転車を盗まれた。	Yesterday, I had my bicycle stolen while I was doing some shopping.
	8	彼は 30 歳まで父親の手伝いで忙しく働いていた。	He was busy working with his father until the age of 30.
	9	緊張していたので，彼女は先生に何も言えなかった。	Being nervous, she could not say a word to the teacher.
	10	空から見ると，その建物は修繕が必要です。	Seen from the sky, the building needs repairing.
CH. 11	1	科学技術は，それによって解決するのと同じくらい多くの問題を生み出すことがよくあります。	Technology often creates as many problems as it solves.
	2	猫の感覚のいくつかは人間よりも鋭い。	Some of a cat's senses are sharper than those of a human.
	3	創造性は人類の発明の中で最も偉大なものと考えられています。	Creativity is considered to be the greatest of all human inventions.
	4	実は，豚は最も清潔な動物の 1 つなのです。	Pigs are, in fact, among the cleanest animals around.
	5	かつてクリスマスに贈り物をすることは今ほど重要ではありませんでした。	Gift-giving at Christmas was once not so important as it is now.
	6	2050 年までに，我々は現在の 2 倍肉を食べるようになるでしょう。	By 2050, we will be eating twice as much meat as we eat today.
	7	じゃがいもの栽培は小麦の栽培より簡単です。	The cultivation of potatoes is easier than that of wheat.
CH. 12	1	イギリス人は世界で最もたくさんビスケットを食べる。	The British are by far the biggest biscuit eaters in the world.
	2	この 20 年にわたって，公共の場ではゴミ箱が少なくなってきている。	Over the last two decades, there are fewer and fewer garbage cans in public places.
	3	知識が増えれば増えるほど，覚えるのがいかに大変だったかの記憶は薄れていく。	The better you know something, the less you remember about how hard it was to learn.
	4	かなづちが泳げないのと同じように，私はまったく泳げない。	I can no more swim than a hammer can.
	5	彼は今，兄よりもはるかに多くのお金を稼いでいる。	He is now making much more money than his brother does.
	6	人々は，他人の公的な生活にはあまり興味を持たなくなってきている。	People are becoming less and less interested in other people's public lives.
CH. 13	1	人は以前にまったく使ったことも聞いたこともない文章を作ることができる。	Human beings can make sentences which they have never used or heard before.
	2	この夏に私が滞在したホストファミリーは私の面倒をとてもよく見てくれた。	The host family which I stayed with this summer took care of me very well.
	3	先生から学んだ最も大切なことは何ですか?	What is the most important thing that you have learned from your teachers?
	4	私が好きだったその女の子はあなたが踊っていた子より年下だった。	The girl I liked was younger than the one you were dancing with.
	5	子どもが生まれてから 5 年間で学ぶべき最も重要なことは何ですか。	What is the most important thing that children should learn in the first five years of life?
	6	知識は新しいアイディアが生み出される材料だ。	Knowledge is the stuff from which new ideas are made.

CH. 14	1	この写真を見るとカリフォルニアに住んでいた頃を思い出します。	This picture reminds me of the days when I lived in California.
	2	あなたが留学を希望する理由を教えていただけますか。	Could you tell me the reason why you want to study abroad?
	3	地球温暖化によって冬がない時代が来るかもしれません。	The time may come when there will be no winter because of global warming.
	4	私はこのようにして困難な問題の解決策を見出すのです。	This is how I find solutions to difficult problems.
	5	その情報はまさにあなたが求めているものです。	The information is really what you are looking for.
	6	あなたの周りにいる人が皆外国語をしゃべっている状況を想像してみてください。	Imagine yourself in a situation where everyone around you is speaking a foreign language.
	7	ウェールズ語はいわゆる少数言語です。	Welsh is what we call a minority language.
	8	私たちが月に旅行できる日が間もなくやって来るでしょう。	The day will soon come when we can travel to the moon.
	9	自転車を置いておく場所に注意してください。	Please pay attention to the area where you leave your bike.
CH. 15	1	始まりがあるものはどんなものも終わりがある。	Whatever has a beginning also has an end.
	2	地球上のどこにいても，少なくとも４機のGPS衛星が，いつでもあなたをシステム上で確認できるようにしてくれます。	Wherever you are on the planet, at least four GPS satellites make you visible on the system at any time.
	3	私があなたのお兄さんだと思った人は，違う人だったことがわかりました。	The man who I thought was your brother proved to be the wrong person.
	4	それがどんなに長くても，私はこの映画を観たいと思います。	However long it may be, I want to see this movie.
	5	タイなど一部の国では，彼らが必要とするよりもはるかに多くの米を生産しています。	Some countries, such as Thailand, produce far more rice than they need.
	6	いつでも都合の良い時に来てください。	Please come whenever it is convenient for you.
	7	その決断がどれだけ難しいものであろうと，我々は明日までにこの問題を解決しなければなりません。	However difficult the decision is, we have to settle this issue by tomorrow.
	8	その製品にふさわしいとあなたが思う言葉を思い浮かべましょう。	You should think of a word which you think suits the product.
	9	カフェインの作用は，これまで考えられていたよりも複雑なようです。	The effects of caffeine seem to be more complex than had been thought.
	10	私はこの写真を見るたびに，アメリカにいた頃のことを思い出します。	Whenever I see this picture, I remember the days when I was in America.
	11	最近，農場で過ごす時間はわずかですが，たいてい一人で過ごしています。	What little time I spend at the farm these days is usually spent alone.
	12	どの方法を試しても必ず成功するよ。	Whichever way you try is bound to succeed.
CH. 16	1	私があなたなら，もう一度彼に話しかけます。	If I were you, I would talk to him again.
	2	もし十分なお金があれば，私は家を買っていたかもしれない。	I might have bought a house if I had had enough money.
	3	地図を持参していれば，彼女は東京で迷うことはなかっただろう。	If she had brought a map, she would not have gotten lost in Tokyo.
	4	もし私がオーストラリアに住んでいたら，泳ぎに行ったり，ビーチでクリスマスを祝ったりできるのにね!	If I lived in Australia, I could go swimming and celebrate Christmas at the beach!
	5	もし，彼がベストを尽くさなかったならば，成功することはなかったでしょう。	If he hadn't done his best, he would not have succeeded.

CH.	No.	日本語	English
CH. 16	6	子どもに戻れたらいいなあ。	I wish I could be a kid again.
	7	あの時，その情報を知っていればなあ。	I wish I had known that information at that time.
	8	もっとお金があれば，新しいスマートフォンを買うのになあ。	If I had more money, I would buy a new smartphone.
	9	もっと頑張っていれば，結果は違っていたかもしれません。	If I had worked harder, the result might have been different.
	10	けさ，もっと早く起きていれば，今朝食を食べるのに十分な時間があるはずなのに。	If you had gotten up much earlier this morning, you would have enough time to eat breakfast now.
	11	私たちが話しているときに，スマートフォンをそんなに長く使うのはやめてくれないかな。	I wish you would not spend so much time on your smartphone when we're talking.
	12	あと 10 分早く出発していれば，終電を逃すことはなかったのに。	If I had left ten minutes earlier, I would not have missed the last train.
	13	夫がもっと家のことで私を助けてくれたらいいのに。	I wish my husband helped me more with things around the house.
CH. 17	1	クラスメートと話すときに，もっと自信が持てればいいんだけどなあ。	If only I could be more confident when I talk to my classmates.
	2	私は駅まで走った。そうでなければ電車に乗り遅れるところだった。	I ran to the station. Otherwise, I would have missed the train.
	3	お早めに手紙をお送りくださいますと幸いです。	We would appreciate it if you could send us the letter as soon as possible.
	4	膝の怪我がなければ，キャプテンは昨日もプレーしていただろう。	But for a knee injury, the captain would have played yesterday.
	5	さて，そろそろお別れの時間ですね。	Well, it is about time we were saying goodbye.
	6	もう少し早く期末テストの勉強を始めていればなあ。	If only I had started studying for the final exam a little earlier!
	7	裕福な人なら，窓がたくさんある大きな家を持っているでしょう。	A wealthy person would have a big house with many windows.
	8	ナイル川がなければ，エジプト全土が砂漠になっているだろう。	Without the Nile River, all of Egypt would be a desert.
	9	彼女が英語を話すのを聞くと，アメリカ人だと思うだろう。	To hear her speak English, you would think she is an American.
	10	あなたの助けがなければ，私は決してこの仕事を終えることができなかっただろう。	But for your help, I could never have finished the job.
CH. 18	1	何か大切なことをし忘れているような気がしてならないのです。	I can't help feeling that I've forgotten to do something important.
	2	当社の業績が上向くのはそう遠くないでしょう。	It will not be long before our business begins to improve.
	3	新しいことを学ぶのに歳をとりすぎているということはない。	No one is ever too old to learn something new.
	4	彼らはただ謝るばかりである。	They do nothing but apologize.
	5	君はあまりにも忙しすぎてもう一緒に映画館に行けないから，一人ぼっちで行かなくちゃ。	You are far too busy to go to the theater with me anymore, so I have to go by myself.
	6	その論文は彼が一日で読み切るには難しすぎた。	The paper was so difficult that he could not read it in a day.
	7	彼らの販売キャンペーンは成功とは程遠かった。	Their sales campaign was anything but a success.

CH. 19	1	地図をちらっと見ただけで，私たちが正しい道にいることがわかった。	A quick glance at the map showed that we were on the right road.
	2	彼の発見により，より強力なコンピュータの開発が可能になった。	His discovery made it possible to develop more powerful computers.
	3	クローゼットにあった日記を見て，私はなつかしい日々を思い出した。	The diary I found in the closet reminded me of the good old days.
	4	交通渋滞のせいで彼らは目的地に時間通りには着けなかった。	The traffic jam prevented them from arriving at the destination on time.
	5	この本を読めば，アメリカ流の子育てがよくわかる。	This book will give you a clear idea of the American way of rearing children.
CH. 20	1	月に明るさを与えるのは太陽だ。	It is the sun that makes the moon bright.
	2	何が恐竜を絶滅させたのですか?	What was it that killed the dinosaurs?
	3	その薬は危険かもしれないといううわさを聞いたことがある。	I've heard a rumor that the medicine can be dangerous.
	4	ダイエットする人の体重を制御するのは脳だ。	It is the brain that controls the dieter's weight.
	5	今年あなたが行くべきなのはリオ（デジャネイロ）です。	It is Rio that you must go to this year.
	6	あなたがそこで見たのは何でしたか?	What was it that you saw there?
CH. 21	1	待っている乗客の中に，高価なオーバーコートを着た背の高い男がいた。	Among the waiting passengers was a tall man in an expensive overcoat.
	2	巨大な権力には巨大な責任が伴います。	With great power comes great responsibility.
	3	後になってようやく，その成分の危険性を知ったのです。	Only later did we learn the dangers of the ingredient.
	4	どんな理由があっても，私はそんなことはしない。	On no account will I do such a thing.
	5	後になってようやく，イギリスは民主主義と折り合いをつけるようになった。	Only later did Britain come to terms with democracy.
CH. 22	1	彼は人ごみを押しのけて彼女のもとへたどり着いた。	He pushed his way through the crowd of people to get to her.
	2	濡れる前に機材をトラックに積み込むべきでした。	We should have loaded the equipment into the truck before it got wet.
	3	見た目が良いからと言って実際に良いとは限りません。	Just because something looks good doesn't mean it is good.
	4	彼女は人気のある子どもたちのようになるためにできることは何でもやった。	She did everything that she could to be like the popular kids.

到達度チェックシート

CHAPTER 1	BASIC	STANDARD	ADVANCED	TOTAL
ROUND 1	/8	/8	/8	/24
ROUND 2	/8	/8	/8	/24
ROUND 3	/8	/8	/8	/24

CHAPTER 2	BASIC	STANDARD	ADVANCED	TOTAL
ROUND 1	/8	/8	/8	/24
ROUND 2	/8	/8	/8	/24
ROUND 3	/8	/8	/8	/24

CHAPTER 3	BASIC	STANDARD	ADVANCED	TOTAL
ROUND 1	/9	/9	/9	/27
ROUND 2	/9	/9	/9	/27
ROUND 3	/9	/9	/9	/27

CHAPTER 4	BASIC	STANDARD	ADVANCED	TOTAL
ROUND 1	/10	/8	/7	/25
ROUND 2	/10	/8	/7	/25
ROUND 3	/10	/8	/7	/25

CHAPTER 5	BASIC	STANDARD	ADVANCED	TOTAL
ROUND 1	/9	/9	/7	/25
ROUND 2	/9	/9	/7	/25
ROUND 3	/9	/9	/7	/25

CHAPTER 6	BASIC	STANDARD	ADVANCED	TOTAL
ROUND 1	/ 11	/ 11	/ 10	/ 32
ROUND 2	/ 11	/ 11	/ 10	/ 32
ROUND 3	/ 11	/ 11	/ 10	/ 32

CHAPTER 7	BASIC	STANDARD	ADVANCED	TOTAL
ROUND 1	/ 11	/ 7	/ 6	/ 24
ROUND 2	/ 11	/ 7	/ 6	/ 24
ROUND 3	/ 11	/ 7	/ 6	/ 24

CHAPTER 8	BASIC	STANDARD	ADVANCED	TOTAL
ROUND 1	/ 8	/ 9	/ 6	/ 23
ROUND 2	/ 8	/ 9	/ 6	/ 23
ROUND 3	/ 8	/ 9	/ 6	/ 23

CHAPTER 9	BASIC	STANDARD	ADVANCED	TOTAL
ROUND 1	/ 9	/ 11	/ 8	/ 28
ROUND 2	/ 9	/ 11	/ 8	/ 28
ROUND 3	/ 9	/ 11	/ 8	/ 28

CHAPTER 10	BASIC	STANDARD	ADVANCED	TOTAL
ROUND 1	/ 9	/ 9	/ 9	/ 27
ROUND 2	/ 9	/ 9	/ 9	/ 27
ROUND 3	/ 9	/ 9	/ 9	/ 27

CHAPTER 11	BASIC	STANDARD	ADVANCED	TOTAL
ROUND 1	/8	/8	/8	/24
ROUND 2	/8	/8	/8	/24
ROUND 3	/8	/8	/8	/24

CHAPTER 12	BASIC	STANDARD	ADVANCED	TOTAL
ROUND 1	/7	/9	/7	/23
ROUND 2	/7	/9	/7	/23
ROUND 3	/7	/9	/7	/23

CHAPTER 13	BASIC	STANDARD	ADVANCED	TOTAL
ROUND 1	/8	/8	/8	/24
ROUND 2	/8	/8	/8	/24
ROUND 3	/8	/8	/8	/24

CHAPTER 14	BASIC	STANDARD	ADVANCED	TOTAL
ROUND 1	/8	/8	/8	/24
ROUND 2	/8	/8	/8	/24
ROUND 3	/8	/8	/8	/24

CHAPTER 15	BASIC	STANDARD	ADVANCED	TOTAL
ROUND 1	/8	/9	/9	/26
ROUND 2	/8	/9	/9	/26
ROUND 3	/8	/9	/9	/26

CHAPTER 16	BASIC	STANDARD	ADVANCED	TOTAL
ROUND 1	/9	/8	/7	/24
ROUND 2	/9	/8	/7	/24
ROUND 3	/9	/8	/7	/24

CHAPTER 17	BASIC	STANDARD	ADVANCED	TOTAL
ROUND 1	/ 10	/ 9	/ 9	/ 28
ROUND 2	/ 10	/ 9	/ 9	/ 28
ROUND 3	/ 10	/ 9	/ 9	/ 28

CHAPTER 18	BASIC	STANDARD	ADVANCED	TOTAL
ROUND 1	/ 10	/ 9	/ 9	/ 28
ROUND 2	/ 10	/ 9	/ 9	/ 28
ROUND 3	/ 10	/ 9	/ 9	/ 28

CHAPTER 19	BASIC	STANDARD	ADVANCED	TOTAL
ROUND 1	/ 10	/ 8	/ 6	/ 24
ROUND 2	/ 10	/ 8	/ 6	/ 24
ROUND 3	/ 10	/ 8	/ 6	/ 24

CHAPTER 20	BASIC	STANDARD	ADVANCED	TOTAL
ROUND 1	/ 8	/ 7	/ 6	/ 21
ROUND 2	/ 8	/ 7	/ 6	/ 21
ROUND 3	/ 8	/ 7	/ 6	/ 21

CHAPTER 21	BASIC	STANDARD	ADVANCED	TOTAL
ROUND 1	/ 9	/ 8	/ 7	/ 24
ROUND 2	/ 9	/ 8	/ 7	/ 24
ROUND 3	/ 9	/ 8	/ 7	/ 24

CHAPTER 22	BASIC	STANDARD	ADVANCED	TOTAL
ROUND 1	/ 5	/ 5	/ 2	/ 12
ROUND 2	/ 5	/ 5	/ 2	/ 12
ROUND 3	/ 5	/ 5	/ 2	/ 12

INDEX さくいん

日本語

English

• N

• O

• P

• Q

• R

• S

• T

• U

COLUMN

図表

編著者
石原健志

執筆者
吉川裕介(京都外国語大学)　飯田泰弘(岐阜大学)　松田拓之(大阪星光学院中学・高等学校)
篠木琢良(大阪星光学院中学・高等学校)　坂口朗太(神戸市外国語大学大学院)

編集協力
永野真希子　サイフレット花梨　坂野由佳　谷知起　原田侑汰

英文校閲
Raina Ruth Nakamura

デザイン
奥田奈保子(NiNGHUA)

本文イラストレーション
ナイトウカズミ

図版
相田隼輝(シーアンドシー)

DTP
シーアンドシー

2023年4月10日　初版発行

入試実例
コンストラクションズ
英文法語法コンプリートガイド

2023年11月10日　第2刷発行

編著者　石原健志
発行者　株式会社 三省堂　代表者 瀧本多加志
印刷者　三省堂印刷株式会社
発行所　株式会社 三省堂
〒102-8371 東京都千代田区麴町五丁目7番地2
電話　(03)3230-9411
https://www.sanseido.co.jp/

〈コンストラクションズ英文法・72＋256pp.〉
ISBN978-4-385-22122-9
落丁本・乱丁本はお取り替えいたします。